Wilhelm H. Wacker

Betriebswirtschaftliche Informationstheorie

Moderne Lehrtexte:

Wirtschaftswissenschaften Band 5

Wilhelm H. Wacker

Betriebswirtschaftliche Informationstheorie

Grundlagen des Informationssystems

Westdeutscher Verlag Opladen 1971

ISBN 978-3-531-11078-3 ISBN 978-3-322-85433-9 (eBook)
DOI 10.1007/ 978-3-322-85433-9

Umschlaggestaltung: Hanswerner Klein, Opladen

Vorwort

Der Lehrtext geht zurück auf meine Abhandlung, die unter dem Thema „Das Informationssystem der Unternehmung“ von der Wirtschafts- und Sozialwissenschaftlichen Fakultät der Universität Erlangen-Nürnberg als Habilitationsschrift angenommen wurde.

Herr Professor Dr. *Eugen H. Sieber* (Universität Erlangen-Nürnberg) gab die Anregung zu diesem Thema. Ihm und Herrn Professor Dr. Dr. *Bernhard Hartmann* (Technische Universität Berlin) danke ich für die Übernahme der akademischen Begutachtung.

Während der Arbeit an diesem Fragenkreis sind die Probleme des Informations-Systems, der Informationswirtschaft, Kommunikation und Informatik international in Wissenschaft, Wirtschafts-Praxis und öffentlicher Verwaltung immer stärker ins Blickfeld der Diskussion getreten. Im Laufe der Drucklegung erschienen im In- und Ausland in rasch wachsender Zahl weitere bemerkenswerte Werke und Artikel zum Thema. Eine selektive Aktualisierung des Lehrtextes wurde angestrebt.

Ich habe versucht, die partiellen Ansätze zur informationswirtschaftlichen Aufgabe der Unternehmung zu überwinden und in möglichst straffer Gliederung den entscheidungs- sowie systemtheoretischen Gesichtspunkten einer betriebswirtschaftlichen Informationstheorie ebenso gerecht zu werden wie den sach- und sozioökonomischen Aspekten. Die Schaubilder sollen dazu beitragen, die abstrakte Materie aufzulockern und für die Adressaten transparenter zu machen.

Dem Verlag, der diese Veröffentlichung in den Rahmen einer studienbezogenen Reihe moderner Lehrtexte eingefügt hat, danke ich für die sorgfältige Arbeit bei der schwierigen Drucklegung.

Nürnberg, im März 1971 *Wilhelm H. Wacker*

Inhalt

Einleitung

Hypothese, Ziel und Plan der Untersuchung

Die Untersuchung geht von folgender General-Hypothese aus: Das Nutzenniveau einer Unternehmung – die Unternehmung verstanden als sozioökonomisch-technisches System –, ist abhängig von dem Grad der Rationalität der in diesem System von den Entscheidungsträgern getroffenen Entscheidungen; dieser Grad wiederum ist von der Beschaffenheit und potentiellen Wirksamkeit des Informationssystems abhängig. Im Kommunikationssystem wird das realisierbare Korrelat des Informationssystems bzw. des Informationserschließungssystems sichtbar. Trotz dieser engen Verflechtungen ist weder das Informationssystem identisch mit dem System der Unternehmung, noch die Entscheidung mit der Information, noch die Information mit der Kommunikation.

Es ist das Ziel dieser Arbeit, die Wesensmerkmale und Zusammenhänge des Informationssystems der Unternehmung in ganzheitlicher Blickrichtung zu erfassen und zu durchdringen. Die zu formulierenden Hauptprobleme des betrieblichen Informationssystems entsprechen einer betriebswirtschaftlichen Informationstheorie, einer Informationsbetriebslehre, der betrieblichen Informationswirtschaft, einer Theorie betrieblicher Daten- oder Informationsverarbeitung, der Betriebsinformatik, einer Theorie des Informationswesens oder einer Theorie des wirtschaftlichen Informationsumsatzes im Rahmen des Aktionsgefüges einer Unternehmung. Daraus können drei sich ergänzende Ziele abgeleitet werden:

- Verdeutlichung des Informationssystems als eine Methode, die es erlaubt, die Unternehmung in ihren wesentlichsten Zügen zu beschreiben.
- Versuch einer Konzeption zur Einordnung der auseinanderfließenden partiellen Forschungsergebnisse und -bemühungen im Bereich der betriebswirtschaftlichen Informationstheorie.
- Streben nach einer pragmatischen Orientierungshilfe bei der Schaffung, Umgestaltung oder Verbesserung von entscheidungsorientierten Informationssystemen.

Im Hauptteil I werden grundlegende Einsichten in die Zusammenhänge des Themas zu gewinnen versucht, die nicht nur die Weichen stellen, sondern mitten in die Untersuchung hineinführen, zumal die allgemeinen und speziellen Erkenntnisse über das Informationssystem der Unternehmung noch relativ ungesichert sind. System und Information werden als Grundbegriffe der Arbeit vorgestellt; für das Wesen des betrieblichen Informationssystems sei eine Arbeitsdefinition skizziert. Die Ursachen des wachsenden Informationsbedarfs, die zur gedanklichen Konzeption und zum Ausbau von Informationssystemen geführt haben, sollen aufgezeigt werden. Hinweise zu den wesentlichsten bisherigen Lösungsansätzen und den offenen Hauptproblemen schließen sich an.

In den Hauptteilen II und III werden die wichtigsten mehr analytischen Problembereiche und Einflußgrößen der zu verbessernden Informationsarbeit behandelt. Dazu gehören die noch nicht hinreichend im Zusammenhang verfolgten Rollen der Information im Entscheidungssystem der Unternehmung sowie die Grundfragen des Informationsbedarfs und der Informationserschließung. Den Zusammenhängen zwischen Entscheidung und Information kommt eine zentrale Bedeutung zu. Ausgehend von der Struktur des Entscheidungssystems werden die entscheidungsorientierten Rollen der Information, die Rollenvarianten und schließlich die interdependenten Rollen der Information im Entscheidungssystem untersucht. Die Grundfragen von Informationsbedarf und Informationserschließung ergeben sich aus der Behandlung von Messung und Bewertung, den Analysen der Bedarfsfaktoren, dem Informationsverhalten und den Regeln der Erschließung.

Im Hauptteil IV soll versucht werden, das Informationssystem der Unternehmung, ausgehend von den bis dahin gewonnenen Erkenntnissen in Verbindung mit charakteristischen integrationsorientierten Insystemen mehr synthetisch-dynamisch anzugehen. Dabei wird zwangsläufig die kontrolliert-prognostische Betrachtungsweise gegenüber der mehr ontologischen einen Vorrang haben. Mit den Aktionsräumen für Entscheidung, Information und Kommunikation sollen der zukunftsorientierten Integration zustrebende Beziehungslinien des Entscheidungs-, Informations- und Kommunikationssystems aufgezeigt werden. Dies bedeutet eine weitmöglichst organisatorische Verknüpfung der Informationsarbeit, ein Zusammenführen von Adressaten und Quellen, von Entscheidungsträgern mit den Entscheidungsgrundlagen, und zwar mit Hilfe von Information und Kommunikation.

Es ergibt sich somit folgende Kurzübersicht der zu behandelnden Probleme:

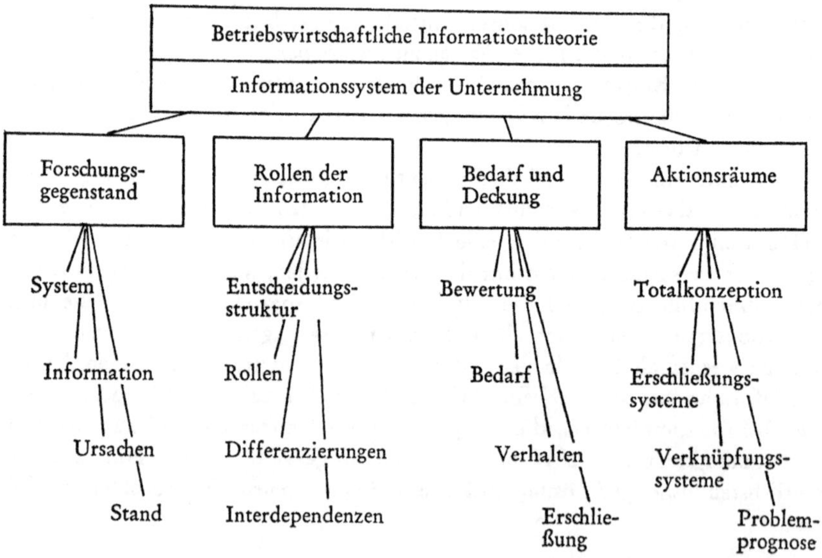

Der Abstraktionsgrad und das methodische Vorgehen entsprechen dem Bemühen, für das mit allen Erscheinungsformen der Unternehmung verknüpfte Informationssystem möglichst problemspezifische, überindividuelle, richtungweisende Aussagen zu gewinnen. Bei dem relativ weitgefaßten Thema steht der Ganzheitsaspekt im Vordergrund, im Gegensatz zu der bisher bevorzugten Kasuistik in dem zu untersuchenden Bereich. Zwischen Miniatur- und Globaltheorien sei einem Weg mittlerer Reichweite gefolgt. Soweit Grenzbereiche zu anderen Disziplinen zwangsläufig – die Arbeitsteilung weitgehend respektierend – berührt werden, so gleichzeitig in der Absicht, diesen Disziplinen aus dem Problemfeld des Informationssystems der Unternehmung möglichst gezielte Fragen vorzulegen. Der rote Faden folgt dem ökonomischen Bemühen, alte Strukturen in ihrer Rationalisierbarkeit und Kontrollierbarkeit zu verbessern und neue hierfür zu erschließen.

I. Informationssystem als Objekt betriebswirtschaftlicher Forschung

1. Informations- und kommunikationsbezogener Systemgedanke in der Betriebswirtschaftslehre

a) Ansätze der allgemeinen Systemtheorie

Wenn Begriffe in einem zu frühen Stadium der Operationalisierung zustreben, d. h. bevor die zugrundeliegenden Probleme hinreichend untersucht und formuliert wurden, kommt es dahin, daß sie ihren Zweck nicht voll erfüllen. Dieser Zweck besteht insbesondere darin, eine rationelle Arbeitshilfe bei der Analyse und Synthese komplexer Zusammenhänge zu sein. Die in diesem Sinne zu frühe Anwendung führt zu einer vorzeitigen Sinnentleerung, wie wir es z. B. bei den Begriffen Struktur, Modell [1] und insbesondere bei dem Begriff System heute beobachten können. Nicht von ungefähr hat gerade die Betriebswirtschaftslehre ein noch recht unsicheres Gebäude erkenntnishaltiger Begriffe. Das hängt nicht in erster Linie mit der Jugend [2] dieser Disziplin zusammen, sondern vor allem damit, daß ihre problemspezifischen Bereiche in einem von der Dynamik besonders geprägten Feld liegen. Aus der Not eine Tugend machen, bedeutet daher das Streben, den Wandel zum Leitprinzip zu erheben, wie es die Wendung »management by changes« schlagwortartig beleuchtet. Im interdisziplinären Ansatz der allgemeinen Systemtheorie und der wichtigsten Ableitung, dem kybernetischen System, begegnet uns eine Parallele, ein Denkstil, der nahezu alle Disziplinen erfaßt hat. Information und Kommunikation spielen dabei eine existentielle Rolle.

Im System drückt sich zunächst das fruchtbare Streben aus, aus Einzelheiten nach Prinzipien ein – wenn auch offenes – Ganzes zu ordnen. Jede Theorie soll in diesem Sinne eine logisch entwickelte Ganzheit von Sätzen, Gesetzen, Grundsätzen, Regeln, Strukturen, Mustern, Methoden und erkenntnishaltigen Begriffen sein.

Die allgemeine Systemtheorie, wie sie von Küpfmüller [3] und Bertalanffy [4] begründet wurde, enthält zwar implizite diesen mehr heuristischen Gesichtspunkt, geht aber von einem anderen Ansatz aus. Sie will einen systematisch-theoretischen Rahmen schaffen, der vorrangig der allgemeinen Erklärung von Beziehungen der empirischen Welt dienen soll [5]. Dabei kann es sich um klassifikatorische, typologische oder morphologische Merkmale handeln [6], welche gestatten, die Extreme: »zu hohe Abstraktion ... und zu weitgehende Berücksichtigung von Details« [7] zu vermeiden.

[1] Vgl. zum Modell-Begriff Menges [Grundmodelle], S. 76 ff.
[2] Vgl. Oettle [Charakter], S. 241, und Čada [Aspekte], S. 241; vgl. andererseits Bellinger [Geschichte], S. 5.
[3] Vgl. Küpfmüller [Systemtheorie], S. 99 f.
[4] Vgl. Bertalanffy [Weltbild], S. 185 ff.
[5] Vgl. Johnson/Kast/Rosenzweig [Theory], S. 6, und Adam [Messen], S. 150.
[6] Vgl. Kosiol [Standort], S. 350. Zum Begriff der Typologie vgl. Czayka [Typologie], S. 259 ff., und Castan [Typologie], S. 9 ff.
[7] Mellerowicz [Unternehmenspolitik], Bd. I, S. 82.

Erst neuere Bestrebungen zielen darauf ab, den idealwissenschaftlichen Bereich bewußt in die Untersuchungen mit einzubeziehen [8]. Dies erscheint durchaus sinnvoll, zumal im Systemansatz in erster Linie eine bestimmte Art zu denken sichtbar wird [9]. Einen Zusammenhang als System zu bezeichnen, setzt voraus, dessen Beziehungen als zusammengehörig zu erkennen und anzuerkennen.

Die Systemtheorie untersucht, ausgehend von methodisch verwandten Bereichen, strukturelle Gemeinsamkeiten (Parallelen, Isomorphien, Homomorphien, Holomorphien) der Wissensgebiete und stellt allgemeine Beschreibungs- und Erklärungsmodelle bereit. Sie ist sofern Lehr- und Forschungsmethode zugleich. Im Vordergrund systemtheoretischen Denkens steht die Methode der Analogie, d. h. hier: Übertragung des formallogischen Inhalts eines Systems auf ein anderes System. Als Kriterium für eine Unterscheidung wird in erster Linie die dem System innewohnende Komplexität gewählt. Damit ist die Vielfalt der tatsächlichen und möglichen Beziehungen zwischen den Elementen oder Teilen eines Systems angesprochen. Ein System muß mindestens mit einer Gesamtheit oder Menge von zwei Elementen zu identifizieren sein, die zueinander in erkennbarer wechselseitiger Verbindung stehen [10] und die Zielintegration einer relativen Ganzheit ermöglichen. In der Beziehung zu diesem empirisch offenen »Ganzen« kann daher auch von funktionalen Verbindungen gesprochen werden.

Neben der Komplexität könnten oder müßten nach Kosiol [11] mindestens noch folgende, die sehr allgemeine Betrachtung vom System konkretisierenden Merkmale zugrunde gelegt werden: Realität, Objektart der Phänomenebene, Isolierbarkeit, Determiniertheit, Zielgerichtetheit, Informationsaustausch, Änderungstendenz, Gleichgewichtstendenz, Regeneration, Lernfähigkeit.

Ein jeweils zu untersuchendes System sei als Systemobjekt [12] bezeichnet; dieses Systemobjekt setzt sich aus unendlich vielen Teilsystemen, Untersystemen oder Insystemen zusammen und ist selbst umgeben von unendlich vielen Ober-, Super- oder Umsystemen [13]. Ein sogenanntes Gesamtsystem oder Totalsystem wäre daher zunächst nur als Systemobjekt zu deuten, das ohne nähere Angaben noch nichts aussagt. Die Systeme können in jeder denkbaren Gewichtung und Durchdringung miteinander verknüpft sein. Unter der Hypothese, daß es unendlich viele Systeme gibt (und die nach unendlicher Hierarchie aussehenden Fragestellungen sind gar nicht so selten; diese Fragen verursachen beim Erkenntnisprozeß in den einzelnen Wissensbereichen in der Regel erhebliche Schwierigkeiten) bedeuten System, Teilsystem (Insystem) und Element lediglich abgestufte Ringe oder Strukturen des gleichen Systemobjekts. Damit verbindet

[8] Vgl. Ackoff [System], S. 59; Boulding [Systems], S. 611.

[9] Vgl. Johnson/Kast/Rosenzweig [Theory], S. 3 und S. 327, sowie Beer [Decision], S. 242. Boulding [Systems], S. 602 ff.

[10] Vgl. Riester [Organisation], S. 325, und Adam [Messen], S. 12. Eine Sammlung von Beispielen aus der Literatur bringt Kosiol [Standort], S. 339. Vgl. auch Beer [Kybernetik], S. 24; v. Bertalanffy [Weltbild], S. 185 f.; Ackoff [Organizations], S. 27 f.; Wieser [Organismen], S. 13.

[11] Kosiol [Standort], S. 351 und 340.

[12] Mengentheoretisch wäre auch das Systemobjekt (so auch das sog. Nullsystem) als Teilmenge anzusehen.

[13] Vgl. Kosiol [Standort], S. 339; Beer [Kybernetik], S. 25.

sich die wesentliche Vorstellung von relativ offenen Systemen. Angewandt auf betriebswirtschaftliche Probleme könnte damit eine Abstufung der Relevanz zum Ausdruck kommen. Ohne diese Abstufung wäre eine Gleichsetzung von Insystem und Element möglich. Dem Problem Insystem – Element wurde bisher wenig Beachtung geschenkt [14]. Nach dem systemtheoretischen Ansatz kann es keine Elemente, sondern allenfalls Insysteme geben. Schließlich ist nicht sicher, ob die innerhalb der Kosmos-Hierarchie ineinandergeschachtelten Systeme tatsächlich die als unteilbar angesehenen Elementarteilchen im Atom als kleinste Elemente enthalten [15]. Für die betriebswirtschaftlichen Untersuchungen sei daher nur dann von Elementen gesprochen, wenn es sich, von der Führung der Unternehmung aus gesehen, um Teile in sachlicher und zeitlicher Sicht handelt, die nicht im Systemzusammenhang untersucht zu werden brauchen; Elemente sind somit die aus ökonomischer Sicht vernachlässigbaren Insysteme.

Die systemtheoretischen Erkenntnisse von Statik und Dynamik sind für betriebswirtschaftliche Untersuchungen von besonderem Wert. Sie fordern ein Überdenken der statischen und dynamischen Betrachtungsweise in der Betriebswirtschaftslehre. Der dynamische Aspekt bezog sich in der Betriebswirtschaftslehre vorwiegend auf die von Standpunkt zu Standpunkt sich verändernden sachlichen Interdependenzen, weniger auf die empirisch relevanten zeitlichen Interdependenzen. Der Vollkommenheitsgrad der Information ist dabei nur eine andere Betrachtung der von der Information vertretenen Sachverhalte.

Die Verdeutlichung zusammengehöriger Systembeziehungen bedarf der Herauslösung oder Heraushebung eines bestimmten Systemtyps aus der Systemhierarchie. Dieser allgemeine Systemtyp, d. h. das jeweils zu untersuchende System, sei mit Systemobjekt bezeichnet. Schematisch läßt sich dies mit den von Leibniz, Euler und Venn bevorzugten Diagrammen veranschaulichen:

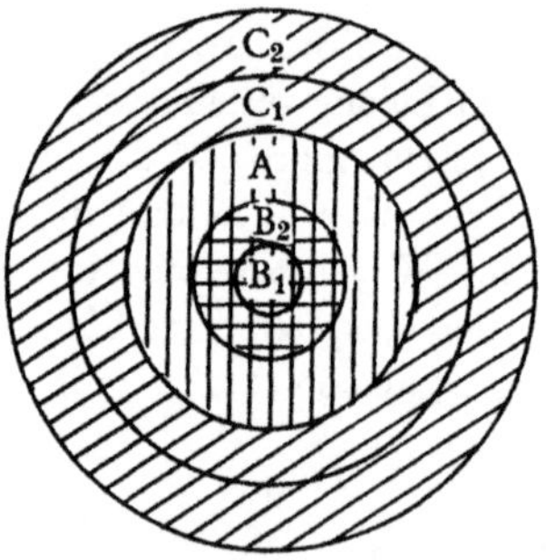

A = Das zu untersuchende System (Systemobjekt)

$B_{1,2}$ = Die Insysteme (Teilsysteme, Untersysteme, Subsysteme oder spezielle Systeme) von A

$C_{1,2}$ = Die Umsysteme (Umgebungssysteme, Übersysteme, Supersysteme oder allgemeinere Systeme) von A

Abb. 1: Systemhierarchie

[14] Vgl. jedoch Bleicher [Entwicklung], S. 3; Kade/Ipsen/Hujer [Modellanalyse], S. 5; Lindemann [Unternehmensführung], S. 25; Wegner [Systemanalyse], Sp. 1614.

[15] Vgl. hierzu auch Barnard [Functions], S. 78; Johnson/Kast/Rosenzweig [Theory], S. 5; Beer [Kybernetik], S. 24.

Für eine Konkretisierung könnte z. B. folgende Abstufung in Betracht kommen:

Informationssystem der Unternehmung = Systemobjekt (I)

Finanzielles Informationssystem Personelles Informationssystem Logistisches Informationssystem	Insysteme von I
Unternehmung Wirtschaft Organisation Kybernetisches System	Umsysteme von I

Im sachzeitlichen Zusammenhang treten die Insysteme miteinander in Beziehung. In allgemeiner Form, ohne Berücksichtigung des Gewichtes der einzelnen Insysteme, lassen sich die Systembeziehungen als miteinander verbundene Mengen darstellen:

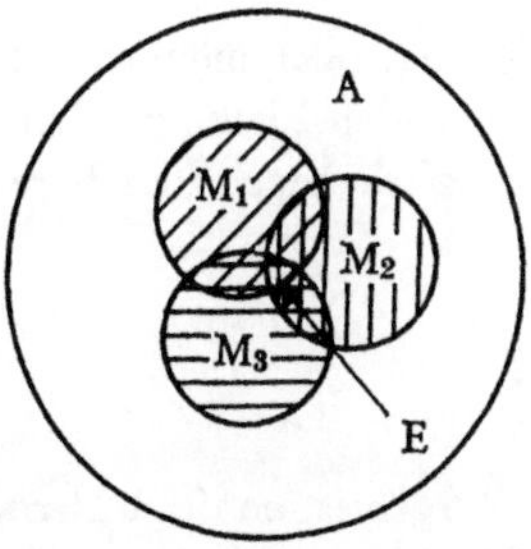

A = Systemobjekt
$M_{1,2,3}$ = Mengen 1 bis 3 = Insysteme von A
E = Gemeinsame Elemente von $M_{1,2,3}$; für dieses Feld gilt:
$(M_1 \cap M_2) \cap M_3$
$= M_1 \cap (M_2 \cap M_3)$
$= M_2 \cap (M_1 \cap M_3)$

Abb. 2: Systembeziehungen als Mengenverbund

Zur Darstellung der Elemente sei der Fall herangezogen, daß sich die Wege im Kommunikationssystem und Kompetenzsystem einer Organisation decken:

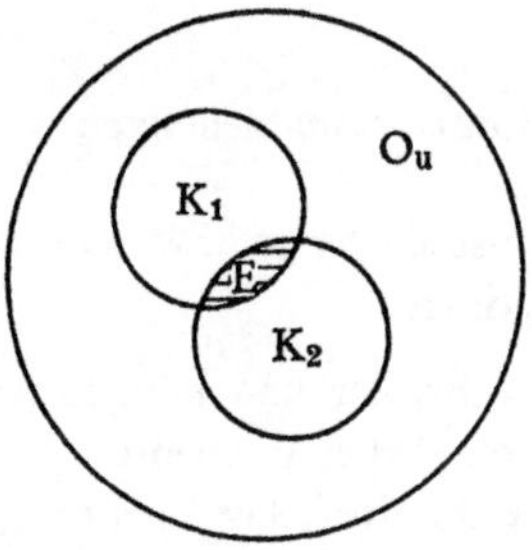

O_u = Organisation der Unternehmung
K_1 = Kommunikationssystem
K_2 = Kompetenzsystem
E = Die identischen Wege von K_1 und K_2

Abb. 3: Identität gemeinsamer Elemente

In den Bezugsrahmen der herkömmlichen Organisation der Unternehmung wurden nur die organisierbaren Systembeziehungen einbezogen. Die tatsächlichen Informations- und Kommunikationsbeziehungen gehen nicht nur »intern« darüber hinaus, sondern auch »extern«, wie etwa die Verbindung mit Beratern, Kunden, Lieferanten,

Kapitalgebern, Staat, zeigen. Die Insysteme des »Informationssystems« treten zu dieser »Umwelt« selbst in Beziehung:

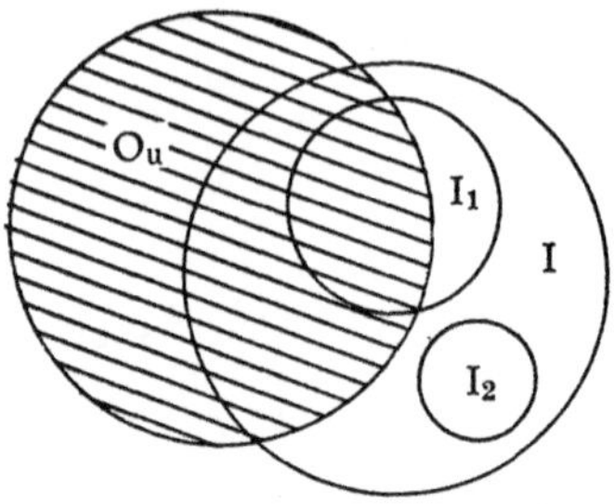

O_u = Herkömmliche Organisation der Unternehmung
I = Informationssystem
I_1 = Insystem von I (z. B. Informationsbeziehungen zu Kunden)
I_2 = Insystem von I (z. B. die die Unternehmung mittelbar betreffenden Informationsbeziehungen zwischen Kunden oder zwischen Kunden und Banken)

Abb. 4: Organisation und Informationssystem

Treten die zwar relativ unbestimmten, aber denkbaren oder möglichen Systembeziehungen der Zukunft im Sinne eines ökonomisch sinnvollen Planungszeitraumes in den Blickkreis, so lassen sich die hierin vor allem strategisch angelegten Bereiche systemtheoretisch wie folgt veranschaulichen:

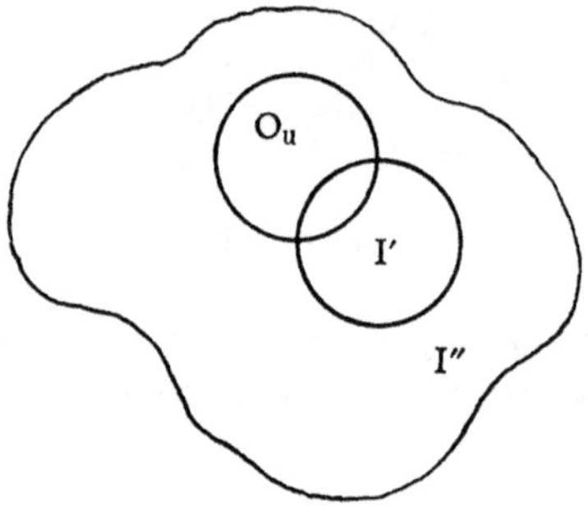

O_u = Organisation der Unternehmung
I' = Bisherige Informationsbeziehungen
I'' = Erwartete oder mögliche Informationsbeziehungen

Abb. 5: Bisherige und erwartete Informationsbeziehungen

Die heute in den Vordergrund gerückten ökonomischen Systeme [16] werden mit ihren wesentlichsten Elementen oder Objekten gekennzeichnet:

Mensch–Maschine-System (Kombination natürlicher und künstlicher Elemente)
Mensch–Mensch-System (Kombination soziologischer Elemente)
Maschine–Maschine-System (Kombination technologischer Elemente)

oder mit den wichtigsten Beziehungen:

sozioökonomisches System
sozioökonomisch-technisches System

[16] Vgl. zur »Dreiteilung des formalorganisatorischen Gestaltungsfeldes«, Schwarz [Betriebsorganisation], S. 21 f.

Der Standort und die Verflechtung dieser Beziehungen sollen in folgendes Diagramm eingeordnet werden:

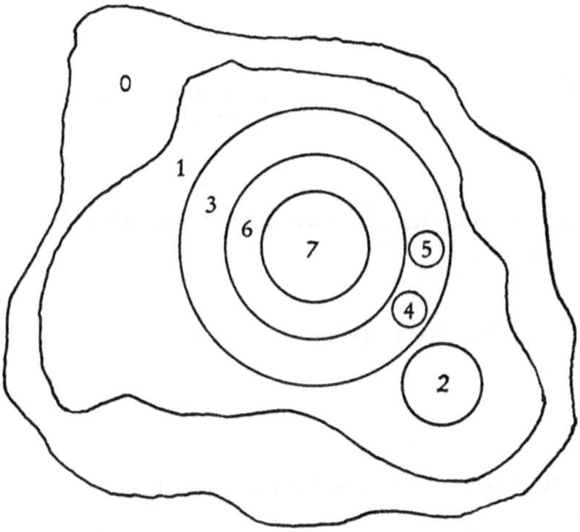

0 = Allgemeine Systeme
1 = Kybernetische Systeme
2 = Organismen
3 = Organisationen
4 = Mensch–Mensch-Systeme
5 = Maschine–Maschine-Systeme
6 = Mensch–Sachmittel-Systeme
7 = Unternehmungen

Abb. 6: Standort der ökonomischen Systembeziehungen

Mensch–Maschine-Systeme und Maschine–Maschine-Systeme sind Grenzfälle; für die Unternehmungen ist das Mensch–Maschine-System repräsentativ [17]. Bei Organisationen sind regelmäßig Menschen und »Maschinen«, d. h. Sachmittel oder technische Hilfsmittel beteiligt [18].

Die Untersuchung der dynamischen Zusammenhänge in Mensch–Maschine-Systemen steht am Anfang einer noch nicht zu übersehenden Entwicklung. Dynamisch gesehen, hängt »alles mit allem zusammen«; die Frequenz und Veränderung der Beziehungen ergibt eine ungeheure Vielfalt [19]. Die möglichen Aktionsstellen und Kanäle werden benützt; das dynamische System »arbeitet, operiert, tut etwas« [20].

Diese, in größeren Unternehmungen rasch komplex werdende Vielfalt der Beziehungen sei an einem auf wenige Aktionsstellen begrenzten Beispiel formal demonstriert [21]: Bei drei Aktionsstellen (Elemente = n = 3) in einem Einwegsystem ergeben sich drei Kommunikationskanäle, in einem Zweiwegsystem sechs. Werden im Zweiwegsystem jeweils nur zwei Beziehungsarten unterstellt – in Wirklichkeit sind es in der Regel weit mehr – so ergeben sich bereits 64 Beziehungsmodalitäten.

[17] Vgl. Grochla [Automation], S. 94 f.

[18] Die bei Wiener und Kosiol verwendeten programmatischen Begriffe »Mensch–Maschine-System« und »Mensch–Aggregate-System« sind in der gleichen Richtung zu interpretieren. Die Unterschiede beruhen auf der Gewichtung der jeweils beteiligten Sachmittel.

[19] Johnson/Kast/Rosenzweig [Theory], S. 76.

[20] Beer [Decision], S. 250 ff. Zum Ordnungsgrad von Systemen vgl. Mirow [Kybernetik], S. 30 ff.

[21] Vgl. hierzu insbesondere Beer [Decision], S. 246 ff., und Känel [Operations], S. 34, sowie das eingrenzende Prinzip von Bellman [Programmierung], S. 130. Vgl. zur Optimierung komplexer Systeme Künzi/Tan [Optimierung].

Einwegsystem 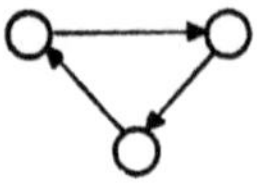 $\frac{n(n-1)}{2} = \frac{3(3-1)}{2} = 3$ Kommunikationskanäle

Zweiwegsystem 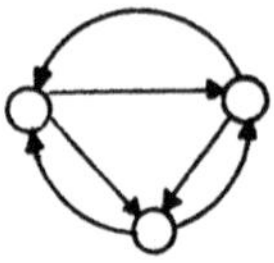 $\underline{n(n-1)} = \underline{3(3-1)} = 6$ Kommunikationskanäle

Zweiwegsystem mit zwei Aktionsstellen und jeweils zwei Beziehungsarten (Erscheinungsformen, Zustände, Informationsarten):

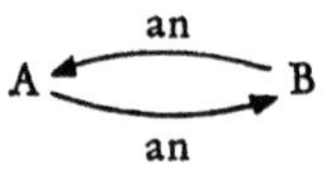

Beide Kanäle in Aktion = 1

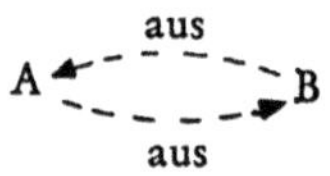

Beide Kanäle nicht in Aktion = 1

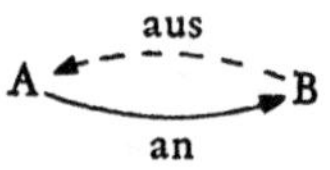

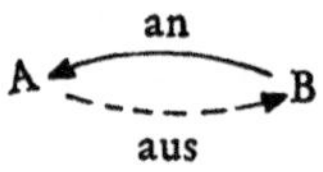

Beide Kanäle alternierend in Aktion = 2

Σ 4

oder allgemein $s^u = e$

s = Beziehungsarten
u = Kanäle
e = Varietät

Somit ergeben sich in einem Zweiwegsystem mit drei Aktionsstellen (u) bereits 64 Beziehungen:

$$\text{Varietät (e)} = s^u = 2^6 = 64.$$

Bei sieben Aktionsstellen wären es dann $2^{42} = 1\,000\,000\,000\,000$.

Beim Zusammenwirken mehrerer Systeme kommt nun nicht etwa eine additive, sondern eine multiplikative Wirkung in Betracht. Diese Auswirkungen lassen die Vielfalt der Beziehungen in und zwischen Insystemen besonders deutlich werden. Allgemein gilt dabei

$$e = s^n \cdot s^m = s^{n+m}$$ n, m = Kommunikationskanäle der verbundenen Systeme n und m.

Bei zweiwertigen Beziehungen somit $\log_2 x$; für $n + m = x$.

Bei der Annahme, daß die demonstrierten Fälle mit zwei und drei Aktionsstellen als Systeme zusammenwirken, ergibt sich demnach die Varietät (e) aus $\log_2 8$
$= 256; x = s^n \cdot s^m = 2^{2+6}$.

Wenn auch die zwei grundsätzlichen Arten der Kanalbenützung ihre besondere Bedeutung haben [22] kann allein schon ein Kommunikationskanal A→B für sich auf ganz unterschiedliche Art und Weise in Anspruch genommen werden. Die Beziehung A→B könnte z. B. bedeuten [23]:

- A kann Information an B senden
- A ist verpflichtet, bestimmte Informationen an B zu senden
- A hat die Aufsicht über die Tätigkeit von B (Kontrolle)
- A hat die Macht, das Verhalten von B zu programmieren (Weisungsbefugnis)
- In bezug auf ein formales, institutionalisiertes System von Rangordnungen hat A den höheren Rang als B
- A wird von B die höhere Autorität eingeräumt (informale Anerkennung von Sachkenntnis, Erfahrung, Alter, Rang)
- A ist für B verantwortlich

Diese Demonstration könnte nicht nur in primär soziologischer Hinsicht, sondern auch im Hinblick auf die ökonomisch relevanten Informationsarten, wie z. B. Anweisungen, Berichte; Beschaffungsinformationen; Koordinierungsinformationen, beliebig ergänzt werden. Die Grenzen der beteiligten Kapazitäten bleiben dabei allerdings außer Betracht.
Werden somit nicht nur die grundsätzlichen beiden Erscheinungsformen bei »Annahme zweiwertiger Logik« [24] berücksichtigt, sondern alle denkbaren oder nur die wesentlichsten Beziehungsmodalitäten, dann wird ein weiteres Mal deutlich, warum die Unternehmung ein komplexes System ist. Als besonders komplex sind daher die Informationsbeziehungen in den Konzernen und internationalen Unternehmungen [25] zu bezeichnen mit recht heterogenen Insystemen von unterschiedlich hoher Zielstrebigkeit. Jede Änderung einer Wegebenutzung stellt die Weichen des ganzen Systemobjekts um. Damit ist allerdings über die Bedeutung oder Gewichtung der Auswirkungen einer Weichenstellung noch nichts ausgesagt.
Die systemtheoretische Sicht kann somit, trotz ihres realistischen Ansatzes: Alles hängt mit allem zusammen, nicht bedeuten, gegenüber dem Chaos der Wirklichkeit zu resignieren. Nicht alle Beziehungen haben die gleiche Relevanz. Die Betrachtung von

[22] Vgl. etwa die Möglichkeit der Kanalbenützung A ⇄ B oder die Wirkungen des dualen Zahlensystems oder noch allgemeiner: das Dualitätstheorem.
[23] Vgl. Rittel [Hierarchie], S. 46. Vgl. auch die Gliederungen der »Verbindungswege« bei Schnutenhaus [Organisationslehre], S. 153 ff., und bei Berthel [Informationen], S. 34 ff., Holzinger [Verbindungswege], S. 19 ff., sowie Beer [Decision], S. 252, und das Beispiel bei Churchman/Ackoff/Arnoff [Operations], S. 92. Vgl. auch die Ansätze im Rahmen der »Organisationskybernetik«, Stachowiak, Sp. 1145 ff., und Adamowsky [Organisationsformen], S. 1 ff.
[24] Vgl. Känel [Operations], S. 34 ff.
[25] Vgl. Sieber [Unternehmung], S. 67.

überschaubaren Ausschnitten muß vielmehr von Niveau zu Niveau sowohl spezialisierend als auch verdichtend immer wieder relativ neu ansetzen. Das gilt in gleicher Weise für die allgemeine wie für die spezielle Methodologie. Diese Auswahl ist andererseits notwendig, wenn eine Analyse zu einem Abschluß kommen soll [26].
Immerhin wird bei diesen Überlegungen verständlich, daß systemtheoretische Untersuchungen noch vorwiegend von der Fiktion statischer und geschlossener Systeme ausgehen, d. h. zugleich ohne Einbeziehung der Aktionsstellen und outsider in die Veränderung. Erst im Ausmaß von Frequenz und Änderung der systemrelevanten Beziehungen kommt die Dynamik zum Ausdruck. Mit der Frequenz und Änderung in Zeit und Raum verschieben sich Stellen- und Ablaufstrukturen; letztere in der Regel allerdings zwangsläufig schneller als erstere.
Die Entwicklung der Systemtheorie stellt ein Gegengewicht gegen die hochspezialisierten Disziplinen dar im Sinne einer restitutio ad integrum. Die systemtheoretischen Ansätze dienen neben einer Integration des allgemeinen Weltwissens der Förderung des interdisziplinären Gedankenaustausches [27] und der Entwicklung einer mathesis universalis [28]. Sie übernehmen damit Aufgaben in methodischer, sachlicher, theoretischer und praktischer Hinsicht, die philosophischen Zielsetzungen entsprechen. Es könnte darin auch ein Kristallisationspunkt für eine »aus der Philosophie entlassene« allgemeine Methodenlehre erblickt werden [29].
Ähnlich wie bei der allgemeinen Organisationstheorie sind bei der allgemeinen Systemtheorie die Arbeitsbereiche der Betriebswirtschaftslehre ein bevorzugtes Operationsfeld. Das System ist unter anderen Bezeichnungen in fachlich abgewandelter Form schon längst wirksam geworden. Was für die Betriebswirtschaftslehre die Organisation ist, ist für die Metallurgie das Gefüge, für die Chemie die Struktur und Konfiguration, für die Psychologie und Biologie die Konstitution und Ganzheit, für die Astronomie der Aspekt und für die Mythologie die Gestalt. Hier werden die konstitutiven Merkmale des Systems schärfer konkretisiert.

Der Systemzusammenhang [30] kann nach Beer in drei Stufen erkannt werden:

- Erkennen einer bloßen Ansammlung
- Entdeckung eines Musters, einer Systematik
- Erkennen des Zwecks und damit des Systems

Es ist aber auch der umgekehrte Weg denkbar, der von der dritten zur zweiten Stufe führt.

[26] Seiler [Systems], S. 7.
[27] Vgl. hierzu, ausgehend von operations research, Wittmann [Betriebswirtschaftslehre]. S. 296.
[28] von Bertalanffy [Weltbild], S. 187.
[29] Mit der Systemtheorie sollen Werkzeuge zur Analyse komplexer interdisziplinärer Sachverhalte (System Analysis) bereitgestellt und Methoden für den Entwurf, die Planung und die Bewertung von Systemen (System Design) gefunden werden, gleichgültig ob die Bemühungen ausgehen von Operations-research, Kybernetik, mathematischer Kommunikations- und Informationstheorie oder dem Human Engineering: Bahrdt [Eindrücke], S. 24. Die Systemtheorie führt somit zwangsläufig zu rationaleren Verhaltensweisen.
[30] Zum entscheidungsorientierten Systemansatz vgl. Steiner [Management], S. 390 ff.

b) Die Unternehmung als kybernetisches System (Kontrollsystem)

Das bis heute von der Kybernetik noch nicht hinreichend gelöste Ausgangsproblem ist die Grenzziehung für das jeweils zu untersuchende System, das Systemobjekt, unter Einbeziehung realistischer Bedingungen [31]. Die Untersuchungen lehnen sich daher vorwiegend mit unbedeutenden Erweiterungen an bereits bestehende Grenzziehungen an, wie z. B. an die »Organisation« der Unternehmung [32] bzw. Teile davon. Das erscheint zunächst zweckmäßig, denn die vorausgegangenen Erörterungen ließen bereits erkennen, welche Vielfalt allein schon innerhalb dieses Bezugsrahmens in sachlicher und zeitlicher Hinsicht vorhanden ist. Selbst diese operationaleren »Innenbeziehungen« blieben in ihrem Zusammenwirken relativ unerforscht, wie etwa die Informations- und Kommunikationskapazitäten der beteiligten Aktionsstellen und Wegesysteme. Durch die Hereinnahme der schwächer quantifizierbaren und organisierbaren, aber strategisch bedeutsamen »Außenbeziehungen« in einen erweiterten Systemansatz wird die bereits vorhandene Vielfalt unmittelbar vervielfacht.

Somit kommt zunächst in operativer und operationaler Sicht für die Vor- und Rückkopplungsprozesse [33] primär die Kontrolle der Ziel-Konsistenz und Ziel-Adäquanz getroffener Entscheidungen in Betracht [34]. Dabei wird davon ausgegangen, daß die Zielbildungsprozesse nur schwach operationalisierbare Kontrollbereiche enthalten.

Zielbildung	Zielerreichung
… ——————→ …	——————→ …
Vorwiegend nichtoperationale Kontrollbereiche	Vorwiegend operationale Kontrollbereiche

Ziele und Zieländerungen müssen daher dem Kontrollsystem vorgegeben sein. Prinzipiell bestimmend für dieses Kontrollsystem ist das Gesetz der Mindestvarietät [35]. Danach ist der aufzubauende Kontrollmechanismus abhängig von der bereits besprochenen Systemvarietät.

[31] Vgl. hierzu die Überlegungen von Irasek [Unternehmen], S. 14 ff.

[32] Lindemann [Unternehmensführung], S. 25 ff., versucht, das Problem mit folgender Umschreibung anzugehen: »Das ›Unternehmen in seiner wirtschaftlichen Umwelt‹ als kybernetisches System«. Allerdings ist für die Unternehmung nicht nur die »wirtschaftliche Umwelt« relevant.

[33] Gregory [Management], S. 23, weist zutreffend darauf hin, daß es sich in Anlehnung an den Entscheidungsprozeß nicht nur um Rückkopplungen, sondern auch um Vorkopplungen und in Entscheidungsnähe um Oszillationen handeln kann.

[34] In der Bezeichnung »management-control-system« kommt dieser Sachverhalt treffend zum Ausdruck. Es handelt sich um ein »Steuerungssystem« bzw. ein System mit »Zieleingabe«: vgl. Flechtner [Grundbegriffe], S. 9 u. S. 38. Vgl. außerdem den Ansatz bei Vogler [Unternehmung].

[35] Es geht in seiner allgemeinen Form auf Ross Ashby zurück. Vgl. Beer [Decision], S. 279: »Law of requisite variety« und Känel [Operations], S. 35 ff.: »Theorem ausreichender Varietät«.

Mit Hilfe der Kybernetik [36] läßt sich somit »eine spezifische Art der Betrachtung von Systemen« [37] gewinnen, eine Aufklärung der Verhaltensweisen erkannter Systeme [38]. »Die Axiome des kybernetischen Denkstils« sind »das gedankliche Konzept des Systems und die Dualität von Information und Entscheidung« [39]. Die Voraussetzungen der Kybernetik als einer allgemeinen Theorie sind die Regeltheorie und die mathematisch-statistische Informations- und Kommunikationstheorie. Mit der schärferen Fassung dieser Voraussetzungen war es möglich, Prozesse in chemischen, biologischen, mechanischen und sozialen Systemen unter eine allgemeine Theorie zu subsumieren [40].
Die Systemarten der Kybernetik werden nach der Art der Steuerung und Regelung mit Hilfe von Informationen im Sinne der mathematischen Informationstheorie unterschieden. Die technisch-mathematische Kybernetik strebt nach Erschließung logischer Strukturen zur automatischen Regelung und Steuerung von Prozessen [41]. Auf betriebswirtschaftliche Sachverhalte übertragen, könnten Steuerung mit Durchsetzung von Entscheidungen und Regelung mit Entscheidungsvorbereitung auf Grund von Kontrollinformationen interpretiert werden. Vielfach ist auch die spezifische Art der Informationsübermittlung konstitutiv. Die kybernetischen Systeme sind auf den Kontrollaspekt ausgerichtete Beziehungsgefüge. Bei der Beurteilung der Erscheinungen hat zunächst mehr die mechanische Analogie des Regelkreises Pate gestanden, bis schließlich eine begriffliche Verallgemeinerung eintrat [42]. In noch umfassenderer Weise läßt sich dies bei der Systemtheorie verfolgen, ausgehend von der biologischen Homologie [43].
Die kybernetischen Systeme sind Spezialfälle der Systemtheorie; sie setzen stets Kommunikationsbeziehungen voraus. In den allgemeinen systemtheoretischen Ansätzen ist eine generelle Vorstufe zum Erkennen von Regelungstypen »komplexer« und »äußerst komplexer« Art zu erblicken. Nur mit der letzteren will sich die Kybernetik befassen.
Die dabei für die Betriebswirtschaftslehre maßgebende ideale Zielvorstellung ist: Möglichst vollständige Erklärung der Verhaltensvariablen eines Systems zur möglichst vollständigen Steuerung und Regelung eines vorhandenen oder angestrebten Systems. Die Soziologie dagegen beschränkt sich noch vorwiegend auf die Erklärung der Verhaltensvariablen in einem gegebenen Sozialsystem.

[36] Der Beginn kybernetischer Forschung wird zwar im allgemeinen mit Wieners Veröffentlichung »Cybernetics or Control and Communication in the Animal and the Machine« (1948) angesetzt; Wieser [Jahre], S. 13, weist aber mit Recht darauf hin, daß darin mehr anekdotische, doch kaum ernsthafte Arbeitsansätze enthalten sind. Vgl. andererseits die älteren Arbeiten zur Regeltechnik von Hermann Schmidt (1941).
[37] Schweiker [Grundlagen], S. 169; Flechtner [Grundbegriffe], S. 123 f.
[38] Vgl. Wieser [Jahre], S. 13.
[39] Känel [Operations], S. 33.
[40] Wieser [Kybernetik], S. 625 ff.; vgl. auch Kade/Hujer [Brücke], S. 67 ff.
[41] Vgl. hierzu z. B. Roling [Regeltechnik].
[42] Vgl. Kosiol [Planung], S. 391.
[43] Vgl. Bertalanffy [Weltbild], S. 185 ff.

Nach dem Schema von Beer ist die Unternehmung ein äußerst komplexes, probabilistisches System mit homöostatischem Charakter. Der äußerst komplexe Charakter des Systems der Unternehmung wird gefolgert aus der kaum überschaubaren Zahl der möglichen Informations- und Kommunikationsbeziehungen zwischen Stellen, Instanzen, Abteilungen, Linien, Stäben, den Funktions-, Verantwortungs- oder Aufgabenträgern, den vielfältigen Verarbeitungsprozessen, Input- und Outputfaktoren und den notwendigen Hilfsmitteln der Information und Kommunikation. Die Probabilität wird zurückgeführt auf die Unbestimmtheit und Unsicherheit der Umwelteinflüsse, denen das System Unternehmung ausgesetzt ist, und die sich daraus ergebenden Anpassungsprozesse über ein aktives und passives Anpassungsverhalten der Unternehmung.

Grad der Vorhersehbarkeit	Komplexitäts-Bereiche		
	Einfach	Komplex	Äußerst komplex
Volldeterminiert	Maschinen-Konfiguration	Digitaler Elektronenrechner	Unbesetzt
Probabilistisch	Statistische Qualitätskontrolle	Lagerhaltung	Unternehmung

Abb. 7: Klassifikation kybernetischer Erklärungs- und Regelungsprobleme*

Die zumindest gedankliche Übertragung der Homöostasie [44] (»Konstanthaltung«) wird im Zusammenhang mit möglichen Rückkopplungen gesehen, die innerhalb von Toleranzen, d. h. möglichst kleinen Abweichungen die Ausrichtung auf konkrete Ziele gestatten sollen. Dabei wird primär von den Zielen der Leitung ausgegangen. Der homöostatische Apparat soll ein Anpassungsverhalten, eine dynamische Stabilität innerhalb eines Schwellenbereichs ermöglichen. Der fortwährend aufzugebende und auf höherem Niveau anzusteuernde Gleichgewichtszustand setzt in besonderem Maße die Kenntnis der Kontrollvariablen (z. B. eine bestimmte Kapital- oder Bilanzstruktur; ein bestimmter Lager- oder Auftragsbestand) und der mutmaßlichen Ursachen einer Störung voraus.

* Vgl. Beer [Kybernetik], S. 33. Vgl. auch das Beispiel einer Unternehmung als »einfaches System mit drei Strömen« bei Eichenberger [Theorie], S. 165.

[44] Vgl. hierzu z. B. Heinen [Zielsystem], S. 194 f.

Sehr anschaulich demonstriert Hürlimann [45] die Übertragung der kybernetischen Konzeption auf die Gesamtprozesse in einer Unternehmung:

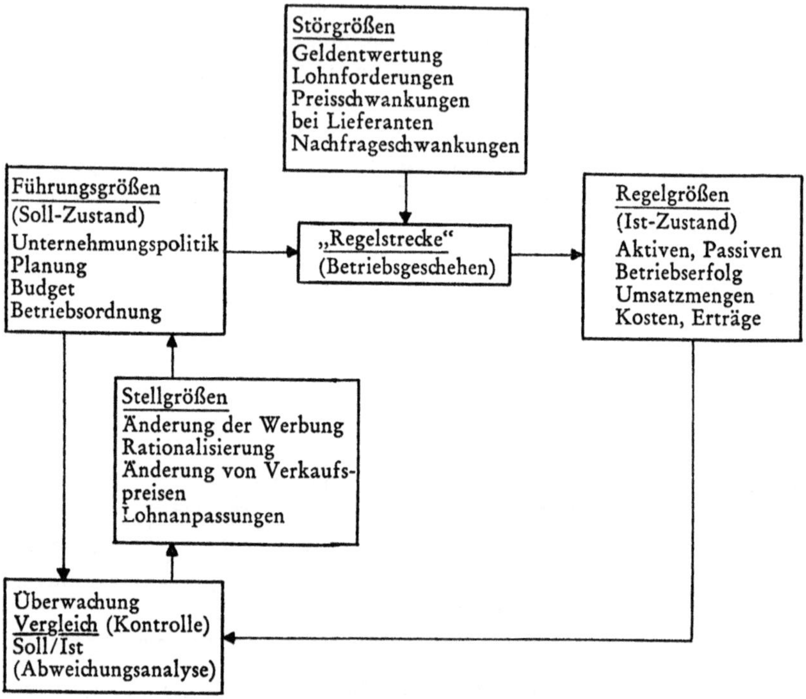

Abb. 8: Regelungskreislauf in einer Unternehmung

[45] Vgl. Hürlimann [Information], S. 356 (etwas modifiziert). Vgl. hierzu auch den allgemeinen Blockschaltplan eines Regelkreises (nach Roling, Regeltechnik, S. 13):

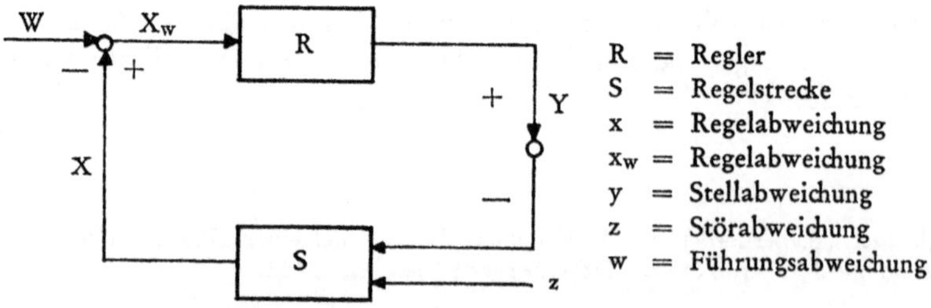

Abb. 9: Blockschaltplan eines Regelkreises

Die Störung kann auch als Anregung, Problem, Schwierigkeit oder Chance gedeutet werden [46]. Den stabilisierenden Prozeß bewirken bei der »automatischen Prozeßsteuerung« bzw. »selbsttätigen Prozeßführung« die Führungsgrößen, Steuergrößen, Regelgrößen und die Stellgrößen [47].

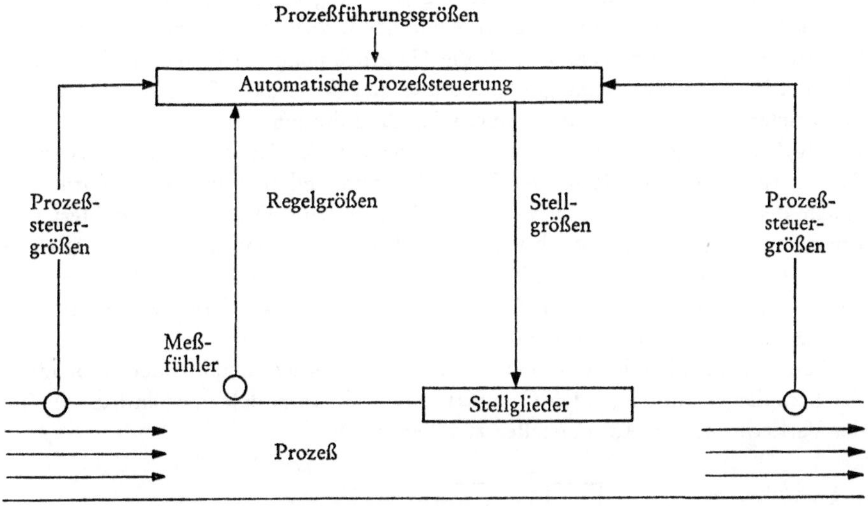

Abb. 10: Automatische Prozeßsteuerung

Die Unternehmung ist andererseits ein multistabiles oder polystabiles System auf Grund der Existenz ultrastabiler Systeme. Die Abteilungen einer Unternehmung stellen ultrastabile Systeme mit eigenen Zielen und Regelungsmaßnahmen dar. Dennoch sind sie integrierte Bestandteile des sozioökonomisch-technischen Systems der Unternehmung [48].

Ein markantes Beispiel für die Polystabilität ist der Dualismus zwischen Produktion und Absatz: Auf der einen Seite zeigt sich ein von der Fertigung her bestimmtes Streben nach Vereinheitlichung des Produktionsprogramms und auf der anderen Seite ein solches vom Absatzmarkt her bestimmtes nach Produktdifferenzierung. Besonders deutlich wird das polystabile Verhalten der institutionellen Bereiche oder Abteilungen, Produktion, Absatz, Personal und Finanzierung im Hinblick auf den zentralen Kom-

[46] Vorwiegend werden nur die negativen Abweichungen darunter verstanden; vgl. zur Systematik betrieblicher Störgrößen z. B. Koreimann [Störgrößen], S. 97 ff.

[47] Vgl. Steinbuch [Gesellschaft], S. 239 f. Vgl. die Rückkopplungsstufen bei Churchman/Ackoff/Arnoff [Operations], S. 109, und die Darstellungen bei Adam [Messen], S. 66; Grochla [Automation], S. 41, Kramer [Information], S. 169 f.

[48] Vgl. Riester [Organisation], S. 330.

plex des Lagers [49]. Es muß bei derartigen Zielkonflikten im »Kontrollbereich« ein übergeordnetes System vorhanden sein, das die Koordinierung der Insysteme besorgt: Die Leitung der Unternehmung. Gegenstand der Regelung in einer Unternehmung sind die Ströme von Realgütern, Arbeitsleistungen, Nominalgütern und Informationen, die über ein System von automatisierten, manuellen und gedachten Regelkreisen mit Hilfe von Informationen auf die Unternehmungsziele ausgerichtet werden sollen. Erkennbar ist hier bereits die passive und aktive Rolle der Information in diesem Prozeß. Offen bleiben muß allerdings zunächst, ob die Unternehmung »mehr eine reaktive als eine aktive Einheit« [50] ist. Strategische Impulse empfängt das offene System zweifellos von »außen«, bezogen auf die Konturen der Organisation.
Die Kybernetik ist ein interdisziplinärer Ansatz der Kontrolle. Das kybernetische System ist somit ein allgemeines Kontrollsystem und in konkreterer Form ein Insystem des Informations- und des Entscheidungssystems. Diese Sicht erleichtert wesentlich die Anwendung im betriebswirtschaftlichen Bereich und macht die Möglichkeiten und Grenzen rascher sichtbar. Die Kybernetik soll eine »funktionale Analyse des Verhaltens komplexer Systeme« und die Interpretation dieses Verhaltens gestatten. Ihre Vorgehensweise ist »statistisch und modellbildend« [51].
Im ökonomischen Bereich sind immer mehrere Regelkreise miteinander verbunden. Bei der komplexen integrierenden Organisationsarbeit ist es daher wesentlich, die Typen der Verflechtung von Aktionsstellen zu erkennen [52]:

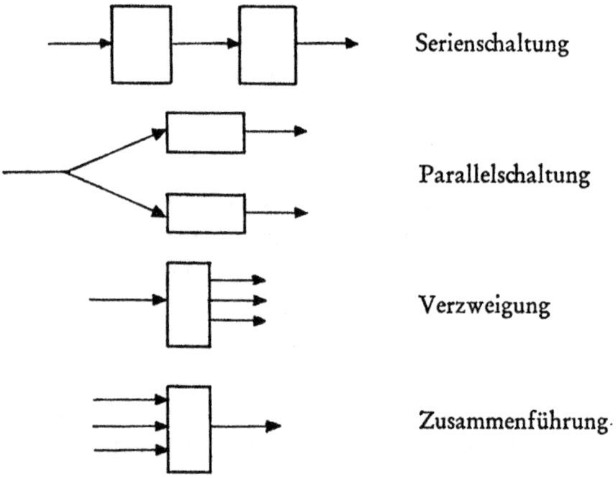

Abb. 11: Typen der Verflechtung von Aktionsstellen

[49] Dem Lagerkomplex galten daher auch die intensivsten Bemühungen von operations research. Vgl. hierzu Churchman/Ackoff/Arnoff [Operations], S. 34.
[50] Heinen [Zielsystem], S. 195.
[51] Wieser [Kybernetik], S. 631 f.
[52] Vgl. Stefanic-Allmayer [Kybernetik], S. 297; Churchman u. a. [Operations], S. 80 ff.; Holtgrewe [Automation], S. 41 f.

Abgesehen von den Bemühungen im ökonomischen Bereich, den Marktmechanismus als ein System von Regelkreisen darzustellen [53], wird versucht, die Unternehmung unmittelbar mit Hilfe kybernetischer Ansätze zu beschreiben [54]. Gleichzeitig ist das Bestreben erkennbar, die analytischen Modelle zu dynamisch-synthetischen weiterzuentwickeln. Nicht immer wird dabei streng zwischen gedanklichen Konzeptionen und möglichen Stufen der Realisierung unterschieden. Über eine Kasuistik sind wir im betriebswirtschaftlichen Bereich noch nicht hinausgekommen. Verbesserte Lösungen gehen Hand in Hand mit den Erkenntnissen der allgemeinen und ökonomischen Entscheidungs- und Informationstheorie.

[53] Hinweise auf die Überlegungen von Tustin, Föhl, Geyer u. a.; vgl. auch Meißner [Planung], S. 1140 ff. Die Unternehmung als Insystem der Gesamtwirtschaft wird z. B. von Kade/Ipsen/Hujer [Modellanalyse], S. 16, wie folgt beschrieben:

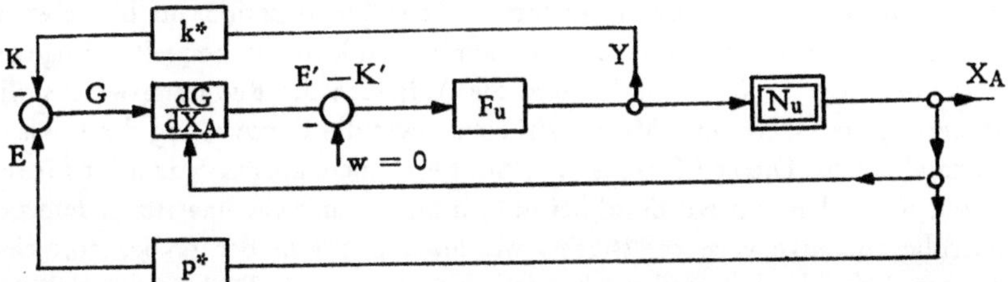

Abb. 12: Die Unternehmung als kybernetisches Insystem der Gesamtwirtschaft

Ausgegangen wird von einer zu maximierenden Gewinnfunktion G des Unternehmens in Abhängigkeit von den Erlösen E und den Kosten K der Produktion:

$$G = E - K = \text{Max!}$$

$$E = \sum_{i=1}^{n} x_i p_i = X_A \cdot p^* \qquad (i = 1, 2, \ldots, n)$$

$$K = \sum_{j=1}^{m} y_j k_j = Y \cdot k^* \qquad (j = 1, 2, \ldots, m)$$

Für die Transformation der Faktorinputs Y in Outputs X_A gilt die Rahmenbedingung einer gegebenen Produktionsfunktion:

$$X_A = f(Y)$$

Aus der Maximierungsforderung G = Max! wird die Sollwertbedingung für die Führungsgröße w des Regelkreises abgeleitet. Sie ergibt sich als

$$w = E' - K' = O$$

Die Regelgröße des Systems entspricht der Angebotsmenge X_A. Der Faktoreinsatz ist die Stellgröße, mit deren Hilfe der Unternehmer auf die Regelstrecke der Produktion über den Regler F_u einwirkt.
Der komplexe Einwirkungsbereich (Regelstrecke) wird durch das Systemelement der Produktionsfunktion beschrieben. N_u ist die nichtlineare Beschreibungsfunktion einer Transformation von Y in X_A.

[54] Vgl. insbesondere Forrester [Dynamics]; Blohm [Datenverarbeitung], S. 364 ff.; Beer [Kybernetik], [Decision], Nürck [Regelungsmaßnahmen], [Wirtschaftskybernetik]; Koreimann [Grundlagen], S. 617 ff.; Langen [Betrieb], S. 814; Kramer [Information], S. 174 ff.; Hartmann, V. R. [Betrieb], S. 65 ff.; Angermann [Kybernetik], S. 257 f.; Irasek [Unternehmung], S. 15 ff.

Die Konsequenzen aus der kybernetischen Betrachtungsweise können etwa so gezogen werden: Kybernetik und Systemtheorie sind interdisziplinäre Ansätze, die einer allgemeinen Methodenlehre zugehören. Mit der Kybernetik wird der Kontrollaspekt in allen Handlungsbereichen schärfer ins Bewußtsein gehoben. Es wird möglich, die auf diesen Gesichtspunkt bezogenen Methoden in anderen Disziplinen auf ähnliche Phänomene anzuwenden – evtl. unter Umgehung der reinen Begriffslogik, die diese Analogieschlüsse strenggenommen verbieten würde.
Die Kybernetik behandelt zwei Hauptprobleme: Einmal handelt es sich um ein miniaturtheoretisches Problem, den Kontrollaspekt (Nachmeldung, Rückmeldung, Rückkopplung, feedback), zum andern handelt es sich um ein globaltheoretisches Problem, nämlich die synthetische Berücksichtigung der Informationsbeziehungen in einem System. Die Ausdehnung im Sinne der Organisation ist unverkennbar. Die heute relativ organisierbaren und kontrollierbaren Systemobjekte stehen noch im Vordergrund. Die Kontrolle hat im Zusammenhang mit der Organisation im betriebswirtschaftlichen Bereich schon immer eine recht dominierende Rolle gespielt. Hingewiesen sei insbesondere auf die Organisation und die Aufgaben des Rechnungswesens, die Systematisierung von Wert- und Mengenströmen sowie die Entwicklung des Revisions- und Treuhandwesens. Dieser Effekt ist also nicht etwa neu, aber er war nicht für so wichtig angesehen worden und wurde schließlich im Sinne einer systematischen Führung durch Kontrolle zu lange vernachlässigt [55], wie andererseits in der Kybernetik eine Überbetonung des noch vorherrschend kasuistisch angegangenen Rückmeldegedankens innerhalb eines schmalen Zielbereichs festzustellen ist. Die Nutzanwendung für die Betriebswirtschaftslehre reicht von der technischen Hierarchie von Regelungssystemen (Automatisierung im Fertigungsbereich) bis zur gedanklichen oder formallogischen Übertragung kybernetischer Ansätze auf Führungs- und Denkprozesse unter horizontaler Verknüpfung von Informationen (Koordinierungsinformationen). Besondere Probleme ergeben sich aus der trotz Zielvorgabe vorhandenen Komplexität der Strukturen und aus der Anwendung der Kybernetik auf die Zielbildung, die peripheren Beziehungen und die formallogische Abbildung von Denk- und Entscheidungsprozessen.
Die Kybernetik führt grundsätzlich die Informations- und Kommunikationsbeziehungen und damit die Dynamik in die Organisationstheorie ein; der Kontrolleffekt, wenn auch nicht neu, wird stärker betont. Im zielgerichteten Kontrollsystem kulminieren die übrigen Systembeziehungen, weil sie Ausgangsgrundlagen und Mündungen der Kontrolle sind. Schließlich soll der weiterführende Kontrollaspekt das Anpassungsverhalten der auf Dauer angelegten Unternehmungen sicherstellen oder symbolisieren. Praktische Folgerungen aus dem kybernetischen Prinzip wurden zunächst vor allem im Bereich der Fertigungssteuerung [56] gezogen, der automatisierten Leistungserstellung und Lagerhaltung, so in Walzwerken, Automobilfabriken (Steuerung der Taktstraßen), in der chemischen Industrie, in Raffinerien, Kraftwerken, aber auch in wichtigen Teilen einzelner Produktionsprozesse bis hin zu einzelnen Maschinen, etwa Werkzeugmaschinen. Mit Hilfe der höheren Datentechnik (Computer) können z. B. heute aus

[55] Vgl. hierzu auch Auffassung von Schwarz [Betriebsorganisation], S. 26.
[56] Vgl. Hartmann [Business], S. 171; vgl. Dearden [Management], S. 128 ff.; und Wiener [Mensch], S. 168; Savas [Computer], S. 321 ff.

der Zeichnung die Daten für die Fertigung einer hochwertigen Fräsmaschine übernommen werden. In diesen Bereichen liegen die Informationen über Kapazitäten, Arbeitszeiten, zu produzierende Mengen, Einsatzmengen, für eine gewisse Zeit relativ vollständig vor. Die automatisierte Lagerhaltung gewinnt auch im Handel, nicht nur im Versandhandel, zunehmend an Bedeutung. In der automatisierten Qualitätskontrolle und in der Kontenführung der einzelnen Branchen stecken außerdem noch beträchtliche Rationalisierungsreserven. Aber auch in allen Betriebsgrößen und Branchen auftretende, zum Teil bisher unerkannte Probleme, werden neu beleuchtet und angegangen. In der industriellen Produktion sind noch große Bereiche der automatischen Steuerung zugänglich [57]. Der kybernetische Ansatz soll im Zusammenwirken mit der höheren Datentechnik die in der Unternehmung heute vorhandenen »erheblichen Steuerungsmängel« beseitigen helfen [58]. Aber zunächst ist selbst die kybernetische Steuerung materialer Prozesse auf Grund von täglich oder wöchentlich programmierten Marktdaten ein noch zu realisierendes Ziel. Die Formulierung der innerhalb fest vorgegebener Zielbereiche ablaufenden Regelungsprozesse ist die spezifische Aufgabe der dynamischen Programmierung. Die Änderungsgeschwindigkeit hängt jedoch nicht nur vom augenblicklichen Zustand, sondern auch von den Zuständen fest vorgegebener Zeitintervalle der Vergangenheit ab [59]:

$$\frac{dx}{dt} = g(x(t), x(t - t_1), \ldots, x(t - t_k), t)$$

oder von der Berücksichtigung der gesamten Vorentwicklung:

$$\frac{dx}{dt} = g(x(t), \int_{-\infty}^{t} x(s)\, dG_1(s, t), \ldots, \int_{-\infty}^{t} (x(s)\, dG_k(s, t), t)$$

Die gedankliche Konzeption oder die formallogische Übertragung des kybernetischen Denkstils erstreckt sich aber auch auf die Verdeutlichung von Führungsprozessen [60]. Blohm [61] entwickelte hierzu ein schematisiertes Beispiel, in dem die Unternehmung als ein System von Regelkreisen interpretiert wird (Abb. 13, S. 32).

Bei einer Hierarchie von Regelungssystemen in diesem Bereich kommt neben der Selbstkoordination einer horizontalen Verankerung von Informationen und Führungsgrundsätzen eine besondere Bedeutung zu.

Werden die betrieblichen Entscheidungsträger als Glieder von Regelungssystemen aufgefaßt, kommt es entscheidend darauf an, wie sie über Informationsbeziehungen zu-

[57] Brandt [Wende], S. 25.

[58] Lindemann [Funktionsmodelle], S. 431 f. Allerdings ist nicht sicher, ob sich die aus der »wirtschaftlichen Verflechtung«, »Differenziertheit der Produkte«, »Wandel der Konsumwünsche« herrührenden »Steuerungsmängel« damit beseitigen lassen.

[59] Vgl. Bellman [Programmierung], 21.

[60] Hax, H. [Koordination], S. 33 f.; Adam [Aspekt], S. 561 ff.; Hartmann, V. R. [Betrieb], S. 73 ff.; Koreimann [Grundlagen], S. 617 ff.; Kramer [Information], S. 174 ff.; Nürck [Wirtschaftskybernetik], S. 573 ff.

[61] Blohm [Datenverarbeitung], S. 365; derselbe [Metainformationen], S. 10, und [Kybernetik], S. 15 f. Das Schaubild erinnert nicht nur an die Hierarchie der Instanzen, sondern auch an ein hierarchisches System von Computern; vgl. etwa das Beispiel eines Stahlwerkes bei Arnand [System], S. 285. Vgl. auch Kramer [Information], S. 178.

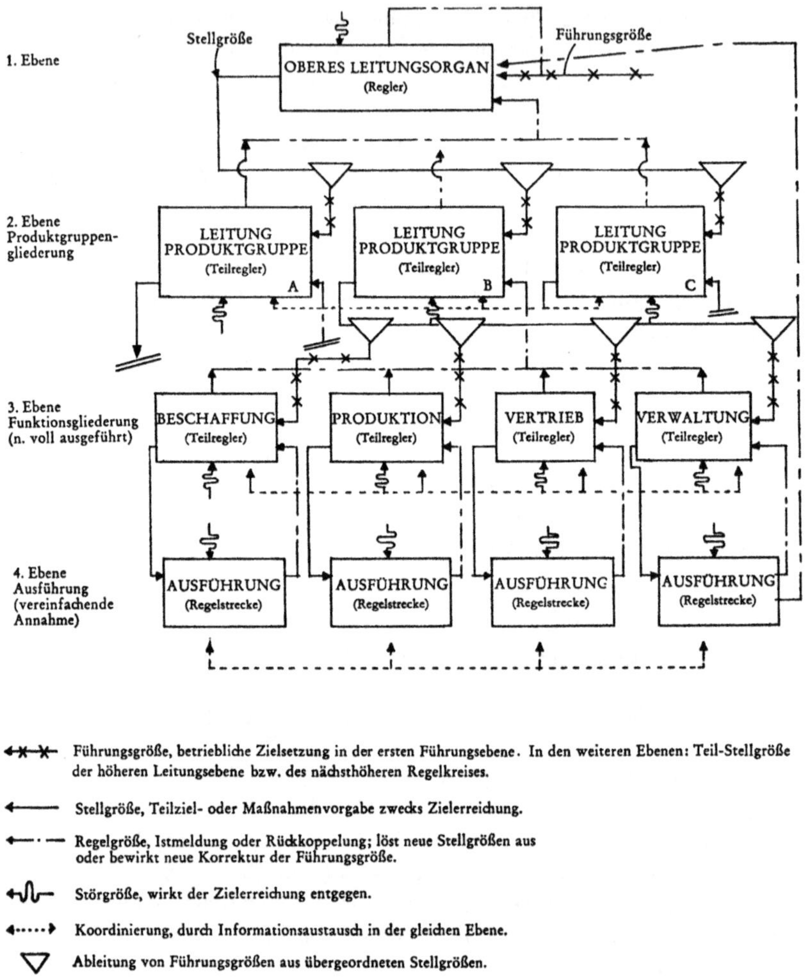

Abb. 13: Die Unternehmung als ein System von Regelkreisen

sammenzuwirken vermögen [62]. Die Vielzahl von Führungsgrößen bedingt eine Vielzahl von Regelungssystemen; eine Auswahl der relevanten Regelkreise ist daher notwendig, evtl. über eine Transformation in weniger komplexe Systeme [63]. Außerdem setzt dies die Operationalisierung der Regelstrecken voraus [64], d. h. die quantitative Analyse der Informationsbeziehungen. Dabei ist die Koordination ein entscheidendes Problem der organisatorischen Gestaltung dieser Beziehungen [65].

[62] Vgl. Kramer [Information], S. 174 ff.
[63] Vgl. Beer [Decison], S. 42 f.
[64] Vgl. Adam [Messen], S. 5.
[65] Vgl. Hax, H. [Koordination], S. 21 ff.

Ob allerdings allein der Beziehungsreichtum in diesem System ausschlaggebend und die Qualität der Elemente so nebensächlich sei [66], erscheint doch etwas unrealistisch. Den Beziehungsreichtum zu schaffen, zu erhalten, zu verbessern und zu steuern, hängt in der Unternehmung in erster Linie von *einem* Variablen-Komplex, nämlich von der Kapazität der Führungskräfte und ihrer Regenerationsfähigkeit ab [67]. Diese These wird noch zu sehr vernachlässigt. Schließlich hängt damit das Niveau der Kommunikations- und Koordinationsfähigkeit eng zusammen.

Abgesehen davon, daß die Modelle bis heute vorwiegend nur taktische, für eine gewisse Zeitspanne weitgehend determinierte Sektoren beleuchten, wird bei den kybernetischen Ansätzen das Phänomen der Zeit vernachlässigt, obgleich der dynamische Aspekt Pate stand, der doch ohne die Komponente Zeit nicht denkbar ist. Bezeichnend hierfür ist die DIN 19226, in der die Regelung mit »Konstanthaltung durch Rückkopplung« definiert ist. Dabei wird leicht übersehen, daß im Führungsbereich die Vorkopplungs- und Oszillationsvorgänge [68] wesentlich bedeutsamer sind. Der Entscheidungsträger schreitet mit der Wirkung seiner Handlung, seiner Entscheidung, seinem Zielentwurf in der Zeit fort; nur von da aus können Informationen aus dem Kontrollbereich überhaupt eingesetzt und Entscheidungswirkungen verändert werden. Die Unternehmung ist somit insgesamt gesehen, kein mechanischer Regelkreis, wovon etwa Forrester [69], Steinbuch und Beer [70] ausgehen [71]. Es ist wohl zutreffend, daß zunächst nicht die praktische Verwertbarkeit der Übertragung dieser Erkenntnisse im Vordergrund stehen kann, als vielmehr die gedankliche Konzeption. Insoweit kann tatsächlich von einer »nützlichen Verlagerung des Standortes des Betrachters« [72] gesprochen werden.

c) Weiterentwicklung der allgemeinen Organisationstheorie

Der Wirkungsbereich der allgemeinen Organisationstheorie blieb – im Gegensatz zur allgemeinen Systemtheorie – auf die empirische Welt beschränkt, und zwar hier auf die von Menschen geformten Ganzheiten; somit ist deren »Realgegenstand ... nicht ein naturgegebener, wie ihn die Naturwissenschaften bearbeiten, sondern ein vom Menschen geschaffener« [73]. An diesen Organisationen sind immer Menschen beteiligt [74],

[66] Vgl. Schweiker [Grundlagen], S. 119 f.

[67] Sieber [Ausbildung], S. 3, und Matz [Ausbildung], S. 7.

[68] Vgl. Gregory [Management], S. 16 und S. 23.

[69] Vgl. Forrester [Dynamics], S. 13. Eichenberger [Theorie], S. 166, identifiziert Industrial Dynamics mit »betrieblicher Kybernetik«, ausgehend von den Merkmalen: Betriebliche Struktur, Feed-back-Information, automatisierte taktische Entscheidungsregeln, Betriebsgeschehen im zeitlichen Ablauf. »Unternehmungen sind weder Mechanismen noch Organismen, sondern von Menschen geschaffene Gebilde sui generis.« Kosiol [Grundlagen], S. 15.

[70] Vgl. hierzu die »Skizze einer kybernetischen Fabrik«: Beer [Kybernetik], S. 171 ff.

[71] Vgl. hierzu auch Wild [Grundlagen], S. 198.

[72] Schweiker [Grundlagen], S. 170.

[73] Pleiß [Forschungsrichtungen], S. 667. Die Relativität ergebe sich aus dem »vorgegebenen Zweck« (S. 668). Die Hauptfigur sei der handelnde Mensch (S. 673). Vgl. auch Grochla [Automation], S. 124.

[74] Vgl. Barnard [Functions], S. 83.

weshalb die allgemeine Organisationstheorie prononciert mit einer allgemeinen Theorie sozialer Systeme identisch ist.

Dennoch werden diese Organisationen, die menschlichen Gestaltungsakten entspringen, heute so untersucht, »als ob« es unbekannte oder gerade entdeckte Systeme wären. Es gibt keine causa finalis, die das Geschehen von vornherein vorgibt. Bald nach dem Gründungsakt zeigen diese Gebilde eine bemerkenswerte Eigenständigkeit mit neuen, kaum gesehenen Beziehungsstrukturen, wie das etwa auch bei einer Norm zu beobachten ist, von der Radbruch meinte, sie sei dann schließlich »schlauer als ihr Gesetzgeber«.

Einen der Systemtheorie verwandten allgemeinen Ansatz gab es zunächst nur bei Bogdanow und Plenge. Die übrigen allgemeinen Organisationstheorien, etwa von Erdmann, Stefanic-Allmayer, Schnutenhaus, sind primär von der betrieblichen Organisation abgeleitet [75]. Dies gilt aber u. a. auch für die sog. allgemeinen Organisationstheorien von Barnard, March und Simon. Wirtschaftlich-technologische und soziologische Partialanalysen herrschen vor, und der Rahmen der Organisationsgebilde bleibt unscharf.

Bei der Weiterentwicklung der interdisziplinären allgemeinen Organisationstheorie handelt es sich vorwiegend um einen systemtheoretischen Neuansatz [76], der sich sowohl auf die Begrenzungslinie der relativen Ganzheit als auch auf die systemrelevanten Ziele, Informations- und Kommunikationsbeziehungen bewußt konzentriert [77]. Dieser ganzheitstheoretische Neuansatz verbindet sich mit einer Abkehr von dem universellen und grundsätzlichen »Oben« und »Unten« [78].

Dieses Bestreben ist nicht zuletzt auf das Bedürfnis nach Verbesserung der Zieladäquanz von Entscheidungen des Managements von Organisationen zurückzuführen, gleichgültig ob es sich dabei um öffentliche oder private Organisationen handelt. In der Zusammenführung von allgemeiner Organisationstheorie und Managementlehre [79] entwickelt sich der systemtheoretische Neuansatz der interdisziplinären allgemeinen Organisationstheorie zu einer fruchtbaren zukunftweisenden Synthese.

Damit ist es erforderlich geworden, die Ziele der Organisationen klarer zu definieren [80], die Informations- und Kommunikationsbeziehungen vollständiger und gründlicher zu durchleuchten und nicht vorhersehbare Probleme rationaler anzugehen und zu lösen [81].

[75] Vgl. zu den Entwicklungsstufen der Organisationstheorie Mayntz [Organisationssoziologie], S. 6 ff.; dieselbe [Beziehungen], S. 29 ff.

[76] Vgl. insbesondere den umfassenden Ansatz bei Luhmann [Funktionen].

[77] Vgl. Kreikebaum [Entwicklungstendenzen], S. 663 ff.

[78] Vgl. Bertalanffy [Weltbild], S. 188.

[79] Vgl. Perridon [Disziplin], S. 2020 ff.

[80] Vgl. Mayntz [Organisationssoziologie], S. 19.

[81] Vgl. Bössmann [Analyse], S. 45 ff.; Mayntz [Organisationssoziologie], S. 17.

d) Die betriebswirtschaftliche Organisationslehre in systemtheoretischer Sicht

Der Bezugsrahmen der betriebswirtschaftlichen Organisationslehre beginnt, sich in ähnlicher Richtung zu verschieben, wie das bei dem interdisziplinären Ansatz der allgemeinen Organisationstheorie der Fall ist. Einer Synthese zwischen Unternehmensführung und betriebswirtschaftlicher Organisationslehre liegt das System der Unternehmung (D) zugrunde:

System, Organisation, Unternehmung

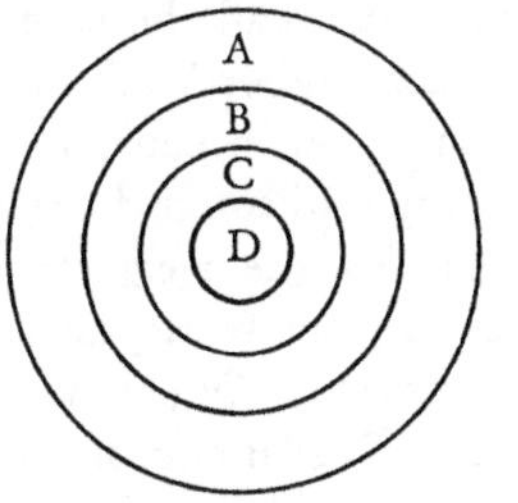

A = Allgemeines System
B = Kybernetisches System
C = Organisation
D = Unternehmung

Die scharfe Kritik an den Katalogen von widerspruchsvollen Organisationsgrundsätzen und dem Begriff der Organisation selbst [82] hat bisher der »Lehre« den einhelligen Aufstieg in die »Theorie« versperrt [83]. Einer ökonomischen Beurteilung von Unternehmungen kamen die in der betriebswirtschaftlichen Organisationslehre bislang vertretenen Ordnungsprinzipien denn auch kaum entgegen. Was nicht organisierbar und kontrollierbar schien, wurde ohnehin vernachlässigt. Die schon von Taylor und Fayol herausgestellten Organisationsstrukturen erwiesen sich zwar als flexibel, wurden jedoch kaum weiterentwickelt und operationalen ökonomischen Zielkriterien unterworfen.

Wenn das Management von Unternehmungen heute die Ganzheitsbetrachtung so nachhaltig unterstützt, so einfach deshalb, weil es eine Antwort auf die Frage finden möchte: Wie können die mehr und mehr auseinanderfließenden, komplizierter werdenden Strukturen steuerbar, kontrollierbar und funktionsfähig gehalten werden?

Die betriebswirtschaftliche Organisationslehre konnte daher nicht verharren bei unverbundenen Prinzipien, beim Kompetenzsystem oder sogar einer Identität von Kompetenz- und Kommunikationssystem, bei der Konzentration auf Organträger, Abteilungen und Aktoren im internen Bereich, einer monolithischen Entscheidungseinheit und bei singulären Entscheidungsprozessen, einer einheitlichen Willensbildung und Willensdurchsetzung, vollkommenen Information, planlosen Kommunikation und objektiven Rationalität.

[82] Vgl. Linhardt [Grundlagen], S. 11.

[83] Vgl. Albach [Theorie], S. 253 f.; Bössmann [Analyse], S. 40; Kosiol im Vorwort von Wild [Grundlagen], S. 7; derselbe [Organisation], S. 26. Wild [Grundlagen], S. 199 f., weist vor allem »auf die noch sehr geringe Zahl operational definierter quantitativer Begriffe« hin; vgl. auch derselbe [Bedeutung], S. 567 ff.; Stahlmann [Organisation], S. 45 ff.; Schweitzer [Anforderungen], insbesondere S. 290 f.

Sie wendet sich in systemtheoretischer Sicht der Organisation »als Quelle eigener Probleme« [84] zu, insbesondere der kollektiven Entscheidungsfindung und Willensdurchsetzung, der subjektiven Rationalität, der informalen Kommunikation, den schwächer organisierbaren Außenbeziehungen, Aufbau und Ablauf verschmelzenden dynamischen Beziehungen und einer zielgerichteten Institutionalisierung von Information und Kommunikation. Damit verbindet sich das Ziel, Erkenntnisse darüber zu gewinnen, wer in dem Mensch-Sachmittel-System der Unternehmung über Entscheidungen mit Hilfe von Information und Kommunikation mit welchem Grad der Rationalität wie zusammenwirkt, nicht zuletzt im Hinblick auf taktische und strategische Problemprognosen bzw. schwach vorhersehbare und kaum kalkulierbare Veränderungen. Eng damit zusammen hängt die Klärung organisatorischer Wachstumsprozesse [85]. Erst allmählich werden die formalen Organisationsregeln in einen Zusammenhang mit dem handelnden Menschen gebracht. Die entscheidungstheoretisch orientierte Organisationstheorie versucht, nicht nur die für gegebene Zwecke geeignete Organisationsform zu finden, sondern darüber hinaus, die bei gegebenem Wertsystem und gegebener Variationsbreite der Umwelt in Betracht kommende Organisationsform ausfindig zu machen [86]. Wertsystem, Variationsbreite und Organisationsform lassen sich als spezifische Informations- und Entscheidungszusammenhänge interpretieren. Die Frage der Beherrschbarkeit kontrollierbarer und weniger kontrollierbarer Vorgänge und Entwicklungen rückt in den Vordergrund [87]. Damit verwischen die methodischen Unterschiede zwischen Organisations- und Systemtheorie [88].

Ein wichtiges Übergangsstadium ist in diesem Zusammenhang die – neuerdings auch in Deutschland – zunehmende explizite Behandlung von Informations- und Kommunikationssystemen in der betriebswirtschaftlichen Organisations- und Unternehmensführungsliteratur [89]. Informations- bzw. Kommunikationssysteme werden zu »Bezugsgrößen der Organisationsanalyse« [90]. »Die betriebswirtschaftliche Organisationstheo-

[84] Vgl. Gutenberg [Unternehmensführung], S. 26; Hax, H. [Koordination], S. 14; Albach [Wirtschaftlichkeitsrechnung], S. 134.

[85] Vgl. Bössmann [Analyse], S. 152.

[86] Vgl. Gäfgen [Theorie], S. 198; zur Bindung der organisationstheoretischen Aussagen an die jeweilige Entscheidungssituation vgl. Albach [Theorie], S. 241.

[87] Eckner [Berichtswesen], S. 11.

[88] Vgl. Grochla [Automation], S. 124; Hill [Entwicklung], S. 255 ff.; Grochla [Systemtheorie], S. 1 ff.

[89] Vgl. z. B. Marschak [Theory], S. 187 ff.; Prince [Information], S. 55 ff.; Dearden/McFarlan [Management], S. 3 ff.; Gutenberg [Unternehmensführung], S. 130 ff.; Kosiol [Organisation], S. 178 f., Stahlmann [Organisation], S. 162 ff.; Häusler [Grundfragen], S. 69 ff., Berthel [Informationen], S. 132 ff., Gallagher [Management], S. 17 ff., Schweiker [Grundlagen], S. 71 ff.: »Das allgemeine Datenverarbeitungsmodell«; Strasser [Zielbildung], S. 87 ff.; Niederberger [Informationssystem], S. 33 ff.; Kalscheuer [Datenverarbeitungssysteme], S. 42 ff.; Holtgrewe [Automation], S. 124 ff. »Vorteile eines ganzheitlichen Informations- und Entscheidungssystems.« Wahl [Grundlagen]; Lindemann [Unternehmensführung], S. 182 ff.; Schulz [Strukturanalyse], S. 263 ff.

[90] Bössmann [Analyse], S. 52 ff. Arbeitskreis Pietzsch [Handhabung], S. 725.

rie steht noch am Anfang ihrer Entwicklung. Die Informationstheorie wird ihr wesentlicher Inhalt sein.« [91]
Immer bleibt aber die relativ fixierte Organisation mit ihren offiziellen Mitgliederbeziehungen eine wichtige Orientierungs- und Bezugsgrundlage jedes systemtheoretischen Neuansatzes. Die Organisation sorgt in einem System insbesondere für eine Mindeststabilität durch Hervorheben invarianter Verhaltensmuster [92].

2. Phänomen der Information und Ausgangsmerkmale des betrieblichen Informationssystems

a) Information und Dokumentation als Abbildungen der Unternehmungswirklichkeit

Der Begriff der Information findet sich in allen Wissensbereichen. Von dort erhält das Phänomen Information seine spezifischen Akzente. Der gemeinsame Wesensgehalt ist darin zu erblicken, daß in der Information eine Voraussetzung jeder Erkenntnisgewinnung gesehen wird. In diesem Sinne mag die Information zuerst von dem Physiker Ludwig Boltzmann [93] erkannt worden sein. Lange bevor die Information als wirtschaftliches Problem auftauchte, wurde die Wissenschaft mit der Gewinnung, Speicherung und Verteilung der Informationen nachdrücklich konfrontiert [94]. Einen allgemeinen Eindruck vom Gewicht einzelner Informationen vermittelt insbesondere die Semiotik. Daraus wird deutlich, daß in der mathematischen Informationstheorie die eigentliche »Information« so gut wie nicht behandelt wird [95]. Die meßtheoretischen Erkenntnisse liefern hierfür eine zusätzliche Erklärung. Die topologischen Untersuchungen der abstrakten Systembeziehungen bewegen sich vorwiegend auf syntaktischer Ebene. »Die Informationstheorie betrachtet in ihrer klassischen Form lediglich den ›Informationsgehalt‹, die theoretische untere Grenze der im Mittel zur eindeutigen Codierung erforderlichen Zeichenmenge, sie betrachtete bisher jedoch nicht den Wert einer Information für den Empfänger.« [96]
Semiotisch gesehen wird in der Betriebswirtschaftslehre von der Pragmatik über die Semantik der Syntaktik zugestrebt, während die mathematische Informationstheorie umgekehrt von der Syntaktik ausgeht und sich über die Semantik der Pragmatik zu

[91] Ahlsdorf [Information], S. 132; vgl. auch Tyson [Management], S. 15f.; McDonough [Information], S. 21; Riester [Organisation], S. 336ff.; und Grochla [Automation], S. 122; Hax, H. [Koordination], S. 72: »Der Aufbau der Organisation muß als System von Kommunikations- und Entscheidungsfunktionen gesehen werden«, dies gestatte die Anwendung von Optimierungskriterien. Relativ pessimistisch äußert sich Wild hinsichtlich einer raschen Verwendung der »Informations- und Kommunikationstheorie als Hilfsmittel zur Organisation der Unternehmung« [Informationstheorie], insbes. S. 304.
[92] Vgl. Szyperski [Realisierung], Sp. 1409ff.
[93] Adam [Messen], S. 147.
[94] Bahrdt [Wandel], S. 32.
[95] Johnson/Kast/Rosenzweig [Theorie], S. 76.
[96] Steinbuch [Gesellschaft], S. 41; vgl. auch Pierce [Phänomene], S. 9.

nähern versucht. Beide Vorgehensweisen sind mit erheblichen Schwierigkeiten verbunden. Die mathematische Informationstheorie ist vor allem mit den Namen Hartley, Wiener, Shannon, Weaver, Wald und Kolmogoroff verknüpft.

Das Informationsphänomen im betriebswirtschaftlichen Bereich wird in Zukunft in stärkerem Maße als bisher untersucht werden [97]. In der betriebswirtschaftlichen Theorie rückt neben den allen betriebswirtschaftlichen Systemen gemeinsamen Komplexen Nominalgüterstrom, Realgüterstrom, Strom der Arbeitsleistungen, der Informationsstrom [98] in den Vordergrund des wissenschaftlichen Interesses [99]. Mit den »Stromgrößen« werden zugleich dynamische Beziehungen angesprochen, die in ihren tatsächlichen Auswirkungen noch weithin unerforscht geblieben sind. Der Informationsstrom kann andererseits nur mit Hilfe der Kommunikation (Verbindungslinien, Kommunikationseinrichtungen, Instanzen, Abteilungen, technologische Führungshilfsmittel) verdeutlicht und existent werden. Die abstrakte [100] Information tritt nicht nur neben die erwähnten Bereiche, sondern vertritt *und* lenkt die materiellen Elemente oder Objekte und Ströme entscheidungsorientiert, d. h. ziel-, sach- und motivationsbezogen.

Die Informationen sind mit allen betrieblichen Erscheinungsformen verknüpft und verästeln sich in die gesamte Organisation der Unternehmung und die darüber hinausgehenden Beziehungskomplexe. Eine übereinstimmende Erfassung der allgemeinen und spezifischen Merkmale und Arten war daher bisher mit großen Schwierigkeiten verbunden [101], nicht zuletzt deshalb, weil die Zweckbezogenheit nicht deutlich genug hervorgetreten ist. Die Darstellung von Arten ist zwar für die Gewinnung und Wiedergewinnung (Erschließung) von Informationen sowie eine Auswahl innerhalb eines speziellen Bereichs wichtig, das Wesen der Information wird allerdings dadurch kaum erklärt.

Die Beispiele und Erklärungen in der ökonomischen Literatur führen zu einem recht unterschiedlichen Ergebnis. Vorherrschend wird jedoch heute die Auffassung vertreten, daß es sich bei der Information um »zweckorientiertes Wissen« handle [102]. Damit wird zwar schon sehr Wesentliches ausgesagt; das allgemeine Weltwissen soll auf ein Ziel bzw. einen Zweck hin ausgewählt werden, das die Bewußtseinsinhalte, das Wissen von Personen vermehrt. Dieses Merkmal ist allerdings noch recht allgemein und auch

[97] Grochla [Geleitwort zur Arbeit von Kramer: Information], S. 7f.; Churchman [Acceptance], S. 31; Albach [Stand], S. 465ff.

[98] Vgl. zum Gutscharakter »Informationsstrom als Güterstrom« Kosiol [Unternehmung], S. 172, in Übereinstimmung mit Adam; vgl. außerdem Mueller [Wert-Faktoren], S. 1351.

[99] Kosiol [Unternehmung], S. 162 u. S. 167ff., Kulhavy [Operations], S. 91.

[100] Abstrakt deshalb, weil die Erfassung der »Realität an sich« nicht möglich ist: vgl. Wittmann [Entwicklungsweg], S. 9.

[101] Vgl. hierzu insbesondere die von Schnutenhaus angeregte Arbeit von Holzinger [Verbindungen]: Dieser Systematisierungsversuch geht von den Wegen aus. Mellerowicz [Unternehmungspolitik Bd. I], S. 321ff., versucht, ausgehend von der Information als einer Aufgabe von der Unternehmensführung – allerdings ohne Grenzziehung des Systems – eine Systematisierung der Informationsarten. Eine Systematisierung allgemeiner Informationsarten und Kommunikationsarten hat Kramer [Information] angestrebt.

[102] Wittmann [Unternehmung], S. 17. Rodenstock [Information], S. 55. Mellerowicz [Unternehmenspolitik], Bd. I, S. 321f.

sehr relativ, denn die Entstehung des allgemeinen Weltwissens hat ja selbst immer den Zweck, das Wissen irgendeines Wissensträgers zu vermehren.

Andere allgemeine Merkmale, die ebenfalls für eine ökonomische Beurteilung im Einzelfall neben der Zielorientierung von Belang sein können, sind die physikalische Beschaffenheit, das zugrundeliegende Element, der Objektbereich, der Umgang mit Wissen und schließlich die Auswirkung von Wissen, die wieder unmittelbar an die Zielorientierung anschließt.

Von der physikalischen Beschaffenheit (unkörperlich; Zahlen, verbale Ausdrücke; Zeichen, Signale) hängt beispielsweise der Bedarf an Datenträgern (Zeichenträgern) zur Sichtbarmachung der Bewußtseinsinhalte ab. Nicht unwichtig ist dabei die Möglichkeit der unbeschränkten Vervielfachung. Beim Objektbereich wäre an die »Bürowirtschaft« [103] oder »Verwaltungsarbeit« zu denken. Der Umgang mit Wissen schließt die Wissensbeschaffung (Wissensermittlung), Wissensübermittlung (Wissensvermittlung, Unterrichtung), immer aber die mittelbare oder unmittelbare Vorbereitung von Entscheidungen ein.

Die Auswirkung von Wissen hängt neben der Vorbereitung und Durchsetzung von Entscheidungen eng mit der Ziel- und Lageorientierung zusammen. Eine allgemeine Auswirkung dieser Wissensübermittlung kann liegen in einer Aufklärung des Adressaten (Empfänger von Informationen), in einer Verarbeitung durch den Wissenaufnehmenden, in einer Aufhellung einer beim Adressaten vorhandenen Ungewißheit oder ganz allgemein in einer Verhaltensänderung, die auf Handlungen und Entscheidungssituationen einwirkt.

Bevor es dazu kommt, muß aus dem allgemeinen Wissenskosmos oder aus den vorhandenen Informationen Stufe um Stufe das relevante Wissen herausgeschält werden. Diese Stufen sind die Nachschublinien der Information. Ohne eine vorsorgliche Vorauswahl kann im Entscheidungsfalle die ausreichende Information nicht rasch und wirtschaftlich genug beschafft werden. Diese nach mutmaßlichen multivariablen Zwecksetzungen aus dem allgemeinen Weltwissen herausgesiebten und vorläufig sortierten Teile können wir als potentielle Informationen, Daten [104] oder Nachrichten bezeichnen, gleichgültig, ob diese Daten in den Köpfen der Entscheidungsträger, in einer Kartei, oder auf einem Magnetband im Bereich der Unternehmung oder zugriffsfähig außerhalb der Unternehmung gespeichert sind. Dabei hat die einsehbare, »schriftlich« niedergelegte Information, d. h. die Dokumentation, in der Unternehmung ein bedeutsames Gewicht im Rahmen der potentiellen Information.

Mit der noch zu erörternden Unvollkommenheit der Information hängt es zusammen, daß die Dokumentation immer nur einen Teil der für eine Entscheidung benötigten

[103] Vgl. Kosiol [Büro], S. 13ff. und Hetzler [Bewertung], S. 19ff. Zu den Tendenzen der »Büroarbeit« vgl. Pollock [Automation], S. 258ff.

[104] Informationen und Daten werden synonym verwendet. Ihre Relevanz für den Entscheidungsprozeß ergibt sich aus ihrer jeweiligen Entscheidungsnähe. Den »Daten« wird ein mehr quantitativer Aspekt zugeordnet, was in Verbindung mit elektronischer »Datenverarbeitung« regelmäßig anklingt. Diese Grenzziehung ist problematisch. Vgl. zum Begriff des Datums insbesondere Schweiker, S. 19ff.; er spricht von »Informations- oder Datenverarbeitungstheorie«. Vgl. zur Unterscheidung zwischen »Daten« und »wissenschaftlicher Information« bei Morgenstern [Genauigkeit], S. 88f.

Informationen ad hoc bereitstellen kann. Diejenigen Informationen, die als Teil des allgemeinen Weltwissens nicht in der Dokumentation oder der übrigen potentiellen Information der Unternehmung enthalten sind, im Entscheidungsfalle aber herangeholt bzw. erschlossen werden, sollen als »zusätzliche Informationen«, und diejenigen Informationen, welche – obwohl objektiv noch nötig – in der Entscheidungssituation oder im Wissenskosmos verborgen bleiben, als latente Informationen bezeichnet werden.

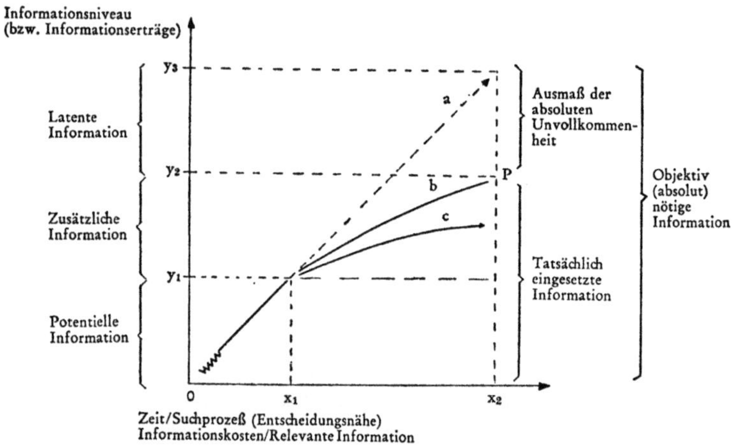

Abb. 14: Situationsbezogene Information

Die in der einzelnen Entscheidungssituation sachlich notwendigen und wirtschaftlich ausreichenden Informationen (relevante Informationen) [105] liegen zwischen O–P–x_2. Häufig wird der Suchprozeß aus wirtschaftlichen Erwägungen schon weit vor P abgebrochen werden, zumal sich der Grenzwert der Informationen rasch O nähert. Dabei spielen die erwarteten Kosten der Umformung und Bereitstellung der potentiellen Information und die mit Hilfe der Information erwarteten Mehrerträge eine wesentliche Rolle.

Auf den Begriff der Nachricht, zusammengesetzt aus Zeichen und Signalen, könnte im betriebswirtschaftlichen Bereich verzichtet werden, auch wenn dabei etwa versucht wird, die Redundanz [106] oder Signalbündel auf syntaktischer und semantischer Ebene zu umschreiben. Der Begriff Nachricht entstammt der Nachrichtentheorie. Es liegt im Interesse der zunehmend wichtiger werdenden interdisziplinären Zusammenarbeit, daß die Begriffe in ihrer Systemkongruenz möglichst eindeutig definiert werden. Der Terminus ist von der Nachrichtentechnik und der mathematischen Informations- und Kommunikationstheorie belegt; die Betriebswirtschaftslehre vermag – soweit er nicht unverändert übernommen werden kann – auf ihn zu verzichten.

[105] Kramer spricht hierbei von »echten« Informationen (S. 75), und von »latenten Informationen« oder »Nachrichten« im Sinne von potentiellen Informationen.

[106] So etwa bei Blohm [Schwachstellen], S. 11.

Das Phänomen der Information in der Unternehmung ist so alt wie die Unternehmung selbst. Mehr oder weniger vollkommen wurde schon immer versucht, das reale Geschehen in der Unternehmung auf einfache Weise abzubilden oder sogar »widerzuspiegeln« [107]. Daß dieses Geschehen selbst in einer kleinen Unternehmung im Verlauf einer kurzen Zeit recht komplex und undurchsichtig ist, zeigt sich am stochastischen output (Ausgangsprozeß) des Kramladens oder dem stochastischen input (Eingangsprozeß) der Kleinbank schon sehr deutlich. Insoweit waren die auf globale Zwecke hin systematisch gesammelten Daten quantitativer oder verbaler Art in der Form des Rechnungs- und Berichtswesens schon eine große Hilfe. Es gelang sogar, wesentliche Ausschnitte der Unternehmungswirklichkeit mit heterogensten Elementen auf einen – wenn auch unvollkommen bewerteten [108] – »Nenner« [109] zu bringen, gemeint ist das über meßbare oder meßbar gemachte Einheiten operierende System der doppelten Buchführung mit seinen Ausläufern, in dem sich Methode und Zweck lange Zeit hinreichend kombinieren ließen [110]. Die damit erzielten und erzielbaren Ergebnisse im Sinne der umschriebenen Information stehen heute im heftigen Kreuzfeuer der Kritik – in wesentlichen Teilen zu Unrecht. Die »traditionellen Informationssysteme« sind nicht erst in den Netzplänen zu erblicken. Andererseits stellen die als Informationssysteme bezeichneten Komplexe heute noch fast durchweg Informationsgewinnungssysteme nach dem Prototyp des betrieblichen Rechnungswesens dar. Die systematische Informationserschließung wird allerdings immer der wesentlichste Inhalt kommender Informationssysteme bleiben. Die Zweckorientierung, der Bezugsrahmen, dieser Systeme verändert sich aber ständig.

b) Die systembezogenen Komponenten des Entscheidungssystems als konstitutive Merkmale der Information

Anknüpfend an die allgemeinen phänomenologischen Überlegungen ist in der Information eine zweckgerichtete Form des Wissens oder eine zielbezogene Auswahl von Zeichen [111] zu erblicken. Es kann daher »unter betrieblicher Information jeder Satz von (sinnvollen) Zeichen verstanden werden, der Vorgänge von betrieblicher Relevanz betrifft« [112]. Die Relevanz kulminiert reduzierend in den Komponenten des Entscheidungssystems, die repräsentativ mit Problem, Problemlösung oder Vorbereitung von Entscheidungen, der Entscheidung und schließlich in der Realisierung und Kontrolle im Rahmen eines Systems gekennzeichnet werden können, gleichgültig ob der

[107] Es kann sich dabei tatsächlich nur um den Versuch einer Abspiegelung handeln, worauf Schäfer [Unternehmung], S. 391, zutreffend hinweist.

[108] Vgl. z. B. das nach wie vor unbefriedigend gelöste Problem der Berücksichtigung von Geldwertschwankungen.

[109] Vgl. zu den Umdeutungen im Rahmen einer »funktionsanalytischen Bilanztheorie« Stützel [Bemerkungen], S. 314ff.

[110] Vgl. hierzu auch die Ausführungen von Kosiol [Modellanalyse], insbes. S. 319.

[111] Vgl. Steinbuch [Gesellschaft], S. 40.

[112] Arbeitskreis Pietzsch [Handhabung], S. 725.

Zweck vorgegeben oder erst tastend gesucht wird, ob die Lage bekannt ist oder erst untersucht werden soll. Die Entscheidung verliert aber ihren Sinn, vor allem ihren wirtschaftlichen Sinn, wenn sie nicht durchgesetzt wird, soweit über ein Tun, nicht ein Unterlassen, entschieden wurde. Die situations- und systembezogene Vorbereitung der Entschlußfassung sei daher als konstitutives Merkmal der Information in der Unternehmung herausgehoben. Die Information dient der Beurteilung von Ausgangs- und Zielsituation, dem Prozeß der Willensbildung (Vorentscheidungen), der Entschlußfassung und – von einem bestimmten Entscheidungsträger aus gesehen – dem Prozeß der Willensdurchsetzung (Nachentscheidungen: Realisierung und Kontrolle) im System der Unternehmung. Die Nachentscheidungen lassen sich somit im Prinzip ebenfalls immer auf die Vorbereitung von Entschlüssen reduzieren. Als Substrat aller entscheidungsrelevanten Elemente vertritt und lenkt die Information die wirtschaftlichen Erscheinungen in der Unternehmung nach dem Willen der Entscheidungsträger. Der regelmäßig heute in Betracht kommende Führungsprozeß macht es erforderlich, daß dabei der Koordination erhöhte Aufmerksamkeit zukommt. Der Entscheidungsträger bedient sich dabei recht unterschiedlicher Kommunikationsmittel. Eine betriebliche Information ist das auf Entscheidungen, d. h. in die Zukunft gerichtete, auf zweckorientierte Handlungen direkt bezogene Wissen. Dazu gehören zwangsläufig und mit Vorrang die Erwartungen, das wahrscheinliche Wissen. Es kann vor allem aus diesem Grunde nur beschränkt rationale Entscheidungen geben. Die Erwartungen sind in ihrem Ursprung problemgebundene Meinungen über die Zukunft, sie sind wichtiger als die Tatsachen aus den vergangenen Ereignissen.

Die Zweckorientierung ergibt sich aus der auf Verhalten, Sicherung und Änderung im Rahmen des Zielsystems der Unternehmung gerichteten Entscheidung. Das setzt die Vermittlung von entscheidungsbezogenem und damit wirkungsbezogenem betrieblichen Wissen voraus. Die relevante Information vermag die Ungewißheit beim Entscheidungsträger aufzuhellen. Sie ist also immer auf Menschen bezogen. Computerspeicher und -ergebnisse bedeuten daher zunächst lediglich (wie der Gedankenvorrat der Mitarbeiter) potentielle Informationen. Zum andern sind sie auf Grund ihrer hohen Verarbeitungsgeschwindigkeit in Verbindung mit speziellen peripheren Ein- und Ausgabekonsolen und Einrichtungen der Telekommunikation eine Denkhilfe für die Entscheidungsträger.

Wesen und Wert der Information werden daher durch das Gewicht der mutmaßlichen Auswirkungen der Entscheidungen des Entscheidungsträgers (Individuum oder Gruppe) in der Unternehmung bestimmt. Die Information ist damit system- und subjektbezogen. Die Auswirkung mißt sich am wahrscheinlichen oder erwarteten zusätzlichen Nutzen in der Unternehmung, ausgehend von einem gegebenen oder angepaßten Informationsstand. Der Informationsgewinn wäre somit ein Vergleich der Auswirkungen von Entscheidungen ohne zusätzliche und mit zusätzlichen Informationen bei der Entscheidungsvorbereitung. Eine Entscheidung fußt zumindest auf potentiellen Informationen; eine Entscheidung ohne Informationen ist daher nicht denkbar.

Die Klärung der konstitutiven Merkmale der betrieblichen Information erlaubt auch eine vorbereitende Systematik der Informationsarten. Information und Entscheidung sind mit allen Erscheinungsformen der Unternehmungswirklichkeit verknüpft. Es ist daher notwendig, auf dem Hindergrund dieser Erscheinungsformen eine Auswahl zu treffen und wesentliche Informationen zu benennen, um eine leichtere Handhabung der Information von Fall zu Fall zu gewährleisten. Außerdem bietet eine Klassifikation der Informationsarten die Möglichkeit, Typen von Informationssystemen abzuleiten. Dearden [113] und McFarlan sind mit ihren Systematisierungsversuchen in dieser Richtung am weitesten vorgestoßen. Sie gehen zur Herausstellung und Kombination wesentlicher Gesichtspunkte bei der Beurteilung von realisierten oder realisierbaren Informationssystemen bzw. Insystemen von folgenden fünf Dichotomien aus:

Action Information	Nonaction Information
Recurring Information	Nonrecurring Information
Documentary Information	Nondocumentary Information
Internal Information	External Information
Historical Information	Future Projection

Daran und an die systembezogenen Komponenten des Entscheidungssystems anknüpfend, spätere Einsichten vorwegnehmend, sei beispielhaft von folgender Klassifikation ausgegangen:

Kriterien		Ausgewählte Dichotomien von Informationen	
Entscheidungskomponenten		Entscheidungsnahe	Entscheidungsfernere
Zeit	Bedarf	Terminierte	Sporadische
	Erschließung	Erfahrungen	Erwartungen
Aufgabe	Prozeßnähe	Passivinformationen; Verrichtungsinformationen	Aktivinformationen; Lenkungsinformationen
	Verhalten	Motivierende	Hemmende
Koordination	Bereich	Horizontale	Vertikale
	Kooperation	Unipersonale	Multipersonale
Kommunikation	Übermittlungsform	Schriftliche	Mündliche
	Verknüpfungsbereich	Interne	Periphere und externe
Wirtschaftlichkeit	Messung	Operationale	Relativ nichtoperationale
	Bewertung	Bewertbare	Relativ nichtbewertbare

Abb. 15: Informations-Dichotomien

[113] Vgl. Dearden/McFarlan [Management], S. 4ff., und Dearden [Information], S. 65ff.

c) Die Kommunikation als Korrelat der Information

Wie sich bereits bei der grundsätzlichen Erörterung von Information und Dokumentation als Abbildungen der Unternehmungswirklichkeit gezeigt hat, sind Information und Kommunikation keine Gegensätze, sondern sich gegenseitig bedingende Erscheinungen. Die Information wird erst mit der Kommunikation, den Trägern von Daten, eine Realität [114]. Aber die Kommunikation als »Infrastruktur« der Unternehmung erhält ihren Sinn erst über die Information, welche die Entscheidungen in der Unternehmung vorbereiten und durchsetzen hilft. Betriebswirtschaftliche Kommunikationstheorie und betriebswirtschaftliche Informationstheorie können auch keine getrennten und selbständigen Theorien sein. Die Bezeichnung Informationssystem und Kommunikationssystem könnten somit auch als Synonyma betrachtet werden [115]. Dennoch wäre eine Gleichsetzung nicht ganz befriedigend. Eine Gleichsetzung von mathematischer Informations- und Kommunikationstheorie ist weniger bedenklich, solange sich beide noch vorwiegend auf syntaktischer Ebene bewegen.

Anders im pragmatischen Bereich der Unternehmung: Schließlich kann es sinnvoll sein, einerseits das »Kanalsystem« (Informationsträger, Informationseinrichtungen, Informationswege, Informationsübermittler, Kommunikationseinrichtungen oder Kommunikationswege, Verbindungswege von der Abgabe bis zur Aufnahme der Information) und andererseits die substantiellen Entscheidungsgrundlagen in einer Unternehmung, die Informationen, jeweils für sich akzentuiert herauszustellen und ökonomischen Kriterien zu unterwerfen. So können die »Schienenwege« und »Abstellgleise«, auf denen die Informationen transportiert und »gespeichert« werden, bzw. die »Kanäle«, in denen diese »fließen«, als Kommunikationssystem, als zielgerichtetes, von den Informationen und damit von den unternehmungsrelevanten Entscheidungen abhängiges Netzwerk angesehen werden. Das Kommunikationssystem ist damit ein Insystem des Informationssystems, allerdings ein sehr gewichtiges. Das Kommunikationssystem schafft die Voraussetzungen des Systemzusammenhalts [116]. Die Topologie der Streckenkomplexe ist das vorherrschende Hilfsmittel seiner Darstellung. Zumeist wird bis heute nur der »Transport« behandelt [117].

[114] Stefanic-Allmayer [Kybernetik], S. 292, kennzeichnet daher die Information mit »Übertragung ‚geistiger Stoffe'«. Vgl. auch Schulz [Strukturanalyse], S. 17.

[115] Wegen des engen Zusammenhanges werden im ökonomischen Bereich gelegentlich auch Informationssystem und Kommunikationssystem gleichgesetzt; vgl. z. B. Bardet [Organisation], S. 17f.; Albach [Theorie], S. 248ff.; derselbe [Organisation], S. 112f.; Kramer [Information], S. 107ff.; Kosiol [Organisation], S. 178, verwendet die Bezeichnung Kommunikationssystem als Oberbegriff; so auch Coenenberg [Kommunikation], S. 38ff.; Gutenberg [Unternehmensführung], S. 130ff., setzt die Begriffe Informationssystem, Kommunikationssystem und Nachrichtensystem gleich. Für den Begriff Nachrichtensystem gilt das bereits im Zusammenhang mit Information und Nachricht ausgeführte; das Nachrichtensystem ist aber andererseits auch eine Bezeichnung für einen Teil der installierten Kommunikationseinrichtungen, insbesondere der Fernmeldetechnik (vgl. z. B. Telefon, Fernschreiber, Signalanlagen).

[116] Vgl. Johnson/Kast/Rosenzweig [Theorie], S. 103, und Holzinger [Verbindungswege], S. 14.

[117] Vgl. hierzu den erweiterten Ansatz bei Coenenberg [Kommunikation], S. 35.

Diese Heraushebung läßt sich durch die spezifische Bedeutung der informationsbezogenen Infrastruktur in der Unternehmung durchaus rechtfertigen; es handelt sich insoweit um einen spezifischen Erkenntnisbereich, um eine Quelle eigener Probleme. Das Informationssystem würde schließlich die gesamten Probleme des »Verarbeitens« und »Mitteilens« in der Unternehmung umschließen [118] und damit also auch das Kommunikationssystem.

Diese Zusammenführung von entscheidungs- und adressatenbezogenen Informationen und Verbindungen steht bis heute noch aus. Entweder werden Erschließungssysteme oder aber Kommunikationssysteme isoliert behandelt. Nach und nach kommt es aber darauf an, die Grundlagen für eine kontinuierliche entscheidungsorientierte Beziehung zwischen Adressaten und Quellen mit Hilfe von Information und Kommunikation zu schaffen.

Verhaltenswissenschaftlich gesehen, handelt es sich bei der Kommunikation immer um eine Form des Zusammenwirkens zwischen Einzelmenschen oder menschlichen Gruppen (eigentlich immer unter Berücksichtigung der technischen Hilfsmittel) [119]. Dieser ebenfalls sehr wichtige Aspekt ist, soweit er für die Führung von Unternehmungen relevant sein kann, jedoch in der Zweckorientierung der Information enthalten, wenn auch nicht immer voll bewußt. Auf den bereits in anderen Disziplinen mehrfach unter spezifischen Gesichtspunkten belegten Begriff Kommunikation könnte in der Betriebswirtschaftslehre verzichtet werden, wenn nicht gerade darin das informationsbezogene Geflecht von Beziehungen viel deutlicher und umfassender zum Ausdruck kommen würde, als etwa in dem Begriff der »Verbindungswege«. Was in der Betriebswirtschaftslehre vorwiegend unter Kommunikation verstanden wird, deckt sich etwa mit der Summe folgender Bezeichnungen: Informations- und Datenträger, Informationseinrichtungen, Datentechnik, Verbindungswege und Informationsübermittlung, Informationsabgabe, Informationsaufnahme, Speicherung. Vorherrschend wird jedoch der innerbetriebliche Austausch (die innerbetriebliche Übermittlung) von Informationen ... als Kommunikation bezeichnet.« [120]

Die spezifischen Probleme der betriebswirtschaftlichen Kommunikation ergeben sich beim Austausch von Informationen. Dieser Austausch von Informationen stellt ein betriebswirtschaftliches Grundproblem dar [121]. Dennoch handelt es sich hierbei nicht um die herkömmlichen Transportprobleme [122].

Die Kommunikation im soziologischen Sinne ist im Zusammenhang mit der Willensdurchsetzung, des Prozesses der Zielidentifikation und der Motivationsreize im Rahmen des arbeitsteiligen Entscheidungssystems in der Unternehmung von besonderem Interesse. Es handelt sich aber, wie noch zu untersuchen sein wird, betriebswirtschaftlich gesehen, um bestimmte Aufgaben oder Rollen der Information oder die die Rollen

[118] In diesem Sinne betrachtet auch Sieber [Informationsbedarf], S. 175, das Informationssystem.
[119] Vgl. Ackoff [Theory], S. 233.
[120] Albach [Entscheidungsprozeß], S. 377.
[121] Pietzsch [Information], S. 13.
[122] Vgl. Holzinger [Verbindungswege], S. 15, und Bössmann [Analyse], S. 97f.

begleitenden Informationen im betrieblichen Entscheidungssystem. Die Kommunikation im soziologischen Sinne ist primär auf das Informationsverhalten abgestellt [123]. Wie bei der Information können auch bei der Kommunikation – im Raum-Zeit-Zusammenhang korrelierend – mehrere Grundarten unterschieden werden:

Relevante Kommunikation [124]
Die tatsächlich in der Entscheidungssituation wirksamen oder eingesetzten Beziehungen (Verbindungen, Verknüpfungen).
Potentielle Kommunikation
Die bereitstehenden, voraussichtlich relevanten Einrichtungen und Verbindungen oder Wege.
Zusätzliche Kommunikation
Die im Entscheidungsfalle neben der potentiellen Kommunikation zu erschließenden Verknüpfungen und Hilfsmittel.
Latente Kommunikation
Objektiv (absolut) nötige, aber verborgen bleibende Kommunikation.

Ein besonderes Reservoir für die zusätzliche Kommunikation ist in der »informalen Kommunikation« zu erblicken, die primär der Übertragung »informeller Informationen auf informellen Bahnen« [125] dient.

d) Das Informationssystem als Instrument der Unternehmensführung

Das entscheidungsorientierte Informationssystem ist in der Praxis die Brücke zwischen Organisation und Führung, in der Forschung zwischen Organisationstheorie und der Lehre von der Unternehmensführung. Die Prognose ist so gut, wie die Annahmen, auf denen sie beruht. Somit kann zwischen diagnostischer und prognostische Sicht, zwischen Unternehmensführung und Betriebswirtschaftslehre kein ausgesprochener Gegensatz bestehen [126].
»Informationen vielfältiger Art bilden die Grundlage des hierarchischen und des kooperativen Lenkungs- und Steuerungssystems in den Unternehmungen [127]. In der Durchdringung von Entscheidungsprozeß, Informationsfluß und Kommunikation »liegt eines

[123] Vgl. die Inventur von Bergmann/Zapf [Kommunikation], S. 16ff., und Merrihue [Managing], S. 29ff. Vgl. auch Coenenberg [Kommunikation], S. 34.
[124] Vgl. hierzu auch die Unterscheidung zwischen »Berichterstattung« und »Berichtswesen« bei Blohm [Schwachstellen], S. 12.
[125] Mayntz [Organisationssoziologie], S. 46, und Berthel [Informationen], S. 179. Vgl. auch die Phänomene des sog. »grauen Marktes« für Informationen und »Geheim-Informationen«.
[126] Vgl. Perridon [Disziplin], S. 2020; Pack [Wandel], S. 3ff.; Heinen [Betriebswirtschaftslehre], S. 11; Hax, H. [Koordination], S. 13.
[127] Gutenberg [Unternehmensführung], S. 130.

der Kernprobleme moderner Unternehmensführung« [128]. Das Informationsproblem ist nach der Auffassung von Nordhoff neben »Marktorientierung« und »aufgerüsteter Personalpolitik« das ständig an Bedeutung zunehmende dritte »Kriterium des Wandels der Probleme der Unternehmensführung« [129]. Die Ziele des Informationssystems leiten sich in erster Linie vom Informationsbedarf der Leitung ab [130]. Das Management muß die richtigen Fragen stellen. Es ist daher nützlich, die Unternehmung als ein Konglomerat zu lösender Probleme zu betrachten [131].

Die Aussagen über das Informationssystem der Unternehmung enthalten notwendigerweise neben operativen und operationalen Erkenntnissen in größerem Umfang rein gedankliche Konstruktionen, die noch zunehmend der Konkretisierung und Verfeinerung harren. Ein Informationssystem hat sich als absolutes Totalsystem als nicht realisierbar erwiesen. Es kann – nach dem heutigen Stand der Erkenntnisse – nur in seinen wesentlichsten Insystemen bzw. Elementen wirksam werden. Die Schlagworte vom »Management Information System (MIS)« und »Management Operating System (MOS)« in der gegenwärtigen Diskussion spiegeln einen allmählichen Klärungsprozeß über die Leitvorstellungen eines umfassenden betrieblichen Informationssystems wider. In den diskutierten Systemvorstellungen haben aber weder das meist nicht näher umschriebene »Management« noch die notwendige Basis der »frontnahen Informationen« einen plausiblen Standort; sie werden schlicht vorausgesetzt. Aber das Konzept des Totalsystems ist ein nützlicher Entwurf bei der Ausrichtung von Teilsystemen (Insystemen) auf ein gemeinsames Ziel bzw. kompatible gemeinsame Ziele. »... there is not one but a number of information systems which must exist in a business to satisfy properly ... the different type needs by managers for information ...« [132].

Die Informationssysteme dienen der Führung zur Verdeutlichung, Klärung, Straffung, Konkretisierung, Realisierung und Kontrolle ihres Planwillens, ihrer Entscheidungen. Die Bedeutung des Informationssystems wächst mit der Komplexität und Dynamik der Systemstrukturen in der Unternehmung und im Bereich ihrer Umweltbedingungen, und davon ausgehend, mit der Komplexität des Entscheidungssystems, der Entscheidungsprozesse, Entscheidungsketten und wichtigen Einzelentscheidungen, soweit letztere überhaupt isoliert betrachtet werden können. Mehr und mehr ist der Informationsbereich neben dem Realgüter-, Nominalgüter- und Personalbereich auch in der Spitze der Leitungen organisatorisch verankert [133]. Das Informationssystem ist ein Stilelement des nach Rationalität strebenden Entscheidungssystems [134] in der Unternehmung. Die Anwendung aktueller Führungs- und Organisationsprinzipien [135] setzt das Informationssystem voraus. Das Informationssystem ist zwar als Gegenstand einer relativ

[128] Albach [Entscheidungsprozeß], S. 357.
[129] Vgl. Wegenstein/Rauh [Computereinsatz], Bl. 15.
[130] Vgl. Gallagher [Management], S. 17.
[131] Vgl. McDonough [Information], S. 121.
[132] Steiner [Management], S. 513.
[133] Vgl. Hattery [Executives], S. 54ff., und die Aufwertung des »Controllers« und »Informationsdirektors« bzw. »Direktors für Informations- und Kommunikationssysteme«.
[134] Gäfgen [Theorie] »Gesetz der Unternehmensführung«, S. 192.
[135] Vgl. z. B. management by objectives, by exception and importance.

rationalen Zusammenschau zweckgerichteten Wissens jungen Datums, ihre tatsächliche Entstehungsgeschichte verliert sich aber im Urgrund der Wissensentstehung.
Prince [136] sieht vier Anstöße, die zur Erforschung von Informationssystemen als Instrumente der Unternehmensführung geführt haben, nämlich die neuen Aspekte der Unternehmensorganisation im Rahmen der Behavioral Science (1), insbesondere Motivations- und Teamforschung, die Untersuchungen über die Wechselwirkungen von Informationsprozessen und Kommunikationseinrichtungen (2), die Verfeinerung der mathematischen Instrumente (3) und schließlich die Verbindung der letzteren mit praktischen Organisationsgrundsätzen (4). Realistische Ansätze, um zu einem die Unternehmung mit ihren Wirkungsfeldern umgreifenden dynamischen Informationssystem zu gelangen, in dem alles in Bewegung ist, um die relevante Information und ihre Übermittlung sicherzustellen, sind – soweit überhaupt heute realisierbar – in erster Linie in den quantitativen Bereichen der Informationsgewinnung und -umformung [137] zu erblicken, d. h. im Rechnungswesen [138] einschließlich management accounting und in den entscheidungsnahen Kalkülen, der numerischen und graphischen Problemlösung (Aktionsanalyse; operations research). »Zur Fundierung unternehmerischer Entscheidungen haben sich ... dem betrieblichen Rechnungswesen neue Aufgaben und Lösungswege eröffnet.« [139] Wir wollen in diesem Zusammenhang an das Rechnungswesen lediglich im Hinblick auf seine differenzierten Methoden der Daten- und Informationsbehandlung denken, denn der mit diesen Methoden mehr oder weniger deutlich werdende oder verschwommene Zweckpluralismus wird erst in einem alle Informationen in einer Unternehmung umspannenden Informationssystem deutlich und verständlich [140].
Eine Basis zur größeren Konzeption des Informationssystems ist im »innerbetrieblichen Berichtswesen« angelegt worden. Es umfaßt nicht nur die internen Daten und Informationen, wie die Bezeichnung vermuten ließe, sondern auch die für die Unternehmung relevanten externen Daten und Informationen. Innerbetrieblich deutet lediglich auf den Standort des Berichtswesens, nicht auf den Standort von Sender und Empfänger hin. Im Rahmen dieser pragmatisch orientierten Überlegungen wurde vom vorhandenen zum realisierbaren fortgeschritten. Das innerbetriebliche Berichtswesen bedeutet »... gegenseitige Unterrichtung aller Personen bzw. Stellen eines Betriebes über Tatsachen, Ereignisse, Vorgänge und Zusammenhänge aus dem Betrieb und seiner Umwelt, die zur Erreichung der betrieblichen Ziele bekannt sein müssen, sowie alle Einrichtungen, Mittel, Regelungen und Maßnahmen des Betriebes, die der Erarbeitung, Bearbeitung und Weiterleitung von Nachrichten dienen.« [141]. Es wird als integrierendes Hilfsmittel verstanden, das über ein System von Berichten, die Informationsbedürfnisse der

[136] Prince [Information], S. 5.
[137] Vgl. hierzu auch die Überlegungen von Mepham [Definition], S. 549.
[138] Gomberg erkannte bereits sehr früh, daß das Rechnungswesen nicht nur ein rechentechnisches Hilfsmittel, sondern vielmehr auch ein organisatorisches Instrument sein kann.
[139] Heinen [Zielsystem], S. 52.
[140] Vgl. hierzu auch Eckner [Berichtswesen], S. 153ff.
[141] Blohm [Weg], S. 278f.; derselbe [Gestaltung], S. 15.

Unternehmensführung nach Form, Inhalt und Umfang zu befriedigen sucht [142]. Eine im besonderen Maße zweckorientierte Variante stellt die Marktforschung dar, die als »Instrument der Unternehmensführung« relativ spät systematisch entwickelt wurde [143], heute aber zunehmend die strategische Weite des Informationssystems ausmacht.

Das Rechnungswesen kann somit als eine primär methodisch-quantitativ orientierte und das Berichtswesen sowie die Marktforschung als ein vorherrschend vom Informationszweck her orientierte, quantitative (operationale) und qualitative (kategoriale) Daten umfassende ganzheitliche Grundlage des Informationssystems betrachtet werden. Noch relativ geringe integrierende Impulse gingen aus von den isoliert untersuchten, vorwiegend organisatorisch-definitorisch angelegten Kommunikationssystemen – Kompetenzsysteme eingeschlossen.

Eine mehr technisch, organisatorisch, quantitativ ausgerichtete Variante ist in der höheren Datentechnik, insbesondere in den Systemen der elektronischen Datenverarbeitung zu sehen, wie sie zwar auch im Zusammenhang mit dem Rechnungs- und Berichtswesen auftritt, hier aber mit dem Anspruch der Totalität, d. h. der Computer wird zum Wesensmerkmal des Informationssystems [144] und zum Zentrum oder Kristallisationspunkt der gesamten Datenverarbeitung in einer Unternehmung. Immer werden aber dabei die Ziele der Organisation und ihre Ableitungen als gegeben vorausgesetzt.

Die Frage bleibt dabei offen, ob das weitmöglichst integrierte Informationssystem im Anbau- oder Baukastenprinzip oder als völlig neuer Ansatz entwickelt werden muß. In diesen bereits recht konkreten und praktisch wirksamen alternativen Zugängen sind zumindest Bausteine für ein Informationssystem der Unternehmung zusammengetragen worden, das, ausgehend von den bisherigen begrifflichen Erörterungen, vorläufig so umschrieben werden kann: Das Informationssystem der Unternehmung ist das sich aus relativ konsistenten Insystemen und Elementen zusammensetzende, sich ständig wandelnde Ordnungsgefüge der Unternehmung, das die Befriedigung des Informationsbedarfs aller am Entscheidungssystem der Unternehmung unmittelbar oder mittelbar beteiligten Einheiten sicherstellt oder zum Ziele hat. Diese Arbeitsdefinition löst eine Betrachtung ab, die im Informationssystem lediglich ein Maschinensystem oder nur einen Nachfolgeterminus für das betriebliche Rechnungswesen sah.

Es ergeben sich somit abschließend folgende begriffliche Zusammenhänge, die den instrumentalen Charakter des Informationssystems deutlich machen:

[142] Vgl. Eckner [Berichtswesen], S. 14. Eckner sieht vor allem in den Ansätzen der betriebswirtschaftlichen Statistik die »Konzeption einer umfassenden Berichterstattung« (S. 5). In ähnlicher Weise äußert sich Winckel [Information], S. 49: »... Entwicklung der Statistik zu einer Wissenschaft der Information«.

[143] Vgl. Schäfer [Anfängen], S. 245ff., und Cox/Good [Information], S. 145ff.

[144] Gallagher [Management], S. 11 (allerdings einschränkend S. 12), und Schweiker [Grundlagen], S. 117; Haug [Elektronenrechner], S. 27; Hartmann [Business], S. 167ff.; vgl. auch Dearden/McFarlan [Management] »Management Problems of Computer Information Systems«, S. 1ff.

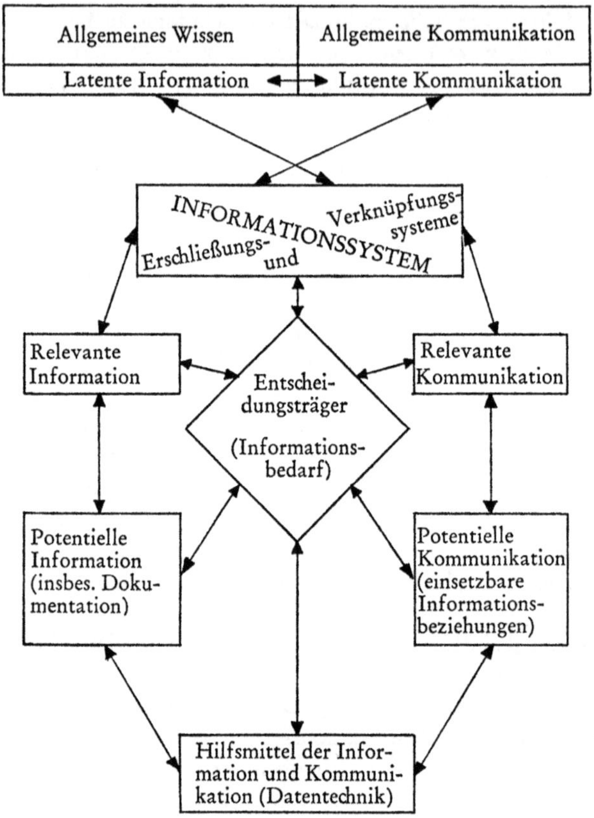

Abb. 16: Das Informationssystem im begrifflichen Gesamtzusammenhang

3. Ursachen des wachsenden Informationsbedarfs in der Unternehmung

a) Informationsgrad und Informationsbedarf

Diese wichtigen Nebenbegriffe müssen vorab insoweit geklärt werden, als erkennbar wird, in welchen Grenzen diese Begriffe anwendbar sind. Den Ursachen, Wurzeln und Impulsen des wachsenden Informationsbedarfs ist nur auf dem Hintergrund des weithin noch unerforschten Informationsbedarfs und seiner Deckung näherzukommen. Der Informationsbedarf der Unternehmung ist quantitativ wie qualitativ stark gewachsen. Das Wachsen wird anhalten [145].

[145] Sieber [Informationsbedarf], S. 176.

Der Informationsgrad [146] stellt zunächst eine Relation zwischen den tatsächlich vorhandenen und den im einzelnen Entscheidungsfall sachlich notwendigen Informationen dar:

$$IG_1 = \frac{I_T}{I_S} = \frac{\text{Tatsächl. vorhand. Information (Informationsstand; Potentielle Information)}}{\text{Sachlich notw. Information (Informationsbedarf; Relavante Information)}}$$

$$IG_2 = \frac{I_{P+Z}}{I_R} = \frac{\text{Potentielle und zusätzliche Information}}{\text{Relevante Information}}$$

Der Zähler soll Aufschluß geben über die Ausgangsgröße, und der Nenner gibt die Zielgröße an. Die sachlich notwendigen Informationen sind die nach Art und Umfang erforderlichen Informationen für ein zu lösendes (damit zeitbezogenes) Entscheidungsproblem [147].

Der kontrollierbare Informationsbedarf eines Entscheidungsträgers in einer gegebenen Entscheidungssituation entspricht den sachlich notwendigen Informationen. Die Entscheidungssituation bestimmt den Kompromiß zwischen relativ objektiven, intersubjektiven und relativ subjektiven Bedarfsfaktoren:

$$IG_3 = \frac{I_E}{I_N} = \frac{\text{Erkannte Information}}{\text{Für erforderlich gehaltene Information}}$$

Es ist daher, schon von dieser formalen Betrachtung aus gesehen, unzweckmäßig oder unrichtig, vom Informationsgrad der ganzen Unternehmung zu sprechen, in den komplexe Zusammenhänge und zum Teil völlig heterogene Daten bzw. Informationen einmünden müßten; der Informationsgrad kann sich primär nur auf ein konkretes Entscheidungsproblem beziehen. Es sei denn, es soll sich bei Informationsgrad und Informationsbedarf um nicht näher zu präzisierende Leitlinien handeln. Ähnlich verhält es sich beispielsweise mit der »Wirtschaftlichkeit der ganzen Unternehmung«, der »Produktivität der ganzen Unternehmung«, dem »Organisationsgrad« oder etwa dem »Personaldeckungsgrad der ganzen Unternehmung«.

Die tatsächlich vorhandenen Informationen sind gleich dem Informationsstand; sein Niveau wird als Merkmal für die Klassifizierung typischer Entscheidungssituationen [148] herangezogen.

Das Streben nach einem höheren Informationsgrad führt in der Tendenz zum wachsenden Informationsbedarf der Entscheidungsträger und schließlich zu einem rationaleren Führungsstil; dieser wiederum wirkt auf das Bedarfsniveau zurück. Auf die Kriterien des Informationsbedarfs wird im einzelnen später eingegangen.

[146] Vgl. zu den tatsächlichen Informationsgraden bei Absatzplänen die empirische Studie von Berthel/Moews [Planung], insbes. S. 127ff.

[147] Vgl. Kosiol [Unternehmung], S. 197; weitere Differenzierungen bei Wittmann [Unternehmung], S. 24ff., und Mellerowicz [Unternehmenspolitik], Bd. I, S. 324.

[148] Vgl. z. B. Gutenberg [Unternehmensführung], S. 77; vgl. auch Albach [Entscheidungsprozeß], S. 357, und Hax, H. [Koordination], S. 35ff.

b) Einfluß und Problematik der unvollkommenen Information

Das Erscheinungsbild der unvollkommenen Information soll hier in grundsätzlicher Sicht näherungsweise geklärt werden. Diese Klärung hat hier vorbereitend dazu zu dienen, den Hintergrund der Variablen des wachsenden Informationsbedarfs in der Unternehmung besser zu beleuchten.

Zwischen den fiktiven [149] Extremsituationen

1 = vollkommene Information und
0 = vollkommene Ignoranz

können zahlreiche Unterfälle [150] unterschieden werden. Diese Dualität oder Dichotomie allerdings ist eine Grundtatsache, die im Prinzip nicht weiter erklärt werden kann. Information und Ignoranz verhalten sich nach Wiener wie das Maß der Ordnung (Informationsgehalt, Sicherheit, Negentropie) zum Maß der Unordnung (Entropie oder auch Unsicherheit):

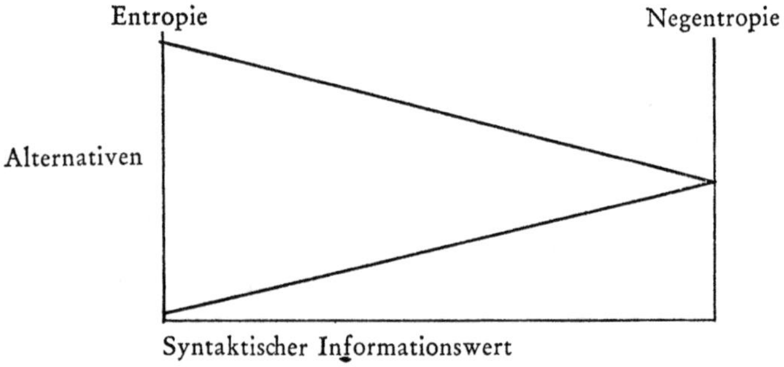

Abb. 17: Syntaktischer Informationswert

Der Komplex der unvollkommenen Information läßt sich in folgende Komponenten zerlegen [151]:

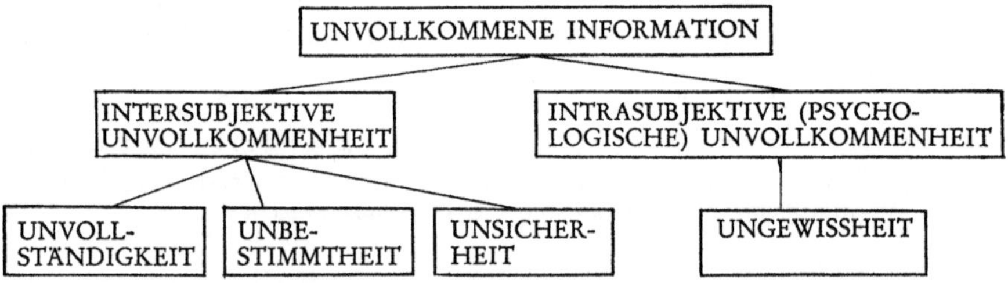

[149] Vgl. Känel [Operations], S. 36.

[150] Üblicherweise als »Risikosituationen«, »Grade der Information« oder mehr qualitativ als »Informationstypen« bezeichnet: vgl. Wittmann [Unternehmung], S. 23; Gäfgen [Theorie], S. 132.

[151] Vgl. Kosiol [Unternehmung], S. 199f.; Wittmann [Unternehmung], S. 18ff.; Gäfgen [Theorie], S. 129ff.

Die unvollkommene Information beschreibt zusammen mit dem wirtschaftlich sinnvollen Planungszeitraum den »ökonomischen Horizont«:

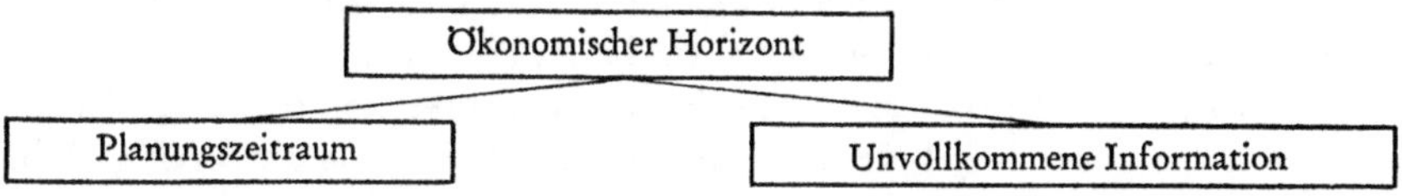

Kein Manager wird zwar daran gehindert, sich vorzustellen, wie die Welt in tausend Jahren aussieht [152], aber einen ökonomisch sinnvollen Wert wird diese Vorstellung wegen mangelnder Treffsicherheit [153] für die Unternehmung nicht haben. Die Problemauswahl auch in zeitlicher Sicht ist daher eine wichtige Voraussetzung jeder Handlung. Es handelt sich bei der Auffächerung um Mengen- und Artkomponenten der unvollkommenen Information. Bei der Unvollständigkeit ist der Informationsstand lückenhaft. Das Ausmaß oder die Bedeutung der Lücken sind von der »Zweckeignung« der fehlenden Information abhängig. Die Unbestimmtheit weist darauf hin, daß der Informationsgehalt (semantisch oder pragmatisch) deshalb unvollkommen oder gering ist, weil die Information verschwommen oder unpräzise ist. Diese Komponenten sind – soweit wirtschaftlich notwendig – relativ leicht zu verbessern. Schwieriger wird es schon bei der Unsicherheit, und erst recht bei der Ungewißheit. Daher wird, um die unvollkommene Information anzudeuten, bei der Benennung vorherrschend – häufig synonym – von unsicherer und/oder ungewisser Information gesprochen. Zwischen unsicheren und ungewissen Informationen können jedoch bedeutsame Unterschiede gemacht werden, die für das Erkennen der Entscheidungsvorgänge wesentlich sind. In der Unsicherheit soll der empirische Wahrheitsgehalt zum Ausdruck kommen; die Wahrheit der so beschriebenen Information ist relativ »ungesichert«, d. h. hinsichtlich der vermuteten Zweckeignung und wahrscheinlichen Treffsicherheit, auch wenn dabei z. T. von »Entscheidungen unter Sicherheit« gesprochen wird [154]. Umgekehrt können die sog. Entscheidungen »unter Unsicherheit«, die auf subjektiven Wahrscheinlichkeiten beruhen, immer nur als »relativ ungesichert« angesehen werden. Die graduellen Übergänge sind aber sicherlich von Gewicht. Für das Informationsverhalten der Entscheigungsträger wohl am bedeutsamsten, aber auch am problemreichsten, ist die Komponente der Ungewißheit. Über sie kann primär nur der Aktor ein Urteil abgeben, im Gegensatz zu den relativ objektiven Komponenten, die als intersubjektive Unvollkommenheit bezeichnet werden. Die Ungewißheit knüpft an den Wesenskern der allgemeinen Information an: Die Information soll danach dazu dienen, die bei den Entscheidenden vorhandene Ungewißheit aufzuhellen [155]. Die Betriebswirtschaftslehre ist hier zum großen Teil auf die Erkenntnisse der Psychologie, Soziologie und Sozialpsychologie angewiesen.

Die Ungewißheit wird hier nicht etwa nur durch zu wenig oder knappe Informationen hervorgerufen, sondern auch durch zu viele Informationen. Diese »Überflußproble-

[152] Bardet [Organisation], S. 22f., und Steiner [Company], S. 141.
[153] Zur Treffsicherheit und Genauigkeit vgl. Albach [Prognose], S. 201ff.
[154] Vgl. die Differenzierung bei Gutenberg [Unternehmensführung], S. 78.
[155] Vgl. Cherry [Kommunikationsforschung], S. 213; Kramer [Information], S. 26.

matik« ist im ökonomischen Bereich recht ungewöhnlich. Tatsächlich können aber die im Überfluß beim Entscheidungsträger vorhandenen Informationen das gleiche Unbehagen stiften, wie etwa zu wenig vorhandene oder nicht zu beschaffende Informationen. Knapp sind somit in beiden Fällen die tatsächlich entscheidungsrelevanten Informationen; deren Beschaffung, Auswahl oder Interpretation sind zeitabhängig, und sie verursachen in der Regel Kosten. Nur aus dieser Sicht kann gleichzeitig, d. h. trotz des »Überflusses«, von einer »Informationslücke« [156] gesprochen werden.

Aus diesen Überlegungen ergibt sich bereits, daß die im praktischen Geschehen tatsächlich bedeutsame Information die relativ unvollkommene Information ist; und in diesem Rahmen vielleicht sogar die relativ ungewisse Information, allenfalls die relativ unsichere Information. Die Extremsituationen, zwischen denen die unvollkommene Information ihren Standort hat, sind allerdings für die gedankliche Durchdringung dieser Erscheinungen zumindest als Grenzpfähle und Markierungspunkte ebenso wichtig. Aber eine Unterscheidung zwischen Situationen unter Sicherheit (Gewißheit), Risiko (objektive Wahrscheinlichkeit) und unter Unsicherheit (Ungewißheit), wie sie heute vorherrschend in Anlehnung an Knight anzutreffen ist, mag daher eher verwirrend als klärend wirken [157]. Die Entscheidungen werden regelmäßig unter den kombinierten Bedingungen des Risikos und der relativen Unsicherheit gefällt. Zwischen Risiko und Unsicherheit zu unterscheiden, ist problematisch, weil fehlende »objektive« Wahrscheinlichkeiten durch subjektive ersetzt werden können [158]. Die Aussagen bei objektiver Wahrscheinlichkeit haben zwar einen höheren Bestätigungsgrad, können aber die »Problematik der A-priori-Verteilung« [159] grundsätzlich nicht lösen. Die vollkommene Information bedeutet demnach, daß sie absolut vollständig, bestimmt, sicher und gewiß ist. Die Ignoranz würde demnach absolut basieren auf unvollständiger, unbestimmter, unsicherer und ungewisser Information.

Diese Überlegungen erlauben die Hypothese: Jede Entscheidung basiert auf relativ unvollkommener Information oder optimistisch formuliert: auf relativ vollkommener Information. Das bedeutet allerdings nicht, daß bei Gedankenexperimenten, also in einem Entscheidungsmodell, es nicht auch gelegentlich sinnvoll sein könnte, etwa mit absolut vollkommener Information – wie bisher in der ökonomischen Theorie vorherrschend – zu arbeiten. Es müssen aber beträchtliche Einschränkungen gemacht werden, wenn z. B. bei einer der Operationalisierung zustrebenden Untersuchung über die Investitionen von den »gesamten Einnahmen- und Ausgabenströmen während der gesamten Lebensdauer der Unternehmung« [160] ausgegangen wird.

Die These: Jede Entscheidung basiert auf relativ unvollkommener Information, läßt sich ergänzen durch die These: Mit zunehmender Entscheidungsnähe der Information nimmt das Gewicht oder die relative Vollkommenheit der Information zu. Die

[156] Daniel [Management], S. 111 ff.

[157] Immerhin eignet sich diese Differenzierung für eine schwerpunktartige Zuordnung aller wesentlichen mathematischen Entscheidungsmodelle, wie z. B. das Werk von Menges [Grundmodelle] zeigt.

[158] Vgl. Kaplan [Decision-Making], S. B-569, und Hiller [derivation], S. 443 ff.

[159] Menges [Grundmodelle], S. 191 ff.

[160] Albach [Wirtschaftlichkeitsrechnung], S. 12.

Entropie nähert sich der Negentropie. Oder anders formuliert: Mit wachsender Entfernung zur Entscheidung schwindet die Bedeutung der (pragmatischen) Information für die Entscheidungsträger [161]. Von der Entscheidung aus gesehen rückwärtsgerichtet, besagt dies, daß die Erfahrungen der Vergangenheit abnehmen, und vorwärtsgerichtet, daß die Erwartungen über die Zukunft, mit jedem weiteren Vordringen, d. h. Entfernen von der Entscheidung, multiplikativ mehrdeutig werden und mehr und mehr verblassen oder daß die Kommunikationswirkungen immer rascher nachlassen. Es dürfte allerdings – wie Wittmann [162] betont – nicht leicht nachzuweisen sein, daß die Gewichtsverminderungen etwa der Gaußschen Normalverteilungskurve folgen, von der Åkerman [163] ausgeht.

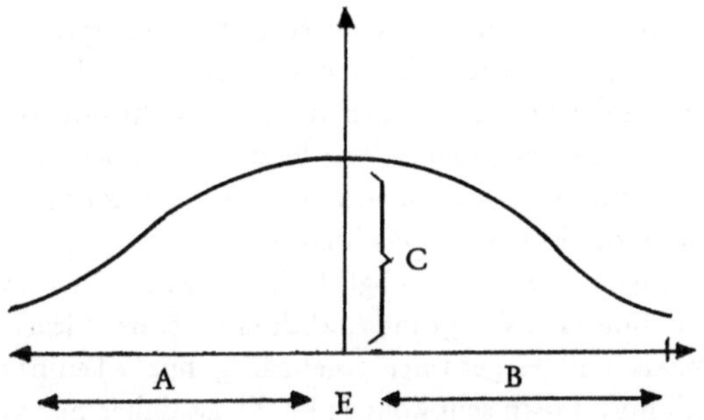

E = Zeitpunkt der Entscheidung
A = Zeitraum der Erfahrungen (Vergangenheit)
B = Zeitraum der Erwartungen (Zukunft)
C = Maß der Einsicht in die Relevanz der Information

Abb. 18: Zeitsymmetrie der Informationswirkungen

Die Entfernung von der Entscheidung führt aber grundsätzlich mehr und mehr in einen rasch unanschaulich werdenden Datenraum.
Die Unvollkommenheit der Information ist eine spezifisch ökonomische Problematik [164]. Als ökonomische Problematik ist sie aber nicht notwendig auf die Unternehmung beschränkt, schließlich ist ökonomisches, relativ rationales Handeln bedingendes Verhalten auch in anderen Bereichen anzutreffen. Diese Problematik wurde jedoch immer besonders mit der Figur des »wagenden Kaufmanns« verknüpft, aber in ihrer umfassenden Bedeutung ist sie erst in diesen Tagen stärker erkannt worden. Das hängt wohl mit dem ursprünglich bevorzugten Interesse der Wirtschaftswissenschaften an statischen Theorien zusammen [165], ausgehend von der geringen Datenänderungsgeschwindigkeit früherer Jahrzehnte und Jahrhunderte. Es ist dabei wohl überflüssig zu klären, ob die unvollkommene Information Ursache oder Folge der Ungewißheit ist. Die Probleme der unvollkommenen Information wurden in der ökonomischen Litera-

[161] In der mathematischen Informationstheorie würde dagegen der (syntaktische) »Informationsgehalt« mit der im zeitlichen Abstand in der Regel wachsenden Zahl von alternativen Möglichkeiten zunehmen.
[162] Wittmann [Unternehmung], S. 137.
[163] Åkerman [Zeitsymmetrie], S. 23.
[164] Wittmann [Unternehmung], S. 27; Krelle [Unsicherheit], S. 632ff., bezeichnet die Unsicherheit als das konstitutive Element der ganzen Wirtschaft.
[165] Schneeweiß [Entscheidungskriterien], S. 1.

tur bislang vorwiegend unter quantitativen Aspekten summarisch unter den Begriffen Risiko und Chance behandelt. Auch diese summarische Behandlung führte zu wichtigen Erkenntnissen und praktischen Folgerungen. Diese Ergebnisse können ebenfalls als Bestandteile einer betriebswirtschaftlichen Informationstheorie angesehen werden.

Bei der Untersuchung der Unvollkommenheit der Information sind wir allerdings bis heute über eine mehr oder weniger umfassende Kasuistik, gemeint sind die Ungewißheitsgrade und die Entscheidungskriterien, nicht hinausgekommen. Diese lassen noch keine Schlüsse auf das Verhalten der Entscheidungsträger zu. Gerade hierin liegen im besonderen auch die Probleme der Entscheidungstheorie. Die Entscheidungssituation ist immer ungewiß im Hinblick auf vermeintlich oder absolut fehlendes sicheres Wissen zur Beurteilung der jeweils am meisten zutreffenden Alternative. Die ökonomische Ungewißheit ist daher nicht für jedermann erkennbar, sondern stets subjektiv, d. h. personenbezogen [166]. Doch erlaubt auch das »Funktionsmodell für die subjektive Information« prinzipiell keine Vorhersehbarkeit der Information [167]. Nicht unwichtig sind dabei allerdings auch die relativ faßbaren (»objektiven bzw. intersubjektiven«) Faktoren der Entscheidungssituation und das Zusammenwirken der Aktionen und Aktoren im Entscheidungsbereich und in der Entscheidungssituation.

Umfassende Informationen sind im allgemeinen nicht möglich. Bei Erwartungen über die Konsequenzen einer Entscheidung muß man sich grundsätzlich und bei der Sichtung von Informationen aus Vergangenheit und Gegenwart regelmäßig mit »Teilinformationen« begnügen, die zudem auch noch falsch sein können [168]. Es ist daher nur von formalem Interesse, wenn das Ausmaß der Unvollkommenheit mit dem Ausmaß der Informationen, die für eine Entscheidung bei vollkommener Information noch erforderlich wären, gleichgesetzt wird.

Alle Entscheidungen in der Unternehmung stützen sich einmal auf relativ vollständige, relativ bestimmte und relativ sichere Informationen, d. h. aber immer auch »auf Vermutungen und Meinungen, denen nicht Wahrheits-, sondern Wahrscheinlichkeitscharakter zukommt« [169]. Vgl. z. B. Erwartungen über den Ausschuß, die Fluktuation, Beschwerden, Einstellungen, Aufträge, das Verhalten der Konkurrenz, Konsumenten und Mitarbeiter. In diesem empirischen Feld, das durch die Unsicherheit typisch gekennzeichnet ist, versuchen die Wahrscheinlichkeitsrechnung und die statistische Entscheidungstheorie ständig neue Anwendungsbereiche zu erschließen.

Die graduelle Unvollkommenheit der Information beeinflußt also die Verhaltensweise des Entscheidungsträgers und die Güte seiner Entscheidung in einer vermutlich sehr starken, aber noch weithin unerforschten Weise.

Das Streben nach höherem potentiellen Informationsstand findet hier seine Ergänzung in einem Streben nach Verminderung der Unvollkommenheit der situationsbezogenen Informationen [170]. In der Tendenz führt beides zu einem alle anderen Ursachen durch-

[166] Wittmann [Unternehmung], S. 28.

[167] Marko [Informationstheorie], S. 10 und 27f.

[168] Wittmann [Unternehmung], S. 27.

[169] Wittmann [Unternehmung], S. 16.

[170] Es liegt nahe, die gesamte Entwicklung als Suchprozeß zu interpretieren, wie es Krelle [Entwicklung], S. 237ff., versucht hat.

dringenden wachsenden Informationsbedarf der Entscheidungsträger und damit der Unternehmung. Der Zusammenhang besteht darin, daß das Streben nach einem höheren Informationsgrad unter sonst gleichen Umständen regelmäßig auch zu einer Verminderung der situationsbezogenen Ungewißheit führt.
In diesem Streben manifestiert sich der Freiheitsraum des Entscheidungsträgers. Der Freiheitsraum hängt eng mit der Unvollkommenheit der Information zusammen. Wären die Entscheidungsbereiche determiniert, bliebe dem Entscheidungsträger keine Entscheidungsfreiheit. Damit ist das Ausmaß der Vollkommenheit bzw. Unvollkommenheit der Information zugleich ein Maß für den Entscheidungsspielraum.

c) Faktoren der Datenfrequenz und Änderungsgeschwindigkeit

Frequenz und Änderung bestimmen die Dynamik der Strukturen:

Betriebswirtschaftliche Strukturbereiche / Strukturbestimmende Faktoren		Gebilde (Aktionsstellen; Aufbaustruktur; Potentialgefüge; Ordnungsgrad 1)				Verknüpfungen (Aktionswege; Ablaufstruktur; Prozeßgefüge; Ordnungsgrad 2)			
		Interne		Externe		Interne		Externe	
		formale	informale	formale	informale	formale	informale	formale	informale
Daten- oder Struktur-Veränderung	Vergangene								
(Innovation; Mutation)	Erwartete	Relativ		konstant					
Daten- oder Struktur-Frequenz	Vergangene				Relativ		dynamisch		
(Operation; Timing)	Erwartete								

Abb. 19: Dynamik der Strukturen

Der Informationsstand und der mutmaßliche zusätzliche Informationsbedarf sollten zumindest gedanklich eine grundsätzliche Standortbestimmung für die ständig zunehmende Frequenz und Änderungsgeschwindigkeit der Daten bzw. Informationen erlauben. Alle diese Erscheinungen vollziehen sich in dem ebenfalls erörterten Raum der unvollkommenen Information. Die unvollkommene Information bringt in geradezu umfassender Weise zum Ausdruck, daß die vielfältigsten Bemühungen notwendig werden, wenn eine größere Vollkommenheit erreicht werden soll [171]. Dieser allgemeine Hintergrund bedarf der Konkretisierung.
Der ständig wachsende (beschleunigte) Bedarf der Führungskräfte an Informationen sowohl in quantitativer als auch in qualitativer Hinsicht läßt sich, abgesehen von den grundsätzlichen Tendenzen, auf eine Vielzahl konkreter Ursachen zurückführen. Zu-

[171] Das Erkennen dieser »Informationslücke« Daniel [Management], S. 111, wird zum Motor systematischer Suchprozesse.

nächst seien die konkreten Komplexe von Faktoren, also ohne direkte Berücksichtigung der Führungskräfte selbst, skizziert; anschließend folgt die Zusammenschau der Variablen unter Einschluß der Führungskräfte.
Die Ursachen, Wurzeln, Impulse oder Variablen des wachsenden Informationsbedarfs lassen sich weitgehend nicht monokausal erklären. Es bereitet besondere Schwierigkeiten, überindividuell abhängige und unabhängige Variablen zu eliminieren oder endogene und exogene Variablen isoliert zu untersuchen. Dennoch lassen sich zumindest einige Ursachenkomplexe und Zusammenhänge relativ klar erkennen, die für die Beschleunigung der Frequenz und Änderung von Strukturen kennzeichnend sind. Sieber stellt zwei Hauptursachen heraus: »Die Dynamik der technischen und wirtschaftlichen Entwicklung als exogenem Anstoß; und das Streben nach höherer Rationalität des Führungsstils im Unternehmen als endogener Wirkkraft.« [172]
Allgemeine Anzeichen der Datenbeschleunigung lassen sich ablesen am »Umschlag« des Weltwissens, gemessen an der Weltproduktion an Fachbüchern und Periodika pro Zeiteinheit. Die gegenwärtige Literatur über Informationsprobleme selbst ist für diese Entwicklung geradezu typisch. Ein Einpendeln des exponentialen Verlaufs, vor allem des wissenschaftlichen Wachstums, wird bei etwa 20 % des Sozialprodukts um die Jahrtausendwende erwartet [173].

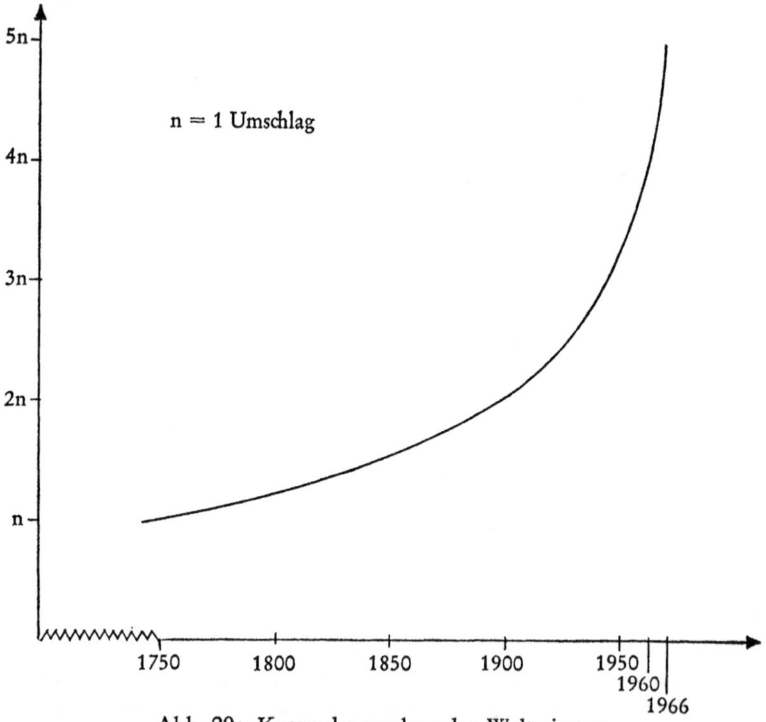

Abb. 20: Kurve des wachsenden Weltwissens

[172] Sieber [Informationsbedarf], S. 176ff.
[173] Vgl. Gundlach [Universitäten], S. 579f.

Die Wachstumsrate der Information im Sinne einer Wissensvermehrung gleicht sich in sehr vielen Bereichen [174]. Der Verlauf des Wachstums ist exponential. Vgl. zum Verlauf des gesamten wachsenden Weltwissens die in Abb. 20, S. 58, dargestellte Kurve.
Das Weltwissen verdoppelt sich demnach heute in wenigen Jahren, wozu vordem Jahrzehnte oder Jahrhunderte erforderlich waren. Etwas dramatisch wird in diesem Zusammenhang auch von der »Explosion des Wissens«, der »Informationslawine« [175] oder von dem »Zeitalter der Information« [176] gesprochen. Das Bildungsniveau in allen Teilen der Welt steigt. Es wird immer wieder darauf hingewiesen, daß es in der Welt seit ihrem Bestehen insgesamt nicht so viele Wissenschaftler gegeben habe, wie heute in der Welt leben und tätig seien. Die ständig zunehmende Verbesserung der internationalen Kommunikation führt zu einer Beschleunigung des Informationsaustausches und regt die Wissensproduktion in vermehrtem Maße an. Allerdings sind die Informationsmengen schneller gewachsen als die Übermittlungsgeschwindigkeiten. Angesichts dieser Fülle hat das Problem der systematischen Information, insbesondere das Wiederauffinden, das Problem der Geheimhaltung von Informationen verdrängt.
Im engeren ökonomischen Bereich lassen sich die Einflußgrößen der Datenfrequenz und Datenänderungsgeschwindigkeit auf drei Komplexe zurückführen.

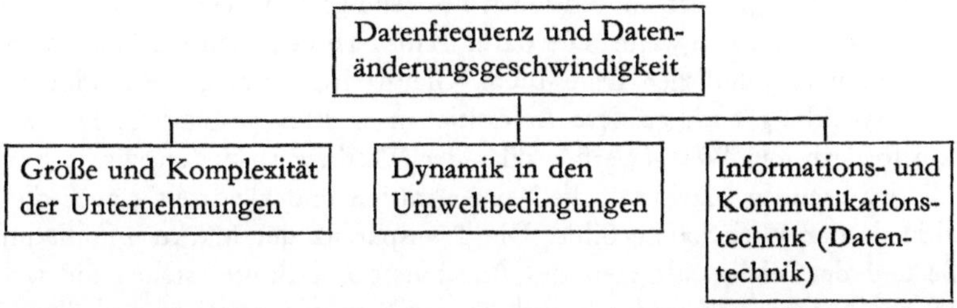

Die Größe und Komplexität läßt sich wiederum zurückführen auf Komplexe wie die internationale Verflechtung [177] und Kooperation, auf die zunehmende Verfeinerung der Arbeitsteilung [178] auf die starke Auffächerung der Prozesse zur Willensbildung und Willensdurchsetzung; gleichzeitig verstärken sich die arbeitsverbindenden Bemühungen zur Koordination der Spezialisten. Allgemeine Anzeichen für spezifische Wachstumsimpulse sind die Wachstumsziffern in den Bereichen Sozialprodukt, Staatsausgaben, industrielle Produktion, Pro-Kopf-Einkommen, Aufwendungen für For-

[174] Vgl. zur Illustration die Beispiele bei Alt u. a. [Advances], S. 301, über die Entwicklung der erstmals veröffentlichten Periodika auf den Gebieten Recht, Medizin und Biologie. Vgl. Haefele [Creativity], S. 179: Kumulierte Kurve der Aufwendungen für Forschung und Entwicklung in den USA seit 1776.

[175] Vgl. z. B. Bischoff [Informationslawine] zum »bedrohlichen Zuwachs an Informationen«, S. 13ff.

[176] Vgl. z. B. Steinbuch [Gesellschaft], S. 338, zur zukunftsorientierten »informierten Gesellschaft«. In Verbindung mit der Anwendung der höheren Datentechnik wird stark prononciert auch von »Revolution« gesprochen, vgl. z. B. Linder [Zeichen], Bl. 13.

[177] Vgl. hierzu Sieber [Unternehmung], S. 51ff.; Skinner [Management], S. 125; Clee/Satchjen [Business], S. 55.

[178] Vgl. Kosiol [Unternehmung], S. 169f.

schung und Entwicklung, sowie für den Vertrieb [179], insbesondere die Werbung. Die Differenzierung der Nachfrage und die Intensivierung der Werbung sind zwar sich aufhebende Kräfte, aber nur auf dem Hintergrund einer Informationsvielfalt. Dazu kommt die Verlängerung der Produktionswege, die zunehmende Komplexität bei der Kommunikation, die stärkere innen- und überbetriebliche Arbeitsteilung in allen Aufgabenbereichen, auch im Entscheidungssystem. Die Zerlegung des Führungsprozesses wiederum induziert umfangreichere Kontrollbedürfnisse.

Der Komplex Dynamik in den Umweltbedingungen enthält die organisationsexternen Komponenten Entwicklung der Wissenschaften (in Universitäten und Forschungsinstituten) einschließlich der technischen Entwicklung, Veränderung der Absatz- und Beschaffungsmärkte für Realgüter, Verstärkung und Verfeinerung der staatlichen Eingriffe. Gleichzeitig werden die Arbeits- und Kapitalmärkte differenzierter, komplexer und undurchsichtiger. Der technische Fortschritt [180] mit den Komponenten »invention«, »innovation« und »imitation«, zum Teil vom Wachstum abhängig, ist in der Gegenwart zum Charakteristikum der Dynamik geworden. Der rasche Wandel in den Umweltbedingungen der Unternehmung geht sehr stark auf diese Dynamik zurück. Neue und alte Rohstoffe sowie Produkte lösen sich in immer rascherem Tempo ab.

Es werden immer größere Investitionen notwendig: Entscheidungen von weit in die Zukunft reichender Tragweite. Die dafür erforderlichen Informationen stammen aus einem recht unanschaulichen Datenraum. Gleichzeitig vermag die beschleunigte technische Entwicklung auch größere Investitionen wertlos zu machen. Die wachsenden Märkte fördern den Wettbewerb – oder der Wettbewerb die technische Entwicklung und die wachsenden Märkte –, die Konzentration und gleichzeitig auch die Unübersichtlichkeit der Wirtschaftsgebilde. Die Transparenz der Märkte nimmt infolge der Größe und der Vielgestaltigkeit des Angebots ab. Dahinter stehen die wachsenden, rascher im Niveau und dadurch auch in der Struktur schneller und überraschender wechselnden Ansprüche der Konsumenten trotz der Nivellierungswirkung der zunehmenden Verbreitung von Massenmedien. Der größere Radius der Geschäftstätigkeit und die Internationalisierung der Geschäftsbeziehungen führen zu größerer Komplexität der Informationseinrichtungen und zu einem immer größeren und differenzierteren Informationsbedarf der Unternehmungen. Die wirtschaftliche Verkürzung der Kommunikationswege mit Hilfe der modernen Nachrichtentechnik induziert so bereits ihre Erweiterung durch Weckung eines zusätzlich realisierbar gewordenen Informationsbedarfs.

Die staatlichen Eingriffe werden verstärkt und verfeinert. Die ohnehin komplexen Gebilde- und Beziehungsstrukturen in der Unternehmung werden immer stärker abhängig von externen Daten. Das macht ein ständiges Überdenken geeigneter Kombinationen zwischen zentraler und peripherer Informationsbehandlung notwendig. Die gesetzlichen Maßnahmen erfordern eine möglichst rechtzeitige Anpassung oder ein aktives Umgestalten des Operationsfeldes. Vgl. z. B. Devisen- und Zollgesetze, Steuer-

[179] Einem relativen Rückgang der Produktionskosten steht ein allmähliches relatives Ansteigen der Vertriebskosten gegenüber.

[180] Zur »Rolle des technischen Fortschritts« vgl. Boden [Wandlung], S. 196ff.

gesetze, Sozialgesetze und Sondergesetze zur Beseitigung von Abgasen und Abwässern und unerwünschter Informationskartelle. Eine besondere Aktivität entfalten Wirtschafts- und Fiskalpolitik; letztere sorgt für rasche Gesetzesänderungen. Die Umweltbedingungen werden weiterhin beeinflußt von neuen Produktionsverfahren, Handels- und Absatzformen, Kooperationsmöglichkeiten und Umschichtungen im Arbeitskräftepotential. Der Kooperationsbereitschaft auf Informationsbasis wächst mit den Erkenntnissen über die gegenseitige Vorteilhaftigkeit. Es sind grundsätzliche Einsichten, die der Spieltheorie entstammen.

Der Komplex Entwicklung der Führungshilfsmittel, der Informations- und Kommunikationstechnik (Datentechnik), läßt sich zerlegen in die Komponenten Beziehungen und Datenträger, Termini und Kalküle (der Quantifizierbarkeit zustrebende Datenumformungen) sowie Sachmittel der Information und Kommunikation. Immer mehr Wissensquellen und Wissensträger werden in den betrieblichen Informationsprozeß eingeschaltet. Die Operationalität der Erkenntnisse und Kalkülformen stehen im Vordergrund einer Vorbereitung des rationaleren Verhaltens der Entscheidungsträger. Die technischen Möglichkeiten und organisatorischen Mittel erlauben neue (umfangreichere und verbesserte) Datenkombinationen, angefangen von der Erfassung, Aufbereitung, Speicherung, bis zur direkten Entscheidungsvorbereitung. Für einen Dollar erhält man 1970 im Durchschnitt etwa 20 000 mal soviel Rechenarbeit wie im Jahre 1950. Mit einer weiteren – wenn auch langsameren – Verbesserungsgeschwindigkeit wird auch in den nächsten Jahren gerechnet. Die höhere Datentechnik, insbesondere die Computertechnologie, bietet somit ständig größere Möglichkeiten; sie führt allerdings gleichzeitig zu einer komplexeren und anspruchsvolleren Datenvorbereitung[181]. Dies gilt auf Grund der gleichzeitig verfeinerten und verbesserten sog. mittleren Datentechnik auch für kleinere Unternehmungen. Dazu kommen ständig neue Rechenkonzepte, die sich durch unterschiedliche Entscheidungsnähe auszeichnen (vgl. Ungewißheitstheorie, Management Accounting, Operations-research, Topologie, zukunftsorientierte Kostenkonzepte, Prognoseverfahren, Planungssysteme). Ausmaß und Tempo der relevanten Daten oder Informationen werden unaufhaltsam erhöht. Das führt zwangsläufig zu immer mehr und immer rascheren Entscheidungen. Ein oft unterschätzter Faktor der Änderungsgeschwindigkeit und Frequenz bei internen Informationen liegt in der Erhöhung der Periodizität. Eine übermäßige Verstärkung dieses Faktors kann allerdings wieder zu einem Verlust an pragmatischem Informationsgehalt der rascher gewonnenen »kleinen und schwächeren Aussagen« führen.

Die Informationstechnologie ermöglicht ein immer stärkeres Eindringen in einen unanschaulichen Datenraum. So befaßte sich z. B. 1960 die nordamerikanische chemische Industrie zu 90 % mit langfristiger Planung; 1948 war in diesem dynamischen Industriezweig praktisch noch keine langfristige Planung vorhanden[182]. Die Aufwendungen für Forschung und Entwicklung sowie für Werbung entwickeln sich auf hohem Niveau, um der Unternehmung das Anpassungsverhalten im Markt zu sichern.

[181] Dabei ist die Gewichtung von zentralen und dezentralen Gesichtspunkten immer wieder neu zu prüfen, wie z. B. die Überlegungen von Dearden zeigen: [Computers], S. 99ff.

[182] Ansoff/Brandenburg [Programm], S. B-219.

Andererseits stehen die teureren Anlagen, die hochwertigen technischen Erfahrungen, die lange Kapitalbindung, die hohen fixen Kosten der Anpassung an die Datenänderungsgeschwindigkeiten in den einzelnen Einflußkategorien entgegen. Diese Antinomie kann durch eine Verbesserung des Informationsstands, Wirtschaftlichkeitsüberlegungen, Risikostreuung, Diversifikation, spieltheoretisches Verhalten, Verbesserung der Prognosefähigkeiten und -möglichkeiten sowie einer »Reduktion des Implementierungsaufwandes« [183] teilweise aufgehoben werden.

d) Rationalität des Führungsstils und Zusammenschau der Variablen

Beim Managementprozeß handelt es sich grundsätzlich um die Umwandlung von Informationen bzw. Daten in Tätigkeiten. »Ein guter Manager unterscheidet sich von einem schlechten dadurch, daß er sich bessere Informationen beschafft und der Umwandlungsprozeß unter Berücksichtigung einer größeren Anzahl von implizit und explizit ins Kalkül zu ziehenden Faktoren in kürzester Zeit vollzieht. Dieser Prozeß der Informationswandlung ist dynamisch und rückkoppelnd.« [184] Außerdem wirkt dieser Prozeß vorkoppelnd und in Entscheidungsnähe rasch oszillierend [185] und somit nach jeder wesentlichen Richtung kombinierend. Die Oszillation äußert sich in einer höheren Kommunikationshäufigkeit und in Kontrollen schon nach kleinsten Schritten. Die höhere Datentechnik bewirkt heute weniger eine Revolution der Produktionsverhältnisse, als vielmehr eine neue Ära des Management. »Methoden und Formen der Leitung von Unternehmen werden ... neu gestaltet« [186], nicht zuletzt im Hinblick auf »Größenordnungen von einer neuen Dimension der privatwirtschaftlichen Investitionsentscheide« [187].

Das Gewicht der Entscheidung und der Entscheidungsträger und die für die Vorbereitung und Durchsetzung zur Verfügung stehende Zeit, Schaffenskraft und Verstärkungsmöglichkeiten sind dabei wesentliche Kapazitätskriterien. Die verfügbaren Führungshilfsmittel spielen in diesem Rahmen eine besondere Rolle.

Das Streben nach höherer Rationalität, d. h. höherem individuellen und damit auch in der Regel höherem kollektiven Informationsstand und Verminderung der situationsbezogenen Unvollkommenheit der Information bei den Führungskräften ist die für das Nutzenniveau des sozioökonomisch-technischen Systems Unternehmung in erster Linie verantwortlich zu machende Wirkkraft. Es kommt daher primär auf die Entscheidungskapazität und die Koordinierungsfähigkeiten der Führungskräfte an. Das Informationssystem stellt Entscheidungshilfen bereit, die nur im Rahmen informationskonformer Führungsstile und einer bewußten Verantwortung für die Information und die

[183] Gehrig [Bedeutung], Bl. 13.
[184] Wolters [Dispositionshilfen], S. 101f.
[185] Vgl. Gregory [Management], S. 16ff.
[186] Reuss [Computer], S. 68.
[187] Linder [Zeichen], Bl. 13, verweist auf das IBM-Beispiel, wonach der Übergang von der zweiten zur dritten Computergeneration Investitionen von 5 Md. $ in einer Planungsperiode von 4 Jahren notwendig machte.

verfolgten Ziele wirksam werden können. Dabei kann ein bestimmter Führungsstil eine Leitlinie für ein ganzes System sein, so etwa die grundsätzlich kooperative Führung und Lenkung, gleichzeitig aber kann und muß diese Leitlinie im einzelnen Entscheidungsfall Modifikationen erfahren. So ist die Situation z. B. bei der Beratung anders zu beurteilen als bei der Entscheidung. Es kann auch für Zeitepochen oder ein Land eine Stilrichtung des Führers vorherrschend sein, die sich in den Handlungen der Manager niederschlägt; so erklärt sich die zukunftsgerichtete, vorwärtsstrebende, von Traditionen weitgehend unbeschwerte Einstellung der nordamerikanischen Manager. Solche Wandlungen durchschreitet auch die einzelne Unternehmung in ihrer Entwicklung, etwa vom kleinen Handwerksbetrieb zur Großunternehmung, u. U. innerhalb einer Generation. Die Risiken und Chancen einer treffsicheren und rechtzeitigen oder auch zu frühen, ungenauen oder verspäteten Information hinreichend zu erkennen und abzuschätzen, wurzeln in der Motivations- und Erkenntnisstruktur der Führungskraft.

Die Verschiedenartigkeit und Zunahme der Anzahl von Operationen und daraus erwachsenen komplexen Erfahrungen führten zu einem sprunghaften Anwachsen der Zahl notwendiger Dispositionen und Vollzugsmeldungen. Das Zwei-Augen-System reicht nicht mehr aus. Die Okularkontrolle geht zurück. Es kommt zu einem wachsenden Bedarf einer systematisch untersuchten und vorbereiteten Information. Die horizontale Arbeitsteilung im Entscheiden wird mehr und mehr ergänzt durch eine vertikale Arbeitsteilung. Die Probleme der Gruppe und damit der Koordinierung sowie die Ableitung von Zielen spielen dabei eine besondere Rolle.

Die mit den relativ »Geführten« interagierenden Führungskräfte müssen immer umfangreichere und gewichtigere Informationen kurzfristig beurteilen lernen. Dabei ergibt sich aber ein spezifisches Problem, um nicht zu sagen ein Dilemma, der verfeinerten Informationsgewinnung. Mit der vermehrten und verbesserten Information kann die individuelle Unvollkommenheit, die Ungewißheit, abgebaut werden; gleichzeitig erhöht sich aber mit der dadurch gewonnenen Horizont- und Problemerweiterung wieder die Ungewißheit. Hier müssen verantwortlich geschätzte Zeitlimits mit operationalen Suchkriterien kombiniert werden, um eine überlegte Beendigung von Suchprozessen zu erreichen.

Außerdem ist zu beachten, daß nach den psychologischen und soziologischen Erkenntnissen in Verbindung mit empirischen Untersuchungen die durchschnittliche Führungskraft nur wenige grundsätzliche Möglichkeiten gleichzeitig voll erfassen kann. Auf die Umformung bzw. Verdichtung der Information kommt es also besonders an. Dieser Gesichtspunkt erhält ein weiteres Gewicht beim Einsatz von Hilfsmitteln, die immer umfangreichere Daten in immer kürzerer Zeit bereitstellen können. Außerdem nimmt der Einfluß der Vor- und Nachentscheidungen auf die von der Hauptentscheidung (E) ausgehenden Wirkungen zu. Die Vorentscheidungen (V) schaffen dabei originäre Planrationalität; die Nachentscheidungen (N) sind daher von dieser Planrationalität abgeleitet [188]. Die Gewichte verschieben sich somit nach dem Standort des Entscheidungsträgers:

[188] Vgl. Schelsky [Abstraktheiten], S. 124.

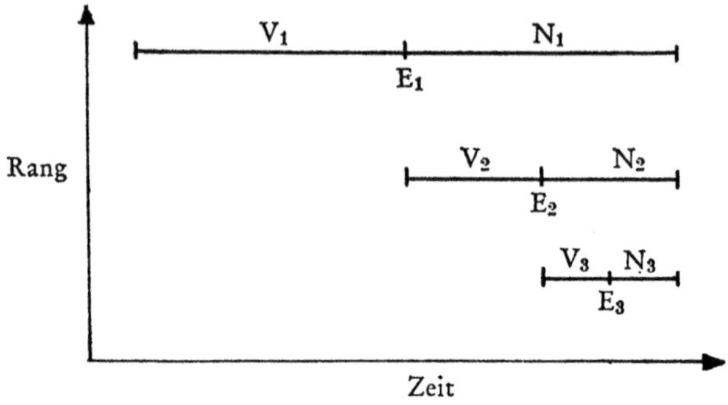

Originäre und abgeleitete Planrationalität

Die Motivation zum Ausbau des Informationssystems liegt in dem Wunsch begründet, jederzeit eine Antwort auf die Fragen zu haben, die mit den Entscheidungsproblemen in der Unternehmung aufgeworfen werden. Zu dem Konzept »Wissen ist Macht« muß die Bereitschaft treten: Wichtige Informationen in ihrem Wert zu erkennen und anzuerkennen. Der »Strategie des Wissens«, d. h. der Aus- und Weiterbildung von Führungskräften (Erkenntnisstruktur) kommt aus diesem Grunde eine besondere Bedeutung zu; zusätzlicher Wandel erfordert zusätzliche Investitionen im Bildungsbereich, soll die Dynamik verstanden und wirtschaftlich genutzt werden [189]. Diese Dynamik wird nachhaltig beeinflußt durch ein intensiviertes Nachdenken über die Zukunft [190].
Es kommt also nicht nur auf eine gute und rechtzeitige Information an, sondern auch auf die Qualifizierung sowohl der Informationsempfänger [191] als auch der Sender. Für den Empfänger wird der Umstand, inwieweit er selbst als Quelle fungiert, zu einem wichtigen Orientierungsmaßstab. Folgerung: Die zunehmende Verbesserung der Erkenntnis- und Motivationsstruktur bei den Führungskräften führt dazu, daß in höherem Umfange mehr Informationen und bessere Informationen nachgefragt und verarbeitet werden bzw. können (Manager-Evolution) [192]. Dies führt wiederum zur Qualitätserhöhung bei den Führungskräften und damit zu einem größeren Nutzenniveau des Systems. Hier versagt die einfache Übernahme informations- und nachrichtentheoretischer Erkenntnisse von Sender und Empfänger. Es kann somit von einer Wechselbeziehung zwischen Informationsbedarf und geistiger Kapazität der Führungskräfte gesprochen werden.
Die Vielzahl gewichtiger Faktoren der Datenfrequenz und Datenänderungsgeschwindigkeit machen deutlich, in welch starkem Maße der Informationsbedarf der Führungs-

[189] Counts [Impact], S. 28.
[190] In Frankreich, der UdSSR und den USA wird »Inventing the Future Environment« geradezu systematisch betrieben. Jungk [Voraussage], S. 103.
[191] Vgl. Wiener [Mensch], S. 118.
[192] Jangård [viewpoints], S. 2, spricht zutreffend von einem »Schneeball-Effekt«: »The more we know, the greater our chances of gaining more knowledge, of finding new ways and new methods, – that is more change.« Und »management of change ... will be the normal business conditions of tomorrow«.

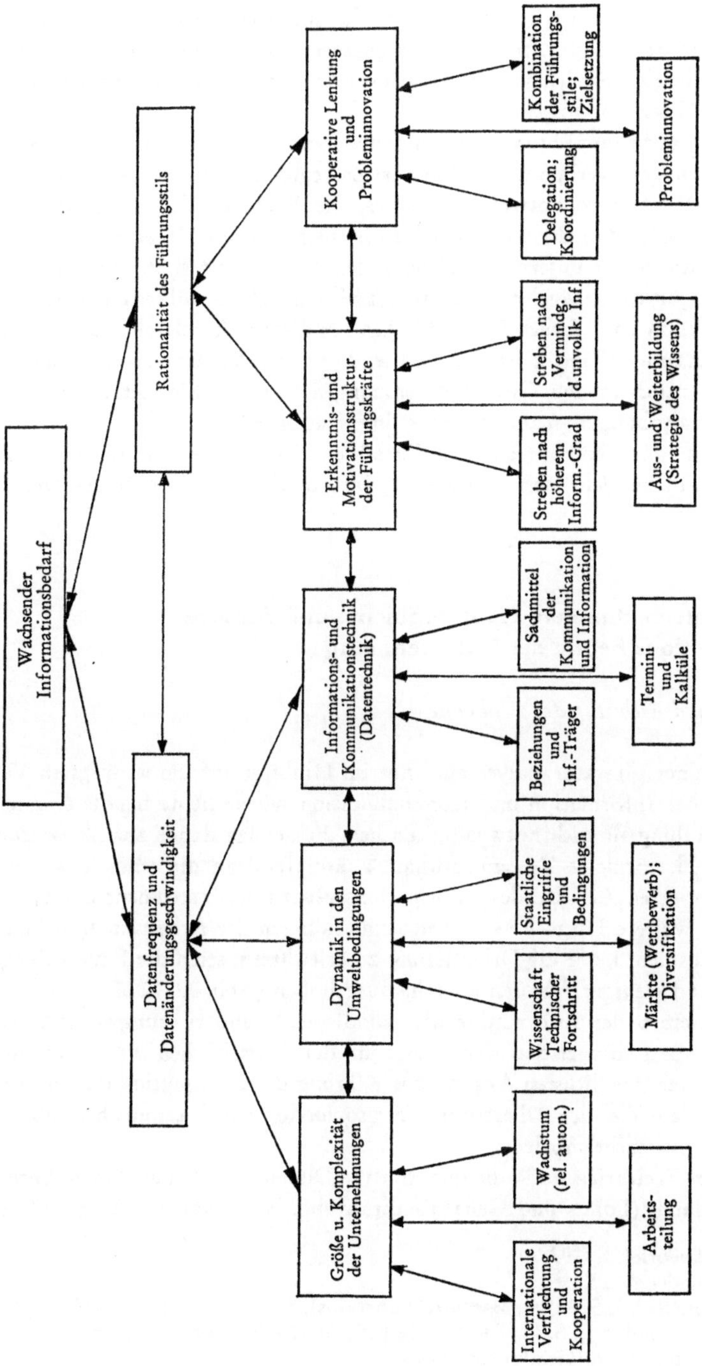

Abb. 21: Wachsender Informationsbedarf

kräfte von der Zeit beeinflußt wird. In immer rascherem Wechsel treten Daten aus dem Wissenskosmos hervor und werden zu Führungsdaten, zu relevanten Informationen, umgekehrt sinken in gleichem Tempo Informationen zu den potentiellen Informationen oder aber in den Wissenskosmos zurück.
Es erscheint jedoch nicht unwichtig, darauf hinzuweisen, daß diese namentlich mit den technischen Neuerungen verbundenen Aufwärtsbewegungen keinen zwangsläufigen Charakter haben [193]. Um so notwendiger ist es, die Faktoren der Entwicklung zu kennen. Es scheint aber, daß die vom Menschen herbeigeführten Neuerungen, ein wesentliches »Strukturelement unseres fortschreitenden Wissens« [194] sind, auf dem Hintergrund einer ungünstigen Wachstumsrelation zwischen Weltbevölkerung und Nahrungsmittelproduktion von jährlich 7 % : 1 %. Ein aus diesem Umfeld ebenfalls herauswachsendes bedeutsames Element ist die wachsende soziale Verantwortung der Führungskräfte, namentlich in den Großunternehmungen, aus der Einsicht in die übergeordneten Zusammenhänge: »management by implications« [195].
Das Schemagramm auf Seite 65 läßt die Variablen des wachsenden Informationsbedarfs, das spezifische Feld der zusätzlichen Information, im Zusammenhang erkennen.

4. Stand der Untersuchungen, Hauptprobleme und Ansätze einer Informationstheorie der Unternehmung

a) Entwicklung und Richtung der Probleme

Die Darstellung einer Literaturanalyse auch nur im Hinblick auf die wichtigsten Veröffentlichungen über Information und Kommunikation würde heute bereits eine umfangreiche Abhandlung für sich notwendig machen. Es genüge daher zur Skizzierung des Standes eine akzentuierte Zusammenschau, anknüpfend an die schon erwähnten pragmatisch orientierten Ansätze des Informationssystems als Instrument der Unternehmensführung. Weitere Hinweise sind den Anmerkungen der Arbeit zu entnehmen. Um darüber hinaus dem Leser die Orientierung zu erleichtern, seien die Entwicklungsrichtungen an Hand weniger Autoren kurz herausgehoben (Abb. 22, S. 67).
Seitdem das Phänomen der Information als grundlegende und richtungweisende Erscheinung in der Betriebswirtschaftslehre und in der betrieblichen Praxis erkannt wurde, sind die unterschiedlichsten Ansätze zur Klärung der Information und zu ihrer Handhabung mit dem Ziel der Beherrschung des sozioökonomisch-technischen Systems der Unternehmung versucht worden.
Nach dem Zweiten Weltkrieg stand die quantitative Dimension der ohnehin zu bewältigenden Massendaten (Lohn- und Gehaltsbuchführung, Kontokorrent, Lagerhaltung

[193] Vgl. Kalecki [Theorie], S. 192.
[194] Mitscherlich [Stadt], S. 13.
[195] Atthreya [Management], S. 119ff.; Barnard [Functions], S. 258ff.; Sheldon [Philosophy], S. 70ff.; Matz [Ausbildung], S. 17; Riester [Gedanken], S. 495; Dorsey [Verantwortung], S. 1; vgl. auch Steinmann [Großunternehmen].

Integrale informations- ökonomische (entscheidungs- und system- orientierte) Konzeption	Thrall; Coombs; Davis	Adam	Eckner Neuschel Shultz; Whisler Simon	*Daniel* Ewell	Evans; Hague Thurston	*Bonini* *McDonough* Johnson; Kast; Rosenzweig	Chambers	Ansoff Bardet Dearden Blohm	*Beer* *Hartmann* Heinen *Prince*	*Boyce* Cox; Good *Dearden;* *McFarlan* Hellfors *Holtgrewe* Martino Nieder- berger *Schoderbek*	Li (Ulrich)	*Kal-* *scheuer* Müller *Steiner* *Wahl*	*Adam;* Helten; Scholl Bleicher *Blohm*
Informations- und kommuni- kations- *analytischer* Ansatz	*Marschak*	Feurer Kloidt Simpson *Wittmann*	Sieber Stahlmann	*Albach* *Forrester* Illetschko Kosiol	Gutenberg Haefele Holzinger Stratoudakis	Becker; Hayes *Gäfgen* Loitlsberger	Charke- witsch Dearden Marschak *Pietzsch* Witte	Berg- mann; Zapf *Blohm* *Kramer* *Mertens* Pastoors	Blau; Heide- brand; Stauffer *Coenenberg* Ellinger Kosiol *Schweiker*	Berthel *Bössmann* Gregory, C. *Walz* Wild Williams; Griffin	Bier- felder Krelle Will	Bartram Mirow	Berthel; Moews Michajlov; Cernyi; Giljarevsky Mag Menges Vieweg Wild
Informations- *technologischer* Akzent		Wieser	Vollberg	Burlingame *Gallagher* *Hartmann*		*Gregory, R.;* *van Horn*	Littmann Malcolm; Rowe	Diebold Higginson Savas	Grochla Kuhrt; Giesecke; Maurer Steinbuch	Stern	Bereska Diemer	*Mertens*	*Dworatschek* *Grochla* Jacob *Schulz* *Wedekind*
Zentraler *sozioökonomischer* Ansatz der Information	*Ackoff* Barnard March *Simon*	*Acker-* *mann* Feurer Ulrich	Festinger Merrihue				Fisch Luhmann	Bower; Sefert		Fiedler Seiler Young			(Hauschildt) (Klis) Witte (Kirsch 1971)
Jahr	1954 bis 1958	1959	1960	1961	1962	1963	1964	1965	1966	1967	1968	1969	1970

Abb. 22: Entwicklungsrichtungen in der Literatur

und Einkaufsvorbereitung, systematische Speicherung wesentlicher Erfahrungen) im Vordergrund. Das führte über die Verbesserung von Datengewinnungssystemen Hand in Hand mit dem Ausbau mechanischer und elektronischer Hilfen zum Umbau von Organisationsstrukturen und zur Entwicklung von maschinenorientierten Dokumentationssystemen. Der Weg führte über Einzelprobleme zu geeigneten quantitativen und qualitativen Optimierungskriterien, vom Entscheidungsprozeß und seinen pauschalen Erfordernissen, zu den Zielen der Unternehmung, zum Informationsbedarf der Entscheidungsträger, zu Entscheidungskriterien, Kommunikationswegen und schließlich zur Neubesinnung auf die Möglichkeiten der Informationserschließung, Gewinnung, Wiedergewinnung und Umformung von Informationen, teils unter Berücksichtigung bestehender und bekannter Ermittlungsmethoden und Institutionen, teils unter Schaffung neuer Rechenkonzepte, neuer Sachmittel, neuer Institutionen, Verknüpfungen, Individual- und Gruppenbeziehungen innerhalb und außerhalb der Unternehmung. Mehr und mehr treten die in der Unternehmung durch Entscheidungen mit Hilfe von Information und Kommunikation zu bewirkenden Verhaltensweisen ins Blickfeld.

Auf der Grundlage dieser mehr kasuistischen partiellen Ansätze des Informationssystems wird ein neuer Anlauf unternommen, die mehr synthetischen Optimierungskriterien anzugehen, welche bei der Verbesserung der laufenden Informationsarbeit in den Unternehmungen oder bei der Neueinrichtung von Informationssystemen zur Führung von Unternehmungen oder Unternehmensteilen zumindest eine wesentliche alternative Denkhilfe sein könnten. Das soll zu einer Durchdringung der die analytischen Forschungsergebnisse einschließenden synthetisch-dynamischen Strukturen für Entscheidung, Information und Kommunikation in den Unternehmungen führen.

Eine kurze Zuordnung der Problemansätze im Rahmen dieser allgemeinen Übersicht schließt sich in der Reihenfolge an, wie sie für eine Weiterbehandlung nach den schon begrifflich gestellten grundsätzlichen Weichen für erforderlich gehalten wird: Nur soweit die Rollen, die die Information im Entscheidungssystem der Unternehmung spielt, einigermaßen geklärt sind, können der Informationsbedarf und seine Deckung, Fragen der Messung und Bewertung und schließlich die Aktionsräume für Entscheidung, Information und Kommunikation in ganzheitlicher Blickrichtung untersucht werden. In diesen Feldern liegen die Hauptkomponenten des Informationssystems der Unternehmung oder einer betriebswirtschaftlichen Informationstheorie. Eine betriebswirtschaftliche Informationstheorie wurde nach Hartmann bisher weder in der US-amerikanischen noch in der europäischen Literatur entwickelt. Es liegen allerdings einige Ansätze für angewandte Informationssysteme vor. Die gegenwärtig zu beobachtende Beliebtheit der nach Wahl meist schlagwortartig verwendeten Bezeichnung »Management-Informations-System« (MIS) steht in auffälligem Gegensatz zu den bisher auf diesem Gebiet erreichten Ergebnissen.

b) Bedeutung der Information für den Entscheidungsprozeß

Die neuere ökonomische Literatur ist sehr stark »informationsbezogen«, doch nur wenige Veröffentlichungen lassen »mutative« Veränderungen, d. h. markante, typische

Entwicklungsakzente erkennen. Über die partielle Nutzbarmachung von Informationen für den Entscheidungsprozeß liegt bereits eine unübersehbare Literatur vor. Dazu gehören auch insbesondere die Veröffentlichungen über das Rechnungswesen im Dienste der Leitung oder Führung von Unternehmungen (Management Accounting) und über operations research. Dennoch ist es erstaunlich, daß diese Nutzanwendungen bis heute weitgehend ohne Vorklärung des Informationsbedarfs und seiner Verknüpfungen versucht werden. Nur zögernd wird ein Zusammenhang mit den Entscheidungen, den Entscheidungsträgern und den Zielen in einer Unternehmung hergestellt. Das gilt selbst auch für Arbeiten, die auf diese Zusammenhänge von vornherein abstellen. Es sind jedoch bemerkenswerte Versuche vorhanden, einzelne Informationssynthesen im Entscheidungssystem schärfer anzugehen. Dazu gehören die Ansätze der Problemlösungstheorie, der strategischen Problemprognose und die Bemühungen im Rahmen partieller entscheidungsbezogener Kalkülformen, welche die Vor- und Nachentscheidungen und die Entscheidung selbst unterstützen sollen.

Weitere Ansätze liegen in Untersuchungen vor, die sich an eine mehr monolithische, sachökonomische Entscheidungsfindung anschließen. Außerdem wird versucht, mit dem psychologischen Entscheidungsapparat die kollektiven Entscheidungseinheiten der Unternehmung zu interpretieren. Sozioökonomische Ansätze für das Informationsproblem bei Gruppenentscheidungen und kooperativen Suchprozessen ergänzen die genannten Untersuchungen.

Fast generell wird das Zusammenspiel zwischen Information und Entscheidung nur sehr behutsam über eine isolierte Vor-, Nach- oder Parallelschaltung auf der einen oder aber eine Gleichsetzung auf der anderen Seite angegangen.

c) *Informationsbedarf und Informationserschließung*

Die Kriterien für den Informationsbedarf und die Möglichkeiten seiner Deckung schließen die Versuche zur Messung und Bewertung von Informations- und Kommunikationsstrukturen sowie die Problematik des Informationsverhaltens mit ein. Auf diese Weise wird versucht, eine kontrollierbare Verbesserung der Informationsarbeit zu erreichen. Dabei ist zu bedenken, daß die Betriebswirtschaftslehre mit wesentlich geringeren Genauigkeitswerten noch sinnvoll arbeiten kann und muß, wie sie etwa in den Naturwissenschaften in der Regel nicht mehr brauchbar sind.

Die tatsächlich maßgebenden Kriterien für die zuverlässige Ermittlung und Bewertung des Informationsbedarfs sind noch weitgehend unerforscht. Wesentliche Einflußgrößen sind dabei die Kapazität der Führungskräfte, das Zielsystem, die Kommunikationsstrukturen, die Entscheidungsnähe, die zugrundeliegenden Sachaufgaben, Funktionen, Objekte und die verknüpften organisationsinternen und -externen Aktoren bzw. Stellen.

Die Bedeutung des Dokumentationssystems bei der Informationserschließung wurde zunächst überschätzt und dann lange Zeit unterschätzt. Die Theorie der Informationserschließung ist das Rückgrat von Informationssystemen. Dazu gehören die Probleme der Beschaffung oder Gewinnung von Informationen, der systematischen Speicherung, der Wiedergewinnung und situationsbezogenen Umformung von Informationen. Die vorhandenen potentiellen Informationen geben Aufschluß darüber, inwieweit zur Lösung eines Entscheidungsproblems zusätzliche Informationen beschafft werden müssen.

Das schwierigste, bis heute noch nicht befriedigend gelöste Problem der Dokumentation ist die Antwort auf die Frage nach dem mehrdimensionalen Informationszugriff unter Berücksichtigung der Umweltwirkungen und des Informationsverhaltens.

Die wahrscheinlichkeitsorientierten Erkenntnisse der mathematisch-statistischen Informationstheorie blieben im wesentlichen auf den syntaktischen Bereich beschränkt. Auch die technischen und biologischen Analogien führten nicht wesentlich weiter. Noch weithin offene Hauptfragen einer betriebswirtschaftlichen Informationstheorie betreffen daher die entscheidungsorientierte Ermittlung und Deckung des Informationsbedarfs einschließlich der Annahmen über den Informationswert und das Informations- bzw. Kommunikationsverhalten. Als neue Methode zur Bewertung quantifizierbarer Erwartungen entwickelt sich die Simulation. Diese Methode setzt – das gilt z. B. auch für den Einsatz eines zentralen Speichers mit peripheren Anschlüssen – ein hohes Niveau an qualifiziertem und diszipliniertem Informations- und Kommunikationsverhalten voraus.

d) Organisatorische Verknüpfung der Informationsarbeit im Systemobjekt

Dem Problem der ganzheitlichen Erfassung der Informationsprobleme in der Unternehmung sind trotz der großen Fülle an Informationsliteratur nur wenige Versuche gewidmet. Eine weitere Kategorie von Arbeiten geht ebenfalls von einem ganzheitlichen mehr systemtheoretischen Aspekt aus, allerdings primär unter Zugrundelegung der elektronischen Datenverarbeitung oder des Rechnungswesens. Im übrigen handelt es sich um Partialanalysen als Vorstufen der Integration im Bereich der Erschließungssysteme, der Gruppenstrukturen, allgemeinen Datentheorie und der mittleren und höheren Datentechnik. Angestrebt wird eine rationalere Erfüllung der integrierten Informationsbedürfnisse der Entscheidungsträger – allerdings unter Verwendung modernster Führungshilfsmittel.

Die Gesamtkonzeptionen bewegen sich z. B. in folgenden Begriffskategorien: Allgemeines Datenverarbeitungsmodell, Allgemeine Theorie der Datenverarbeitung, Dokumentationssystem, Informations- und Entscheidungstypen, Computerbezogene Management-Informationssysteme (MIS), Kybernetische Management-Kontrollsysteme, Marketing-Informations-Systeme, Kommunikationssysteme, Informations-Entscheidungssysteme, Management Operating Systems (MOS), Nachrichtentechnische Systeme, Berichtsorganisation, Aktions- und Planungszentren, Unvollkommene Information, Simulation, Zielsystem, Verknüpfung der Insysteme unter sich und mit der Umwelt, »frei tragende Projektionssysteme«, Innovations- und Operationssysteme, Totalsysteme und Totalmodell der Unternehmung, Netzwerk von Beziehungen, Organisation als System zu lösender Probleme, Integriertes Datenverarbeitungssystem, ganzheitliches Informations-Entscheidungs-System.

Während bei den Rollen der Information im Entscheidungssystem, der Ermittlung des Informationsbedarfs, der Erschließung, Messung und Bewertung des Informationsverhaltens, mehr analytische Optimierungskriterien im Vordergrund stehen, geht es bei den Gesamtkonzeptionen um synthetische und zugleich dynamische, vorherrschend ordinale Optimierungskriterien, deren methodischer Ansatz in den ersten Anfängen steckt. Voraussetzung ist zugleich eine Umformulierung organisationstheoretischer Erkenntnisse.

Die unbeantworteten Fragen als Ansatzpunkt für weitere Forschungen werden in der zweckmäßigen organisatorischen Gestaltung der betrieblichen Datenverarbeitung gesehen. Es geht primär um eine Verbesserung des stets in irgendeiner Form vorhandenen Informationssystems. Diese Stufen der fortschreitenden Verbesserung werden allerdings selbst zum Problem. Die Optimierungsfelder, Strukturen oder Aktionsräume sollen die Einordnung der analytischen Instrumente gestatten. An die Suche nach geeigneten synthetisch-dynamischen Optimierungskriterien knüpft sich die Hoffnung, die Kasuistik zu überwinden auf dem Hintergrund adäquater alternativer Organisationsstrukturen, der zugleich als Bezugsrahmen darüber hinausgehender Systembeziehungen dienen soll. Spezifische Entscheidungen im Bereich der Information betreffen die Planungsphasen und Kontrollmöglichkeiten von Informationssystemen einschließlich der Kommunikationseinrichtungen. Die relative Steuerung der Motivation, die zieladäquate Einwirkung auf die Entscheidungsträger, ist dabei als Fernziel zu bezeichnen.

In den Möglichkeiten einer Verbesserung der Leistungsfähigkeit des Kommunikationssystems nach dem Gesetz der Varietät liegen auch die Grenzen für die Ausdehnung der Organisation. Das Kommunikationssystem ist daher das schwächste Glied vor allem bei den Mammutorganisationen.

Die betriebliche Informationstheorie in ganzheitlicher Blickrichtung unter Berücksichtigung interdisziplinärer Ansätze zeigt neue Möglichkeiten und Grenzen der Analogie auf; in dieser Theorie wird ein Kern einer Lehre der Unternehmensführung bzw. ein Kern einer weiterentwickelten allgemeinen Betriebswirtschaftslehre und ein Hilfsmittel für die Dokumentations- und Informationspraxis gesehen.

Die betriebswirtschaftliche Informations- und Kommunikationstheorie dient als Instrument der Erschließung alternativer Möglichkeiten im Rahmen von Struktur- und Systemverbesserungen. Dabei wird die Analyse des Informationsbedarfs allerdings selbst noch kaum berücksichtigt. Die Durchdringung der Zusammenhänge der Informationsströme mit anderen Strömen, mit Aufgaben und Zielen, ist eine wichtige Voraussetzung der Systemanalyse und Synthese. Die Optimierungsgrundlagen für Kommunikationskanäle, Informationen, Sachmittel, Kalküle und Verfahren sind noch in großem Umfang ausgesprochene Problemfelder. Die Kombination und Umsetzung allgemeiner Methoden, kybernetischer, systemtheoretischer und informationstheoretischer Ansätze steht noch am Anfang.

Die Unternehmung als äußerst komplexes, probabilistisches System, als ein System weitgehend offener Regelkreise, frei von starren Prinzipien, als dynamisch und elastisch arbeitendes zielgerichtetes System von Teilsystemen setzt die Erforschung vorhandener und denkbarer Kommunikationsstrukturen voraus.

Die nachrichtentechnisch ausgerichtete Informationstheorie befaßt sich primär nicht mit

der betriebswirtschaftlich relevanten Information. Ihr Interesse gilt noch vorherrschend der syntaktischen und semantischen Ebene.
Ziel einer organisatorischen Verknüpfung der Informationsarbeit ist die Verbesserung der entscheidungsorientierten Verbindung von Adressaten und Quellen mit Hilfe von Information und Kommunikation im Bezugsrahmen eines ökonomisch sinnvoll integrierten Informationssystems der Unternehmung.

II. Rollen der Information im Entscheidungssystem der Unternehmung

1. Informationsneutrale Struktur des Entscheidungssystems

a) Rationalität des Entscheidens und Nichtentscheidens

Die einzelnen, in vielfältiger Weise gleichzeitig neben- und hintereinander ablaufenden Entscheidungsprozesse in einer Unternehmung sind Insysteme des Entscheidungssystems [196] der Unternehmung. Im Mittelpunkt dieser Insysteme steht der »Entscheidungsakt«, die Entschlußfassung, die tragende oder die eine Problemlösung »abschließende Handlung«: die Entscheidung des Entscheidungsträgers. In dieser Entschlußfassung zeigt sich deutlich der individuell-logische Bereich, dem das arbeitsteilige Entscheidungssystem in der Unternehmung ursprünglich entstammt, d. h. dem psychologischen Raum. Dennoch wird bei der Übertragung psychologischer Erkenntnisse leicht übersehen, daß die Güte des kollektiven Entscheidungssystems immer auch oder in erster Linie vom Niveau der individuellen Entscheidungsphasen wesentlich mitbestimmt wird [197]. Ein »Einmannsystem« ist daher nicht einfach unwichtig. Die Analyse von Individualentscheidungen hat ergeben, daß Tiefe und Gründlichkeit der geistigen Prozesse davon abhängen, in welchem Ausmaß sich der Mensch von der Entscheidungssituation betroffen fühlt [198]. Wenn der Mensch in diese Situation nicht ohne weiteres »gelangen« kann [199], bleibt zu fragen, ob dies dem organisierten Prozeß der Unternehmung gelingen könnte.

Der Entscheidungsträger kann demnach eine Person [200] oder eine Gruppe von Personen sein; er ist ein Handlungsträger, ein systembezogener Aktor [201]. In gradueller Abstufung, d. h. mit mehr oder weniger großem Spielraum, ist jeder Mensch in Mensch-Sachmittel-Systemen ein Entscheidungsträger. »Das Entscheiden in der modernen Unternehmung ist nicht mehr an das Privileg der obersten Geschäftsleitung gebunden.« [202] In der Betriebswirtschaftslehre wird die Rolle des Entscheidungsträgers noch vorwiegend der obersten Leitung vorbehalten. Diese Rolle wird gleichzeitig mit »echten«, »nicht delegierbaren« Entscheidungen verknüpft, sog. Führungsentscheidungen [203], die existentielle Fragen der Unternehmung betreffen sollen. Die Rollen der übrigen Handlungs- und Aufgabenträger bleiben unbestimmt.

[196] Vgl. Ackoff [Concept], S. 2f.
[197] Gregory [Management], S. 193f.
[198] Vgl. Witte [Analyse], S. 112ff. u. S. 123.
[199] Thomae [Mensch], S. 282.
[200] Anderer Auffassung z. B. Albach [Organisation], S. 111. Gleicher Auffassung z. B. Schmidt, Ralf-Bodo [Entscheidungen], S. 124, und Kosiol [Unternehmung], S. 196.
[201] Vgl. zum Begriff des Aktors Gäfgen [Theorie], S. 18ff.
[202] Dill [Produktionssteuerung], S. 474.
[203] Vgl. z. B. Gutenberg [Unternehmensführung], S. 61: »Katalog echter Führungsentscheidungen«.

Jeder Entscheidungsprozeß setzt sich aus zahlreichen Komponenten [204] oder – in zeitlich gebundener Blickrichtung – aus Sequenzen [205] oder Phasen zusammen, deren logische Verknüpfung bis heute umstritten ist [206]. Sie bilden selbst wieder besondere Insysteme. Die Hauptkomponenten Problem, Problemlösung, Entscheidung, Realisierung und Kontrolle – in den Begrenzungslinien Ziel und Lagebeurteilung – lassen sich jedoch auch empirisch nachweisen [207]. Diese, auf die Entscheidungsprozesse in der Unternehmung bezogenen Hauptkomponenten wurden als konstitutive Elemente der betrieblichen Information erkannt; Information und Entscheidungskomponenten sind eng verflochten. Die Information ist der Entscheidung nicht etwa nur vorgeschaltet [208]. Es kann daher zutreffend von der Dualität der systemtheoretischen Begriffe Information und Entscheidung [209] gesprochen werden; Parallelen hierzu ergeben sich bei der Konfrontation von Entscheidungssystem und Informationssystem oder von Erschließungssystem und Kommunikationssystem. Von einer informationsneutralen Struktur kann daher empirisch nicht ausgegangen werden, obwohl der pragmatische Ansatz dazu neigt, Entscheidungs- und Informationsbereiche zu institutionalisieren unter bewußter Ausschaltung des einen oder des anderen Akzents. Andererseits können bei der Besprechung eines Entscheidungssystems die Informationen nicht völlig außer acht gelassen oder mit den Entscheidungen identifiziert werden [210].

Die informationsneutrale Struktur soll hier zunächst heuristischen Zwecken dienen, nämlich dem Ziel, die Rollen der Information im Entscheidungssystem durchsichtiger zu machen. Dies erst gestattet eine Datensynthese für die Beurteilung von Insystemen des Informationssystems. Die ökonomische Relevanz ergibt sich aus der Tendenz zur Rationalität, die im Entscheidungs- und Informationssystem zum Ausdruck kommt; der Entscheidungsprozeß wird als in Etappen »formalisierbarer« [211], »organisierbarer Prozeß« [212] begriffen, der nach höherer Rationalität strebt.

Das Rationalitätsprinzip entspricht in der Unternehmung einer Tendenz wirtschaftlichen Vorgehens, einer Tendenz deshalb, weil die Bestimmung des Rationalitätsgrades angesichts relativ unvollkommener Informationen immer problematisch ist. Es handelt sich also immer um eine »lückenhafte Rationalität« [213]. Nur im modelltheoretischen Rahmen sind daher die Varianten des Wirtschaftlichkeitsprinzips, das Minimum- und Maximumprinzip, voll anwendbar. Hier kann von einer zu maximierenden Zielfunk-

[204] Vgl. Albach [Theorie], S. 241.
[205] Vgl. Albach [Organisation], S. 111.
[206] Simon [Logic], S. 186.
[207] Vgl. z. B. Brady [Computers], S. 67ff.; Kosiol [Informationsentscheidungen], S. 23ff.; Rühli [Grundfragen] Bl. 13; auf private Entscheidungen bezogen: Thomae [Mensch], S. 109ff.; vgl. auch die plausiblen Überlegungen von Dill [Produktionssteuerung], S. 471ff.; Witte [Phasen-Theorem], S. 625ff.; derselbe [Organisation], S. 581ff.
[208] Vgl. zu diesem Ansatz z. B. Loitlsberger [Informationsbegriff], S. 116.
[209] Känel [Operations], S. 32, und Prince [Information], S. 14 »Information Dimensions of Decision-Making-Process«.
[210] Vgl. z. B. Sandig [Betriebswirtschaftspolitik]. Hier werden die Entscheidungen allein in den Vordergrund gestellt.
[211] Friedrich/Wilde [Vorbereitung], S. 20.
[212] Witte [Prozeß], S. 133f.
[213] Vgl. die Zusammenschau bei Pirker [Bürotechnik], S. 98, unter Hinweis auf Bahrdt.

tion gesprochen werden[214]. Es lassen sich aber im nicht vorgegebenen Rahmen immer Anhaltspunkte für eine rationalere Wahl nützen, wie die möglichen Ergebnisse von Alternativen und die Plausibilitätsgrade dieser Ergebnisse[215]. Auch wenn keine Alternative gewonnen werden könnte, würde es möglich sein, die Spannweite der »einzigen Möglichkeit« zwischen vermutetem Minimum und vermutetem Maximum oder Pessimismus und Optimismus abzustecken, sofern man die »Unterlassensalternative« als Nullposition nicht gelten lassen will. Ist die Tendenz rationalen Vorgehens relativ verdeutlicht und konkretisierbar, d. h. weitmöglichst operational und operativ zu machen, kann erst von einer kontrollierbaren wirtschaftlichen Entscheidung gesprochen werden. Entscheidungen mit hoher Rationalität sind Gegenstand der statistischen Entscheidungstheorie. Nur ein Bruchteil der Entscheidungen sind der statistischen Betrachtung allerdings zugänglich[216]. Eine absolute (objektive) Rationalität scheitert an der Unvollkommenheit der Information. Die empirische Nachprüfbarkeit des Ausmaßes an Rationalität ist nach wie vor problematisch[217]. Um welche Art von Rationalität oder Wirtschaftlichkeit kann es sich daher nur handeln, wenn von rationalen oder optimalen Entscheidungen gesprochen wird? Mit wenigen Ausnahmen wird die Rationalität oder Optimalität nicht näher erläutert. Implizite scheint aber von einer »maximalen Zielerfüllung« ausgegangen zu werden. Dabei kann die »formale Rationalität«[218] oder »Modelloptimalität« unberücksichtigt bleiben, weil hier das empirische Problem der Optimalität durch Vorbestimmung der Rationalitätsgrenzen weitgehend ausgeschaltet wird. Darin liegt der Vorteil der operationalen (kalkülisierten) Methode, aber auch ihr schwerwiegender Nachteil: Sie erlaubt keine Konfrontation mit dem immer offenen Problem der Rationalität[219]. Daraus wird ersichtlich, welche Bedeutung der Option von Prämissen zukommt.

Der bloße Hinweis auf eine rationale oder optimale Entscheidung läßt nur den Willen erkennen, jene Alternative auszuwählen, deren Konsequenzen nach den Informationen im Entscheidungszeitpunkt die höchste Zielerfüllung erwarten läßt; der Hinweis verschweigt jedoch vor allen Dingen, daß eine absolut objektive rationale und optimale Entscheidung praktisch nicht zu realisieren ist[220]. Die neuere Entscheidungstheorie versucht daher, an einige frühere nationalökonomische Ansätze anknüpfend, von einer subjektiven Rationalität auszugehen[221]. Eine Modifikation hierzu stellt die Gruppenrationalität[222] oder »lokale Rationalität« dar. These: Die Gruppenrationalität ist in der Unternehmung in ihrem Grad ungleich höher als in den meisten anderen Mensch-Sachmittel-Systemen. In der entscheidungsorientierten Organisationstheorie wird daher auch scharf zwischen Unternehmungen und öffentlicher Verwaltung ge-

[214] Schmidt-Sudhoff [Unternehmerziele], S. 19.
[215] Gäfgen [Theorie], S. 135.
[216] Kurnow [Statistics], S. 6.
[217] Gäfgen [Theorie], S. 59ff.
[218] Gäfgen [Theorie], S. 26.
[219] Schneeweiß [Entscheidungskriterien], S. 77.
[220] Zum Problem des Optimums in der Betriebswirtschaftslehre, vgl. vor allem Lüder [Optimum].
[221] Vgl. Gäfgen [Theorie], S. 32ff.
[222] Vgl. Simon [Behavior], S. 243ff.

trennt [223]. Diese Differenzierung scheint nicht unwichtig, zumal es sog. rationale Entscheidungen auch außerhalb der Unternehmungen gibt [224]. Eine generelle Übertragung individualpsychologischer Erkenntnisse ist daher nicht ohne weiteres zulässig.
Eine objektive Rationalität müßte von einer Erfassung aller alternativen Strategien, aller Beziehungen, der Bestimmung aller Konsequenzen und der Bewertung aller dieser Reihen ausgehen [225]. In letzter Konsequenz führt die subjektive Rationalität auf den Verzicht der »Maximierungsmaxime« [226] bzw. der Minimierungsmaxime [227]. Das einzelne Entscheidungsproblem erlaubt aber andererseits auch keine einseitige Orientierung an der subjektiven Rationalität; schließlich sind alle Handlungen immer Kompromisse zwischen Motiven, Mitteln, Situationen und Werten [228]. Diese Kompromisse lassen sich realistisch als Anspruchsanpassungen [229] deuten.
Zusätzliche Probleme ergeben sich aus der Einbeziehung unbewußter Vorgänge [230], falscher Informationen und der relativ geringen Konstanz, Prägnanz und Konsistenz der persönlichen Ziele und der Gruppenziele, also der Wertmaßstäbe für die Beurteilung der Rationalität von Entscheidungen; das Wertsystem jedes einzelnen Aktors (Person oder Gruppe von Personen) unterliegt einem ständigen Wandel. Dennoch handelt es sich bei den Werten oder Normen und Vorgaben um relativ konstante und konsistente Informationen, um sog. Dauerinformationen. Typische Beispiele sind die Basisziele der Unternehmung, die sog. Dienstanweisungen, Richtlinien und andere Gruppennormen. Der Grad der Rationalität kann daher nur in bezug auf den Entscheidungsträger und die Entscheidungssituation einigermaßen zutreffend beurteilt werden. Das schließt ein, daß die tatsächlichen Fähigkeiten des Aktors berücksichtigt werden müssen. Die mögliche Rationalität ist damit abhängig vom Wissensstand und Wertsystem des Aktors. Hat ein Aktor innerhalb einer Gruppe zu handeln, so ist für die Beurteilung zusätzlich der Wissensstand der Gruppe und das vorherrschende Wertsystem der Gruppe maßgebend [231]. Diese wiederum ist von ihren »Umweltwerten« abhängig. Das organisatorische Problem liegt dabei in der möglichst weitgehenden Annäherung der Individualrationalität und der Gruppenrationalität, z. B. durch zielgerichtete Aus-

[223] Cyert/Dill/March [Role], S. 288.
[224] So werden etwa die Probleme des Informationssystems im militärischen Bereich aus den verschiedensten Gründen – vgl. Kalscheuer [Datenverarbeitungssysteme], S. 99f. – rationaler gelöst als im wirtschaftlichen Bereich.
[225] Vgl. Simon [Behavior], S. 67.
[226] Schneeweiß [Entscheidungskriterien], S. 83.
[227] Statt $Z \rightarrow Max$ bzw. $G \rightarrow Max$ und $K \rightarrow Min$:
Zufriedenheitsmaxime $Z \geqq Z'$ $G \geqq G'$ $K \leqq K'$
Dieses Anspruchsniveau läßt sich jedoch nur für eine konkrete Entscheidungssituation festlegen (Z = Ziel, G = Gewinn, K = Kosten).
[228] Vgl. Thomae [Mensch], S. 31, unter Hinweis auf Kluckholm.
[229] Vgl. hierzu insbesondere Sauermann/Selten [Anspruchsanpassungstheorie], S. 577ff.
[230] Nach neueren Erkenntnissen der Psychologie [Lorenz, König] soll zwischen der Intuition und der Gestaltwahrnehmung ein Bereich bestehen, der relativ rational und schneller arbeitet als ein Computer.
[231] Illetschko [Unternehmenstheorie], S. 212, sieht darin das »konkomitante Element« einer spezifischen, objektivierbaren Unternehmens-Rationalität.

wahl des Entscheidungsträgers und Anlieferung der entscheidungsrelevanten Mindestinformationen. Die Mindestinformationen entsprechen der Konzeption zufriedenstellender Strategien [232].
Wenn im Vordergrund der Entscheidungstheorie die sog. »positiven Entscheidungen« stehen, die von vornherein auf ein Tun, eine Handlung, gerichtet sind, sei es die erste Veranlassung, ein Stoppen, ein Verzögern oder ein Fortsetzen, Beschleunigen, so ist dabei vorab zu fragen: Inwieweit kann der vorwiegend negativ beurteilte Fall des sog. Nichtentscheidens ebenfalls rational sein? Die Entscheidungstheorie ist vorwiegend darauf ausgerichtet, den Prozeß des Wählens zwischen »positiven« Alternativen zu untersuchen. Der Fall des Nichtentscheidens wird in der Regel vernachlässigt oder als Pseudoalternative berücksichtigt. Es erscheint daher zwingend, Überlegungen in dieser Richtung dem »positiven Entscheidungsprozeß« voranzustellen.
Witte hat den Versuch unternommen, die Entscheidung explizite angehende psychologische Erkenntnisse auf den ökonomischen Bereich zu übertragen. Er kommt dabei zum Teil zu interessanten Parallelen. Für den Fall der Nichtentscheidungen [233] (sog. negative Entscheidungen) verweist er auf die von Thomae [234] untersuchten »Spielarten menschlicher Reaktionen auf multivalente Situationen« und die Unterscheidung von Katona zwischen »echten Entscheidungen« und »habituellem Verhalten«. Die oberflächlichen, geistig voreingenommenen und impulsiven Reaktionen, als Fälle des Nichtentscheidens, werden als mangelhafte Erfüllung einer Entscheidungsaufgabe gedeutet; es sei daher erforderlich, so zu organisieren, daß ein Ausweichen des Entscheidungsträgers verhindert werde. Das Nichtentscheiden bzw. unüberlegte, impulsive, unbewußte Handeln wäre damit unrational, also negativ zu werten. Es kann aber auch als unbewußte Anpassung an eine Norm gedeutet werden, d. h. der Entscheidungsträger reagiert nach allgemeiner Orientierung [235] ohne bewußtes Durchschreiten der Phasen des Entscheidungsprozesses [236].
Demgegenüber betont Barnard, daß der »Entschluß«, nicht zu entscheiden [237] vielleicht sogar eine sehr bedeutsame Handlung sein könne. Sie wäre insofern durchaus in den dargestellten Grenzen rational, als sie eine potentielle Entscheidung beträfe, die entweder als noch nicht akut, als noch nicht reif oder als von vornherein wirkungslos erkannt wird. Wenn der Entschluß eine potentielle Entscheidung betrifft, die ein anderer Entscheidungsträger fällen sollte, so könnte allerdings die Gruppenrationalität mindestens die Weitergabe des »aufkeimenden« Problems oder der Anregung erwarten lassen.

[232] Vgl. March/Simon [Organizations], S. 140. Vgl. auch Sauermann/Selten [Anspruchsanpassungstheorie], S. 577ff.; vgl. außerdem Coenenberg [Bedeutung], S. 1137ff.
[233] Vgl. Witte [Analyse], S. 101ff., insbes. S. 112 und S. 123f.
[234] Vgl. Thomae [Mensch], S. 51ff.
[235] Vgl. zur Phase der »Orientierung« Thomae [Mensch], S. 126ff.; Witte [Analyse], S. 116ff.; Churchman/Ackoff/Arnoff [Operations], S. 30ff.
[236] Witte [Analyse], S. 124.
[237] Barnard [Functions], S. 193f. Zur Mischung faktischer Entscheidungen vgl. Menges [Grundmodelle], S. 76.

Das »Nichtentscheiden« oder »Nichtstun« als Alternative[238] wird allerdings problematisch, wenn der Entscheidungsprozeß bereits in vollem Gange ist, denn dann ist zumindest eine Entscheidung, z. B. über den Stopp des Suchprozesses zu fällen. Außerdem kann über die Fortsetzung des zugrundeliegenden Prozesses entschieden werden müssen. Die Relevanz des Nichtentscheidens muß somit spätestens in der Phase der Anregung liegen oder geklärt werden, es sei denn, die Unterlassensalternative wird immer als überlegte Alternative angesehen, auch wenn kein mehr oder weniger überlegtes Abgehen von einer zunächst angesteuerten Entscheidung festzustellen ist. Unbewußte Suchprozesse würden damit nicht einbezogen, obwohl diese nicht einfach als irrational oder »vorwissenschaftlich« abgetan werden können.

Es wäre aufschlußreich, von der Psychologie zu erfahren, was den Aktor im Rahmen der Gruppenrationalität der Unternehmung im Einzelfall dazu bewegt, nicht positiv zu entscheiden, obwohl er etwa als schöpferischer Mensch unablässig von Ideen, Problemen und Anregungen, die mit seinem Aktionsbereich zusammenhängen, bedrängt wird. Inwieweit läßt sich der im Unterbewußtsein ablaufende »Entscheidungsprozeß« mit in die Rationalität einbeziehen? Gibt es dann überhaupt noch den Fall des »negativen Entscheidens«? Wird das Problem – Chance und Risiko – verdrängt, weil Instinkt, Bequemlichkeit, Scheu vor Initiative und Engagement vorherrschen, oder aber, weil bereits im status nascendi einer potentiellen Entscheidung erkannt wird, daß diese nichts als Kosten verursachen würde? Nur dieser letztere spontane, »impulsive« Entschluß wäre ein relativ rationales »Nichtentscheiden« oder ein spontanes Handeln auf der Basis der überlegten »Unterlassensalternative«. Dieses rationale Nichtentscheiden ist allerdings wesentlich schwerer zu erkennen, als etwa den Rationalitätsgrad einer positiven, auf ein ausdrückliches Tun gerichteten Entscheidung, der kein gutes Ergebnis folgt. Inwieweit kann überhaupt die Führungskraft nach ihren Entscheidungen beurteilt werden? Ein klärender Versuch in dieser Richtung muß auch die Problematik des Nichtentscheidens bzw. der unbewußten oder unüberlegten Unterlassensalternative einbeziehen. Schlechte Entscheidungen sind wahrscheinlich oft auf das »Fehlen guter Nichtentscheidungen« [239] zurückzuführen. Die »Bereitschaft zum Entscheidungsverzicht« ist somit ein Element der Rationalität [240]. Das stärkere Betonen der rationalen Nichtentscheidungen mit der Unterlassensalternative als Nullposition für mehr oder weniger impulsives Handeln würde sicherlich nicht zum Mangel an Entscheidungsinitiative führen, zumal nur die Ergebnisse der auf ein Tun gerichteten Entscheidungen beachtet und honoriert zu werden pflegen.

[238] Dugdale [Fundamentals], S. 147, z. B. nennt als Alternativen das »Nichts-Tun« neben Problem-Lösung und Ziel-Modifikation. Schneeweiß [Entscheidungskriterien], S. 8, und Engels [Bewertungslehre], S. 83, sehen im Unterlassen eine alternative »Aktionsmöglichkeit«. Vgl. auch Gutenberg [Unternehmensführung], S. 97. Churchman u. a. [Operations], S. 107, sieht für den Bereich der »Unzufriedenheit« (Anregung) vor, daß sie – etwa im Gegensatz zum Problem – ohne die Möglichkeit einer Wahl bestehen könne. Erst ein Problem berge immer die Frage in sich, was man tun soll.

[239] Barnard [Functions], S. 194.

[240] Durchdacht ist daher die Befragung des System-Forschungs-Instituts Warnke, in der zur Messung des Führungserfolgs unter Rationalität das Merkmal »Bereitschaft zum Entscheidungsverzicht« aufgeführt ist, vgl. Winter [Systemforschung], S. 12.

Sollen zu den Entscheidungen nur Handlungen in einer multivalenten Situation von einigem Gewicht gezählt werden [241]? Eine unterschiedliche Art von Rationalität ergibt sich insbesondere auch beim Vergleich der Handlungen zur Vorbereitung der Entscheidung und der Handlungen zur Realisierung der Entscheidung. Letztere werden trotz nachträglicher Zielkorrekturen sehr stark von der »Planrationalität« geprägt und bestimmt [242]. Daraus läßt sich folgern, daß für beide Bereiche unterschiedliche Ansprüche an die Rationalität der Entscheidungen, Aktoren und deren Kontrolle maßgebend sind.

b) Problem und Problemlösung

Die Unterscheidung von Komponenten des Entscheidungsprozesses oder -systems geht von der Vorstellung aus, daß es sich dabei um einen organisierbaren, der Arbeitsteilung immer mehr zugänglich zu machenden Prozeß handelt [243], der dem Streben der Entscheidungsträger nach höherer Rationalität der Entscheidungen entspricht, d. h. nach einer bewußteren und überlegteren Wahl zwischen begründeten Alternativen. Die Unterscheidung von aufbau- und ablauforientierten Komponenten oder Elementen [244] des Entscheidungssystems basiert auf den unterschiedlichen Einwirkungen der Dimensionen Raum und Zeit. Es fragt sich allerdings, ob Ziel und Ausgangslage immer eine größere Konstanz besitzen als die übrigen Elemente. In einem anzustrebenden umfassenden systemtheoretischen Ansatz werden statt der Trennung von Aufbau- und Ablaufproblemen Strukturabhängigkeiten zu konzipieren sein [245], die auf Frequenz, Veränderung und relativer Konstanz beruhen. Von Raum und Zeit sei hier zunächst im einzelnen weitmöglichst abgesehen; der Entscheidungsprozeß ist zwar immer in allen seinen Teilen von Raum und Zeit abhängig, aber der Entscheidungsprozeß kann überall und mit jeder Komponente beginnen [246]. Außerdem kann eine entscheidungsnahe Situation überhaupt nur durch ständiges Transformieren von Informationen mit Hilfe der Kommunikation bewirkt werden. Raum und Zeit werden daher neben Aufgabe und Koordination als Differenzierung der entscheidungsorientierten Rollen der Information betrachtet und behandelt.

Die methodische Problemlösung oder Vorbereitung (V) von Entscheidungen (E) ist Ausdruck für ein systematisches, ordnendes, berechnendes, relativ rationales Vorgehen in der Unternehmung, für ein Probehandeln. Die abstrakten Komponenten des Entscheidungssystems nehmen bei der Selbst- und Fremdbeobachtung eines Problems (P)

[241] Vgl. Vorstudie von Prince [Information], S. 241. Vgl. »Forschungsentscheidungen«; »strategische Entscheidungen«. Das Gewicht könnte sich nach dem für das ganze System Dringliche und Wichtige bestimmen.

[242] Vgl. hierzu Schelsky [Abstraktheiten], S. 126.

[243] Vgl. zur Entwicklung eines »vollständigen Modells« des Entscheidens Gore [Decision-Making], S. 176ff.; vgl. zur Organisierbarkeit des Entscheidungsprozesses Witte [Prozeß], S. 133ff.

[244] Vgl. Rühli [Besonderheiten], S. 18f.

[245] Schweitzer [Grundfragen], S. 286; Bössmann [Analyse], S. 51.

[246] Vgl. zur zeitlichen Reihenfolge die Kritik von Rosenstock [Entscheidung], S. 74, im Hinblick auf die von Bender [Führungsentscheidung], S. 34ff., beschriebenen Stufen.

und dessen Lösung beim menschlichen Entscheidungsträger ihren Ausgang und wirken über die danach ausgegliederten organisatorischen, arbeitsteilig ausgerichteten Komponenten auf die Rationalität des Aktors zurück.

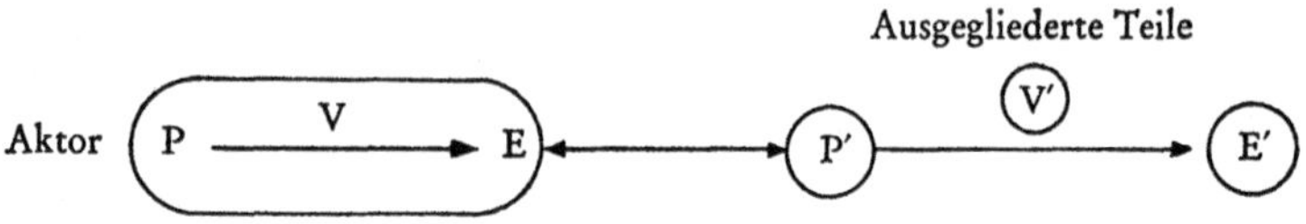

»Am Ursprung jedes nichtprogrammierten Planungs- und Entscheidungsprozesses liegt ein Problem, das von einem oder mehreren Mitarbeitern wahrgenommen und einer Lösung entgegengeführt werden soll.« [247] Im Begriff des Problems [248] ist zugleich der Begriff der Chance, d. h. der Gelegenheit zur Wahrnehmung einer Chance eingeschlossen.

Es kann insoweit, als diese Vorbereitung auf die Entscheidung und damit deren Konsequenzen oder Auswirkungen, die in der nahen oder weiteren Zukunft liegen, gerichtet sind, nur von einem vorherrschend geistigen Handeln, einer Vorwegnahme von Handlungen in der Zukunft gesprochen werden. Dabei wird allerdings übersehen, daß auch diese vorbereitende Etappe zahllose arbeitsteilige »Tathandlungen» mit umfassen kann. Primär sind aber die Phasen vor der Entscheidung dem denkenden Erkennen des Entscheidungsproblems, seiner Lösung und den Konsequenzen gewidmet; es ist somit eine Art Probehandeln [249]. Das eigentliche Tathandeln folgt nach der Entscheidung [250].

Erst mit der Realisierung (R) und der Kontrolle (K) werden die tatsächlichen Konsequenzen erkennbar; im Bereich der Willensdurchsetzung hat der Planwille eine prägende Kraft, die eine spezifische Rationalität zeitigt.

$$P \xleftrightarrow{\;V\;} E \xleftrightarrow{\;R\;} K$$

Dabei sind alle Komponenten aufeinander bezogen.

Die Entscheidungskomponenten sind Insysteme des Entscheidungssystems. Je nach Entscheidungssituation kann es zweckmäßig sein, beliebig viele Entscheidungskomponenten auszugliedern. Wie die empirische Untersuchung von Entscheidungsprozessen in der Unternehmungspraxis und in verwandten Bereichen sowie die bisher vorgenommenen theoretischen Analysen und Interpretationen von Entscheidungsprozessen zeigen, sind in der Regel mindestens die Komponenten V, R und K zu erkennen, wenn z. T. auch aufgelöst, zugeschüttet oder anders benannt [251].

Jede Komponente wird aber immer von zwei weiteren Insystemen bestimmt, nämlich von der in die Zukunft gerichteten Zielsituation (Z) und der in die Gegenwart und

[247] Ulrich/Staerkle [Personalplanung], S. 98.
[248] Vgl. auch die Begriffe Schwierigkeit, Störung, Gelegenheit.
[249] Berthel [Informationen], S. 80, spricht vom »mentalen Handeln«.
[250] Doch wird auch das »korporale Handeln der Realisationsphase« von einem Denkprozeß begleitet bzw. unterstützt. Berthel [Informationen], S. 80, unter Hinweis auf Nicklisch.
[251] Allen [Management], S. 97ff.; Brady [Computers], S. 67 ff.; Cooper [Art], S. 14ff.; Dill [Produktionssteuerung], S. 471ff.; Friedrich [Entscheidungsübung], S. 20ff.; Gutenberg

Vergangenheit gerichteten Ausgangssituation (U)[252]. U umfaßt das problemzugehörige (personale) Erfahrungsreservoir. Die ökonomisch-technische Ausgangsposition der Unternehmung hängt ab »von der fabrikations- und entwicklungstechnischen, der beschaffungs- und absatzwirtschaftlichen, der Finanz- und Rentabilitätssituation«[253]. Dazu treten noch die sozialpsychologischen Elemente der Position. Eine nach Rationalität strebende »Entscheidung setzt die Fähigkeit voraus, eine gegebene Gesamtlage des Unternehmens ... zu beurteilen und die wesentlichen Probleme zu beschreiben, die eine Entscheidung erfordern«[254].

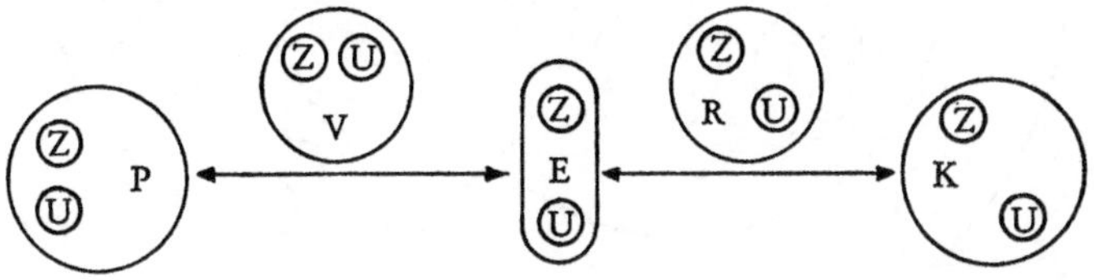

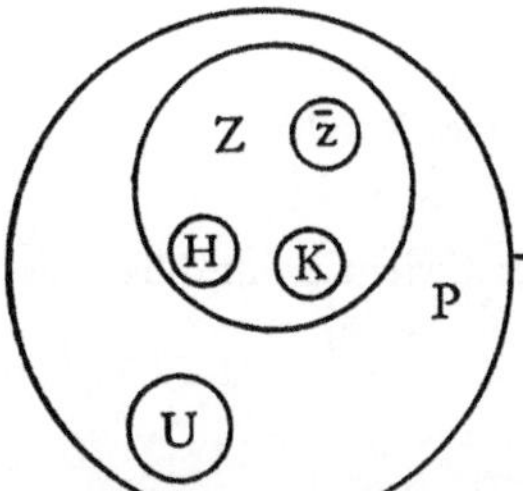

Z wiederum setzt sich zusammen aus dem übergeordneten Ziel, den übergeordneten Zielen oder der Zielsetzung $(\bar{z})$, den Handlungsalternativen (H) einschließlich dem Entscheidungsziel, den Ergebnissen, dem Resultat, oder den mit der Kontrolle sichtbar werdenden tatsächlichen Konsequenzen (K) des angestrebten Abschlusses von Wahlhandlungen.

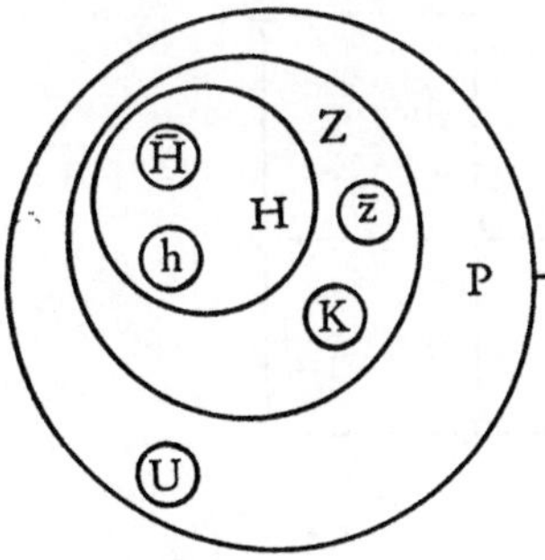

Bei den Handlungsalternativen heben sich die entscheidungsnahen Handlungsalternativen $(\bar{H})$ von den Handlungsalternativen für Vor- und Nachentscheidungen (h) ab.

Das Resultat kann zugleich eine neue Problemsituation schaffen. Auf den ganzen Entscheidungsprozeß bezogen, läßt sich so die Kontrollkomponente zugleich kybernetisch als problemschaffendes Resultat auffassen:

[Unternehmensführung], S. 159; Junckerstorff [Grundriß], S. 29ff.; Kloidt u. a. [Problematik], S. 13ff.; Koontz [Principles], S. 35ff.; Kosiol [Investitionsentscheidungen], S. 23ff.; Mellerowicz [Unternehmenspolitik], Bd. I, S. 110ff.; Newmann [Action], S. 15ff.; Pöhlmann [Prozeß], S. 79ff.; Rosenstock [Entscheidung], S. 14ff.; Rühli [Grundfragen], Bl. 13; Thomae [Mensch], S. 109ff.; Wissenbach [Kennzahlen], S. 109ff.; Ziehm [Elemente], S. 67ff.

252 Vgl. die Akzentuierung bei Widmaier [Bildung], S. 33: »Analyse und Prognose als Grundlage der politischen Entscheidung«.

253 Gutenberg [Unternehmensführung], S. 79.

254 Sieber [Planspiel], S. 15.

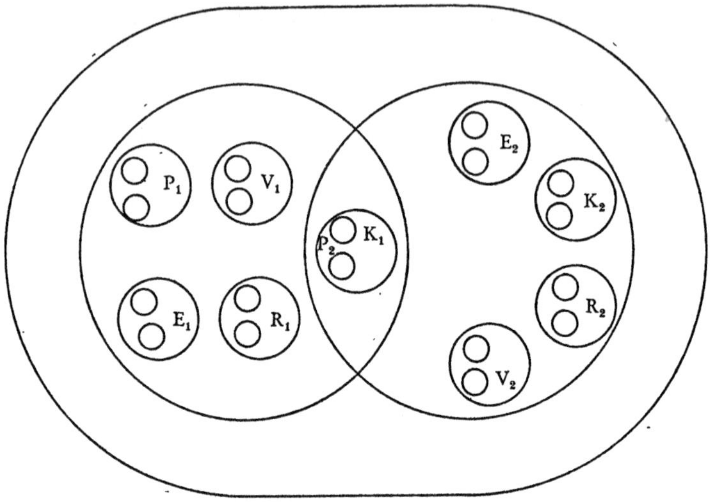

Abb. 23: Kontrollkomponente als problemschaffendes Resultat

Jede Entscheidungskomponente ist damit abhängig von einer Orientierung über Ziel- und Ausgangssituation [255].

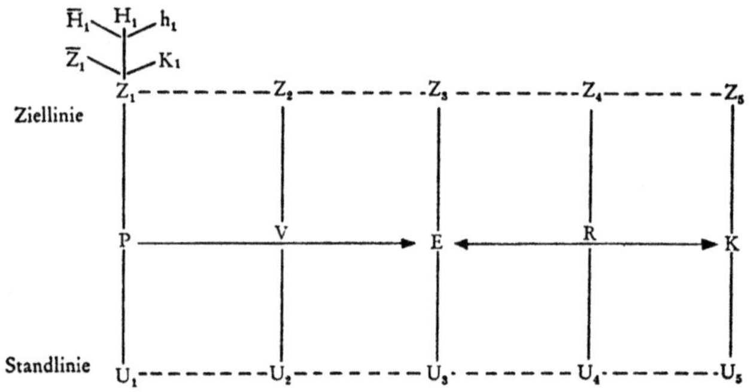

Abb. 24: Ziel- und Standlinie

Jede Anregung (A), die zu einem unternehmungsrelevanten Problem (P) führt, stellt zunächst eine Konfrontation zwischen Ziel- (Z) und Ausgangssituation (U) dar, d. h. eine Orientierung über die Problemumwelt. Es gilt, mit Hilfe der Vorentscheidung den Abstand zwischen beiden festzustellen und systematisch zu verringern.

[255] Die Orientierung darüber, welches Ziel mit einer konkreten Entscheidung angestrebt werden soll, ist von dem Entscheidungsprozeß der Zielbildung zu unterscheiden. Es ist daher eine starke Vereinfachung, wenn die Stufen der Willensbildung etwa mit »Zielsetzung, Entscheidungsvorbereitung und Entscheid« umschrieben werden.

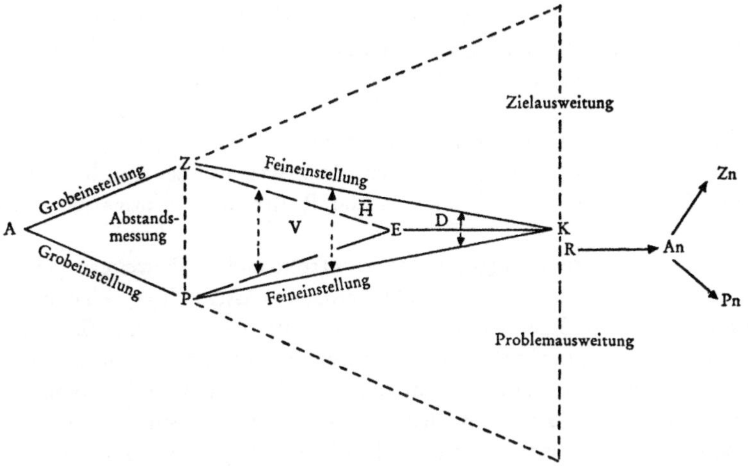

Abb. 25: Systematische Abstandsverringerung zwischen Ziel- und Ausgangssituation

Die Problemanalyse und Problemerkennung muß also Rücksicht nehmen auf die Ausgangslage des Problems und die Zielidentifikation, d. h. Abstimmung von Z mit H und K; einer Ziel- und Problemausweitung kann nur durch rechtzeitige Feineinstellung begegnet werden. Damit wird die systematische Abstandverringerung eingeleitet, die sowohl von den entscheidungsnahen Handlungsalternativen als auch von den erwarteten Auswirkungen der Entscheidung (E⇄K) auszugehen hat. Diese Überlegungen scheinen von grundsätzlicher Bedeutung zu sein. Es wurde dabei zunächt weitgehend abgesehen von der Zahl der Entscheidungskomponenten, dem Einfluß der Information auf diese in bezug auf Zeit, Aufgabe, Koordination und räumliche Beziehungen (Kommunikation). Ganz zu würdigen sind die Entscheidungskomponenten jedoch nur in Anlehnung an die entscheidungsorientierten Rollen der Information und deren Varianten.

Ausgehend von der allgemeinen Entscheidungstheorie, als einer interdisziplinären, formalen Theorie der relativ rationalen Entscheidung eines Individuums oder einer sozialen Institution, befaßt sich die betriebswirtschaftliche Entscheidungstheorie mit den zweckrational bestimmten Handlungsweisen, um Aussagen darüber zu gewinnen, wie sich die Entscheidungsträger in konkreten Entscheidungssituationen in der Regel verhalten [256]. Es ist das Ziel aller Entscheidungstheorien, die Gemeinsamkeiten der Entscheidungsprozesse und Entscheidungskomponenten herauszustellen. »Neben dem Zielsystem nehmen die Informationen auf den betriebswirtschaftlichen Entscheidungsprozeß wesentlichen Einfluß.« [257] Noch blieb aber der Zusammenhang zwischen Ziel, Information und Entscheidung weitgehend ungeklärt. Wir können zunächst die Ziele als einen auf Grund eines vorausgegangenen Entscheidungsprozesses abgesteckten Entscheidungsrahmen betrachten, als vorbestimmten Freiheitsraum der Entscheidungsträ-

[256] Heinen [Betriebswirtschaftslehre], S. 5.
[257] Heinen [Zielsystem], S. 24.

ger in einer Unternehmung. Das Zielsystem ist das Korrelat zu den Grundsätzen und Richtlinien der Unternehmung [258]. Es ist abhängig von dem der Unternehmung übergeordneten und eingelagerten Wertsystem.

Zunächst mußte daher auf die formalisierbare Struktur des Entscheidungsprozesses zurückgegriffen werden, um den denknotwendigen Zusammenhang zu erkennen. Dann kann an eine Konkretisierung des Entscheidungssystems oder einzelner Entscheidungen in der Unternehmung und damit an die Rollen der Information herangegangen werden.

Wenn heute mit Planung, Organisation, Kontrolle und mit Erweiterungen, wie Koordinierung, Information, »Staffing«, »Directing«, »Assembling«, Phasen des Entscheidungsprozesses bezeichnet werden, so wird dabei die allgemeine Struktur mit praktischen Bereichen und Institutionen identifiziert oder vermengt, so daß eine Übersicht der damit verbundenen Probleme nicht ohne weiteres möglich ist, schon gar nicht eine einwandfreie Zuordnung der Rollen der Information. Wenn außerdem die Information explizit als Phase oder auch Aufgabe des Führungsprozesses von Unternehmungen herausgestellt wird, wird verkannt, daß der Information im Rahmen des Entscheidungsprozesses generell »eine dienende Rolle« [259] zukommt, die empirisch allerdings von den Handlungen kaum zu trennen ist [260].

Es sei noch zur Verdeutlichung auf die sog. »Phase der Organisation« hingewiesen: Dabei wird ein heterogener Komplex von Erscheinungen gleichzeitig angesprochen, so etwa die allgemeine Struktur des Vollzugs, das Durchsetzen von Entschlüssen, die konkrete Realisierung und die Organisation als Ziel, Institution und System. Auch die Planung wird undeutlich umschrieben. In der Regel nimmt sie einen Bereich vor und nach der Entscheidung ein – Alternativenbestimmung (1) und Programmierung (2) – oder wird mit der Entscheidung identifiziert (3).

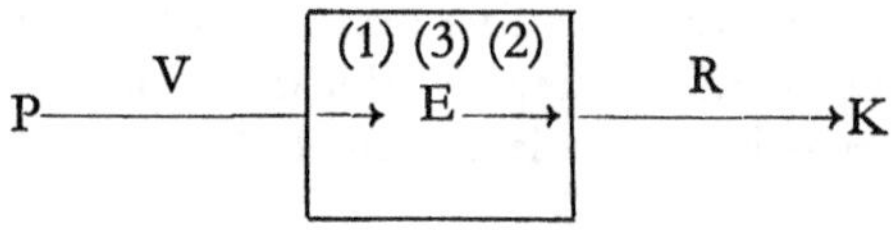

Die Extreme liegen bei: Entscheidung = Planung, und Entscheidungsprozeß = Planung. Die Betrachtung der unmittelbaren Entscheidungsumwelt als Planung ist somit als vermittelnder Standpunkt zu werten [261].

Die Planung wird andererseits ebenso mit Institution, Entscheidungsvorbereitung, Entscheidung, Programmierung, Theorie und Rechnung zugleich identifiziert. Ähnliches

[258] Müller [Grundzüge], S. 6.

[259] Schäfer [Unternehmung], S. 394. Die von Schäfer geforderte möglichst strikte Trennung von »Sachfragen der Unternehmungsökonomik und Rechnungsfragen« (S. 393) bedarf allerdings im Rahmen des hier dargestellten Informationssystems insoweit einer Ergänzung, als »Sachfragen« sich nicht nur auf Realgüter beziehen.

[260] Vgl. zur »getrennten Lösung von Informationsbestimmung und Entscheidungsproblem« Berthel [Informationen], S. 74ff.

[261] Eine praxisnahe Differenzierung des Planungsprozesses stellt die Unterteilung in »umsatzorientierte« und »projektorientierte« Planung dar: Albach [Investitionsfunktionen], S. 2f.

gilt für die Kontrollphase. Somit kann diese Auffächerung wenig Klarheit und Übersicht über die tatsächlichen Vorgänge bringen. Auch wenn der Entscheidungsträger als Schwarzer Kasten betrachtet werden würde, was er nach den heutigen psychologischen Erkenntnissen auch weitgehend noch ist, ist nicht zu leugnen, daß mit der bereits voll im Gang befindlichen Arbeitsteilung im Führungsbereich, auch für den Dritten beobachtbare Fakten geschaffen worden sind, ganz abgesehen von der immer möglichen Eigenbeobachtung des Aktors selbst.

Vor der Entscheidung liegen Komponenten, die der mehr oder weniger direkten Vorbereitung der Entscheidung oder dem Abschluß des Problemlösungsprozesses dienen. Mit der entscheidungsrelevanten Anregung nimmt der Entscheidungsprozeß seinen Anfang. Die Anregung ist weder an Ort, noch Zeit, noch Systemzugehörigkeit gebunden. Wird sie aufgegriffen, handelt es sich um eine unternehmensrelevante Anregung, die sich zum untersuchungswürdigen Problem entwickelt, das einen mehr oder weniger umfangreichen oder aufwendigen Entscheidungsprozeß auslöst.

Die Problemidentifikation ist ein bedeutsamer schöpferischer Prozeß. Bereits hier können die Ursachen von Fehlentscheidungen liegen. Je mehr von der Lösung eines Problems voraussichtlich abhängt, desto gründlicher muß das Problem formuliert werden. Die Verstärkung der Problemverdeutlichung entspricht dabei der verbesserten Lösung ($\triangle P = \triangle L$) [262] in der Problem-Lösungs-Sequenz:

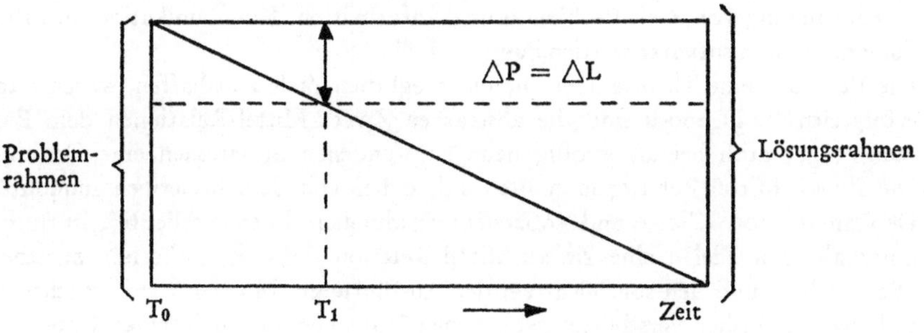

Abb. 26: Problem–Lösungs-Sequenz

An diese Identifikation schließt sich die eigentliche Problemlösung und die unmittelbare Vorbereitung der Entscheidung an. Analyse und Synthese von Problem und Entscheidungsvorbereitung als die vor der Entscheidung liegenden Hauptkomponenten sind primär Wissensprozesse, die sich zur Basis von Lernprozessen qualifizieren können. Jeder Problemlösungsprozeß ist selbst ein verwickelter Prozeß von Wahlhandlungen. Auf dem Wege zu den entscheidungsnahen Handlungsalternativen und zur Entscheidung liegen mehr oder weniger zahlreiche Vorentscheidungen oder »Schleifen« [263]. Die Problemlösung ist eine Suche nach alternativen taktischen oder strategischen Aktionsmöglichkeiten. Sie ist somit eine Denkweise, die nicht nur Betriebe aller Sparten und

[262] Vgl. McDonough [Information], S. 94f.
[263] Moore [Management], S. 131.

Größen, sondern alle Lebensbereiche betrifft[264]. Die Problemtheorie[265] geht von folgendem Ansatz aus. Eine wissenschaftliche Problemlösung beginnt mit der Aufstellung von Zielen, welche selbst aus einem Entscheidungsprozeß mit vorausgegangener Problemlösung hervorgegangen sind; sie geht weiterhin aus von entdeckten Unterschieden zwischen Ziel und gegenwärtiger Situation und dem Auffinden von für die Verminderung des Unterschiedes relevanten Mitteln und Verfahren, zunächst mit Hilfe des Gedächtnisses oder künstlicher Speichermedien, und schließlich folgt eine systematische Suche und Anwendung dieser Mittel oder Verfahren. Ganz abstrakt könnte daher davon gesprochen werden, daß der Entscheidungsprozeß allgemein dazu dient, diesen Abstand zwischen Erwartung und Ausgangssituation zu verringern.

Jedes Problem erzeugt so lange Subprobleme, bis schließlich ein Subproblem gefunden worden ist, das gelöst werden kann – für das bereits ein »Programm« gespeichert ist[266]. Drucker[267] würde diese Probleme »Gattungsprobleme« nennen, die schon die Nachfolge von originären[268] schöpferischen Problemen darstellen. In Anlehnung an Kosiols Typologie der Entscheidungen könnte auch von »usualen« und »novativen« Problemgruppen gesprochen werden. Durch sukzessive Lösung dieser Subprobleme kommen wir dem Gesamtziel näher oder geben die Problemlösung auf. Es wird bereits deutlich, daß zwar die sich unmittelbar an das Erkennen des Problems anschließende tastende Problemlösung nicht so vernachlässigt werden kann, wie dies bislang geschah, daß aber andererseits mit den Ansätzen der allgemeinen Problemtheorie die völlige Durchdringung von Ziel, Problemlösung, Information, Kommunikation und Entscheidung noch nicht entwirrt werden kann.

Die Versuche, eine Theorie über alle nur möglichen Ziele zu schaffen, waren nicht sehr erfolgreich[269]. Dennoch sind die abstrakten Zweck-Mittel-Relationen dem Entscheidungsträger auch bei als »völlig neu« empfundenen Situationen eine Denkhilfe[270]. Die Zweck-Mittel-Relationen müssen sich dabei von dem bisherigen monolithischen Denkansatz von »Ziel-« und »Mittelentscheidungen« lösen. Schließlich ist auch schon innerhalb von Zielen eine Zweck-Mittel-Relation denkbar, nicht nur zwischen sog. »Basiszielen« und den sog. »Mitteln der Ausführung«. Mit der systematischen Untersuchung von bisher verschüttet gebliebenen Vorgehensweisen in einer Unternehmung wird es möglich sein, die Entscheidungsträger zu konsistenteren Verhaltensweisen zu führen und immer mehr Bereiche auf Programme zu reduzieren. In gleichem Maße wird die Erforschung der bislang nicht programmierbaren Entscheidungen ein immer stärker in den Vordergrund rückendes Problem der Zukunft werden. Dabei wird allerdings häufig verkannt, daß auch Programme ständig auf ihre Einsetzbarkeit, auf ihre

[264] Gregory [Management], S. VIII. Vgl. zur Auffassung, daß die »Bewältigung der Lebensaufgaben das allgemeine Ziel wissenschaftlicher Theorien sein müsse« Mann [Revisionswesen], S. 395.

[265] Simon [Science], S. 27, und [Perspektiven], S. 93; Gregory [Management], S. 17ff.; Neuschel [Management], S. 176ff.

[266] Vgl. Gregory [Management], S. 76.

[267] Vgl. Drucker [Decision], S. 92ff.

[268] Kosiol [Organisation], S. 192.

[269] Vgl. den Versuch von Callot [Gesellschaftslenkung], S. 86.

[270] Simon [Perspektiven], S. 75.

Systemkongruenz überprüft werden müssen. Insofern ist jede Problemsituation zwar irgendwie mit einer anderen verwandt, aber doch auch auf eine Entscheidungssituation bezogen, immer auch relativ neu. Die Ergebnisse der Poblemtheorie liefern somit zunächst nur Bausteine für die Klärung der logisch-psychologischen Zusammenhänge zwischen Wert-, Ziel- und Entscheidungssystem. Ein Wertsystem spiegelt sich in der Informationsstruktur der Entscheidungsträger wider und im Entscheidungsrahmen, dem Zielsystem, das als Korsett des Entscheidungssystems betrachtet werden kann.

Das Erkennen eines Problems ist die erste Kernphase des Entscheidungsprozesses [271]. Sie ist auch Voraussetzung jeder mathematischen Behandlung von Teillösungen [272]. Die Unzufriedenheit, die »Entscheidung«, etwas zu tun, etwas als Problem zu erkennen, ist der eigentliche Beginn des Entscheidungsprozesses; er kann nicht auf die Datentechnik übertragen werden. Dies setzt eine Anregung voraus, die auf einen früheren Entscheidungsvorgang zurückgeht oder unabhängig davon allgemein als Unbehagen über einen unbefriedigenden Wissensstand angesehen werden kann. Dies impliziert also bereits ein Streben nach Aufhellung dieser Ungewißheit, ein Streben nach Aktivierung des vorhandenen Wissens und Erschließung von zusätzlichem Wissen, ein Streben nach einem u. U. noch unbenannten abstrakten Ziel, das Streben nach Lösung und Entspannung, Entscheidung und Durchsetzung. So etwa wie viele Unternehmungen nur die vage Zielvorstellung vom »Größerwerden« haben.

Das Ziel und die Komponente der Entschlußfassung fallen aber nur scheinbar zusammen. In der Regel dient die Entscheidung der Realisierung von gegebenen, d. h. vorentschiedenen Zielen, die im Extremfall zumindest im Wertsystem des Aktors abgebildet sind [273]. Ziele sollen das Verhalten absichern. Jedes Problem wird damit nur in bezug auf eine mögliche Zuordnung [274], und sei sie noch so abstrakt, existent. Die Zielzuordnung kann in einer bloßen Meinung bestehen. Das gleichzeitige Aufschimmern von Ausgangssituation und Zielsituation erinnert an das bis heute ungeklärte Dualitätsphänomen. Die Problemlösung besteht somit »in der Fähigkeit, zu einem im voraus klar definierten Problem die Lösung zu finden, unter Berücksichtigung der Kriterien für die Gültigkeit der Lösung« [275].

Anregung und Problem (Problemanalyse und -synthese) als Ausgangsbereiche des Entscheidungsprozesses bedeuten somit:

- Auftauchen (Anregung) und vorläufiges Erkennen eines Problems
- Tastende Zuordnung auf ein vorläufiges Ziel und Abstimmung mit dem mutmaßlichen Entscheidungsergebnis und den entscheidungsnahen Handlungsalternativen

[271] Bleicher [Entscheidungssimulation], S. 18; Moore [Management], S. 133.
[272] Vgl. Flechtner [Grundbegriffe], S. 407.
[273] Gäfgen [Theorie], S. 129, spricht für diesen Fall »von einem irgendwie gegebenen Informationsstand ... sei dieser noch so rudimentär und unbedeutend.« Vgl. auch Kloidt [Problematik], S. 18, und Engels [Bewertungslehre], S. 79.
[274] Vgl. Gregory [Management], S. 57: »Objectives always come before problems. Problems are the barriers to achieving objectives.« Bei Churchman/Ackoff/Arnoff [Operations], S. 107, bildet das Ziel eine Komponente des Problems.
[275] Moles [Prozesse], S. 42.

- Analyse der Problemsituation durch Auffächerung in Subprobleme und Bestimmung der Problemart
- Synthese durch systematisches Zusammenfügen der Subprobleme zu einem Situationsbefund, bestehend aus Gattungsproblemen und originären Problemen
- Untersuchung der möglichen Zielvarianten
- Problembezogene Zielidentifikation
- Problembezogene Zielsynthese
- Problemidentifikation (Erkennen und Befund der Problemumwelt)
- Vorläufige Abschätzung des Abstandes zwischen Entschlußfassung, Entscheidungsergebnis und Ausgangssituation des Problems
- Einleitung der systematischen Abstandsverringerung, der eigentlichen Problemlösung oder Entscheidungsvorbereitung (Streben nach zieladäquater Problemlösung)
- Phase der tastenden Problemlösung

Die Unterscheidung zwischen Anregung und Problem ist nur dann sinnvoll, wenn die Anregung selbst noch kein zur Lösung (Entscheidung) strebendes Problem einschließt. In diesen Bereich fällt insbesondere die dargestellte Problematik des sog. Nichtentscheidens.

Werden Ausgangs- oder Zielsituation des Problems nicht zutreffend erkannt, strebt der Prozeß in die falschen Richtungen, d. h. es wird das falsche Problem gelöst. Daher

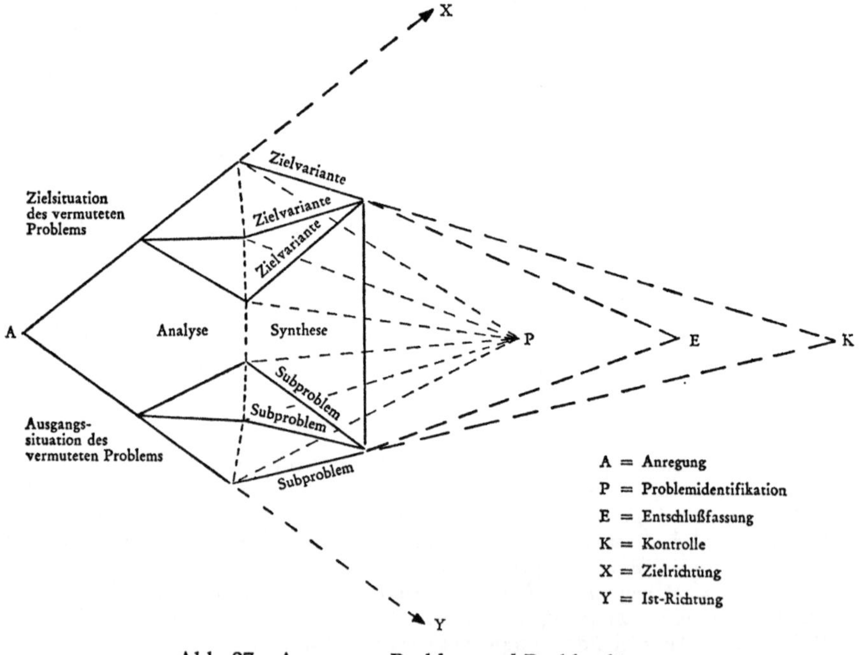

Abb. 27: Anregung, Problem und Problemlösung

ist die Klärung (Vorentscheidung), um welches Problem es sich handelt, eine wichtige Vorentscheidung [276], die Kernprognose, die folgenschwere Prämisse.
Mit der Einleitung der Abstandsverringerung, der zunächst tastenden Problemlösung, beginnt die systematische Problemlösung und damit die direktere Vorbereitung der Entscheidung. Problem-, Entscheidungsanalyse und -synthese, als problem- und zielorientiertes Planen, sind in besonderem Maße ein Ausdruck für die fortschreitende Rationalität menschlichen Handelns in den verschiedensten Anwendungsgebieten [277].
Diese Abstandsverringerung erfordert zunächst eine Überlegung, wie und mit welchen Mitteln dieses Entscheidungsziel, die Entscheidung mit ihren Konsequenzen angestrebt werden soll, ausgehend von der erneuten Situationsanalyse.
Das Stadium der Vorbereitung ist darauf gerichtet, einen entscheidungsnahen bzw. einen entscheidungsreifen Wissensstand zu erreichen. Dieses Stadium setzt die Kenntnis der Problemumwelt und der Lösungsrichtung bzw. des Entscheidungszieles voraus. Diese Kenntnis führt von der Mittelwahl, den Bedingungen, zu alternativen Lösungsmöglichkeiten für das erkannte Problem und schließlich zu einer Bewertung dieser Lösungsmöglichkeiten. Dabei wird in psychologischer Sicht die Aufstellung der Alternativen andere Eigenschaften erfordern als das Bewerten von Alternativen. Mit der Bewertung wird die Entscheidung für die geeignete Lösung unmittelbar vorbereitet, vor allem dann, wenn die Bewertung mit den Kriterien des Entscheiders erfolgte. Die Grenzen zur Entschlußphase sind fließend. Somit schließt die Entscheidungsanalyse und -synthese neben der erneuten oder ständigen Ziel- und Ausgangsorientierung folgende Etappen ein:

- Erkennen der Mittel und Bedingungen einer systematischen Abstandsverringerung;
- Wahl der Mittel (Bedingungen);
- Schaffung alternativer Lösungsmöglichkeiten für das erkannte Problem unter Berücksichtigung der Konsequenzen;
- Bewertung der Lösungsmöglichkeiten im Lichte der Entscheidungsumwelt nach einer vorgegebenen oder im Wert- und Zielsystem des Bewerters oder Entscheidungsträgers (Aktors) verankerten Prioritätsskala (Entscheidungskriterien).

Ansoff reduziert auf »Perception«, »Invention«, »Evaluation« und »Choice« [278], Simon auf »Intelligence«, »Design« und »Choice« [279], Heinen [280] auf »Anregung«, »Suche«, »Optimierung« und »Durchsetzung« (mit Untergruppen).

[276] Moore [Management], S. 134.
[277] Allerdings, trotz der großen Kontroversen zu Beginn dieses Jahrhunderts sind gerade bei Offenlegung der obersten Wertmaßstäbe kaum Fortschritte erzielt worden. Weisser [Politik], S. 14.
[278] Ansoff [Approach], S. 68.
[279] Simon [Science], S. 2ff. (anknüpfend an die erste Beschreibung der Problemlösung durch John Dewey: How we Think, New York 1910, Kap. 8: What is the problem? What are the alternatives? Which alternative is best?).
[280] Heinen [Einführung], S. 49.

Dabei bleibt zu fragen, ob die von der statistischen Entscheidungstheorie entwickelten Entscheidungskriterien das Verhalten der Handlungsträger erklären oder eine Entscheidungshilfe bzw. eine Umgrenzung des Handlungsspielraumes bieten oder eine Kontrolle der Rationalität des Entscheidungsträgers erlauben. Allerdings bleibt festzuhalten: Ohne Alternativen, d. h. wenn nur eine Möglichkeit des Operierens gegeben ist, kann es keine Entscheidung geben[281]. Unter Anwendung systemtheoretischer Erkenntnisse ist der »Fall der einen Möglichkeit« empirisch jedoch kaum denkbar, auch wenn die Unterlassensalternative nicht einbezogen wird. Mit den Alternativen wird der Freiheitsraum der Entscheidung wahrgenommen. Gleichzeitig wird mit jeder Vorentscheidung der Freiheitsraum zunehmend enger oder eingeschränkt[282]. Aber erst diese Einschränkung erlaubt ein Weiterschreiten. Die Entscheidung, für eine Nachfrageanalyse das Marktforschungsinstitut X zu beauftragen, gestattet nicht mehr, das gleiche Geld einem Marktforschungsinstitut Y zu geben.
Die besondere Problematik der Entscheidungsvorbereitung liegt darin, daß etwas vorzubereiten ist, das sich nur von den Auswirkungen in der Zukunft her beurteilen läßt. Deshalb »wird es gerade darauf ankommen, sowohl die horizontale (interfunktionelle) wie die vertikale (zeitliche) Interdependenz jeder Entscheidung, vor allem auch die Wirkung einer Entscheidung auf die Umwelt ... abzuwägen«[283]. Es geht also vor der Entscheidung um die Aufdeckung, Bewußtmachung, von in der Gegenwart angelegter Verhaltensweisen der Zukunft. Insofern sind die entscheidungsorientierten Daten (Informationen) im Kern immer Prognoseinformationen, also eine primär zukunftsorientierte Synthese von Vergangenheitsinformationen (Erfahrungen) und Zukunftsinformationen (Erwartungen). Die Fähigkeit, Alternativen zu entwickeln, ist daher so wichtig, wie die zutreffende Alternative auszuwählen. Auch die Kontrolle hat Prognosecharakter, denn sie ist in der Regel auf erneute Entscheidungsvorbereitung ausgerichtet, und sei es zunächst nur in der Gestalt der potentiellen Information.

c) Entschlußfassung

Die abschließende Entschlußphase oder Entscheidung[284] selbst wird in der Entscheidungstheorie noch weitgehend vernachlässigt[285]; dieser Hinweis muß jedoch insoweit eingeschränkt werden, als bereits mit der Betrachtung von organisatorischen Ausgliederungen zugleich auch immer die Phasen des menschlichen Entscheidungsprozesses in den Hauptkonturen mit berührt werden. In der Betriebswirtschaftslehre ist die implizite Behandlung zusammen mit dem, was vor der Entscheidung, und dem, was nach der Entscheidung geschieht, noch vorherrschend. Es wird sogar davon ausgegangen, daß

[281] Kurnow [Statistics], S. 5.
[282] Moore [Management], S. 146.
[283] Sieber [Planspiel], S. 15.
[284] Die Entscheidung kann nicht mit »Aufgabe« gleichgesetzt werden wie etwa bei Berthel [Informationen], S. 63.
[285] Ansoff [Programm], S. B-224.

die »Planungsphase den Entscheidungsakt mit umschließt« [286]. Von daher werden auch die unterschiedlichen Auffassungen über den Begriff der Planung verständlich [287].

Wenn allerdings der Entscheidungsprozeß als ein der ökonomischen rationalen Durchdringung zugänglicher, organisierbarer und kontrollierbarer »mehrstufiger geistiger Prozeß« verstanden werden soll, kommt es darauf an, den eigentlichen Entscheidungsvorgang, den irrationalen, mehr intuitiven [288] Entschlußbereich immer weiter zurückzudrängen bzw. ihn für die arbeitsteilige Behandlung immer mehr zu erschließen und durchsichtiger zu machen. Der Umfang der Intuition wird nicht zuletzt von der im Hinblick auf das Problem ausreichenden Quantifizierbarkeit der »Einflußgrößen« abhängen. Damit hängt die Frage zusammen, ob sich eine Dezentralisation auf den ganzen Entscheidungsprozeß oder nur auf Teile davon beziehen kann oder soll [289].

Für Teilphasen können »unterschiedliche Temperamente von Mitarbeitern und unterschiedlich strukturierte Stellen geeignet sein« [290]. Die ökonomische Zielsetzung bedeutet ein Zurückdrängen des punktuellen Entscheidungsaktes – falls es den überhaupt gibt – durch immer stärker differenzierte Vor- und Nachentscheidungen [291]. Das »Vor« und »Nach« kann sich nur auf einen konkreten Problemlösungsprozeß beziehen. Eine von der Entscheidungssituation abhängige Spannweite des »Entscheidens« wird aber immer bestehenbleiben, und wenn es sich nur um das Fertigwerden mit dem Unbehagen über die trotz systematischer Vorbereitung noch verbleibende unvollkommene Information bzw. noch vorhandene »Ungewißheit« handelt. Die anschwellende Literatur über die Schaffung von Handlungsalternativen, Umsetzung von Entschlüssen, selbst über Entscheidungskriterien, behandelt den Mittelpunkt des Entscheidungsprozesses, die Entscheidung selbst, wie die »Rückseiten der Umschläge« [292], die sich lediglich in den Köpfen der Manager in ihrer tatsächlichen Bedeutung abspiegeln.

Wenn auch diese geistigen Vorgänge schwer durchdringbar sind, ist wohl zu erwarten, daß sich in Zukunft Logiker und Psychologen [293] und auch Automatentheoretiker stärker für dieses Phänomen interessieren. Noch sind die existentiellen Entscheidungen weitgehend impulsiv-intuitiver Natur, allenfalls abgestützt durch allgemeine Gesamterfahrungen und grobe Analysen [294]. Der zunehmenden Anwendung von Erkenntnissen über den Entscheidungsakt steht allerdings im Wege, daß die Entscheidungskapa-

[286] Kosiol [Problematik], S. 79. Ähnlich Hill [Unternehmensplanung], S. 17. Bardet [Organisation], S. 15: »Planung und Entscheidung weitgehend gleichbedeutende Begriffe«.

[287] Vgl. zum Planungsbegriff Weber [Planung]. Hier wird der Akzent auf die Vorbereitung der Entscheidung und in diesem Rahmen auf das Abwägen von Vor- und Nachteilen bei ermittelten Problemlösungen gelegt.

[288] Schmidt [Entscheidungen], S. 136.

[289] Schmidt [Entscheidungen], S. 125.

[290] Witte [Analyse], S. 118.

[291] Dabei wird deutlich, daß dem eigentlichen »Entscheiden« nicht immer die gleiche Bedeutung zukommt.

[292] Ansoff [Program], S. B-224.

[293] Vgl. hierzu auch Wittmann [Unternehmung], S. 52, unter Hinweis auf Knight. Vgl. andererseits den schon erwähnten Versuch von Witte [Analyse], S. 101ff., und [Prozeß], S. 133ff.

[294] Wittmann [Unternehmung], S. 53. Vgl. auch Danert [Vorbereitung], S. 311ff., und Kalscheuer [Datenverarbeitungssysteme], S. 95f.

zität der meisten Menschen sehr begrenzt ist[295]. Es wird daher auch besonders im Hinblick auf den Einsatz der Kommunikationstechnik neuerdings die These vertreten, daß die »Rückführung der Wirtschaft auf dem Menschen angemessene Größenverhältnisse eine absolute conditio sine qua non des Überlebens«[296] sei. Der Einsatz von Verstärkern[297] als Entscheidungshilfen ist daher angesichts rasch komplexer werdender Entscheidungssituationen notwendig, aber nur dann eine wirkliche Hilfe, wenn neben der breiteren Analyse gleichzeitig eine Selektion und Kondensation erfolgt, insbesondere eine Konzentration auf wenige überschaubare Alternativen je Entscheidungssituation. »Bei der Bewertungsfunktion ist davon auszugehen, daß die Menge der möglichen Situationen unübersehbar ist, diese jedoch nach subjektiven oder gruppeneigenen Maßstäben bewertet werden können.«[298]

Die überlegte Vorbereitung von Alternativen schafft dem Entscheidungsträger erst den Freiheitsraum, nämlich die Möglichkeit zu wählen. Die Entscheidung ist eine bewußte und überlegte Wahl zwischen zwei oder mehr Alternativen; die Entscheidung setzt also das Vorhandensein mehrerer Alternativen voraus, aus denen eine ausgewählt wird[299]. Bei scheinbar gleichwertigen Möglichkeiten muß auf Hilfsmaßstäbe zurückgegriffen werden. Der Begriff der Alternative beschränkt sich in der Entscheidungstheorie nicht nur auf zwei Möglichkeiten. Die Reduktion auf zwei Möglichkeiten ist jedoch immer eine Vorbedingung für die Automatisierung von Handlungen. Das bewußt Gewollte betrifft nur den rationalen Aspekt der Entscheidung. Eine Entscheidung ist ein abschließender Willensakt, ein Entschluß des Entscheidungsträgers, der auf Vollzug in der Zukunft gerichtet ist. Der menschliche Wille ist »die treibende Kraft«. Die Grundlage für diese Entscheidung bildet ganz allgemein ein unmittelbar der Entscheidung vorangehender u. U. durch Wahrscheinlichkeiten aufgetürmter Wissensstand, systematisch zubereitet durch relativ rational gewichtete und bewertete Meinungen. Ein Mindestmaß von Vorbereitung (V) geht jeder Entscheidung voraus.

V
←——————→ E

Die Entscheidung kann demnach auch als angestrebter »Abschluß von Wahlhandlungen« oder Vorentscheidungen angesehen werden[300]. Die Entschlußfassung bedarf in besonderem Maße einer Konfrontation der vorbereiteten Alternativen mit dem Ziel oder den Zielen, denen die Entscheidung dienen soll. Die Bewertung von Alternativen (Maßnahmen/Mittel) muß daher eine auf Zielverträglichkeit gerichtete Gewichtung einschließen.

Im Grunde genommen handelt es sich bei dem geistigen Vorgang des bewußten Entscheidens um eine Reduktion der bereits erfolgten Versachlichung und Ausgliederung des menschlichen Entscheidungsvorganges, wie sie sich mit den Begriffen Leiten, Füh-

[295] Barnard [Functions], S. 198f.
[296] Schumacher [Aufgaben], S. 553.
[297] Nach den Untersuchungen von Brady [Computers], S. 67ff. machen selbst die Top-Manager in Großunternehmungen bis heute von den modernsten Verstärkern nur mittelbar Gebrauch.
[298] Steinbuch [Gesellschaft], S. 322.
[299] Kurnow [Statistics], S. 5.
[300] Kloidt [Problematik], S. 10.

ren, Verwalten veranschaulichen läßt. Dazu kommt immer ein unauflösbarer Rest. Der Manager durchläuft als Entscheidungsträger somit immer im Zeitraffer die Phasen der Problem- und Entscheidungsanalyse und -synthese bzw. der Alternativenwahl und Bewertung, oder anders gesehen [301], die Phasen der Anregung, Unorientiertheit, Orientierung, Distanzierung, bis hin zum eigentlichen Entschluß. Der Entschluß oder Entscheid selbst wird nach der Distanzierung, einem schöpferischen Zögern, gleichermaßen von Mut und Intuition mitbestimmt [302]. Bei einer Übertragung dieser psychologischen Erkenntnisse auf organisatorisch-ökonomische Sachverhalte kann nun nicht etwa trotz einer gewissen Akzentuierung aus einer Ausgliederung der »Problemlöser« geschlossen werden, daß es sich dabei um die ewig »Unorientierten« handelt. Denn sie durchlaufen ebenso einen Entscheidungsprozeß, sie und ihr Ergebnis sind lediglich auf die angestrebte übergeordnete Entscheidung bezogen, die unorientierte Phase. Es ist in der Regel – wie jede erste Konfrontation mit einer neuen Situation – der anstrengendste und der eigentlich schöpferische Bereich, der in einem gewichtigen Maße die eigentliche Entscheidung zu beeinflussen vermag.

Für die Abkürzung dieser Phasen beim Entscheidungsträger spielt die Vorbereitung des Entschlusses in Form eben dieser arbeitsteilig oder auch nur unbewußt ausgegliederten Phasen und der Ausprägung von numerischen Entschlußkriterien und Prioritätsskalen eine wesentliche Rolle. Vielfach sind diese Kriterien identisch mit den Kriterien der Bewertung von Alternativen. Die Vorbereitung wird aber dem Entscheidungsträger nicht das abnehmen können, was seinem eigentlichen Entschluß unmittelbar vorausgeht, nämlich das »nochmalige« – wenn auch geraffte, verkürzte und selektive – Abrollen und Durchdenken der Entscheidungsphasen, insbesondere der zugrunde liegenden Annahmen. Trotz unterschiedlicher Betonung einzelner Entscheidungskomponenten oder gar ihrem teilweisen Überflüssigwerden zeigt sich erneut die Abhängigkeit der Entscheidungskomponenten untereinander. Es läßt sich weiterhin erkennen, daß es Entscheider in »Reinform« nicht geben kann. Die ausgegliederten Phasen ermöglichen es aber dem Entscheidungsträger in den oberen Rängen überhaupt erst, »seinen« umfangreichen Entscheidungsprozeß sozusagen in sublimierter Form in relativ überschaubarer Zeit zu absolvieren, abgesehen davon, daß die hier in der Regel zu fällenden existentiellen Entscheidungen mehr Zeit beanspruchen dürfen. Die automatisierbaren oder programmierbaren Entscheidungen sind Nachentscheidungen oder Hilfsmittel bei Vorentscheidungen. Für sie brauchen originäre menschliche Entscheidungsprozesse nicht erneut in Gang gesetzt zu werden. Diese »Entscheidungen« fallen – soweit keine Menschen beteiligt sind – ohne »schöpferisches Zögern«. Sie sind – wenn auch unterbrochener – Vollzug vorausgegangener Entscheidungen. Es sind die vorentschiedenen Sachverhalte, Richtlinien, Denkschablonen, die sog. Ja-Nein-Entscheidungen, die sog. programmierten oder programmierbaren Entscheidungen, »logischen« Entscheidungen, Quasientscheidungen oder auch Maschinenentscheidungen [303]. Ein Computer kann daher keine originären Entscheidungen liefern, wohl aber Entscheidungen gründlicher vorbereiten und die programmierte (hier integrierte)

[301] Vgl. Witte [Analyse], S. 101 ff.
[302] Mommsen [Führen], S. 51 f.
[303] Vgl. Illetschko [Unternehmenstheorie], S. 115 f.

Entscheidung durchführen helfen [304]. Es sind die numerisch-technologischen Schleifen des eigentlichen Entscheidungsprozesses. Zum andern entwickelt sich der Computer immer mehr zu einer ausgesprochenen Denkhilfe für den Entscheidungsträger durch Direktein- und -ausgabe von Informationen und Datenfernverarbeitung. Der Einsatz von Computern für heuristische Problemlösungen steht noch am Anfang [305]. Die komplizierten Schritte zur teilweisen Mechanisierung von Denkprozessen sollen in folgendem Schaubild angedeutet werden [306]:

Prozesse	Vorstellungs-Prozesse	Kombinatorik	Logische Kritik	Originalitäts-Kritik	→ Formulierung
Voraus-setzungen	Semantemen-Vorrat	Wahrschein-lichkeit	Logische Eigenschaften	Universale Dokumentation	
	I	II	III	IV	

Abb. 28: Schritte zur Formulierung von Denkprozessen

Vorläufig kommen daher nur die bewußten menschlichen Entscheidungen in Betracht, die die Führung von Unternehmungen in ihrer dynamischen Rationalität kennzeichnen. Besonderes strategisches Gewicht haben die Entscheidungen, die von bedeutenden (Ausmaß der einzusetzenden Mittel und der zu erreichenden Ziele oder der Gefährdung von Zielen), dringlichen und relativ neuen Problemen ausgehen. Die in diesem Sinne originären Entscheidungen sind relativ selten. Alle übrigen Entscheidungen könnten daher als von diesen abgeleitete Entscheidungen betrachtet werden. Doch wird auch hier immer noch ein – allerdings zum großen Teil vernachlässigter – originärer Entscheidungsspielraum vorhanden sein. Daß dieser gestalterische Spielraum sehr groß sein kann, zeigt sich z. B. bei der auch in der Unternehmung wiederkehrenden Gegenüberstellung von Wissenschaft und Technik. Die systematische Suche nach originären Entscheidungen und das gleichzeitige Interpretieren und Programmieren, d. h. das »Durchsetzbarmachen« neuer Entscheidungen, sind Ausdruck eines neuen Denkstils.

Daraus erhellt, daß die meisten Entscheidungsprozesse Vor- und Nachentscheidungen darstellen, bei denen die Informationstechnik und, insbesondere an den Nahtstellen der Entscheidungskomponenten, »manuelle Prozesse«, Bewertungen und »Aushandlungsprozesse« eine große Bedeutung haben. Die Substituierbarkeit beider Bereiche muß in diesem Rahmen ständig überprüft werden. Das Überwiegen des einen oder anderen Bereichs kann die verschiedenartigsten Gründe haben. In erster Linie gehen sie zurück auf Wirtschaftlichkeitsüberlegungen, Führungsstil, Ausbildungsstand, Datenfrequenz und Datenänderungsgeschwindigkeit.

Über das Verhalten von Individuen in Entscheidungssituationen sind aus Laboratoriumsexperimenten folgende Regelmäßigkeiten bekannt [307]:

- Je schwieriger die Entscheidung ist, desto mehr Zeit erfordert sie.
- Je schwieriger die Entscheidung ist, desto mehr wird der Gesamtorganismus von ihr in Anspruch genommen.

[304] Futh [Betrachtungen], Bl. 13. Vgl. andererseits Schweiker [Grundlagen], S. 20.
[305] Vgl. z. B. Pollock [Automation], S. 79f.
[306] Moles [Prozesse], S. 51. Vgl. auch, Will [Informationssysteme], S. 648ff.
[307] Hofstätter [Einführung], S. 156ff.

- Je schwieriger die Entscheidung ist, desto geringer ist das Zutrauen in die Richtigkeit der getroffenen Wahl.

Diese Ergebnisse sind zwar trivial, aber eine notwendige Bestätigung allgemeiner, täglicher Erfahrungen.

Andererseits wird der Willensakt, der Entscheid, erleichtert – oder das Gefühl der Sicherheit erhöht – durch den Gedanken an eine vorgetäuschte Wiederholung in der Zukunft [308] oder durch ein allmähliches Wegschieben von Alternativen entlang einer gedachten Prioritätsreihe. Wahrscheinlich stehen die Korrekturerwartungen auch in einem Zusammenhang mit den Schwierigkeitsstufen.

Diese erkannten Abhängigkeiten lassen sich in ihrer Tendenz, also ohne Berücksichtigung des tatsächlichen Verlaufs, wie folgt veranschaulichen:

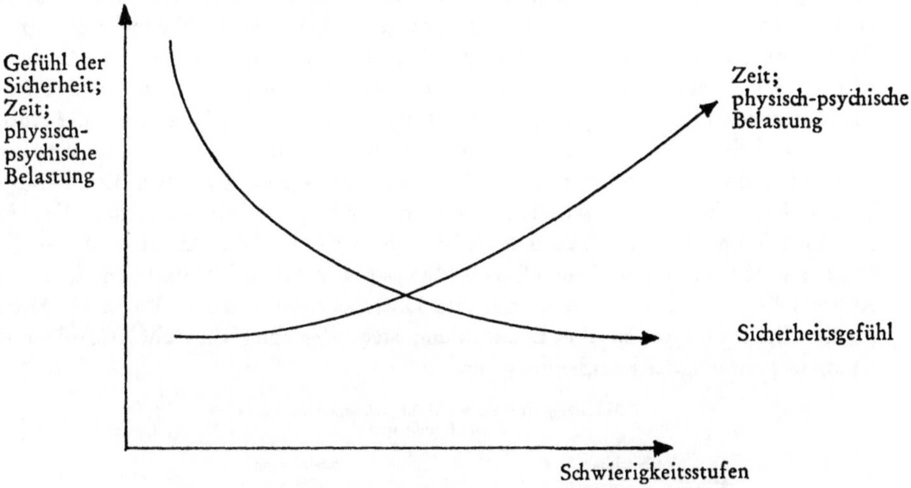

Abb. 29 Individuelles Verhalten in Entscheidungssituationen

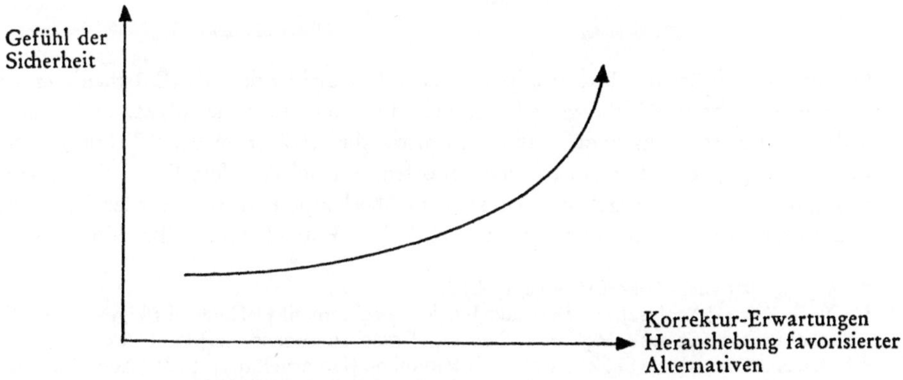

Abb. 30: Auswirkung der Korrekturerwartungen

308 Dill [Decision-making], S. 209.

Zusammenfassend kann davon ausgegangen werden, daß es keinen punktuellen Entscheidungsakt [309] gibt, sondern nur situationsreife Abschlußprozesse.

d) Realisierung und Kontrolle der Entscheidung

Im Mittelpunkt des Entscheidungssystems steht die Entschlußphase, ein »Willensakt«, die bewußte und überlegte Wahl von Alternativen, verstanden als situationsreife Abschlußprozesse. Psychologisch und denklogisch gesehen, geht der Entscheidung die Willensbildung voraus, es ist die betriebswirtschaftlich bedeutsame Phase der Wissensbildung und Diposition.

Die Willensdurchsetzung, die Steuerung nach dem Planwillen, muß der Willensbildung nachfolgen, soll die Entscheidung nicht im Ungefähren verharren. Der Entscheidungsprozeß kann daher nicht mit der Entscheidung beendet sein [310]. Vielmehr drängt die Entscheidung nach der Umsetzung in die Tat, nach Durchsetzung des Entscheidungswillens. Wir haben es hier mit einer spezifischen Rationalität zu tun. Dabei ist es zunächst gleichgültig, ob der Entscheidungsträger selbst oder ein Dritter mit der Durchsetzung befaßt ist. Schließlich muß auch der Entscheidungsträger bei sich selbst mit Konflikten und Friktionen rechnen. Nach den sozialpsychologischen Erkenntnissen können Konflikte nicht ausgeschaltet, aber in der Regel bereinigt werden. Die Entscheidung kann also nur einen Sinn haben, wenn sie durchgesetzt wird. Andernfalls handelt es sich nicht um einen »Entscheidungsakt«, sondern allenfalls um eine »gute Absicht« [311] oder aber um eine rationale Unterlassensalternative. Wenn im Mittelpunkt aller Handlungen die Entscheidung steht, bedeutet dies ein Aufrollen der Komponenten von der Entscheidung her.

Entscheidung als Bezugspunkt für plan- und tatbezogene Einzel-Handlungen

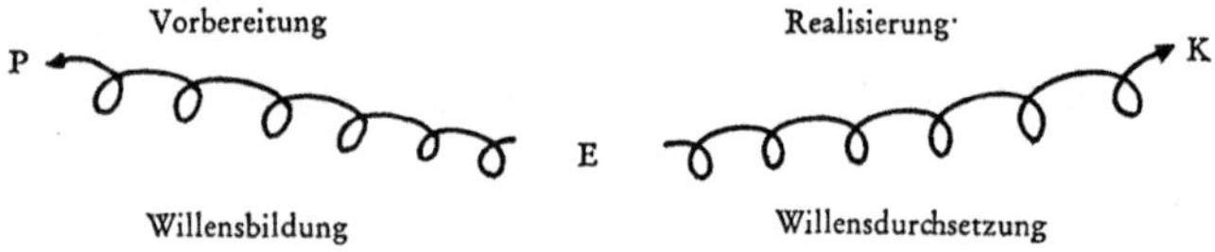

Mit der abschlußreifen Entschlußphase, dem Entscheid oder der Entscheidung wird zwar eine wichtige Weiche gestellt, sie läßt aber noch sehr viel offen. Es besagt der Wille zur Entscheidung zwar, daß dem Entscheidungsträger an den Wirkungen seiner Entscheidung gelegen ist; es ist aber noch offen, wieviel von dem Entscheidungswillen tatsächlich unter den gegebenen Umständen überhaupt realisiert werden kann. Eine Realisierung des Entscheidungswillens wird dem Entschluß oder Beschluß des Ent-

[309] Vgl. hierzu auch Ackoff [Concept], S. 3.

[310] Nach Witte [Analyse], S. 120, und Kosiol [Problematik] »Ende des eigentlichen Entscheidungsprozesses«. Vgl. u. a. Staerkle [Entscheidungsprozeß], S. 11ff.

[311] Drucker [Decision], S. 92ff. Vgl. auch Fehlmann [Unternehmer], S. 38. Allerdings ist ein einmal in Gang gekommener Wahlhandlungsprozeß nicht mehr mit einer »Absicht« vergleichbar; wenn er vorzeitig abgebrochen wird, liegen regelmäßig »rationale Unterlassensalternativen« vor.

scheidungsträgers nie vollkommen gleichen können [312]. Die in der Durchsetzung sichtbare Planrationalität ist aber relativ besser zu bestimmen und zu kontrollieren, als die Rationalität vor den Entscheidungen.

Die Betriebswirtschaftslehre hat lange Zeit unterstellt, daß der Vollzug der als einheitliches Phänomen begriffenen Entscheidung gesichert ist. Die Prämisse einheitlicher, monolithischer Willensbildung und Willensdurchsetzung enthält eine unzulässige Vereinfachung [313].

Mit der Entscheidung ist der Entscheidungsträger dem angestrebten Ziel »entscheidend« näher gekommen, aber es ist noch nicht erreicht bzw. als erreicht gemeldet. Es fehlt die »Kontrolle« über die Realisierung des Entscheidungswillens. Mit der konkreten Entscheidung sollen Ziele verwirklicht werden; das setzt voraus, daß dem Geisthandeln – in der arbeitsteiligen Entscheidungsvorbereitung zugleich auch vorbereitendes Tathandeln – ein Tathandeln nachfolgt. Der Entscheidungsprozeß muß daher um die Hauptkomponenten Realisierung (R) und Kontrolle (K) ergänzt werden.

Die Realisierung schließt allerdings ein, daß die Entscheidung zunächst »protokolliert« [314] und in eine operative (anwendbare) und möglichst in eine operationale (rechenbare) Form umgesetzt, d. h. konkretisiert wird. Die Entscheidung muß realisierbar gemacht werden. Diese Interpretationsform sei als Programmierung bezeichnet, sie ist neben der Durchsetzung eine Subkomponente der Realisierung. Programmierung bedeutet dabei auch Übertragbarmachen (für Computer oder nachgeordnete Ränge) von Entscheidungen innerhalb fester oder flexibler Toleranzen. Mit der letzten Meldung oder (dem recht vieldeutigen Begriff) der Kontrolle kann der Vollzug des Entscheidungswillens abschließend gemessen und beurteilt werden. Dies schließt erneut eine Analyse und Synthese zwischen Soll und Ist und eine Bewertung der tatsächlich verbliebenen Abweichungen ein. Es besteht bei dieser Entscheidungskomponente ein besonders wichtiger Zusammenhang zwischen Zielsituation und Ausgangssituation oder Soll und Ist. Die Hauptkomponente Kontrolle enthält somit die Subkomponenten

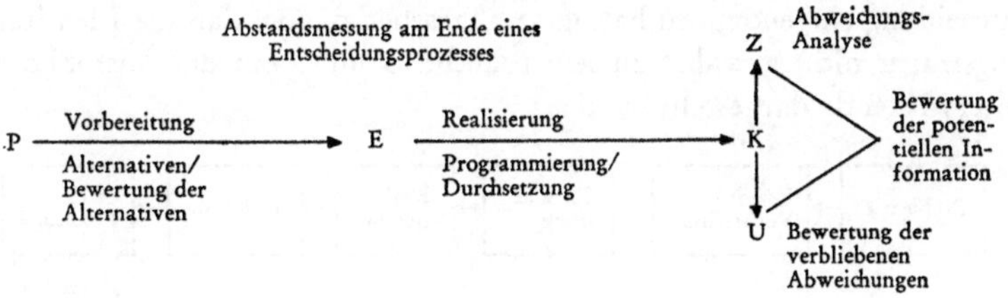

[312] Die Imponderabilien liegen nicht nur im personellen Bereich, sondern z. B. auch im Realgüterbereich. Treffend weist Schäfer [Anfängen], S. 249, beim Vergleich von Faktoreneinsatz und Ertrag darauf hin, daß selbst in der stark automatisierten Tafelglasindustrie u. a. die aus der Fertigung kommenden Glastafeln individuell ausfallen.

[313] Coenenberg [Kommunikation], S. 15.

[314] Wissenbach [Kennzahlen], S. 108 weist mit Recht darauf hin, daß die »Protokollierung des Entschlusses«, d. h. die »förmliche Niederschrift« bei Gruppenentscheidungen oder die »formlose Notiz« eines einzelnen Entscheidungsträgers, eine wichtige Voraussetzung der Realisierung sei, gleichgültig, »ob der Entscheidende den Entschluß allein oder mit fremder Hilfe ausführen will«.

Abweichungsanalyse und Bewertung der Abweichungen. Im Unterschied zu den Abstandsmessungen zwischen Ziel und Ausgangslage bei den vorausgegangenen Entscheidungskomponenten handelt es sich hier um die am Ende eines Entscheidungsprozesses tatsächlich verbliebenen Abweichungen.
Die Bewertung der verbliebenen Abweichungen führt zu einer Nachentscheidung darüber, inwieweit der Entscheidungsprozeß als abgeschlossen gelten kann oder zu einer neuen Problemanalyse und damit zu einem neuen Entscheidungsprozeß führt. Außerdem ist darüber zu entscheiden, ob die Kontrollergebnisse in den Speichern verbleiben, d. h. zu potentiellen Informationen werden sollen. Es zeigt sich somit, daß auch die letzte Entscheidungskomponente Prognoseinformationen einbeziehen bzw. ihre spezifischen Zielvorstellungen entwickeln muß, die von den bisherigen Zuordnungen abweichen können. Diese Überlegungen führen außerdem zum kybernetischen »Rückmeldegedanken« oder »Vormeldegedanken«. Denn die Kontrolle, welche einen neuen Prozeß anstößt, ist Ausdruck des sog. Feed-back-Prinzips oder Vorkopplungsprinzips. Diese kybernetische Sicht würde hier bedeuten, daß das Kontrollergebnis auf die Entscheidung bzw. auf den Entscheidungsträger – abstrahiert von der Zeit – zurückwirkt im Sinne einer zielgerichteten Leitung und Einsteuerung (Steuerung und Regelung). Das kybernetische System tritt damit als Insystem des einzelnen Entscheidungsprozesses und dieser als Insystem des Entscheidungssystems in Erscheinung.

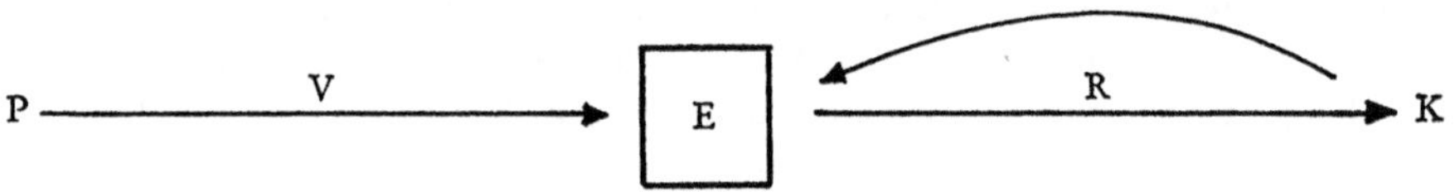

Das ist jedoch nicht ganz konsequent, denn die Entscheidung hat Wirkungen gezeitigt, die nicht mehr aus der Welt geschafft werden können, und auch der Entscheidungsträger hat sich erkennbar oder nicht erkennbar gewandelt, zumindest ist sein Standort bei der Vollzugsmeldung (Kontrolle) nicht mehr identisch mit demjenigen, den er bei der Entscheidung eingenommen hat, ganz abgesehen davon, daß die Identität der Entscheidungsträger nicht gewahrt zu sein braucht. Somit kann die Anstoßkontrolle nur als »weiterwirkend« dargestellt werden.

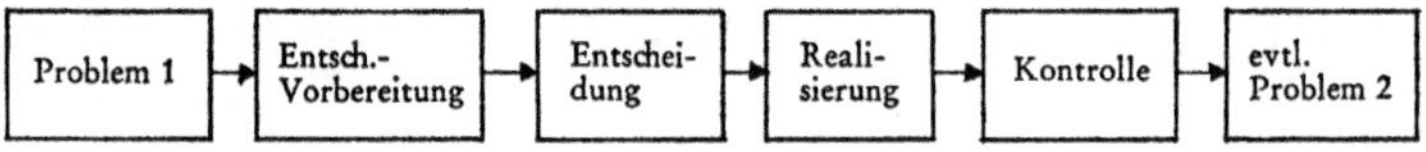

Der für den Empfang der Kontrollergebnisse verantwortliche Adressat wird »nachentscheiden« müssen, ob das Entscheidungsergebnis als erreicht angesehen werden kann, oder ob diese Meldung eine Anregung zu einem neuen, einen weiteren Entscheidungsprozeß auslösenden Problem wird. Damit geht diese Nachentscheidung in eine Vorentscheidung, eine Regelung, über. Mit diesen Überlegungen wird das kybernetische Modell modifiziert. Allerdings werden diese Vorgänge nur unter Einbeziehung der Zeit voll verständlich. Das bedeutet jedoch nicht, daß die einzelnen Entscheidungskomponenten streng an eine zeitliche Abfolge gebunden sein müssen und nicht auch isoliert, unterbrochen, rückkoppelnd, vorkoppelnd, oszillierend oder anderswie auf-

treten können. Bei der Institutionalisierung von Entscheidungskomponenten in der Praxis (vgl. z. B. Planungsabteilung, Organisationsabteilung, Revisionsabteilung) geht der Zusammenhang zwischen den Komponenten häufig verloren. So kann z. B. meist nicht jeder Kontrollvorgang als »Nachentscheidung« erkannt und auf die zugrunde liegende Hauptentscheidung zurückgeführt werden. Ausnahmen bilden projektbezogene Entscheidungsprozesse oder relativ kleinere selbständig agierende Einheiten.
Zusammenfassend handelt es sich bei den Komponenten des Entscheidungsprozesses um eine Art Unzufriedenheit über fehlendes Wissen, um die Willensbildung, den Willensakt (Entschlußphase) und schließlich die Willensdurchsetzung, oder neutraler ausgedrückt, um ein Problem, die Problemlösung oder Vorbereitung einer Entscheidung über bewertete Alternativen, die Entscheidung und schließlich um die Realisierung der Entscheidung, in der Regel vorläufig abschließend festgestellt durch die Kontrolle.
Die Durchsetzung von Entschlüssen beansprucht in der Regel die meiste Zeit, während in der Willensbildung die schwierigeren Denkakte, das Durchspielen der Bedingungen, liegen.

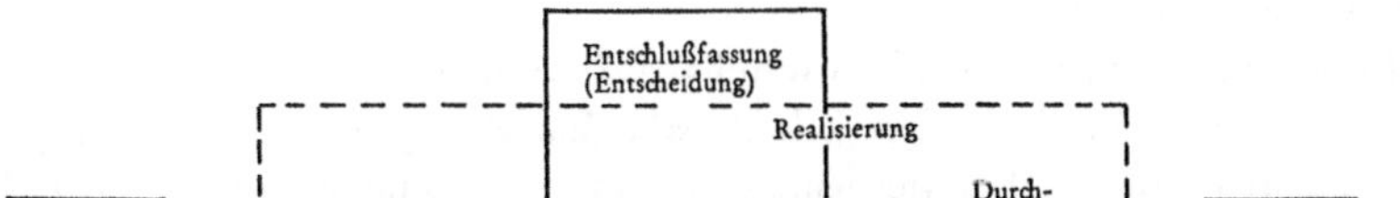

Abb. 31: Willensbildung und Willensdurchsetzung

Jede weitere Konkretisierung, welche schon z. B. in dem Begriff »Kontrolle« anklingen mag, ist ein Anwendungsfall dieser allgemeinen entscheidungstheoretischen Darstellung. Die ökonomische Benennung oder Qualifizierung der entscheidungstheoretischen Teilaspekte führt zu den Problemen der Entscheidungstheorie im Rahmen der Unternehmensführung bzw. der Betriebswirtschaftslehre. Aber die Grundvoraussetzung hierzu ist das Erkennen der Hauptkomponenten einer formalisierbaren, organisierbaren Struktur aller Entscheidungsvorgänge, hier insbesondere weitmöglichst immer auf dem Hintergrund ökonomischer Systeme. Eine gewisse Anlehnung an zeitraumabhängige psychologische und organisatorische Aspekte der Unternehmung entspricht daher der auch im Rahmen formallogischer Strukturen angestrebten mittleren Reichweite.
Auch im Hinblick auf Realisierung und Kontrolle sei abschließend nochmals darauf hingewiesen, daß jede Entscheidungskomponente immer nur auf ihre Umwelt, d. h. Zielsituation und Ausgangssituation hin, und zwar mit Hilfe von Informationen, erkannt und beurteilt werden kann. Ziel und Ausgangslage sind so wenig reduzierbar, wie Geist und Materie oder vollkommene Information und absolute Ignoranz. Diese Begrenzungslinien sind in ihrem formalen Kern die relativ konstanten Elemente des Entscheidungssystems.

2. Entscheidungsorientierte Rollen der Information

a) Anregungs- und Probleminformation

Die Behandlung entscheidungsorientierter Rollen der Information geht von der These aus, daß eine Entscheidungskomponente nur mit Hilfe von Informationen erkannt und zur nächsten transformiert oder übergeleitet werden kann. Gleichzeitig wird die Information nur durch Kommunikation existent. Die Probleme, Chancen und Risiken des Entscheidungsprozesses resultieren daher aus der Behandlung der relativ unvollkommenen Information und dem Zusammenhang mit ihr. Die Verrichtungen im Entscheidungsprozeß entsprechen der Informationsgewinnung, -umformung und -weiterleitung (Verknüpfung). Das Informationssystem der Unternehmung hat die Aufgabe, die für den Entscheidungsprozeß erforderlichen Informationen bereitzustellen. »Mit dem Problem der Entscheidungsfindung ist das Problem der Informationsverteilung auf das engste verbunden.«[315]

Die Erkenntnisse über die denknotwendigen Zusammenhänge im Entscheidungssystem haben ergeben, daß insbesondere jede Entscheidungskomponente, gleichgültig wie viele Komponenten ausgegliedert werden, zur Standortbestimmung der jeweiligen Informationen über Zielsituation (Z_I) und Ausgangssituation (U_I) bedarf. Stärke, Richtung und Wirkung sind die Leitlinien für die Reduktion der Einflußgrößen in der Analyse. So ergeben sich z. B. die Probleminformationen (P_I) auf Grund von Informationen über die Ziellinie (Z_I1) und Informationen über die Problemlage (U_I1) oder die Alternativeninformationen aus Ziellinie (Z_I2) und Ausgangssituation bzw. Umgebung der

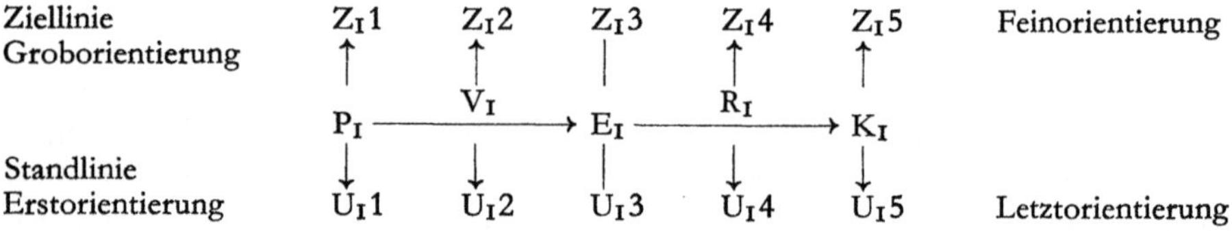

Abb. 32: Parallelität von Handlung und Information zwischen Ziel- und Standlinie

Alternativen (U_I2). Das entspricht der Umformung von Problem- in Alternativeninformationen. Der Informationsstrom bewegt sich somit im Entscheidungsprozeß von der Probleminformation bis zu den Kontrollinformationen und in der Breite jeweils zwischen Ziel- und Ausgangsinformationen oder Informationen über das Soll und das Ist, zugleich vorkoppelnd, rückkoppelnd und in Entscheidungsnähe stark oszillierend.

Die Ausgangsinformationen enthalten Angaben über den jeweiligen problembezogenen Iststand und über problemabhängige Erfahrungen (situationsbedingte Ausgangsanalyse). Die Zielinformationen enthalten Angaben über

[315] Wild [Grundlagen], S. 143, Informationsverteilung kursiv. Wild betrachtet allerdings den Informationsprozeß ebenfalls als ein dem Entscheidungsprozeß vorgelagerter Prozeß.

- die Zielerwartungen der Großgruppe, Kleingruppe oder andere übergeordnete Ziele
- die erwarteten entscheidungsnahen Handlungsalternativen oder die Alternativen zu Vor- und Nachentscheidungen
- das erwartete Ergebnis oder die Konsequenzen der Entscheidung, die den übergeordneten Zielen dienen soll
- die konkreten (vorgegebenen) Auswahlkriterien (Entscheidungskriterien, -prinzipien, -regeln; Risikokriterien; Zielprogrammierung)

In der Zielanalyse soll insbesondere Klarheit darüber gewonnen werden, welchen Einfluß die meist nur vage bekannten oder formulierten Ziele auf die jeweilige Entscheidungssituation haben sollen. Sind sie schon relativ klar oder sogar operational formuliert, muß dennoch ihre Bedeutung für die konkrete Entscheidungssituation abgewogen werden.

Der Entscheidungsprozeß ist in seinen Phasen vor der Entscheidung primär ein Prozeß der Wissensbildung und Willensbildung (planschaffend), nach der Entscheidung in erster Linie ein Prozeß der planrationalen Wissensanwendung und Willensdurchsetzung. Es treffen somit Probe- und Tathandeln im Entscheidungsprozeß zusammen. Der planschaffende Bereich setzt ein hohes Maß an Selbstkoordination voraus, weil hier das Maß an Rationalität der noch relativ unbekannten Problemlage selbst entstammt.

Jede Informationsbehandlung kostet in der Regel Geld, Zeit und Mühe, sie wird daher in der Unternehmung immer von Wirtschaftlichkeitsüberlegungen überformt sein.

Jeder Entscheidungskomponente lassen sich auf die Unternehmung bezogene typische Informationen, Menschen, Realgüter, Nominalgüter oder Kombinationen, z. B. Institutionen, zuordnen. Im Rahmen der Problemanalyse sind es die Anregungs- und Probleminformationen, die über die damit zusammenhängenden Ziel- und Ausgangsinformationen gewonnen werden.

Die Herauslösung einzelner Entscheidungskomponenten und Entscheidungsprozesse aus dem Entscheidungssystem der Unternehmung mag zwar angesichts der in der Praxis ineinander verketteten oder auch zusammenhanglos getrennten Entscheidungsvorgänge unrealistisch erscheinen; dabei ist aber zu berücksichtigen, daß diese Art des Vorgehens die Zusammenhänge analysiert und klärt, und schließlich erlaubt, den Interdependenzen im Rahmen der entscheidungsorientierten Rollendifferenzierungen und Datensynthesen nachzugehen. Außerdem können Hinweise für eine Integration von in der Praxis meist ohne direkten Bezug institutionalisierten Entscheidungskomponenten, wie z. B. »Planung«, »Organisation«, »Kontrolle«, »Systemanalyse«, »Überwachung«, »Betriebswirtschaftliche Abteilung«, »Linien«, »Stäbe«, gewonnen werden. Andererseits verbergen sich die Prozesse der Wissensentstehung und Willensbildung in der Praxis hinter einer Hierarchie von Teilaufgaben, die eine unterschiedliche Entscheidungsnähe aufweisen, wie etwa die empirischen Untersuchungen von Kosiol [316] im Zusammenhang mit Investitionsentscheidungen zeigen:

- Investitionsanregung
- technische Investitionsplanung
- wirtschaftliche Investitionsplanung

[316] Kosiol [Investitionsentscheidungen], S. 31 ff.

- Kapazitätsplanung
- Liquiditätsplanung
- Investitionsentscheidung

Die Anregungsinformation ist im Wert- und Zielsystem des Aktors abgebildet und wird von dort aus mit den Organisationszielen und -werten konfrontiert und auf die Organisation übertragen, soweit der Aktor nicht mit der Organisation identisch ist; diese wiederum wirken auf den Aktor zurück. Zwischen Wertsystem des Aktors und den Ergebnissen seiner Beobachtungen bestehen kontinuierliche Wechselbeziehungen. Mit Aktor sei jeder Handelnde (oder eine Gruppe von Handelnden) verstanden, mit Entscheidungsträger der Handelnde in der Organisation (Unternehmung). In der Regel wird der Wissensstand des Entscheidungsträgers in Form der potentiellen Information den Anstoß für eine originäre Anregung geben. Die Anregung kann jedoch von einem beliebigen Aktor ausgehen. Sie kann also insbesondere auch von »außen« kommen [317], z. B. von einem Berater, Wirtschaftsprüfer, Kunden, Lieferanten, auch von der Konkurrenz, oder einem beliebigen Dritten. Es kann sich dabei um spontan oder systematisch geschöpfte Ideen handeln, deren Brauchbarkeit sich im Rahmen des Entscheidungssystems der Unternehmung erst noch erweisen muß.
Die Anregungsinformationen können von Kontrollergebnissen (A_1) oder in Verbindung damit – oder unabhängig davon – von systematischer Suche nach neuen Chancen (A_2) oder auch von regelmäßigen Überprüfungen vergangener Tätigkeiten (A_3) ausgehen [318].

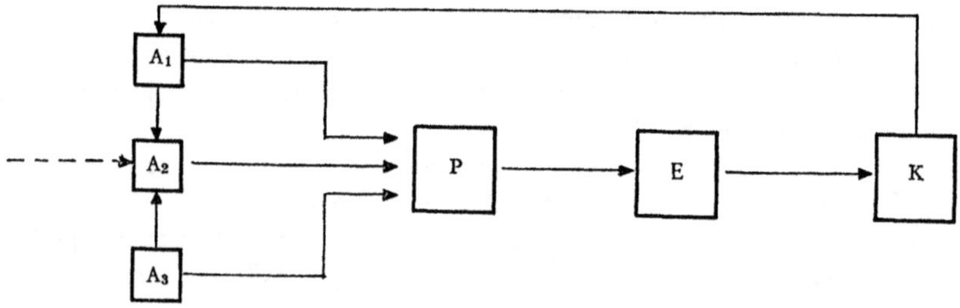

Abb. 33: Entscheidungsorientiertes System der Anregungsinformationen

In der Anregungsinformation kann bereits ein Problem stecken, d. h. das für den Aktor empfundene Problem ist zugleich ein Problem der Unternehmung. In der Regel wird die Bedeutung der Probleminformation von dem Gewicht abhängen, das der Aktor bzw. der Entscheidungsträger zu den Existenz-Beziehungen der Unternehmung hat. Bei der Anregung (Probleminitiation) ist kein organisatorischer Status maßgebend, hier zählt allein die Autorität der Spezialerfahrung und des schöpferischen Denkens. Allerdings ist es ebenso bedeutsam, diese Anregungen auch »verkaufen« zu können. In der wirtschaftlichen Ausschöpfung und Nutzbarmachung von Anregungsinformationen liegen beträchtliche Systemreserven, die von den Unternehmungen nur zu einem Bruchteil genutzt werden. Die Wirtschaft wendet andererseits Milliarden für Erfindun-

[317] Kloidt u. a. [Problematik], S. 13.
[318] Vgl. Ansoff [Program], S. B-219ff.

gen auf, die bereits irgendwo gemacht und sogar publiziert worden sind. Die Anregung kann auftreten als Vorschlag, Rückfrage, Widerspruch, Beschwerde, Schadensmeldung, Bericht, Hinweis[319]. Grundlegende Probleme – etwa: selbständig und unabhängig bleiben oder kooperieren; kaufen oder selbermachen – stellen vom überbetrieblichen Standpunkt zwar Gattungsprobleme dar; für die betreffende Unternehmung ist eine derartige Problematik wahrscheinlich aber einmalig oder originär. In einem weiteren Sinne dürften somit die meisten Probleme irgendwie Gattungsprobleme darstellen. Die originäre Problematik liegt dann immer in der Anwendung und Umformung auf den individuellen, konkreten Fall. Gerade das kann für die einzelne Unternehmung wesentlich sein. Die Probleminformation hierzu muß aus der Problemhierarchie bzw. aus der Problemverwandtschaft herausdestilliert werden.

Eine Vielzahl von Problemen löst jeder Aktor bewußt oder unbewußt täglich an seinem Arbeitsplatz, ohne daß sie in den konservierten Erfahrungsschatz der Unternehmung eingehen; nur ein Bruchteil wird der Leitung bekannt, die die Macht hat, eine Anregung zu einem Problem der ganzen Organisation zu machen. Und die bekanntgewordenen Anregungen werden kaum geprüft, wie die Entwicklung des »betrieblichen Vorschlagswesens« in Deutschland zeigt, obwohl diese wirtschaftlicher zu verwerten sind als von außen beschaffte »Gelegenheitsinformationen«.

Am nächsten liegt die Probleminformation wohl immer dem Problemursprung, d. h. der Umgebung oder des Feldes, dem die Anregung entstammt. Als nächstes kommt die Überprüfung der artverwandten potentiellen Information in Form der Dokumentation in Betracht.

Die Anregungen können auch institutionalisiert werden, wenn etwa Richtlinien Rechte, Pflichten und Stellen im Zusammenhang mit einer Investitionsanregung regeln[320], ein selektiver Informationsringtausch potentieller Informationen vorgesehen ist[321] oder ein »Strom unverlangter Informationen«[322] in geregelten Abständen die Organisation durchzieht.

Bewährt haben sich in der Praxis auch Kontroll-Listen, eine Sammlung von Vorgehensweisen, sie sind eine Voraussetzung der Delegation und der wachsenden Entscheidungsspielräume. Dadurch wird die schöpferische Initiative und die Sicherheit der Informationsbehandlung erhöht. Diese Kontroll-Listen, häufig in Frageform[323], sollen die Dynamik sicherstellen. Dies ist besonders auch dann wichtig, wenn informationstechnische Anlagen zwar jede gewünschte Information – insbesondere im taktischen Bereich – weitgehend vollständig und sofort liefern, die Problemlöser und die Entscheidungsträger aber gar nicht auf die Idee kommen, danach zu fragen. Eine Weiter-

[319] Oder auch als Ansicht, Meinung, Gerücht, Anzeige, Anruf, Mitteilung, Fingerzeig, Gespräch, Wink, Äußerung, Auskunft, Gutachten, Notiz, Rapport, Andeutung, Geste, Botschaft, Anstoß, Ärgernis, Neuigkeit, Nachricht, Signal, Anzeichen, Aussage, Argument, Unbehagen.

[320] Vgl. Kosiol [Investitionsentscheidungen], S. 31ff.; vgl. auch Höhn [Führungsbrevier], S. 78ff.

[321] Vgl. Woitschach [Informationserschließung], Fach 2/7/1.

[322] Vgl. zum Problem »unverlangter Informationen« Albaum [Information], S. 61.

[323] Ackoff [Design], S. 14.

entwicklung dieser Gedanken liegt im regelmäßigen Abrufen individueller Informationsbestände innerhalb und außerhalb der Organisation.
Bei der Problemanalyse sind informationstechnische Einrichtungen eine besondere Hilfe, denn neue Fortschritte bringen in der Regel nur die größeren und komplexeren originären Probleme. Mittelbar besteht die Hilfe darin, daß die Massenvorgänge des Tages von den Problemlösern durch Reduktion in Form der möglichst weitgehenden Programmierung ferngehalten werden.
Das setzt voraus, daß die Anregungen als entscheidungsträchtige Probleme erkannt und die Informationsbeschaffung gesichert ist. Die Nahtstelle, hier z. B. zwischen Anregungs- und Probleminformation, stellt immer einen kaum reduzierbaren Bewertungsvorgang dar. Ähnliches gilt für einen größeren Teil von Führungsproblemen, die zu komplex und zu wenig operational sind, um mit Hilfe der Datentechnik weiterbehandelt oder entscheidend gefördert zu werden.
Mit der steigenden Zahl systematischer Problemlösungen wächst das Reservoir von Vorgehensweisen für Gattungsprobleme und damit auch in der langen Sicht die Annäherung zwischen subjektiver und objektiver Rationalität [324]. Dennoch bleibt jedes praktische Problem »eine Individualität« [325].
Ihren Sinn und ihre Bedeutung erhält die Anregungsinformation erst durch die Konfrontation mit Zielsituation und Ausgangssituation und der anschließenden Transformation zum entscheidungsrelevanten Problem. Dazwischen liegen in der Regel komplizierte Aushandlungsprozesse, die im Bereich der Unternehmung mit nach höherer Rationalität strebenden Partnern zum Teil spieltheoretisch faßbar sind. Die dabei

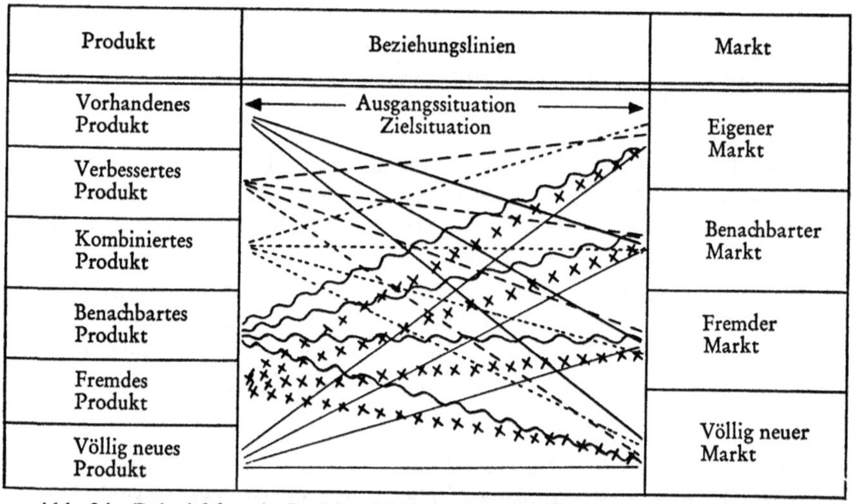

Abb. 34: Beispiel für ein Problemfeld: Produktgestaltung (Beziehungslinien der Diversifikation)[326]

[324] Vgl. Schneeweiß [Entscheidungskriterien], S. 84, und Krelle [Entwicklung], S. 237ff.
[325] Albach [Stand], S. 463.
[326] Vgl. Vogel/Elb [Diversifikation], S. 6; Modifikation von Schemagramm 3 (Institut für Marketing und Management, Wiesbaden).

gemachten Voraussetzungen (Optimum, Spielregeln, Nutzenfunktionen) sind jedoch noch ausgesprochen unrealistisch[327]. »Bargaining aspects« kehren bei allen Entscheidungskomponenten in immer neuen Variationen wieder.

b) Alternativen- und Entschlußinformation

Den Entscheidungskomponenten Aufstellung und Bewertung von Alternativen entsprechen die alternativen Informationen zur Gewinnung und Bewertung von Alternativen. Letztere enthalten Hinweise über geeignete Prinzipien, Regeln und Kriterien für die Auswahl und Bewertung und bereiten so die Entscheidung unmittelbar vor (Entschlußinformationen).

Die Umformung oder Verdichtung von Probleminformationen in Alternativeninformationen geschieht über die Kombination von Ziel- und Ausgangsinformationen möglicher Alternativen und den Probleminformationen. Die Ausgangsinformationen beziehen sich auf die mutmaßlichen Bedingungen bzw. Mittel (Sachgüter, Personen, Nominalgüter, potentielle Informationen und Kombinationen) in räumlicher, zeitlicher und verfahrensmäßiger Hinsicht.

Bei der Umformung, Verdichtung und Konzentration von Alternativen mit sehr zahlreichen Einflußgrößen haben die computerunterstützten Verfahren der mathematischen Entscheidungsvorbereitung [328] eine wichtige Verstärkerfunktion. Die Zielinformationen enthalten Angaben über eine verbesserte Zielkonkretisierung. Zum großen Teil handelt es sich dabei um sog. zusätzliche Informationen.

Ihre Entscheidungsreife erhalten diese Alternativeninformationen auf Grund der entscheidungsnahen Informationsumformung mit Hilfe der Informationen über Bewertungskriterien. Häufig wird erst in diesem Stadium der Informationsprozeß explizit herausgestellt [329]. In der Entscheidung gehen das angesammelte Wissen und die Kraft zu entscheiden eine Synthese ein.

Der weitere Umwandlungs- oder Transformationsprozeß besteht daher in der Kombination der als relevant erkannten, zielbezogenen Alternativen (Möglichkeitsanalyse) mit den entschlußnahen Nutzen- oder Bewertungskriterien:

Alternativen	Ziele $b_1 \; b_2 \ldots b_n$
a_1	$s_{11} \; s_{12} \ldots s_{1n}$
a_2	$s_{21} \; s_{22} \ldots s_{2n}$
.	. . ....
.	. . ....
.	. . ....
a_m	$s_{m1} \, s_{m2} \ldots s_{mn}$

$(s_{ij} \rightarrow u_{ij})$

Alternativen	Ziele $b_1 \; b_2 \ldots b_n$
a_1	$u_{11} \; u_{12} \ldots u_{1n}$
a_2	$u_{21} \; u_{22} \ldots u_{2n}$
.	. . ....
.	. . ....
.	. . ....
a_m	$u_{m1} \, u_{m2} \ldots u_{mn}$

[327] Vgl. Menges [Grundmodelle], S. 247f.

[328] Vgl. zur weiterentwickelten, Alternativen einbeziehenden (Entscheidungsbaum-)Methode GERT, bei Weber [Projektanalyse], S. 191f.

[329] Vgl. Li [Accounting], S. 399; vgl. zur Bedeutung von Operations-research in dieser Phase Künzi [Operations], Bl. 13. Hinweis auf die Probleme der »unvollkommenen Information«.

Die von der statistischen Entscheidungstheorie [330] entwickelten Ungewißheitsgrade sollen eine intersubjektive Anwendung von Prioritäten und eine näherungsweise Kontrolle der Rationalität des Entscheidungsträgers erlauben: Vgl. »Entscheidungen unter Risiko« oder unter »relativer Sicherheit« bzw. »Unsicherheit« unter Berücksichtigung mehr oder weniger bekannter Wahrscheinlichkeitsverteilungen.

Wert und Treffsicherheit der Information

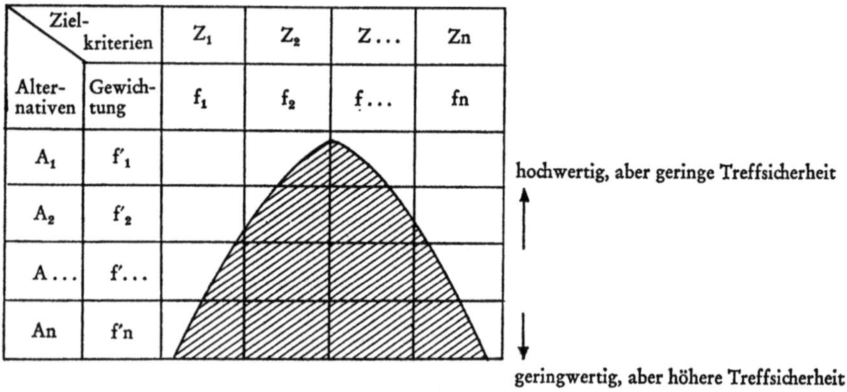

Konkrete Schätzgrößen sind dabei Zeit, Kosten, Erträge und numerisch faßbare Nebenwirkungen [331]. Die bisher entwickelten numerischen Kriterien sollen vor allem den rechnerischen Auswahlprozeß erleichtern und kontrollieren. Aber erst »die vollständig oder teilweise erkannte Relation zwischen den Reaktions-Variablen, den Zustands-Variablen und den unkontrollierten Variablen« [332] erklären hinreichend den Entscheidungsvorgang. Die bedeutenden Entscheidungen zeichnen sich vor allem dadurch aus, daß bei ihnen die Informationen »auf keine Denkschablonen stoßen« [333].
In einer konkreten Entscheidungssituation können allerdings die z. B. mit Hilfe von Operations-research-Verfahren gewonnenen zusätzlichen Informationen die Handlungsalternativen modifizieren, bestätigen oder anderswie gewichten [334]. Die Modellergebnisse sind zwar tautologischer Natur, aber schließlich sind die Folgerungen, die sich aus einer Kombination von Prämissen ergeben, nicht von vornherein überschaubar [335]. Die Simulation als »besondere Form des Experiments« [336] erweist sich in diesem Sinne als nützliches ergänzendes Verfahren der Informationsumformung unter gleichzeitiger

[330] Vgl. insbesondere die Zuordnung von OR-Modellen nach dem Vollkommenheitsgrad der Information bei Menges [Grundmodelle]; ausgehend vom »allgemeinen Entscheidungsmodell« unterscheidet er Vorgehensweisen bei Entscheidungen unter »Gewißheit«, bei »mehrstufigen Entscheidungen«, Entscheidungen unter »Risiko« und schließlich unter »Ungewißheit«. Vgl. auch Krelle [Präferenz].

[331] Vgl. zur Struktur der »Cost-Benefit-Analysis«, Steiner [Management], S. 413.

[332] Illetschko [Unternehmenstheorie], S. 117.

[333] Ebenda, S. 115f.

[334] Vgl. Ackoff [Theorie], S. 233.

[335] Vgl. Gäfgen [Theorie], S. 51f.

[336] Mertens [Simulation], S. 7. Vgl. auch Koller [Simulation], S. 95ff.

Ausschöpfung technologischer[337] Hilfsmittel. Sie dient der operationalen Lösung von Problemen in den parallelgeschalteten Entscheidungsprozessen unter vorherrschendem Einsatz von Führungshilfsmitteln. In der Regel ist die Planungsrechnung zwischen Planentwurf und Definitivplan mehrfach vor- und rückkoppelnd eingeschaltet (Schleifen)[338]:

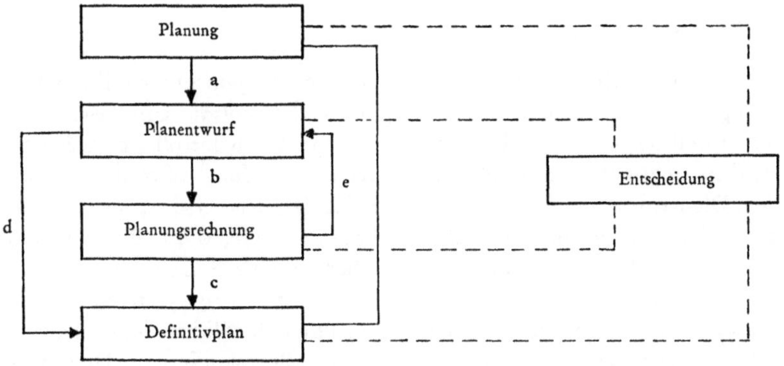

Abb. 35: Numerische Schleifen zwischen Planentwurf und Definitivplan

Vom entscheidungsreifen zum entschiedenen Informationsbündel können daher unterschiedliche numerische Schleifen notwendig werden, z. B. a → d oder u. a. auch a → b → e → b → c.

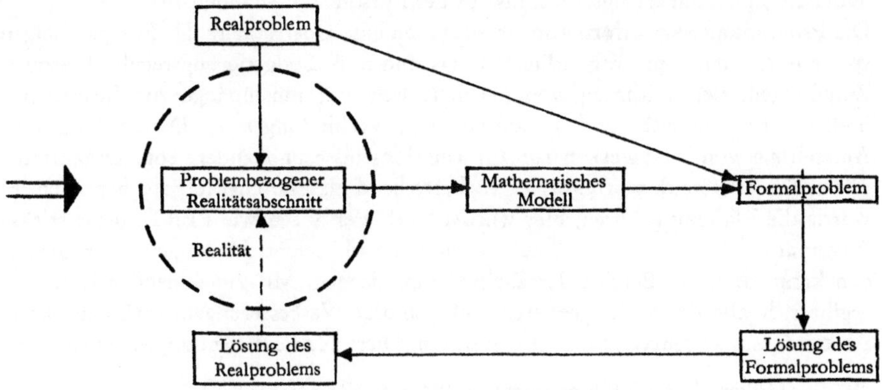

Abb. 36: Methodik der mathematischen Modellbildung

[337] Vgl. zum Einfluß der EDV auf den Entscheidungsprozeß Mertens [Einfluß], S. 86ff.
[338] Vgl. Ferner [Modelle], S. 17; vgl. zum Zusammenhang zwischen »Entscheidungsmodell und Planungsrechnung« Münstermann [Unternehmungsrechnung], S. 168.

Die numerische Schleife zur Gewinnung von Informationen läßt sich an der Methodik der mathematischen Modellbildung noch schärfer verdeutlichen[339] (vgl. Abb. 36, S. 107).
Die praktische Wirksamkeit dieser Methodik ist vor allem von der Kooperation in *allen* Modellstufen abhängig.

c) Realisierungsinformation

Die Realisierungsinformation entspricht der Teilkomponente Realisierung des Entscheidungsprozesses; es sind die Informationen, die typischerweise zwischen der Entscheidung und der Meldung über die Realisierung, die Kontrolle, notwendig sind. Mit der Realisierungsinformation soll das mit der Entscheidung Gewollte in Gang gebracht werden. Die Realisierungsinformation kann dabei in den verschiedensten Erscheinungen auftreten. Es kann sich um Informationsbündel handeln, wie z. B. ein verabschiedetes Budget, ein Standardprogramm; sie kann aber auch als Einzelinformation in der Gestalt eines Befehls, einer Anordnung, Vorgabe, Anweisung, Unterrichtung oder Mitteilung auftreten[340] und Auswirkungen von unterschiedlicher Dauer haben. Vor der eigentlichen Durchsetzung ist in der Regel eine Protokollierung, Umsetzung, Übersetzung, Interpretation des Entschlusses oder der Entscheidung notwendig. Es ist daher zweckmäßig, die Realisierungsinformation in Programmierungs- und Durchsetzungsinformationen zu unterteilen. Die Programmierung und die Durchsetzung erfordern spezifische Informationen oder Informationsbündel; die Durchsetzungsinformation muß sich insbesondere auf das später noch zu behandelnde Informationsverhalten der Beteiligten einstellen. Es kommt hier vor allen Dingen auf die Bewältigung des Problems der Identifikation an, da es sich in der arbeitsteilig organisierten Unternehmung in der Regel um andere Beteiligte als vor der Entscheidung handelt.
Die Programmierungsinformationen enthalten eine Übersetzung der Entscheidungen in spezielle Aktionen, in Tathandlungen, das sind z. B. Budgetierungsregeln, Ressourcen-Zuteilungen, Kennzeichnung von Arbeitsflüssen, Zusammenhänge von Instanzen und Stellen, von Autorität und Verantwortung, Verbindungen zu Dauerinformationen, Aufstellung von Netzwerken für Informationsflüsse und andere sog. Organisationspläne. Dieser Bereich wurde bisher vorherrschend als Planungsaufgabe begriffen. Hier wurde die Planung geboren, hier wurden auch Verfahren wie PERT zuerst wirksam. Wenn im Bereich von Nachentscheidungen von Schlüsselentscheidungen gesprochen werden kann, dann im Bereich der Zielprogrammierung. Mit zunehmender Rationalität ergibt sich allerdings ein größerer, auf ständige Verbesserungen zurückzuführender Abstand zum Zielentwurf der Organisation. Diese Nachentscheidungen fallen in Form

[339] Vgl. Müller-Merbach [Operations], S. 194, und [Research], S. 14.
[340] oder auch als Veranlassung, Rat, Anleitung, Beredung, Einschärfung, Empfehlung, Erinnerung, Ermahnung, Ermunterung, Überredung, Überzeugung, Unterweisung, Warnung, Zurechtweisung, Befragung, Beurteilung, Diskussion, Erörterung, Erwägung, Überlegung, Ansicht, Meinung, Auftrag, Schiedsspruch, Hinweis, Bescheid, Richtlinie, Aufforderung, Beschwörung, Bitte, Drohung, Benennung, Definition, Bestimmung. Vgl. auch die Wege-Differenzierungen bei Holzinger [Verbindungswege]; vgl. auch Berthel [Informationen], S. 80.

von Budgetzielen und bei der Durchsetzungsinformation auch in Form der aufgabenbezogenen begleitenden motivierenden Informationen. Die Durchsetzung, der Grad der Realisierung hängt – abgesehen von realtechnischen und finanziellen Beschränkungen – in erster Linie oder in einem besonders hohen Maße davon ab, inwieweit es gelingt, die Organisationsteilnehmer im Sinne der hier deutlicher sichtbaren Entscheidungsziele zu motivieren, d. h. zu planrationalem Verhalten anzuregen. Die schriftliche Information bedarf in diesem Bereich in der Regel der ergänzenden mündlichen Information. Je weiter die Automatisierung vordringt, desto stärker wird es Aufgabe der Führungskraft sein müssen, dieser Kommunikationsform mehr Zeit zu widmen.

Die Interpretation der Entscheidung kann eine Vielzahl von Nachentscheidungen über die Konkretisierung von Mitteln und Wegen notwendig machen. Dabei kann sich eine weitere Auffächerung der Programmierungsinformationen und Ausgliederung numerischer Schleifen als notwendig erweisen. Die Realisierungsinformationen dienen grundsätzlich dazu, die Entscheidung zu realisieren, Mittel-Ziel-Kombinationen zu organisieren und Anweisungen auszuführen. Das schließt ein, daß früher erkannte Bedingungen und Zielableitungen zu ändern bzw. anzupassen sind.

Wie schon angeführt, kann die Programmierungsinformation in Komplexen vorkommen, das ist in der Praxis die Regel. Sie gilt dann als eine vorgegebene Richtlinie für Nachentscheidungen. Diese kann mit dem zur systematischen Vorbereitung der Entscheidung notwendig gewesenen Plan identisch sein. Trotzdem unterscheidet sich der Plan aus der Etappe vor der Entscheidung wesentlich von dem Plan in der Etappe nach der Entscheidung. Jetzt handelt es sich um einen vorgegebenen, erneut mit Ziel- und Ausgangssituation abgestimmten, verbindlich gemachten Plan. Vorher ging es lediglich um vorbereitende, zukunftsgerichtete Überlegungen, allenfalls um einen Planentwurf [341]. Es wäre daher sinnvoll, bei den entschiedenen Plankomplexen, also nach der Entscheidung, vom fixierten Plan oder Budget oder von der Programmierung zu sprechen. Hier haben die kontrollierbaren Kriterien in Form von Mengen und Wertgrößen den Vorrang. Bei den Durchsetzungsinformationen kommt es wesentlich darauf an, ob sie sich an Menschen oder Maschinen richten sollen. In Teilbereichen können hier immer Maschinen diese Nachentscheidungen treffen. Der wesentliche Unterschied besteht darin, daß hier keine motivierenden Informationen notwendig sind. Die Maschinen führen unverzüglich das Programm durch, vielleicht sogar innerhalb gewisser Toleranzen. Das Angehen schöpferischer Problemstellungen und toleranzüberschreitender Spielräume ist allerdings nur von menschlichen Nachentscheidungen zu erwarten. Insoweit löst sich der Widerspruch zwischen Maschine und Mensch in bezug auf die Entscheidung. Es muß sich um programmierbare Entscheidungen handeln, wenn sie von der Maschine oder von nachgeordneten menschlichen Entscheidungsträgern einigermaßen zuverlässig, auf die Zielentscheidung bezogen, durchgeführt werden sollen. Der Substitution manuell durchgeführter, maschinell programmierbarer Entscheidungen liegen in der Regel nicht nur wirtschaftliche Überlegungen zugrunde.

[341] Wittmann [Unternehmung], S. 180, geht davon aus, daß in der Unternehmung wegen der Unvollkommenheit der Information grundsätzlich nur »Entwürfe für Entscheidungen« in Betracht kämen, räumt aber ein, »daß die für die unmittelbar dem Planungszeitpunkt folgende Periode angegebenen Vorschläge stets definitiv angestrebt werden«.

Die Durchsetzungsinformation braucht in der Regel die meiste Zeit. Es geht hier um die Ausbreitung der Entscheidung und der in der Entscheidung niedergelegten Idee in Form von Plänen und Programmen, es geht um die noch mögliche Sicherstellung der Identifizierung mit dem Programm bei den Verantwortlichen, um die Anregung zusätzlicher organisatorischer Aktionen, um die Vorsorge für eine notwendig werdende Koordination. Es ist insbesondere die motivierende Phase, für die die Unternehmungsphilosophie Postulate formuliert, wie sie etwa durch das »management by objectives« schlagwortartig demonstriert werden.

Wenn Wittmann davon spricht, daß die nach der Entscheidung ständig notwendig werdenden Nachbesserungen es erforderlich machten, von einer vorläufigen Entscheidung zu sprechen, so stehen wir hier wieder vor dem Problem der unendlichen Hierarchie. Dann gäbe es in letzter Konsequenz überhaupt nur vorläufige Entscheidungen. Diese Hierarchie muß aus konkreten, praktischen Gründen abgeschnitten werden. Das als Problem zur Entscheidung drängende Phänomen gilt mit dem Entschluß als entschieden. Dieser Entschluß ist nicht mehr ohne weiteres rückgängig zu machen; allenfalls können auf Grund neuer Probleme neue Entscheidungen notwendig und Richtungsänderungen in Betracht kommen. Eine andere Frage ist, welchen Problemen das Hauptaugenmerk von Praxis und Theorie gelten soll.

Die Realisierungsinformation stellt im Kern eine Transformation oder Umwandlung einer Entscheidung in die die Durchsetzung lenkende Information dar. Dabei kann es sich als zweckmäßig erweisen, mit Kurztexten und Symbolen zu arbeiten, insbesondere dann, wenn es sich um Anweisungen in einer fremden Sprache, um umfangreiche Anweisungen oder um Informationen über eine komplizierte Materie handelt.

Graphische Darstellungen können Zweifel beseitigen. Es muß in jedem Falle weitmöglichst sichergestellt werden, daß der Adressat der Anweisungsinformationen nicht bereits auf Grund schlecht gestalteter oder mißverständlicher Anweisungsinformationen die Transformation der Entscheidung beeinträchtigt und der Anweisungsinformation oder Programmierung keine Handlung folgen läßt[342]. Es zeigt sich auch hier, wie groß der Entscheidungsspielraum bei der »Ausführung« sein kann. Hierbei kann es sich also lediglich um eine standpunktbezogene Mittel-Zweck-Betrachtung handeln.

Den Realisierungsinformationen kommt daher bei der Durchsetzung des Planwillens große Bedeutung zu, dies wird meist verkannt. Hier dominiert nicht selten die motivierende planrationale Lenkungsfunktion über die sachbezogene Funktion der Information. Es kommt also hier darauf an, die Wege und informations- und kommunikationstechnischen Hilfsmittel so zu kombinieren, daß mit der aufgabenbezogenen Information gleichzeitig ein Höchstmaß motivierender Information ankommt.

Die Programmierung ist gewissermaßen die Fortsetzung der entscheidungsvorbereitenden Bemühungen im nunmehr verbindlichen Rahmen. Sie dient der Verdeutlichung des Planungsprozesses. Hier kann sich zeigen, daß Sachprobleme oft nur Benennungsprobleme sind. Mehrdeutige Begriffe, Abbildungen und graphische Darstellungen wirken sich in diesem Bereich besonders hemmend und verlustreich aus.

[342] Littmann [Symbole], 1/2/1.

d) Kontrollinformation

Erst mit den Meldungen oder konkreter: mit den Kontrollinformationen erhält die Entscheidung ihren bestätigenden realen Hintergrund, ihren Sinn. Kontrollinformationen [343] sind auch dann notwendig, wenn die Entscheidung keiner umfangreichen Vorbereitung, d. h. keiner nennenswerten Planungsinformation, bedurft haben sollte. Bardet [344] nennt den Fall, daß den Angestellten am Tag vor Weihnachten ad hoc ein paar Stunden früher freigegeben wird. Auch kann man sich fragen, ob dieser Vollzug überhaupt kontrolliert zu werden braucht. Entscheidung der Leitung ohne Planung und Kontrolle?

Die Kontrollinformationen lassen sich nach den hier sich anschließenden Entscheidungskomponenten Abweichungsanalyse und Bewertung der Abweichungen differenzieren. Die bloßen Kontrollmitteilungen sind von geringem Wert. Erst die Transformation der Realisierungsinformationen in die Kontrollinformationen erlauben dem Entscheidungsträger eine Beurteilung des Entscheidungsprozesses, d. h. es ist erneut eine Analyse von Ausgangssituation und Zielsituation an diesem Standort notwendig. Aus dieser Konfrontation resultieren die Abweichungsinformationen. Diese Umformung ist gleichbedeutend mit der Abweichungsanalyse und -synthese, also einer Gegenüberstellung der Solldaten und Istdaten. Die Solldaten, fixiert durch die Entscheidung, gegenübergestellt mit den im Rahmen des Entscheidungsprozesses realisierten Handlungsfolgen oder Nachentscheidungen und den sich dabei ergebenden Abweichungen, sind mit den vorgegebenen Bewertungsinformationen oder Bewertungskriterien zu kombinieren. Aus dieser Beurteilung erwachsen die eigentlichen Kontrollinformationen. Sie führen, wie schon früher angedeutet, bzw. sie können führen, zu einem neuen Problem, das entweder zu einer die Richtung der alten Entscheidung verbessernden Entscheidung oder zu einer Änderung des Entscheidungsrahmens Anlaß gibt, oder soweit es sich bei der vorausgegangenen Entscheidung um eine Zielentscheidung, also eine Entscheidung über einen Entscheidungsrahmen, gehandelt hat, zu einer abermaligen Richtungsänderung des Zieles, d. h. des Entscheidungsrahmens. Zu dem hier sichtbaren kybernetischen Ge-

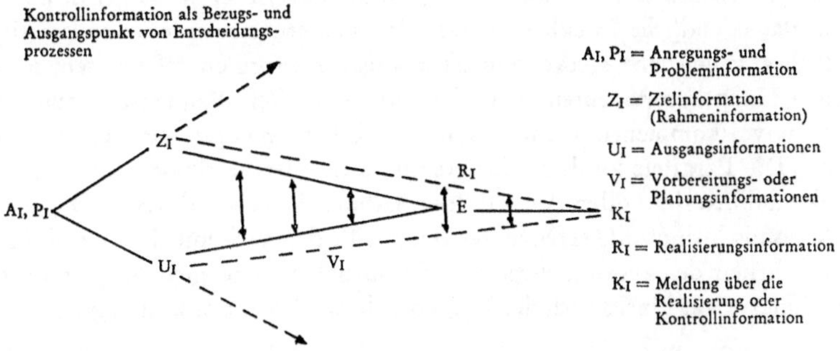

[343] Zum Beispiel können sie in folgenden Formen auftreten: Kopfnicken, Meldung, Signal, Antwort, Zwischenbescheid, Bescheid, Wahrnehmung, Zustimmung, Bericht, Gespräch, Unterhaltung, Diskussion, Dialog, Erklärung, Darlegung, Einvernehmen.

[344] Bardet [Organisation], S. 7.

danken wurde bereits Stellung genommen. Daraus ergibt sich nicht zuletzt, daß die Gleichsetzung von Kontrollinformationen mit Vergangenheitsdaten eine unzulässige Vereinfachung ist.
Die Kontrollinformationen sind mit Auswertungsdaten gleichzusetzen, die zu einem erheblichen Teil die Grundlage der potentiellen Information sind. Die »Diagnoseprogramme« sind eine technische Parallele: diese Programme dienen der Fehlerermittlung und Fehlerumgehung. Sie sind eine besondere Art der Testprogramme. Sie ermöglichen das Auffinden von technischen Fehlern des Rechners.
Abgesehen davon, daß die Informationen selbst Gegenstand einer Entscheidung sein können, können die einzelnen Komponenten des Entscheidungsprozesses nur mit Hilfe von Informationen und Kommunikation überhaupt in Erscheinung treten, und nur mit Hilfe von Informationen kann eine Komponente zur nächsten transformiert oder die vorausgegangene verdeutlicht werden. Dieser Parallelität und wechselseitigen Verkettung von Entscheidung und Information sollte mit der vorausgegangenen möglichst allgemeinen Zuordnung nachgespürt werden. Diese Überlegungen werden nach den Rollendifferenzierungen nochmals im Zusammenhang aufgegriffen bei den interdependenten Rollen der Information im Entscheidungssystem. In den folgenden Rollenvarianten soll, von dieser allgemeinen Zuordnung ausgehend, eine weitere analytische Konkretisierung der Informationszusammenhänge im Entscheidungsprozeß in zeitlicher, sachlicher, personeller und räumlicher Hinsicht versucht werden.

3. Rollendifferenzierungen

a) Zeitliches Kriterium: Informationshorizont

Es muß bezweifelt werden, ob im betriebswirtschaftlichen Bereich allein allgemeine, zeitlos gültige Aussagen einen Sinn haben. Aussagen mittlerer Reichweite erscheinen ein zumindest ebenso erstrebenswertes und brauchbares Ziel zu sein. Insoweit kann es nicht um das unendliche Entscheidungsfeld [345], sondern um ein ökonomisch sinnvolles, ein endliches, gehen, abgesteckt vom ökonomischen Horizont [346] mit seinen problembezogenen Hauptkomponenten: wirtschaftlich sinnvoller Planungszeitraum und Ausmaß der unvollkommenen Information, in Verbindung mit der Mächtigkeit [347] des Problems. Die Parallele zu dieser intertemporalen oder vertikalen Interdependenz ist in der ökonomisch sinnvollen Auswahl der Sachprobleme zu erblicken. Die in zeitlicher Sicht ökonomisch sinnvolle Grenze verschiebt sich demnach mit dem Grad der Operationalisierbarkeit der zugrundeliegenden Sachprobleme und dem Anspruchsniveau der Entscheidungsträger hinsichtlich der Prognose- bzw. Projektionsgenauigkeit.

[345] Vgl. Engels [Bewertungslehre], S. 98ff.
[346] Vgl. Schöpf [Prognoseproblem], S. 74; vgl. zum Problem der Begrenztheit des ökonomischen Horizonts Agthe [Problem], S. 104.
[347] Engels [Bewertungslehre], S. 100.

Die Information wird immer von Wirtschaftlichkeitsüberlegungen durchdrungen sein, die der Operationalisierung zustreben. Somit kommt den Differenzierungen der entscheidungsorientierten Rollen der Information in zeitlicher, sachlicher, personeller und räumlicher Hinsicht auf dem Hintergrund des arbeitsteiligen Führungsprozesses in der Unternehmung ein besonderes Gewicht zu.

Jeder Analyst im Entscheidungssystem hat einen Januskopf. Das zeigt sich in jeder Etappe des Entscheidungsprozesses, vgl. z. B. die Problemerkennung:

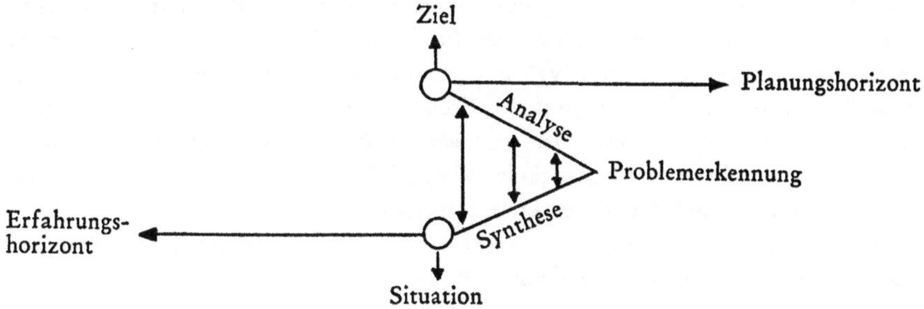

Es könnte daher im Hinblick auf Vergangenheit und Zukunft in zweifacher Hinsicht von einem »Horizont« gesprochen werden: In der Situationsanalyse müssen die Vergangenheitserfahrungen aus dem Problemumfeld ausgelotet werden, zugleich ist die Zielausrichtung, die Zukunft im ökonomisch sinnvollen Rahmen, abzutasten. Erst die Erkenntnisse beider Horizonte, Erfahrungen kombiniert mit Erwartungen, führen zur Problemerkennung. Der Entscheidungshorizont basiert somit auf dem rückwärts- und vorwärtsgerichteten Informationshorizont. Ähnliches gilt für alle anderen Entscheidungs-Informations-Komponenten. Es treffen lerntheoretische und spieltheoretische Ansätze zusammen. In der Dualität von Diagnose und Prognose spiegeln sich die Zusammenhänge zwischen potentieller Information und zusätzlicher Information wider. Die potentielle Information existiert als solche nur in Verbindung mit der graduell stärker auf die Zukunft bezogenen Erwartung, Ziel-, Prognose- bzw. Projektionsinformation[348]. Mit jeder Verbesserung der potentiellen Information tritt diese Synthese zwischen Vergangenheitsinformationen und Zukunftsinformationen (Erwartungswerte) stärker zutage. Jede Information über eine Terminerwartung ist zugleich eine Information über vergangene »Terminerfahrungen«, d. h. Bezugszeiträume und Bezugszeitpunkte.

Wie sich in zahlreichen Untersuchungen gezeigt hat[349], ist es nicht ganz einfach, die Zusammenhänge zwischen Diagnose und Prognose zu klären. Es mag eine Diagnose ohne Prognose geben – die potentielle Information gehört schon nicht dazu –, aber es

[348] Zu den Begriffen Prognose und Projektion vgl. Schöpf [Prognoseproblem], und Kuhlo [Wachstumsprognose], S. 215.

[349] Vgl. vor allem die Tagungsergebnisse des Vereins für Socialpolitik zum Thema »Diagnose und Prognose als wirtschaftswissenschaftliche Methodenprobleme«, hrsg. von Giersch und Borchardt (Hinweis auf zahlreiche Einzelbeiträge), Berlin 1962, und die Veröffentlichungen von Schöpf [Prognoseproblem] sowie von Gerfin [Wirtschaftsprognose].

kann keine Prognose ohne Diagnose geben. Die Diagnose kann zwar von abgeschlossenen Ereignissen ausgehen, die Ursachen – ganz abgesehen von den Auswahlkriterien – sind damit aber noch nicht aufgedeckt; die Prognose wird von erkannten Zusammenhängen und Meinungskombinationen auf kommende Ereignisse schließen oder wird eingesetzt, um angestrebte Ergebnisse in Verbindung mit erkannten Zusammenhängen systematisch zu realisieren. Der Informationshorizont hängt primär ab von den zugrundeliegenden ökonomischen Entscheidungsproblemen bzw. -situationen oder Einzelentscheidungen. Der Entscheidungshorizont steht somit in Beziehung zum Informationshorizont. Von da aus ergeben sich die für die Zukunft erwarteten einsetzbaren Bandbreiten der Vergangenheit (vgl. gewöhnliche Wirkungsdauer von Maschinen, Personen, Produkten, Preisen, Zinssätzen, Steuersätzen; Verantwortungszeiträume) und damit der Zusammenhang zwischen Voraussagemöglichkeit, -notwendigkeit und Meßgenauigkeit bzw. Prognosegenauigkeit. Vom Einfluß des Aktors her gesehen kann es sich um Reaktions- und Aktionserwartungen handeln.
Die Prognosegenauigkeit in Abhängigkeit von der Bandbreite der Vergangenheitsinformation zeigen folgende Tendenzen [350]:

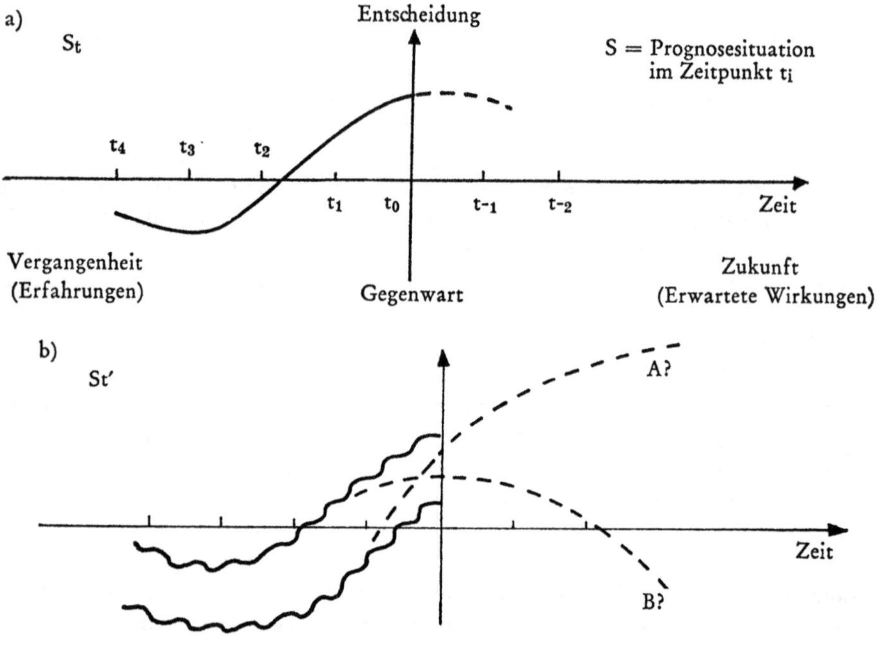

Abb. 37: Prognosegenauigkeit und Vergangenheitsinformation

Die Kurve von a) erlaubt eine relativ genaue Extrapolation, aber eine geringere Flexibilität; während die »Bandbreite« bei b) zwar zu einer beträchtlichen Unsicherheit über den Verlauf, jedoch zu einer größeren Flexibilität führt. Diese Folgerungen setzen in

[350] Vgl. Steinbuch [Gesellschaft], S. 306; Albach [Prognose], S. 201ff.

jedem Fall zuverlässig ermittelte Vergangenheitserfahrungen und gewichtete Erwartungen voraus. Vom Problem her ergeben sich, abgesehen von den Etappenzielen, zwei wichtige Zukunftshorizonte, die Entschlußfassung und die letzte Kontrollinformation mit den Angaben über das tatsächliche Ergebnis des Entscheidungsprozesses:

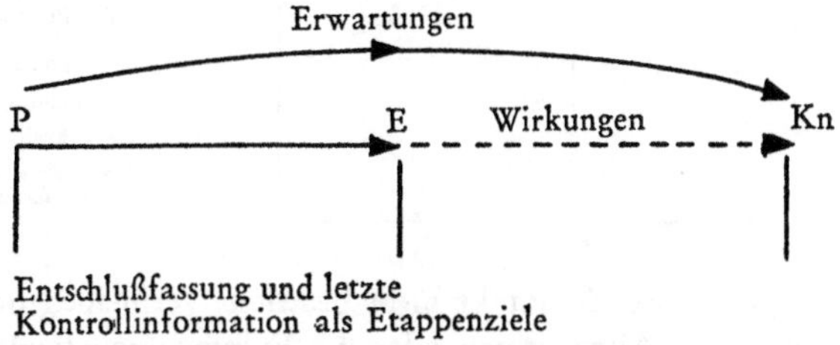

Der Suchprozeß vor E und die entscheidungsabhängigen Auswirkungen nach E sind aufeinander bezogen. Es kann davon ausgegangen werden, daß der Informationswert zunächst steigt und von einem gewissen Zeitpunkt ab weitere Informationen nur eine unvergleichlich geringfügige zusätzliche Transparenz bringen:

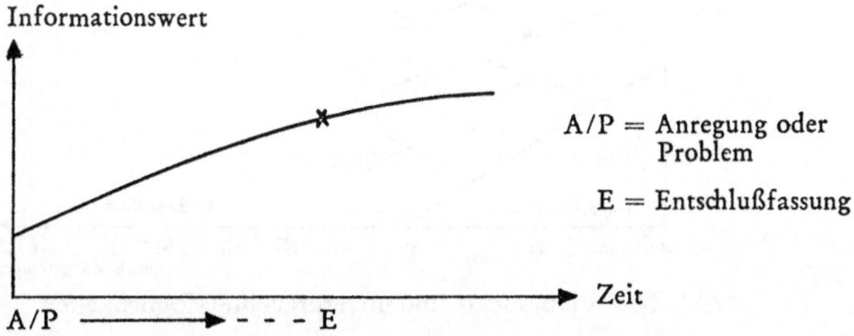

Abb. 38: Suchprozeß und Informationswert

Andererseits nehmen die Wirkungen der mit diesen Informationen vorzubereitenden Entscheidung in der Zeit ab, vgl. z. B. Abnahme der Kommunikationswirkungen in der Zeit und Notwendigkeit der Verstärkung. Mit dem Kunstgriff, die Projektionsdaten mit hohen Abzinsungssätzen zu kombinieren oder im Rahmen eines Zielzeitraumes eine lineare Wertminderung zu unterstellen, wird versucht, dem in der Zeit wachsenden Risiko global Rechnung zu tragen.

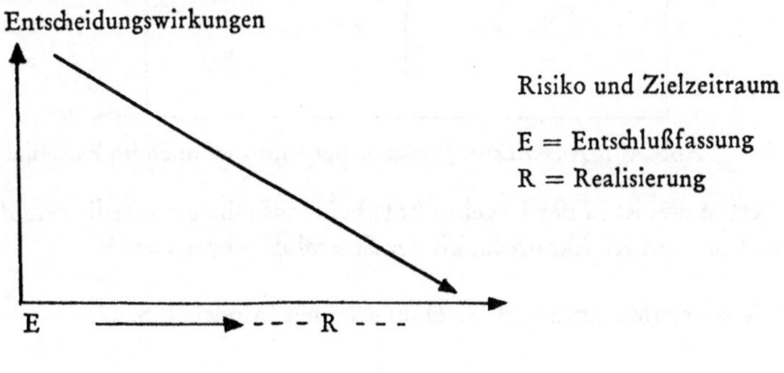

Es gilt daher, den für die Informations-Entscheidungs-Wirkungen günstigen Zeitpunkt zu wählen:

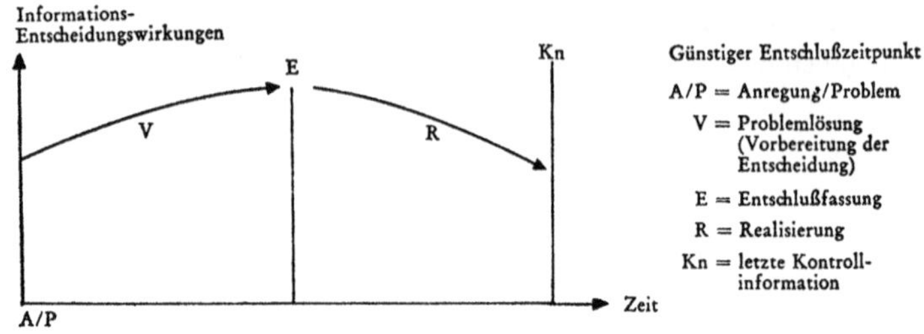

Wird der relativ günstigste Zeitpunkt nicht beachtet, verbleiben dem Entscheidungsträger nur die restlichen Alternativen oder die Entscheidung kommt überhaupt »zu spät«.

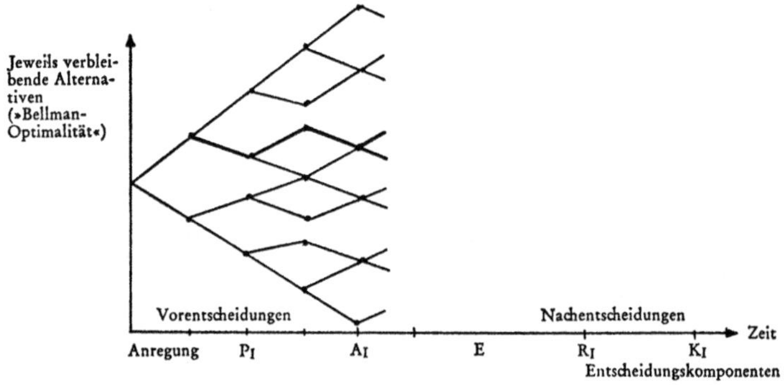

Abb. 39: Verbrauchte und unverbrauchte Möglichkeiten

Die Schätzung dieses Zeitpunkts hängt ab von den erwarteten Bedarfsterminen, die sich wiederum an die materialen Prozesse anlehnen.

Im Verlauf der Entscheidungsetappen können sich Verbesserungen mit der Verschiebung des Horizonts ergeben:

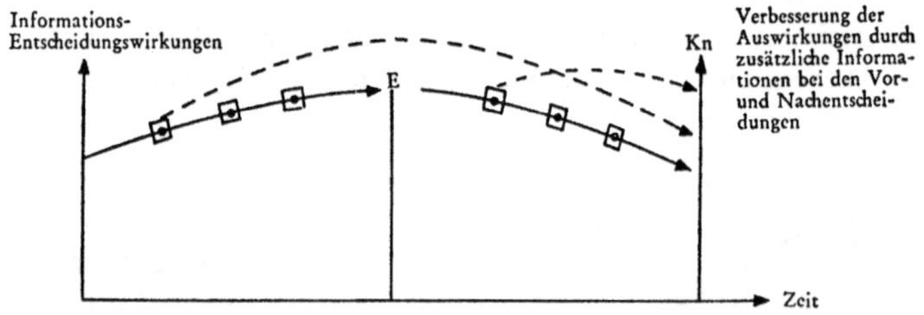

Abb. 40: Auswirkung zusätzlicher Informationen im Zeitablauf

Damit verbunden ist in der Regel in Entscheidungsnähe ein Oszillieren, d. h. ein immer rascheres Vor- und Rückkoppeln, bis der Entschluß geboren ist [351].

[351] Vgl. Gregory [Management], S. 23, und Ferner [Modelle], S. 17.

Die einzelnen Entscheidungskomponenten, ausgeprägt und verknüpft mit Hilfe der Informationen, beanspruchen Zeit. Die Transformation von Informationen im Rahmen des Entscheidungsprozesses stellten ein zeitverbrauchendes Netzwerk dar. Je nach Entscheidungssituation kann es sein, daß einzelne Abschnitte kaum, andere mehr Zeit beanspruchen. Die zeitverbrauchenden Komponenten des Entscheidungsprozesses sind die entscheidungsorientierten Rollen der Information:

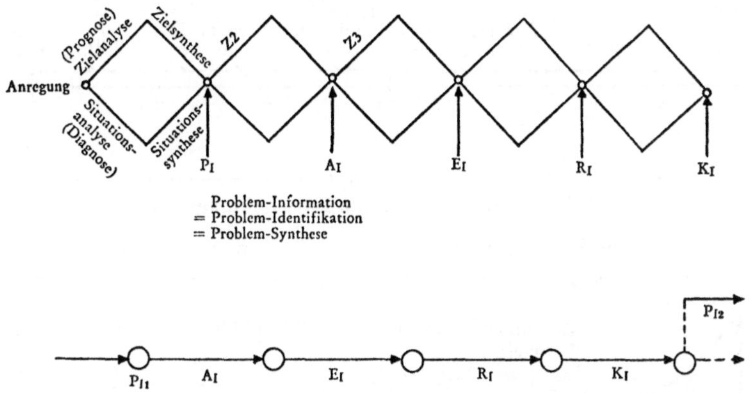

Abb. 41: Informationen und Handlungen als zeitverbrauchendes Netzwerk

Das Netzwerk ist nicht im strengen Sinne gerichtet, weil ein mehrfaches Vor- und Rückkoppeln (Oszillieren) in Betracht kommen kann:

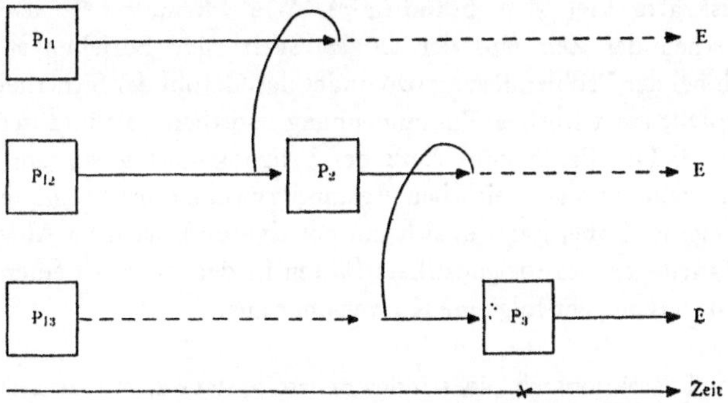

Abb. 42: Vor- und Rückkopplung im entscheidungsorientierten Netzwerk

Die Probleminformation P_{I3} hat sich im Zeitpunkt $_x$ als die wertvollste erwiesen. Die Speicherung wird als zeitliche Verlagerung sichtbar.

Zwischen der Anregung, der Problementstehung und dem Eintreten der durch die Entscheidung angestrebten Wirkungen liegt ein Zeitraum, der auch als Reaktionszeit bezeichnet wird. Wie empirische Untersuchungen zeigen, können dabei bei den einzelnen Entscheidungskomponenten sog. »tote Zeiten« eintreten, die nicht immer ein

»schöpferisches Zögern« bedeuten [352]. Inwieweit diese Totzeiten minimiert oder vermieden werden können, lassen sich individuell vor allem über Erkenntnisse aus Zeitplanungen, z. B. im Rahmen der Netzwerkanalyse, gewinnen. Hierbei ergab sich, daß zuverlässige Zeitschätzungen nur für einen Wochenzeitraum möglich sind [353]. Die zuverlässig zu überschauenden Netzwerkintervalle, insbesondere im taktischen Bereich, müßten demnach darauf abgestellt werden.

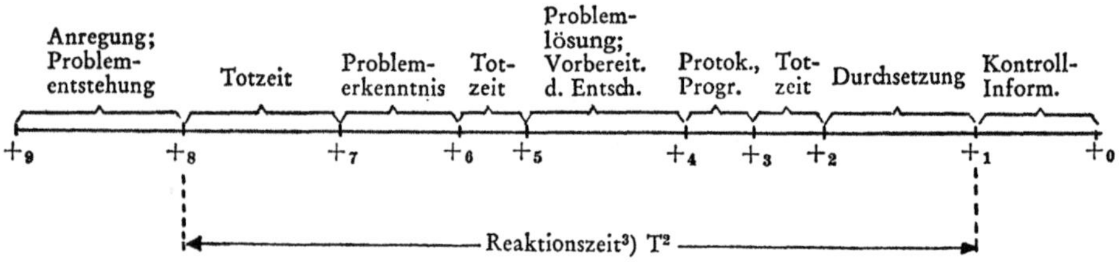

Abb. 43: Reaktionszeit im Entscheidungssystem

Zwischen Totzeit und Lernzeit bestehen enge Zusammenhänge. Eine besondere Variante bringt daher die Theorie der Lernkurven, bezogen auf wiederkehrende Probleme:

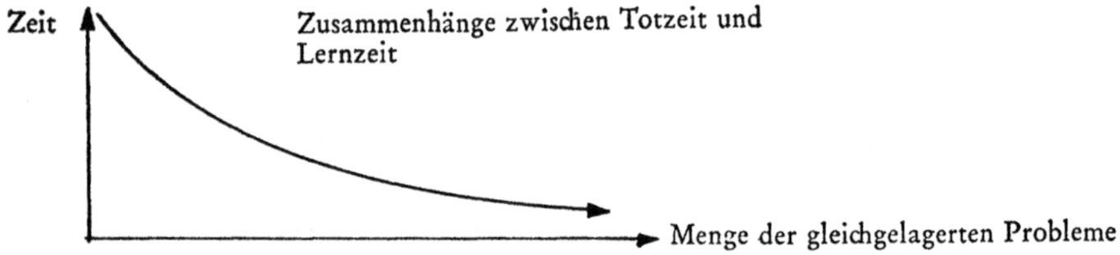

Daraus wird ersichtlich, daß namentlich Personalentscheidungen und die Motivation der Führungskräfte viel Zeit brauchen [354]. Wie Hofstätter [355] nachgewiesen hat, bestehen zwischen der Zeit und der Ungewißheit enge Beziehungen. Mit höherem Zeitverbrauch bei der Problemlösung schwindet das Gefühl der Sicherheit.

Außerdem besteht ein wichtiger Zusammenhang zwischen Zeit und der Erfahrung des Prognostikers [356]. Der Erfahrungsschatz des Prognostikers wiederum hängt hinsichtlich der Genauigkeit ab vom zeitlichen Abstand zwischen der Prognose und dem mutmaßlichen Ereignis. Dabei kann es sich um positive und negative Abweichungen handeln. Die Erfahrungen des Prognostikers führen in der Regel zu einer Reduktion der Abweichungen; davon geht folgende Kurvenschar aus:

* »Zeitachse der Reaktionszeit eines industriellen Systems«, modifiziert nach Friedrich/Wilde [Vorbereitung], S. 23.

[352] Vgl. Friedrich/Wilde [Vorbereitung], S. 23; Thomae [Mensch], S. 109ff.; Witte [Analyse], S. 112ff.

[353] Bericht von Kast auf der Achema-Tagung 1967 in Frankfurt a. M. (RKW/KN Nr. 585/1967).

[354] Vgl. Drucker [Führungskraft], S. 53.

[355] Hofstätter [Einführung], S. 159.

[356] Vgl. zu den »Abweichungen zwischen Prognose und Ereignis in Abhängigkeit von der Erfahrung des Prognostikers und des Prognosezeitraums« Briel [Voraussetzungen], S. 53; Friedrich/Wilde [Vorbereitung], S. 19.

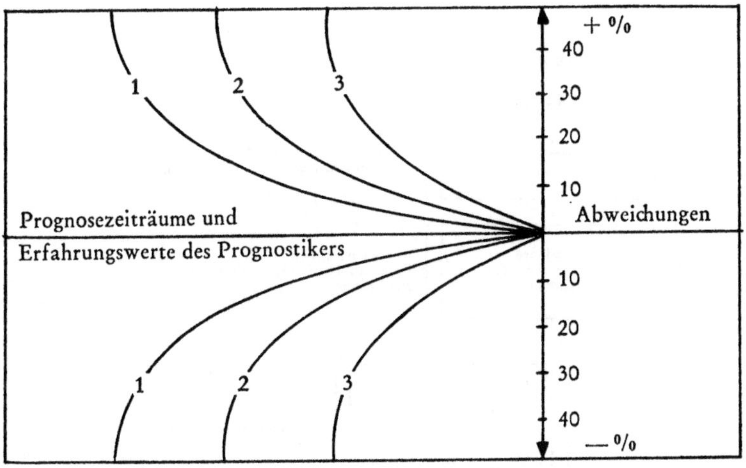

Abb. 44: Kurvenschar zu den Auswirkungen der Erfahrungswerte des Prognostikers

Eine zeitspezifische Unvollkommenheit der Information ergibt sich aus dem feedback und Counter-feedback-Effekt der Prognose mit der Tendenz, »jede quantitative Vorhersage zu übertreffen« [357]. Dieser Effekt führt dazu, daß jede Prognose zwangsläufig an Treffsicherheit verliert.

Die Zusammenhänge zwischen Informationsgenauigkeit und der Methode sowie der Datentechnik als Funktion der Zeit sind noch unzureichend erforscht. Der Suchprozeß stellt in der Regel eine Kombination zwischen Intuition, Zeitreihenanalysen und Testverfahren einschließlich Simulation und differenziertem Einsatz der Datentechnik dar, ausgehend von der Qualität des Datenmaterials und dem Grad der in der Entscheidungssituation angestrebten oder erforderlichen Informationsgenauigkeit.

Mit der Einengung der Alternativen innerhalb des Entscheidungssystems im Zeitablauf, d. h. mit dem Durchgang durch ein Netz von Alternativen, wird das Bewußtsein der Freiheit durch Auffächerung und Handhabung von Alternativen gefördert, aber gleichzeitig durch die nunmehr verbleibende Wegwahl notwendigerweise eingeschränkt. Die »Abstandverringerung« bedeutet somit zugleich ein ständiges Erweitern und Einengen. Die zeitliche Variante der Information kulminiert in den Bedarfsterminen, die Anhaltspunkte für die Frequenz und Veränderung von Strukturen sind (s. Schemagramm auf S. 120).

Die Anlieferung selbst ist abhängig von den Erscheinungsformen der Kommunikation (Beteiligte, Wege, Speicherung, Datenträger), die als »zeitlich verlagerte Übermittlung« [358] aufgefaßt werden kann. Je umfassender die zeitliche Verlagerung ist, desto mehr Koordinierungsinformationen werden benötigt, d. h. um so größer sind die Informationskosten. Diese lassen sich nur kompensieren, wenn mit dem späteren Einsatz ein entscheidungsgünstiger Zeitpunkt verbunden ist.

[357] Gerfin [Konjunkturprognose], S. 94f.
[358] Vgl. Kosiol [Unternehmung], S. 179.

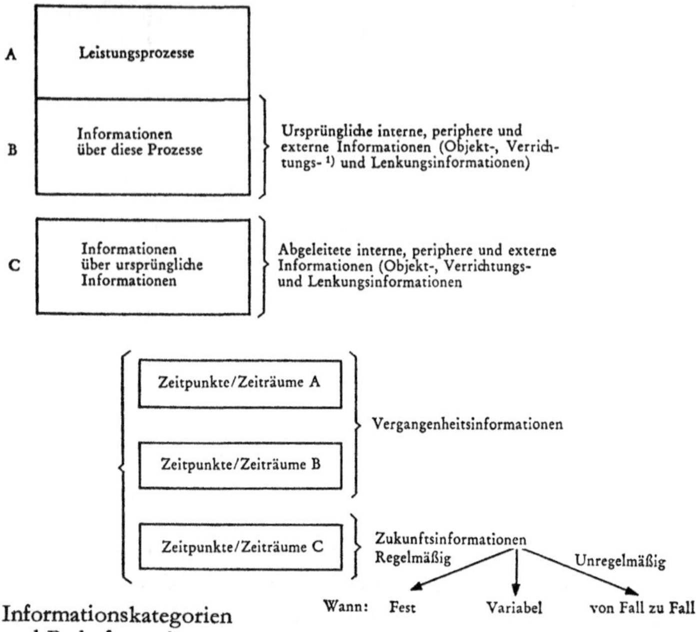

Informationskategorien und Bedarfstermine

1) Vgl. hierzu auch die von Kramer [Information], S. 71, und Kosiol [Unternehmung], S. 167ff., entwickelte Terminologie.

b) Sachliches Kriterium: Objekt- und aufgabenbezogene Information

Der Inhalt der Information ist in besonderem Maße von den zugrunde liegenden Sachaufgaben, Objekten und Leistungsprozessen abhängig. Auch der Informationsprozeß in der Unternehmung ist eine Sachaufgabe. Ein großer Teil der Informationen hat ihren Ursprung in den Objekten und Aufgabenbereichen mit ihren peripheren und externen Ausstrahlungen. So gehören z. B. die »Wirkungen eines wahrnehmbaren Produkts auf einen Beobachter oder Verbraucher ... zu der großen Zahl von Kommunikationsproblemen, die erst in neuerer Zeit unter einheitlichen Gesichtspunkten untersucht wurden« [359]. Diese Wirkungen beruhen bei den materialen Objekten in erster Linie auf den Ausdrucksformen der »Produktsprache«, wie der Dimension, Form, physikalischen Oberflächenstruktur, Bewegung, Materialbeschaffenheit, Art und Weise der Funktionserfüllung, Farbkombinationen, graphischen Gestaltung der Oberfläche, Geräusche und Töne, Geschmack, Geruch, Temperatur, Verpackung, Widerstandsfähigkeit gegenüber Außeneinflüssen. Bei der »Produktsprache« der Information selbst treten Wirkungen hinzu, die insbesondere abhängen oder ausgehen vom Wesen des

359 Ellinger [Informationsfunktion], S. 259f.; bei der von Ellinger untersuchten Informationsfunktion des Produkts (S. 253ff.) handelt es sich um einen neuen aufschlußreichen zusammenschauenden, auf das reale Produkt bezogenen Ansatz der Information.

Senders, Empfängers, den Wegen, der Art und Abstraktion der Information, den verwandten daten- und kommunikationstechnischen Hilfsmitteln.

Ohne auf die Genesis von Idee und Realgut und die immer weiter fortschreitende Ausgliederung von Sachaufgaben aus der ursprünglichen »Produktionsunternehmung« in diesem Zusammenhang näher einzugehen, ist der Denkweise, Büros als Werkstätten aufzufassen, in denen Informationen statt Sachgüter produziert werden, erhebliche wissenschaftliche und praktische Bedeutung beizumessen [360]. Zum andern unterscheiden sich die Unternehmungen und Branchen sehr stark nach ihren dominierenden »Endprodukten«: realen Gütern, nominalen Gütern, verbesserter Personalstruktur, Dienstleistungen und Informationen.

Das prozessuale Zusammenwirken der Aufgabenbereiche wiederum stellt sich dar als Kombination, Reife, Umsetzung, Umwandlung, Produktion, Lagerung oder Speicherung, Veredlung, Bewertung, Auswertung, Entwertung, Weiterbildung oder Transformation der Insysteme, Elemente oder Objekte in der Unternehmung: Realgüter, Personen, Nominalgüter, Informationen. In gleicher Weise verästeln sich Input und Output der Unternehmung. Input und Output bestehen somit wiederum aus Realgütern, Personen und Dienstleistungen, Nominalgütern und Informationen. Vereinfachend kann gesagt werden, daß die Differenzierung und Akzentuierung der Betriebs- und Unternehmungstypen in den größenbezogenen Schwerpunktverlagerungen der Input- und Outputfaktoren zum Ausdruck kommen [361]. Der ökonomische Einsatz und Umsatz dieser Faktoren setzt die Kenntnis der ökonomisch wesentlichen morphologischen, typologischen und wertanalytischen Eigenschaften der Objekte Realgüter, Personen, Nominalgüter, Informationen und der Kombination auf betriebsindividuellem Hintergrund voraus [362].

Die Entscheidungsträger sind bei den einzelnen Entscheidungskomponenten auf die Kenntnis der wesentlichen Input- und Outputfaktoren einschließlich deren Kombination, Umsetzung und Verknüpfung angewiesen. Den Entscheidungskomponenten lassen sich somit grundsätzlich objekt- und aufgabenbezogene Informationsarten zuordnen [363] (Informationen über Realgüter, Personal, Finanzen und Informationen im Beschaffungs-, Produktions- und Absatzbereich bezogen auf Problem, Alternativen, Entschlußfassung, Realisierung und Kontrolle).

[360] Kosiol [Unternehmung], S. 164f. Vgl. analoge Anwendung der Erkenntnisse und wachsende Einsicht in die Datenorganisation.

[361] Daran knüpfen die taktischen »Totalmodelle« an, entweder ausgehend von den kurzfristig erwarteten kundenbezogenen Funktionen der Informationsströme, vgl. z. B. Forrester [Dynamics], oder den mehr oder weniger entscheidungsorientierten Gruppierungen von [kommunikativen] Zweier-Verknüpfungen, vgl. z. B. Lieberman [Model], S. 669ff.; vgl. auch Lazar/Kelley [Marketing], S. 220.

[362] Vgl. z. B. die Ansätze von Strothmann [Marktforschung], S. 162ff.; Ellinger [Informationsfunktion], S. 253ff.; Schäfer [Absatzwirtschaft], S. 315ff.; Knoblich [Typologie], S. 686ff., und die Versuche, die Erkenntnisse der Wertanalyse auf Informationsprozesse zu übertragen.

[363] Vgl. zur globalen Zuordnung von Sachaufgaben und Informationen auf die Entscheidungskomponenten Planung, Realisierung und Kontrolle das Beispiel eines Fertigungsunternehmens: »Funktionsmatrix organisatorischer Systeme« bei Sawall [Streitfragen], S. 495.

Die Datensynthese spiegelt die Transformationsvorgänge wider:

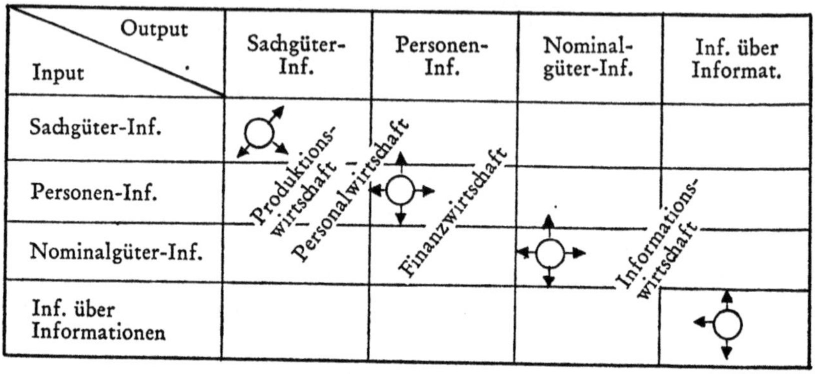

Objekt- und aufgabenbezogene Datensynthese

Die Informationen treten dabei als »Lenkungsobjekte und Lenkungsinstrumente« [364] auf. Den Lenkungsinformationen obliegt es, die aufgabenbezogenen Informationsbedürfnisse der Entscheidungsträger zu befriedigen, und zwar in einer möglichst motivierenden Art und Weise. Die aufgabenbezogenen Informationen sind stets gekoppelt mit motivationsanregenden oder -hemmenden Informationen [365], auch dann, wenn dies den Sendern nicht bewußt ist. So etwa allein vom Inhalt der Information, vom Sender und Empfänger oder vom Weg der Information her gesehen. Dabei kann auch die motivierende Information selbst Gegenstand einer aufgabenbezogenen Information sein, die genau die gleiche Parallelität aufweist.

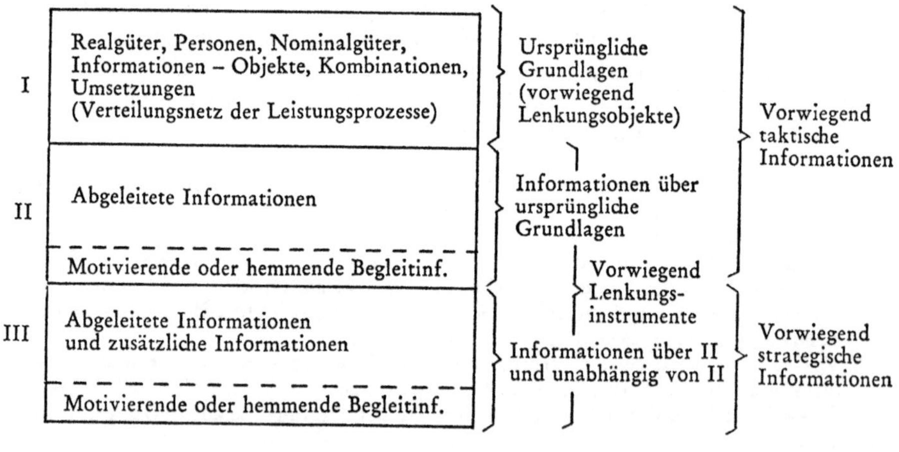

[364] Kosiol [Unternehmung], S. 168.
[365] Marx [Einflußgrößen], S. 29: »Jede menschliche Arbeitsleistung ist mit psychischen Antriebserlebnissen und Gefühlsregungen verknüpft.«

Die zufriedenstellende Informationsstrategie bedeutet die Feststellung von aufgabenbezogenen und entscheidungsorientierten Mindestinformationen auf dem Hintergrund der individuellen Unternehmungserfahrungen und -erwartungen. Erst die Prozeßgrundlagen der Entscheidungssituation lassen erkennen, ob sich die Lenkungsinstrumente mehr kybernetisch aus den Leistungsprozessen ableiten lassen (»Reaktion« auf interne oder externe Ereignisse) oder primär über die zusätzlichen Informationen zu einer relativ unabhängigen oder autonomen Aktion führen.

Z. B. wird der Entscheidungsträger für den Einkauf von Realgütern über das Informationssystem für Beschaffungsgüter (Insystem für Informationsgewinnung und Kommunikation im Realgüterbereich) zunächst von den gegebenen Gütern ausgehen, die Informationen über Kontakt- und Nichtkontaktunternehmen ergänzen und analysieren [366].

Die mehr und mehr verdichteten Informationen über Nichtkontaktunternehmen erlauben eine Entscheidung sowohl über neue Kontaktwege als auch über Beschaffungsmöglichkeiten bei Umstellung auf neue Beschaffungsgüter.

c) Uni- und multipersonales Kriterium: Koordinationsinformation

Aus dem arbeitsteiligen Zusammenwirken im Rahmen des Entscheidungssystems in der Unternehmung mit Hilfe der Informationen ergeben sich die Koordinationsprobleme und Koordinationsinformationen, die mit zunehmender Differenzierung der Führungsprozesse immer bedeutsamer werden. Hier beginnt im kleinen die Integration. Die Koordinationsinformationen beziehen sich auf die Abstimmung der zugrunde liegenden Prozesse und Objekte: Realgüter, Personen, Nominalgüter und Informationen. Es werden somit wichtige Abstimmungsprozesse ausgeklammert, wenn sich die Koordinierung nur auf das personale Zusammenwirken auf der gleichen Ebene bezieht. Die Koordinierungsinformation orientiert sich an den Nahtstellen der Verknüpfung bzw. Kommunikation:

- Äquiordination
- Superordination
- Subordination
- Abgeleitete Formen der Über-, Unter- und Nebenabstimmung
- Interne und externe Koordination

und an den Objekten der Koordinierung (Inhalt der koordinierenden Verknüpfung)

- Personen (unipersonale Koordination, Selbstkoordination und multipersonale Koordination)
- Realgüter
- Nominalgüter
- Informationen

[366] Vgl. hierzu z. B. die empirischen Untersuchungen von Strothmann [Marktforschung], S. 162ff.

Die zielbezogene personale Zuordnung dominiert in den Untersuchungen über Koordinationsprobleme. Diese Zuordnung ist aber nur auf der Basis der Selbstkoordination [367] unter Einbeziehung der nichtpersonalen Objekte wirkungsvoll.
Die Koordination setzt die Kommunikation voraus. Beide weisen an den Nahtstellen der Verknüpfungen eine starke Parallelität auf. Die Kommunikation wiederum bedeutet eine zeitliche Verlagerung. Somit wächst mit zeitlicher Verlagerung der Aufwand für Koordinierungsinformationen. Es ist daher erstaunlich, daß angesichts der raschen Zunahme arbeitsteiliger Führungsprozesse in den Unternehmungen der Koordination nicht mehr Aufmerksamkeit geschenkt wurde [368].
Die multipersonale Koordination bezieht sich auf Sachen oder Personen mit Hilfe von Information und Kommunikation. Auch der »Einmannbetrieb« bedarf der Koordination, weshalb »unipersonale Arbeitsprozesse« nicht außer acht gelassen werden können [369]. Jeder Entscheidungsträger ist als Teil einer umfassenderen Organisation in gewissem Sinne auch ein »Einmannbetrieb« und benötigt ein »Informationssystem« bzw. eine »Einmanndokumentation«, und zwar um so mehr bewußter und systematischer, je höher sein Rang ist; das gilt auch für die pluralistischen Entscheidungen in kollegialen Leitungssystemen. Das Streben des Entscheidungsträgers nach Rationalität beruht in erster Linie auf der Koordination seiner eigenen geistigen Fähigkeit in Verbindung mit Sachmitteln, in zweiter Linie auf der Koordination von Personen und Sachmitteln. Wie die Überlegungen über den Entscheidungsprozeß gezeigt haben, gibt es keinen punktuellen Entscheidungsakt, sondern der Entscheidungsträger muß en miniature bzw. im Zeitraffer die Entscheidungshandlungen als Prozeß durchführen, und am Ende des Prozesses reift der Entschluß heran. Außerdem besteht eine Wechselbeziehung zwischen Selbstorganisation, Führungsdisziplin und der Organisation des ausgegliederten Entscheidungsprozesses. In das Blickfeld der formalen Koordination in der Unternehmung rücken jedoch regelmäßig die Systeme mit mehreren Entscheidungsträgern, insbesondere im Hinblick auf eine anzustrebende Integration der Insysteme und ihrer Elemente. Immer aber existieren in der Unternehmung auch Systeme mit einem Entscheidungsträger, solange es Einzelentscheidungen gibt, die einen individuellen Entscheidungsprozeß erfordern. Die Entwicklung der Selbstorganisation setzt ein gutes Einvernehmen zwischen den arbeitsteilig verbundenen Menschen voraus [370]. Sie kann im Widerstreit zur formalen Koordination stehen.
Je größer die Unternehmung ist, desto umfangreicher und bedeutsamer werden die hierarchisch-kooperativen Abstufungen und die Koordinierungsinformationen. Die zeit- und aufgabenbezogenen, entscheidungsorientierten Rollen der Information bedürfen daher in der Regel noch der Informationen, die primär der Koordination dienen,

[367] Vgl. Stratoudakis [Organisation], S. 83f.; die These einer negativen Korrelation zwischen Unternehmungsgröße und Selbstkoordination, vgl. S. 84, ist allerdings umstritten; Bössmann [Analyse], S. 32; Wild [Grundlagen], S. 33.

[368] Vgl. andererseits die neuere Monographie von Hax, H. [Koordination] und die jüngsten Überlegungen von Albach [Koordination], S. 790ff., zur »multilateralen Koordination der Planung im Großunternehmen«.

[369] Wild [Grundlagen], S. 33, und insbes. Fußnote 38.

[370] Stratoudakis [Organisation], S. 84.

und zwar in personeller, sachlicher, zeitlicher und räumlicher Hinsicht. Die Koordinierungsinformation enthält regelmäßig Informationen über die Kommunikationsmöglichkeiten.

Die vertikalen Koordinierungsinformationen dienen der zeitlichen Abstimmung und die horizontalen Koordinierungsinformationen der Abstimmung zwischen Personen, Gruppen, Sachmitteln und Aufgaben im Verlauf des Entscheidungsprozesses:

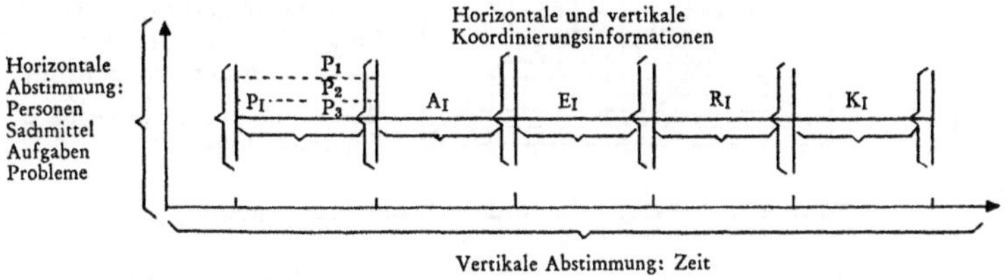

Für die von Fall zu Fall im Entscheidungsprozeß notwendig werdenden Abstimmungsprozesse lassen sich kaum statistische Gesetzmäßigkeiten ermitteln.

Die horizontale Abstimmung enthält zugleich Informationen zur Überbrückung der Ränge und geistigen Distanz, ausgehend von der Zahl der Ebenen und Beteiligten:

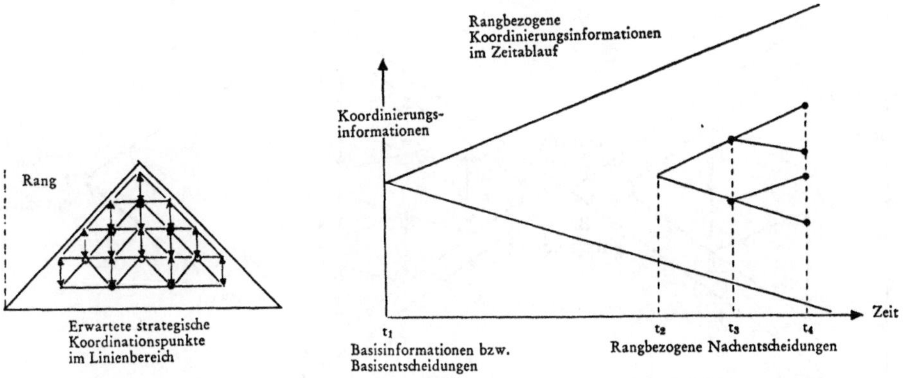

Bisher wurde unter »Organisation« vorherrschend die Über- und Unterordnung verstanden und die wichtigere problemorientierte »Koordination« vernachlässigt. Ebenso vernachlässigt wurden die Informationen über die periphere und externe Abstimmung:

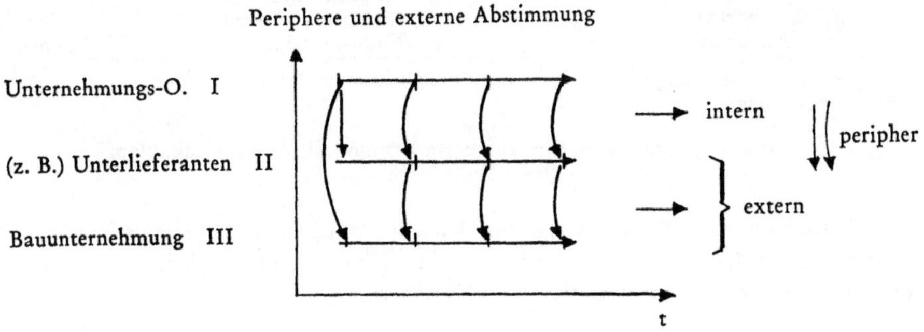

Der rasch zunehmende Umfang an Koordinationsinformationen wird durch die entgegengesetzte Tendenz des Strebens nach programmierbaren Entscheidungen und Einschaltung von Hilfsmitteln abgemildert:

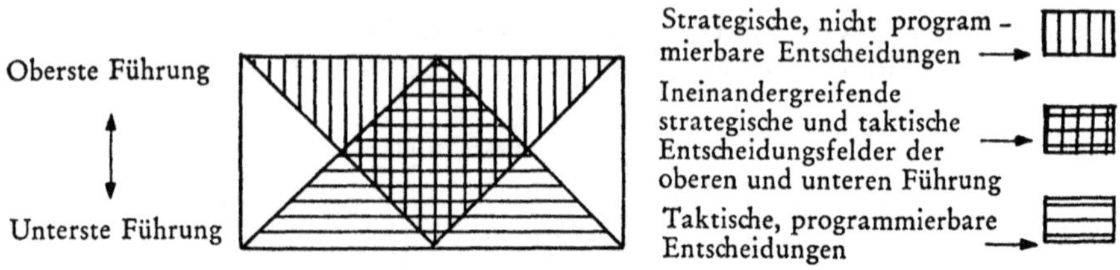

Abb. 45: Strategische und taktische Entscheidungen

Das zielbewußte dynamische Zusammenspiel der Entscheidungsträger unter Einsatz der verfügbaren Hilfsmittel und Koordinierungsinformationen zeigt sich am Ausmaß der entscheidungsorientierten Verknüpfungen (Kommunikation):

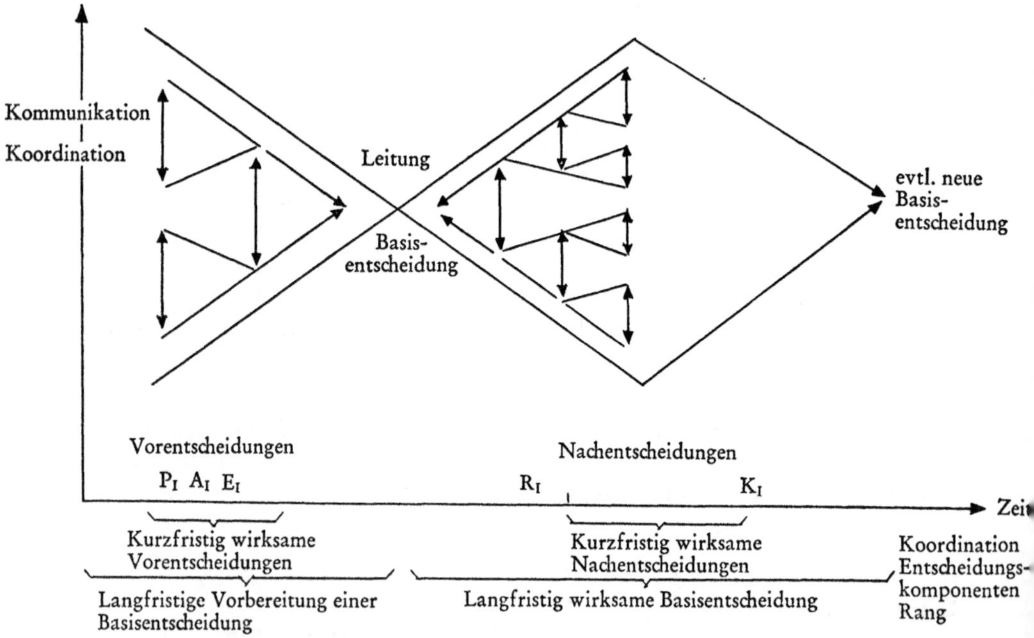

Abb. 46: Entscheidungsorientierte Kommunikation im Zeitablauf

Die Aufnahme und Weiterleitung von Koordinierungsinformationen stellen an die Entscheidungsträger hohe Ansprüche an ihre Einordnungsfähigkeit, ihr Synthesedenken, Verantwortungsbewußtsein und Durchsetzungsvermögen.

d) Räumliches Kriterium: Kommunikation (Verknüpfung)

Die Kommunikation geht immer von der Dualität von Sender und Empfänger aus. Das räumliche Kriterium führt zur kommunikationsspezifischen Information. Die Kommunikation ist zwar immer ein notwendiges Korrelat jeder Information, fördert aber auch eigenständig Informationsimpulse, wie insbesondere die Koordinierungsinformation erkennen läßt. »Die Verbindungswege rücken immer mehr in den Mittelpunkt der Betrachtungen ... Sie sind die Voraussetzung dafür, daß ein Organisationsgebilde höherer Art überhaupt entstehen und seinen Zweck erfüllen kann.« [371] Seinen Bezugspunkt erhält dieses Wegesystem aber erst über die (entscheidungsorientierte) Information, weshalb das Kommunikationssystem als ein wesentliches Insystem des Informationssystems bezeichnet wurde. Die Informationen können allerdings nur zugriffsfähig gespeichert, transportiert und mitgeteilt werden, wenn sie in irgendeiner Form wahrnehmbar gemacht worden sind. Die Existenz der Information ist somit an die Kommunikation gebunden [372]; die vorläufige Herausstellung der Kommunikation als Korrelat der Information bedarf jedoch noch der Einschränkung und Ergänzung. Da das Informationsverhalten und die Verhaltenserwartungen offensichtlich eng mit der gewählten Kommunikationsart zusammenhängen, wird die Kommunikation vor allem im soziologischen Blickwinkel mit Verhaltenserklärung und Verhaltenssteuerung gleichgesetzt [373]. Um Informations- und Kommunikationsprobleme aber nicht zu verwischen, wurde für den ökonomischen Bereich auch die bewußte und unbewußte Verhaltensbeeinflussung als Inhalt der Kommunikation, als eine Informationsart interpretiert. Bei der Kommunikation könnten wir daher auch von Ausdrucksformen oder Ausdrucksmitteln (Wege und Institutionen) der abstrakten Information sprechen, in denen sich die Dynamik der Information und damit des Systems widerspiegelt.

Die quantitativen und qualitativen Kapazitätsgrenzen des Kommunikationssystems hängen in erster Linie von den beteiligten Menschen und ihren technischen Verstärkermöglichkeiten ab. Die Probleme dieses Systems lassen sich daher nur zu einem Teil als »Transportprobleme« auffassen und nach den hierfür geschaffenen Algorithmen behandeln.

Die Speicherung und Übermittlung von Informationen lassen sich allerdings als zeitliche Verlagerung interpretieren. In letzter Konsequenz würde die kommunikationsspezifische Information dann lediglich eine Funktion der Zeit und als solche zum großen Teil in der Koordinierungsinformation enthalten sein.

Das kommunikationsspezifische Informationsproblem bleibt aber darin bestehen, Anhaltspunkte zu finden, wie die Ausdrucksmittel in der arbeitsteilig organisierten Unter-

[371] Holzinger [Verbindungswege], S. 14. Die Kopplung oder Benennung der Verbindungswege nach den Informationsarten führt bei Holzinger allerdings nahezu zur Identität von Information und Kommunikation.

[372] Vgl. Koreimann [Grundlagen], S. 621, und Nordsieck [Betriebsorganisation], S. 52ff.

[373] »Zumeist meint der Kommunikationsbegriff ... (das) auf Kommunikation spezifizierte Verhalten.« Luhmann [Kommunikation], Sp. 832. Vgl. auch Neuhaus [Information], S. 228.

nehmung ausgewählt werden müssen, um die entscheidungsorientierten Rollen der Information im Raum-Zeit-Zusammenhang so wirkungsvoll und wirtschaftlich wie möglich zu unterstützen. Letztlich bedeutet dies, alternative Organisationsstrukturen zu untersuchen, d. h. bei gegebener Informationsstruktur die geeignete Kommunikationsstruktur zu suchen oder aber bei gegebener Kommunikationsstruktur die Informationsstruktur anzupassen. Der Einsatz von Führungshilfsmitteln hängt weitgehend davon ab, inwieweit es gelingt, die Informations- und Entscheidungsprozesse zu formalisieren und zu verknüpfen.

Damit umfaßt die kommunikationsspezifische Information folgende Bereiche:

(I) Informationen über die Ausdrucksmittel

- (1) Interne und externe Speicherungs- und Umformungskapazitäten bei Sendern und Empfängern
  - (a) Mensch ⟷ Mensch
  - (b) Mensch ⟷ Maschine (bzw. Sachmittel oder Datentechnik)
  - (c) Maschine ⟷ Maschine
- (2) Möglichkeiten, die Information zu vergegenständlichen, sichtbar oder wahrnehmbar zu machen
  - (a) Form (schriftlich, mündlich)
  - (b) Daten- oder Informationsträger
    - – Aktoren (Führungskräfte, Abteilungen, Stellen, Verknüpfungs- und Knotenpunkte)
    - – Sachmittel (Belege, Lochkarten, Lochstreifen, Platten, Bänder, Vordrucke, Fotos)
- (3) Kodierung (Verschlüsselung)
  - (a) Aktorbezogen (Terminologie)
  - (b) Sachmittelbezogen (Maschinensprache)
  - (c) Problembezogen (Programmiersprachen; Programmiersysteme)
- (4) Verbindungswege
  - (a) Räumliche Distanz (Relativ sichtbare Kanäle und »physisches Verteilungsnetz«: z. B. Telefonleitung)
  - (b) Geistige Distanz (Relativ unsichtbare Kanäle: z. B. organisatorische Beziehungen)
    - – Formale
    - – Informale
    - – Gegenwärtige
    - – Erwartete
    - – Organisationsinterne
    - – Periphere und organisationsexterne

(II) Bindung der Informationsart an die Ausdrucksmittel
(Identität von Information und Kommunikation: z. B. Befehle und autoritäres Kompetenzsystem)

(III) Kommunikationsbezogene Begleitinformation
(Sie begleitet das Ausdrucksmittel immer bewußt oder unbewußt und wirkt eigenständig motivierend oder hemmend: vgl. unbewußt z. B. die unterschiedlichen Wirkungen der mündlichen und schriftlichen Anweisungen; bewußt etwa die Beachtung einer Mindestfrequenz oder von taktischen oder strategischen Mindestkontakten [374].)

Das strategisch bedeutsame Verhalten gegenüber der Kommunikation steht in der Regel einer Fixierung entgegen. Die Geschwindigkeit und Qualität der Ausdrucksmittel werden von den in der Entscheidungssituation beteiligten Hilfsmitteln, Faktoren und Bereichen – immer aber von der Qualifizierung der Sender und Empfänger – bestimmt.

(Sender)		(Sender)		(Sender)
Mensch	⇄	Sachmittel	⇄	Mensch
(Empfänger)		(Empfänger)		(Empfänger)

Im Zentrum der Kommunikation steht die Verknüpfung, Vermaschung, Verkettung von Sender und Empfänger; diese Eigentümlichkeit führt dazu, daß die Kommunikation allen übrigen Rollen und Sachaufgaben der Information diametral gegenübersteht. Der mitunter rasche Wechsel von Sender und Empfänger (in einem Gespräch z. B. ist jeder zugleich Adressat und Quelle) zeigt die Problematik einer dauerhaften Benennung der Verbindungswege auf.
Dies läßt außerdem erkennen, daß das bisher vorherrschend gesehene Kompetenzsystem als Ausdruck eines bestimmten Führungsstils nur ein Spezialfall des Kommunikationssystems ist [375]:

Nur-Anweisung

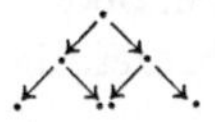

Allmählich kam zur Subordination die Superordination:

Anweisung und
Informations-Rücklauf
(Aufnahme von oben)

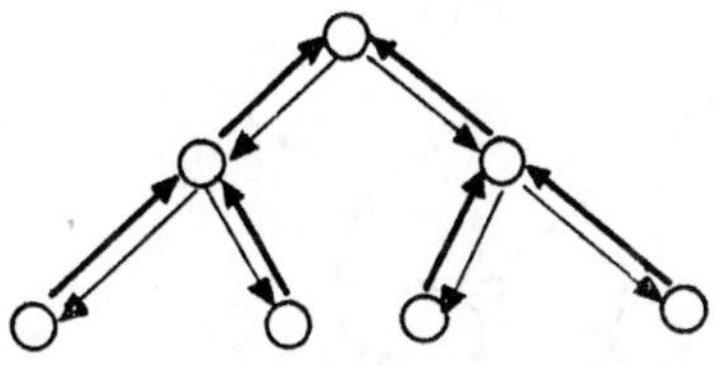

[374] Vgl. hierzu insbesondere die empirischen Untersuchungen im Beschaffungsbereich von Strothmann [Marktforschung], S. 162ff. und [Marktorientierung], S. 22.
[375] Vgl. Wardenberg [Trennung], S. 122ff.; Stahlmann [Organisation], S. 125; Simon [Behavior], S. 155; Barnard [Functions], S. 175ff.

und die Äquiordination:

Anweisung und
Informations-Rücklauf und
Quer-Informationen

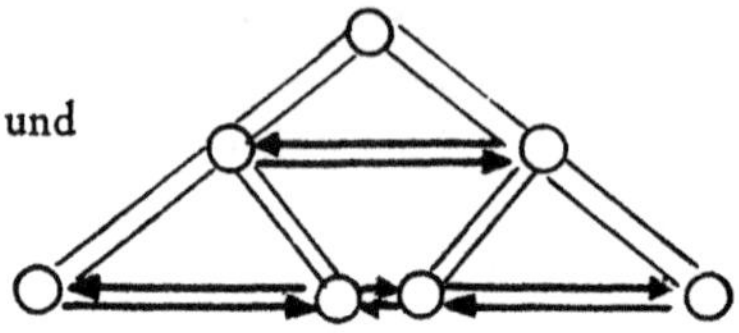

Diese Kommunikationsrichtungen führten ohne Berücksichtigung von Zwischengliedern, Speichern und Übermittlern zu vier Rollen des Entscheidungsträgers

(1)  Nur-Vorgesetzter

(2)  Vorgesetzter und Kollege oder Partner (in Stab, Funktion oder Linie)

(3)  Vorgesetzter und Untergebener

(4) 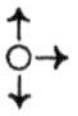 Vorgesetzter und Untergebener und Kollege oder Partner (in Stab, Funktion oder Linie)

und zu drei Informationstypen

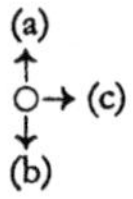

(a) Informationen nach »oben« (Aufwärtsinformation)
(c) Informationen nach der »Seite« (Querinformation)
(b) Informationen nach »unten« (Abwärtsinformation)

Nach den vorangestellten Erörterungen konnte damit nur wenig ausgesagt werden; es fehlte der Bezug zur Entscheidungssituation, die erst die Vielfalt der notwendigen Beziehungen erkennen läßt.
Auch die subjektiven Kommunikationsstörungen (»Filterungen«) blieben im wesentlichen auf »oben« und »unten« beschränkt. Die Abkehr oder Ergänzung von oben und unten ist typisch für den systemtheoretischen Neuansatz [376].

Zu den neuen Sonderfällen (1) und (2):

(1)  Rolle des »Nur-Untergebenen«

(2) 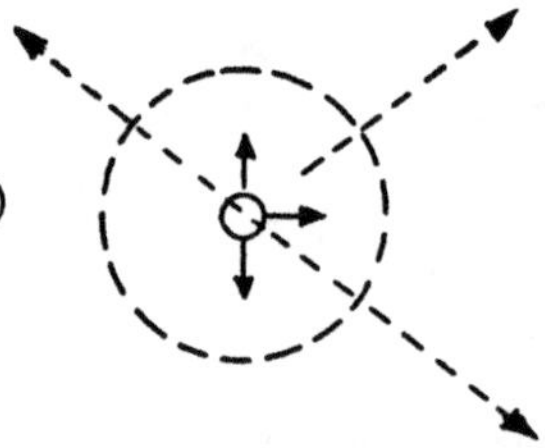 Einbeziehung der »outsider« (periphere und Umwelt-Kommunikation)

[376] Vgl. zur Abkehr von der aristotelischen Logik der Unter- und Überordnung Bertalanffy [Weltbild], S. 187 f.

kamen zahlreiche neue typische Ausfächerungen, nach den verschiedensten Richtungen (horizontal, vertikal, diagonal, mehrstufig-kombiniert, Abteilung ⟷ Abteilung, Stab ⟷ Linie, Stab ⟷ Stab), die nach einem definitorischen und experimentellen Ansatz zunächst nur eine rein formale Beurteilung der Effizienz dieser Kommunikationsstruktur gestatten. Immerhin lassen sich auch für den peripheren Bereich allgemeinere Optimierungsregeln aufstellen. So können etwa je nach der Struktur des Angebotsmarktes kostengünstigere schriftliche und telefonische »Informationseinkäufe« genügend Markttransparenz verschaffen. Die Intensivinformation behält man sich für bereits übersichtliche Angebotsmärkte vor [377].

Den noch vorwiegend formal [378] oder vorherrschend nach Zentralitätsindizes [379] ausgerichteten Untersuchungen liegen in der Regel folgende Grundstrukturen von Gruppen zugrunde:

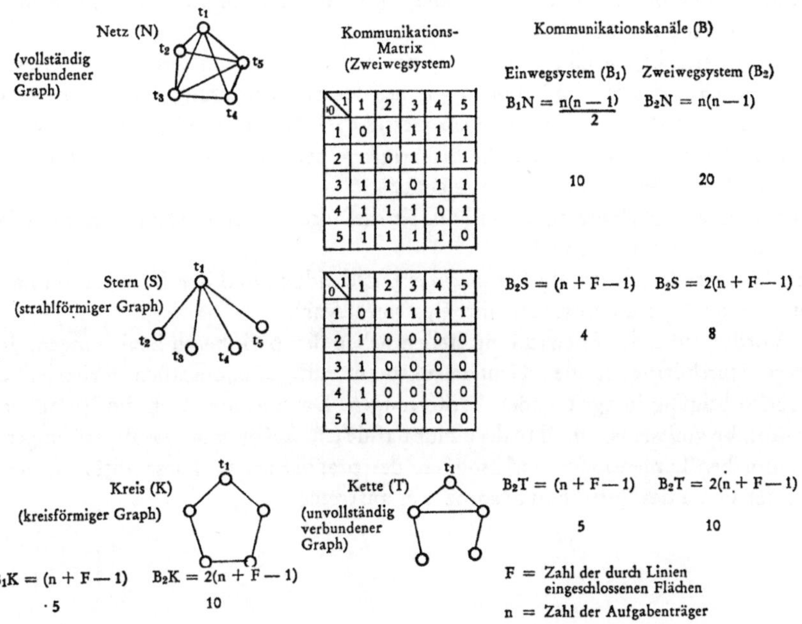

0\1	1	2	3	4	5
1	0	1	1	1	1
2	1	0	1	1	1
3	1	1	0	1	1
4	1	1	1	0	1
5	1	1	1	1	0

0\1	1	2	3	4	5
1	0	1	1	1	1
2	1	0	0	0	0
3	1	0	0	0	0
4	1	0	0	0	0
5	1	0	0	0	0

Abb. 47: Graphisch-numerische Grundstrukturen der Kommunikation

Beim Vergleich von Kreis und Stern lassen sich z. B. in bezug auf Schnelligkeit und Fehlerlosigkeit der Lösung sowie Schnelligkeit und Stabilität der Organisationsbildung etwa folgende zentralitätsbezogene Aussagen machen: Kurzfristig ist die Kreisstruktur langsamer, fehlerhafter und unstabiler als die Sternstruktur. Allerdings führt die her-

[377] Vgl. Strothmann [Marktforschung], S. 165.
[378] Vgl. Coenenberg [Kommunikation], S. 91.
[379] Vgl. Bössmann [Analyse], S. 79. Vgl. zur Kommunikationsanalyse auch die Arbeiten von Bartram [Kommunikation]; Mag [Erfassung], S. 22ff.; Wild [Inputanalyse], S. 50ff.

ausragende Zentralposition in der Sternstruktur zu einer erheblichen Verschlechterung des Organisationsklimas. Es kommt nur eine Weitergabe von Informationen, aber keine Beteiligung an der Problemlösung in Betracht. Langfristig führt das zu einer Verschlechterung der Effizienz eines Kommunikationsnetzes.

Besonders entwicklungsträchtig scheinen die peripheren Kommunikationsstrukturen zu sein [380].

These: Für die in der Regel schwächer organisierbaren, kontrollierbaren, quantifizierbaren, peripheren und extern orientierten Beziehungen existieren ebenfalls Grundstrukturen der Kommunikation. Sie werden strategisch immer bedeutsamer. Je ungenauer die Information, desto gewichtiger die Kommunikation [381]. Werden die Ziele von außen vorgegeben, verstärken sich diese Beziehungen. Die Außenbeziehungen, vgl. z. B. public relations, sind allerdings ebenfalls nicht pauschal effektiv zu gestalten und umzuorientieren, sondern nur auf der Grundlage einer Kenntnis der individuellen Umwelt.

»Formal betrachtet ergibt sich (zwar) bei der Organisation des Kommunikationsprozesses (kursiv) das gleiche Problem wie bei der Strukturierung der Transportvorgänge im Rahmen des korporalen Arbeitsprozesses.« [382] Aber tatsächlich sind die wesentlichen Probleme anderer Natur, wie die bisherigen Überlegungen und Untersuchungen z. B. von Holzinger [383] und Berthel [384] zeigen.

Das Fernziel der Übertragungstechnik ist die allseitige und jederzeitige akustische und optische Kommunikation [385].

Die Kommunikation ist aber immer der Entscheidung und der Information nachgeordnet. Von dort her erhält sie erst ihre Systemrelevanz.

Im Vordergrund der Entwicklung stehen neben den peripheren Beziehungen, die intensivere Durchdringung der Grundstrukturen nach ökonomischen Kriterien und die Berücksichtigung integrierender Verkettungen. Dazu gehört auch die Verankerung des Problembewußtseins, d. h. der mutmaßlichen »Kommunikationsstörungen« aller semiotischen Dimensionen, insbesondere der pragmatischen. Diese »Störungen« können in jeder Phase des Entscheidungsprozesses auftreten.

[380] Zum Ansatz der »Grenzstelle« vgl. Luhmann [Funktionen], S. 220ff.

[381] Ungenaue Informationen vertragen keine Kommunikationseinbußen. Meist handelt es sich daher auch um schwer erfaßbare Informationen mit hohem strategischem Wert; hier ist es wichtig zu wissen, von wem sie kommen.

[382] Wild [Grundlagen], S. 144.

[383] Holzinger [Verbindungswege], S.

[384] Berthel [Informationen], S. 130ff.

[385] Steinbuch [Gesellschaft], S. 328.

4. Interdependente Rollen der Information im Entscheidungssystem

a) Wechselseitige Abhängigkeit von Information und Entscheidung

Wie bereits die Ausgliederung der entscheidungsorientierten Rollen der Information erkennen läßt, ist jede Rolle der Information simultan mit Handlungen bzw. Entscheidungen verknüpft. Nur durch Einsatz seines Wissens kann der Entscheidungsträger zu seinen Entscheidungen kommen [386]. »Entscheidungen sind ... logische und psychologische Vorgänge mentalen Charakters, die sich an Gedankeninhalten oder Informationen vollziehen.« [387] Im Entscheidungssystem sind Entscheidungen und Informationen voneinander abhängig. Sie wären nur einwandfrei zu trennen, wenn von einem fixierten Informationsstand oder von fixierten Entscheidungen ausgegangen werden könnte. Die Anspruchsanpassungen im Laufe des Entscheidungsprozesses stehen dem entgegen. Mit Recht wird daher auch vom Informations-Entscheidungs-System [388] der Unternehmung gesprochen.

Anregungs-, Problem-, Alternativen-, Realisierungs- und Kontrollinformationen sind zwischen Ziel- und Ausgangssituationen von spezifischen Handlungen begleitet bzw. die Entscheidungen, Vor- und Nachentscheidungen werden von den Rollen der Information durchdrungen.

Entscheidungsregeln und Informationsregeln sind stabilisierende Dauerinformationen, die etwas aussagen sollen über die Parallelprioritäten, d. h. die die Rationalität kontrollierende Auswahl von Alternativen (Denkkriterien oder Entscheidungsregeln) sowie über die Kriterien bei der Gewinnung und Verknüpfung von Informationen (Such- und Verknüpfungskriterien). Beide gehen auf Handlungen zurück und prägen sich aus in Informationen. Eine Unterscheidung dieser Regeln ist problematisch. Der Informationsprozeß ist ein Anwendungsfall des Entscheidungsprozesses und seiner Kriterien. Informationsregeln können daher nicht von den Entscheidungsregeln isoliert wirksam werden.

Grundsätzlich kann von einem arbeitsteiligen, zeitverbrauchenden Entscheidungsprozeß in der Unternehmung ausgegangen werden. In jedem Entscheidungsprozeß von einiger Bedeutung wirken in der Unternehmung viele Entscheidungsträger zusammen. Für das Niveau dieses Zusammenwirkens sind jedoch immer auch die individuellen Entscheidungskapazitäten wesentlich. Zahlreiche Entscheidungsprozesse oder Teile davon bleiben in der Unternehmung unsichtbar. Zum Teil ist deren Sichtbarmachung auch überflüssig und nebensächlich. Es schlägt aber hier Quantität in Qualität um, d. h. sind die »unscheinbaren täglichen Entscheidungen« [389] in einem hohen Ausmaß fehlerhaft, kann auch dieser Bereich nicht ignoriert werden.

[386] Illetschko [Unternehmenstheorie], S. 120; und Kosiol [Unternehmung], S. 201; zur wechselseitigen Beziehung zwischen Entscheidung und Information: Bössmann [Analyse], S. 44.

[387] Wild [Informationstheorie], S. 266.

[388] Namentlich in US-amerikanischen Veröffentlichungen. Vgl. auch Holtgrewe [Automation], S. 41ff. und 124ff.

[389] Stefanic-Allmayer [Technik], S. 7.

Ständig laufen eine Vielzahl sachlich und zeitlich ineinander verschachtelter Entscheidungsprozesse ab, deren Anfang und Ende in der Regel nur ungefähr erkannt werden kann. Ausgenommen sind ausgegliederte Großprojekte (Anlageinvestitionen, Produktgruppen) oder selbständige und willkürliche Einheiten (Filialen; Abschnittsinvestitionen). Die in der Struktur des Entscheidungsprozesses und den Differenzierungen wiedergegebenen Einflußgrößen der Information: Rollen im Entscheidungssystem der Unternehmung, können grundsätzlich gleichzeitig ablaufen, so daß sich folgende Beziehungen ergeben:

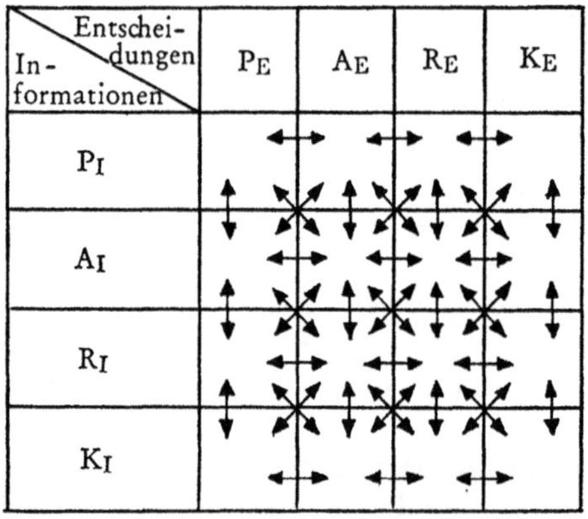

Aus der Tatsache, daß Entscheidungen nur durch Informationen wirksam und Informationen nur durch Kommunikation erkennbar werden, ergibt sich eine dreidimensionale Zuordnung:

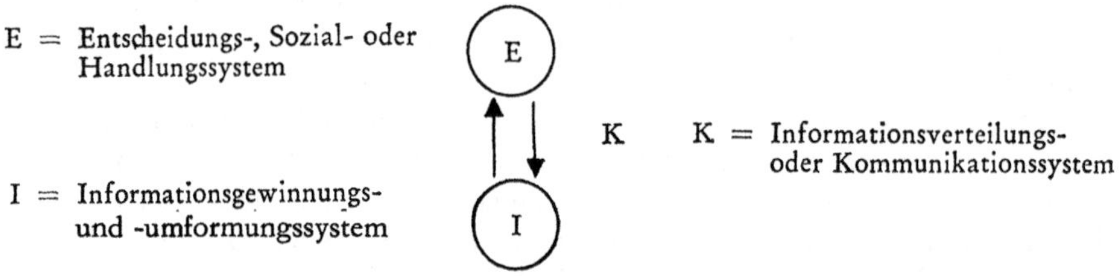

Der Informationsprozeß kann somit nicht – wie heute noch vorherrschend angenommen wird – als ein dem Entscheidungsprozeß »vorgelagerter« [390] oder nachgelagerter Prozeß verstanden werden. Allerdings zeigen pragmatische Ansätze, daß einzelnen Institutionen mehr ein Informationsaspekt, anderen mehr ein Entscheidungsaspekt zugeordnet werden kann (vgl. »Informationskollegium«, »Entscheidungskollegium«; »Stab«, »Linie«).

Ausgehend von der Dauerinformation, wie sie im Wertsystem der Entscheidungsträger verankert und in der Aus- und Weiterbildung geschaffen wird, und von den Ergeb-

[390] Vgl. Coenenberg [Kommunikation], S. 14; Wittmann [Information], S. 83ff.

nissen der Entscheidungsprozesse, nimmt das interdependente Entscheidungs- und Informationssystem mit Informationen und Entscheidungen seinen Anfang und führt hin zu neuen Informationen und Entscheidungen während und am Ende des Entscheidungsprozesses; dazwischen gibt es im strengen Sinne keine isolierten Entscheidungen oder Informationen. Das kann bedeuten, daß z. B. die Problemidentifikation simultan von allen Einflußvektoren abhängig ist. Das Entscheidungs-Informations-System der Unternehmung läßt sich daher ebenso umfassend, aber konkreter, wie folgt darstellen [391].

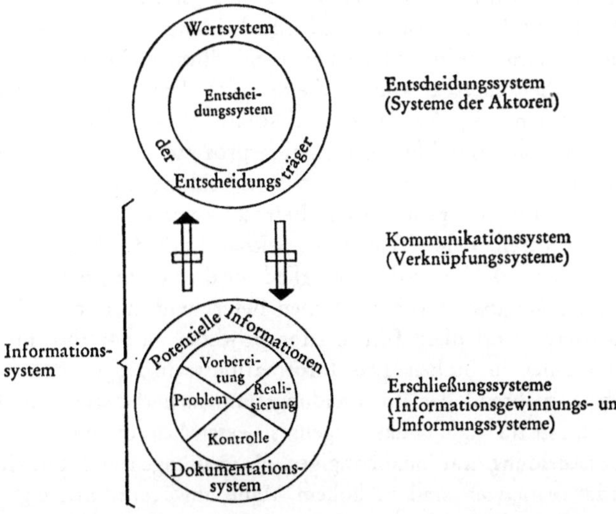

Abb. 48: Entscheidungs–Informations-System in dreidimensionaler Zuordnung

b) Simultaneität der Rollen im Informations- und Entscheidungsteam

Auch die Simultaneität ist relativ; sie läßt sich immer in ein sukzessives Vorgehen auflösen, in Anstoß und Wirkung, selbst wenn die Intervalle so klein sind, daß sie nicht mehr wahrgenommen werden können, wie z. B. beim Computerkalkül oder bei den Kombinationsprozessen des Unterbewußtseins. Mit Einschränkung gilt das auch für die relativ konsistente Gruppe, das Team. Spontanen oder gezielten Informationsanstößen folgen spontane oder gezielte Handlungen, aber durchaus nicht gleichzeitig und vor allem nicht gleich intensiv.

»Die Abhängigkeit der Entscheidungsregeln und damit des Gruppenerfolgs von der Informationsstruktur bildet das Kernproblem der team theory.« [392] Sog. Informa-

[391] Vgl. hierzu auch die Darstellung bei Futh [Computer], S. 338, und [Betrachtungen], Bl. 3/2/2.

[392] Wild [Grundlagen], S. 189; vgl. auch Bössmann [Analyse], S. 121 (Team nach Marschak). Zu den Suchregeln Heinen [Zielsystem], S. 246. Vgl. auch Kosiol [Organisation], S. 164.

tionsregeln sind zugleich immer auch Handlungsregeln. Das wird bei den Modellen von Marschak, Radner und Albach außer acht gelassen.
Nach dem Zweiten Weltkrieg hat die Gruppenforschung große Fortschritte gemacht; dennoch liegen noch relativ wenig gesicherte Erkenntnisse über die Arbeit in Kleingruppen für eine Rezeption vor. Die Schwierigkeiten einer theoretischen Konzeptualisierung derart komplexer Systeme von multiplen Simultanabhängigkeiten sind beträchtlich [393]. Im multiplikativen Sinne gilt dies erst recht für die Großgruppe, wie sie die Unternehmung insgesamt darstellt.
These: Sogenannte Informations- und Entscheidungsteams (pragmatischer Ansatz) befassen sich beide mit Informationen und Entscheidungen; die Gewichte erhalten sie aber von ihrer unterschiedlichen Nähe zur verbindlichen Hauptentscheidung. Informations- und Entscheidungsteams unterscheiden sich demnach im Ausmaß des Suchprozesses und dem Umfang der Risikobereitschaft. Während das Informationsteam mehr oder weniger umfangreiche Informationsprozesse abwickeln und vorwiegend Vorentscheidungen treffen muß, werden im Entscheidungsteam relativ kleinere, aber stark oszillierende Informationsprozesse in Betracht kommen, und es werden definitive Entscheidungen getroffen. Beide Teamarten zeichnen sich durch zielgerichtete, relativ enge Zusammenarbeit aus. Von jedem Mitglied wird erwartet, daß es alle relevanten bzw. als relevant erkennbaren Informationen liefert und aufnimmt. Besonders deutlich zu demonstrieren sind diese Informationspflichten und -rechte im Hinblick auf die Querinformationen in Stäben. Das Informationsteam ist jedoch mehr eine interagierende Gruppe, während das Entscheidungsteam mehr koagierender [394] Natur ist. Beim Entscheidungsteam hängt das Ergebnis wesentlich davon ab, inwieweit die gemeinsame Entscheidung auf unabhängigen Vorstellungen der Entscheidungsträger basiert [395]. Beide Teamarten sind in hohem Maße auf Koordinierungsinformationen angewiesen, die der wechselseitigen Verhaltenssteuerung der Gruppen und ihrer Mitglieder dienen.
Die Anforderungen an die Risikobereitschaft werden beim Entscheidungsteam ungleich höher sein als bei den Vorentscheidungen im Informationsteam. Noch abgeschwächter stellen sich diese Anforderungen bei den planrationalen Nachentscheidungen. Die interagierende Gruppe wird als Ganzes leichter zu motivieren sein als die koagierende. Die koagierende setzt mehr Selbstkoordination voraus; sie ist typisch für den planschaffenden Bereich [396].
Im Informations- und Entscheidungsteam werden von den Mitgliedern in den entscheidenden Phasen relativ simultan Informationen abgegeben, aufgenommen, transformiert und Vorentscheidungen getroffen. Jede neue Information oder Vorentschei-

[393] Anger [Kleingruppenforschung], S. 15ff.
[394] Vgl. zur Bedeutung koagierender Gruppen die Hypothesen von Fiedler [Theory], S. 220ff.
[395] Vgl. zur Kospezialisierung zwischen Entscheidung und Information Bössmann [Analyse], S. 125, unter Hinweis auf Radner.
[396] Die These vom Fehlen motivierender Information als Kennzeichen für das Team – vgl. z. B. Albach [Entscheidungsprozeß], S. 380, unter Hinweis auf Marschak, Radner und Beckmann – bedarf daher einer Einschränkung.

dung eines Teammitglieds führt zu weiteren Veränderungen im Verhaltensniveau des Teams. Insoweit erfährt die Simultaneität der entscheidungsorientierten Rollen im Team nur eine graduelle, intensitätsbezogene Veränderung im Laufe des Entscheidungsprozesses innerhalb einer Gruppe.

Unter Einbeziehung der Datentechnik ergeben sich weitere Teamabstufungen, so etwa die Teamarbeit mit Hilfe des Time-Sharing-Systems und teleprocessing. Die Telekommunikation bedeutet eine Verlagerung auf nachrichtentheoretische Kapazitäten. Die Wirkungen der technisch-organisatorischen Strukturen auf das Verhalten wird gelegentlich stark unterschätzt.

Im Bereiche von Forschung und Entwicklung ist die Teamarbeit, verbunden mit einem spezifischen Führungsstil, typisch geworden. Die machtvollste Demonstration dafür ist die Rand-Corporation in Santa Monica [397]. Hier bilden sich ständig neue Kommunikationsstrukturen aus dem unerschöpflichen informalen Reservoir heraus.

Im Team ist jedes Mitglied ständig wechselnd Adressat und Empfänger von Informationen. Ursprünglich war auch bei Operations Research der Teamgedanke in der Großunternehmung ein spezifisches Merkmal [398]. Dieses Team sollte frei von allen Routinearbeiten über die größeren Zusammenhänge und Alternativen nachdenken. Es besteht ein Zusammenhang mit den Formen der Ausschüsse und Komitees. Nach Holzinger und Kosiol wird mit diesen »Instrumenten« eine Verdichtung von Informationen durch Punktorganisation erreicht. Sie machen das »Gefüge der Organisation« enger und sorgen für die ständige Aktivierung des Wissens [399].

Den Teamgedanken auf die Großgruppe zu übertragen, scheint indes noch verfrüht [400]. Die Informationsanalyse unter ökonomischen Kriterien bereitet schon bei den informationsintensiven Gruppen, den Stäben in der Unternehmung, noch beträchtliche Schwierigkeiten.

Soweit die Teamarbeit entlang planrationaler Entscheidungen im materialen Bereich verläuft, ist eine Informationsplanung und -kontrolle leichter möglich. Allerdings gibt es auch hier Schwierigkeiten, wenn den Gruppenzielen übergeordnete Ziele entgegenstehen, z. B. Kostenerhöhung im Gesamtinteresse.

Komplizierter ist jedoch die Situation bei den Gruppen zu beurteilen, die sich mit der Umformung abgeleiteter oder originärer zusätzlicher Informationen im planschaffenden Bereich befassen. Hier herrscht noch eine relativ große Unsicherheit über die Möglichkeiten einer ökonomisch an sich notwendigen Informationskontrolle. Bei langfristigen Experimentierstäben, die mit langfristigen Forschungsvorhaben – etwa in der chemischen Industrie – befaßt sind, fehlt meist jede Führung [401]. »Der Spezialist kontrolliert den Spezialisten nicht.« Unklar bleibt daher zunächst die ökonomisch sinnvolle Verknüpfung zwischen Funktion, Stab und Linie und die Kommunikation zwischen den Spezialisten innerhalb der Stäbe selbst.

[397] Vgl. Weinstein [»Rand«], S. 2.
[398] Vgl. Churchman/Ackoff/Arnoff [Operations], S. 63.
[399] Percy/Roberts [Planung], S. 30.
[400] Vgl. den formalen Ansatz von Albach [Teamtheorie], Sp. 1629ff.
[401] Vgl. hierzu Höhn [Dienstaufsicht], S. 286.

An den Nahtstellen der Entscheidungskomponenten sind sie jedoch die koordinierende Punktorganisation, der wichtige Abstimmungs-, Bewertungs- und Motivierungsfunktionen zufallen [402].

Entscheidungs- und Informationsphasen als Teams aufgefaßt:

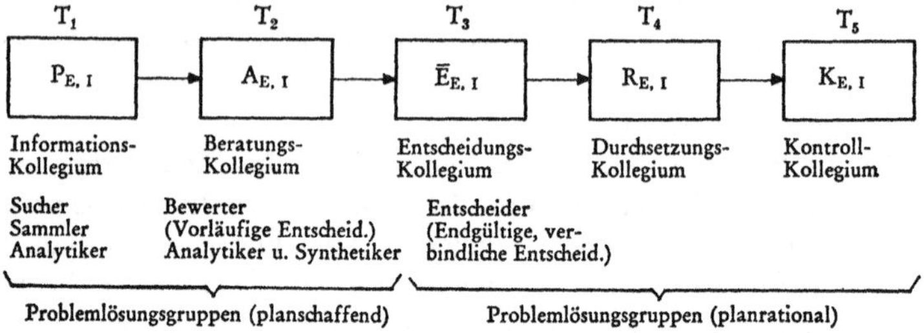

Abb. 49: Teambezogene Entscheidungs- und Informationsphasen

Auch im Leitungsbereich wird die pluralistische Entscheidung und die Schaffung kollektiver Zielvorstellungen mehr und mehr üblich. Zwischen den Verfahrensregeln Mehrheitsbeschluß und Umgehung des Problems liegt hier das weite Feld des Kompromisses. Besteht eine Präferenzordnung ($A > B > C > A > B > C \ldots$) kann die Entscheidung auf ihre Rationalität hin überprüft werden; wenn sich bei drei Mitgliedern die Präferenzen jedoch unterschiedlich anordnen:

I : $A > B > C$
II : $B > C > A$
III : $C > A > B$

kann nach den gegenwärtigen Erkenntnissen keine befriedigende gemeinsame Entscheidung zustandekommen [403].

c) *Kombination von Individuum und Kollektiv im Informations-Entscheidungssystem*

Die verbesserte Kombination von Individuum und Kollektiv muß davon ausgehen, »daß jeder betriebliche Sektor seine eigenen Entscheidungsvariablen hat« [404]. Ob jedoch eine Teamentscheidung der Individualentscheidung generell überlegen ist, ist bis heute umstritten. Eine Vielzahl von ineinandergreifenden Einflußfaktoren sind in der Entscheidungssituation maßgebend.

[402] Vgl. zu den Vor- und Nachteilen der Ausschüsse als Instrument der Unternehmensführung Stratoudakis [Organisation], S. 83f.; Kosiol [Organisation], S. 157ff.; Bleicher [Ausschüsse], S. 311ff.

[403] Vgl. die kritische Analyse von Rühli [Besonderheiten], S. 21ff.; zu den »Faustregeln« Rittel [Hierarchie], S. 45; zu den Prioritätsregeln beim Computer Time Sharing Greenberger [Priority], S. 888ff.

[404] Albach [Investitionsentscheidungen], S. 45.

In der Regel ist das Team risikobereiter als das durchschnittliche Individuum. Nach Wallach, Kogan und Bem werden Gefühle persönlicher Verantwortung reduziert; Burnstein hat die Hypothese aufgestellt, »daß es normative Zwänge für Risiko gibt« [405]. Die Aushandlungsprozesse im Team sind in der Regel zeitaufwendiger.

Eine Theorie geistiger Arbeit existiert noch nicht [406]. Undurchsichtig ist daher auch das folgenschwere Zusammenspiel zwischen Unternehmensleitung und Unternehmensberater geblieben.

Es ist bis heute nicht gelungen, die Bedingungen der Wirksamkeit individueller oder kollektiver Kreativität hinreichend zu fixieren [407]. Eine bloße Fixierung scheint sogar der Kreativität entgegenzuwirken.

Die Informationsbedürfnisse aus der Kooperation zwischen Individuum und Individuum, Individuum und Kollektiv bzw. Kollektiv und Kollektiv werden von Zeit und Konkurrenzdruck sowie schöpferischem Zögern – namentlich im Zentrum abschlußreifer Prozesse – gleichermaßen bestimmt.

Bei der Interaktion wirken zweckrationale (formale) Kleingruppen und spontane (informale) Kleingruppen zusammen. Die Kombination beruht ebenso auf der sinnvollen Verknüpfung von Spezialbegabung und Kooperationsvermögen, von Arbeitsteilung und Arbeitssynthese. Jede Teamarbeit erfordert spezifische Menschentypen mit einem Mindestmaß an Kooperationsfähigkeit.

Aus der fallweisen befristeten Zusammenarbeit zwischen Individuum und Kollektiv ergibt sich ein flexibler Ansatz für die gezielte Information, Kommunikation und Entscheidung [408]. Die Forschungen über die Bewertung von Kommunikationsstrukturen haben bisher über eine Benennung, partielle Faktorisierung und eine Analogie mit dem Transportproblem nicht wesentlich hinausgeführt. Operationale ökonomische Kriterien für entscheidungsbezogene Kombinationen stehen noch aus.

Von einem ökonomisch sinnvollen Zusammenspiel zwischen Individuum und Kollektiv – vgl. auch das Zusammenwirken der koagierenden Gruppen – ist eine Reduktion und Konzentration der Kommunikation und der Information zu erwarten, insbesondere in den stark oszillierenden Bereichen (s. Abb. 50, S. 140).

Recht anschaulich sind die Ergebnisse empirischer Untersuchungen über das Zusammenwirken von Top-Management (TM) und Middle-Management (MM) auf dem Hintergrund der höheren Datentechnik; die Auswahl der Alternativen wurde dabei regelmäßig von einem Topmanager getroffen; bei den »oft« vorkommenden Kombinationen einer Zusammenarbeit zwischen den beiden »Kollektiven« liefert das Top-Management auch die relevanten Anregungen. Die Domäne der mittleren Führungskräfte ist die Situationsanalyse und die Ermittlung von möglichen Alternativen [409].

[405] Burnstein [Zusammensetzung], S. 90.

[406] Rittel [Hierarchie], S. 44 [Faustregeln].

[407] Gregory [Management], S. 193f., und Haefele [Creativity], S. 140ff.

[408] Hinweis auf das Projekt-Management. Vgl. auch Likert [Patterns], S. 107.

[409] Vgl. Brady [Computers], S. 69 [Entscheidungsmodell]. Vgl. hierzu auch das Modell von Friedrich/Wilde [Vorbereitung], S. 48. Die unterschiedliche Informationsaktivität der Rangstufen ist auch von der Betriebsgröße abhängig; (vgl. die empirischen Untersuchungen von Witte [Informationsaktivität], S. 173f.

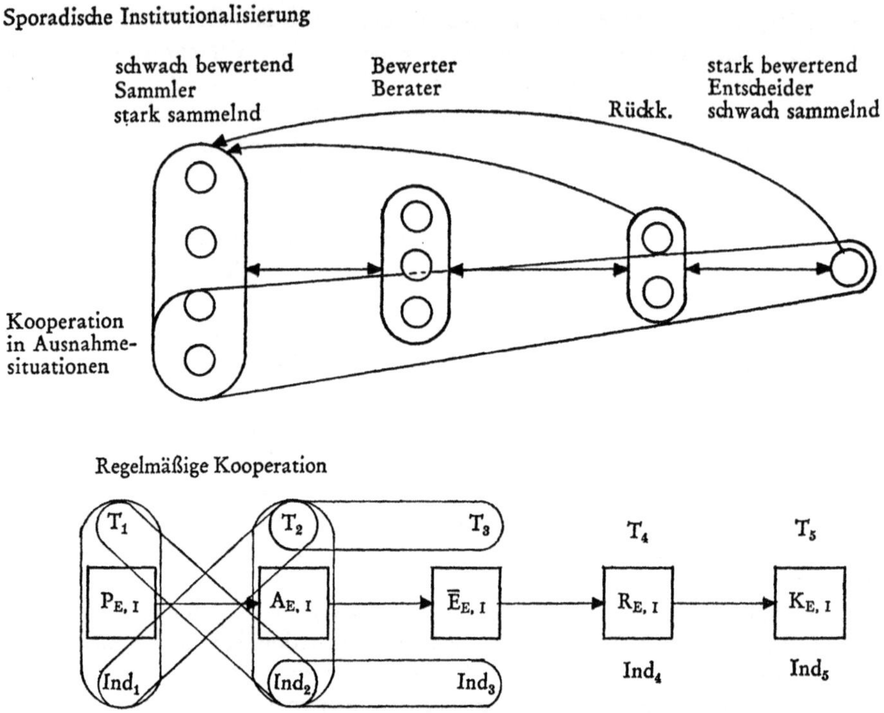

Abb. 50: Individuum und Kollektiv im Informationsprozeß

Schritte / Kombinationen	1 Anregung (Problem, Chance)	2 Situations-Analyse	3 Ermittlung möglicher Alternativen	4 Bewertung der Alternativen	5 Auswahl	Beobachtete Häufigkeit der Anwendung
...	...	...	...	...	...	..
7	T	M	M	T	T	oft
8	T	M	M	M	T	
...	...	...	...	...	...	...

Abb. 51: Entscheidungs- und computerorientiertes Zusammenwirken zwischen TM und MM

Jede Gruppe setzt sich aus loyalen Mitgliedern anderer Gruppen zusammen mit spezifischen individuellen Interessen; sie muß daher ständig mit abweichenden Bestrebungen ihrer Mitglieder rechnen. Auf diese Bestrebungen sind nicht nur destruktive Auseinandersetzungen, sondern auch schöpferische Verbesserungen zurückzuführen.
Die Lösung dieser Interessenkonflikte beruht somit nicht nur auf der Stärke oder Schwäche des Individuums oder der Gruppe, sondern auf der Stärke des Individuums und der Gruppe in Verbindung mit einer verbesserten Kommunikation zwischen integrierten Individuen und kohäsiven sowie koagierenden Gruppen [410].

d) Kombination von Management und höherer Datentechnik

Die mittlere und höhere Datentechnik sind in besonderem Maße geeignet, die Rationalität des Führungsstils nachhaltig zu beeinflussen. Die höhere Datentechnik läßt sich nicht allein vom technischen Aggregat her, sondern nur in Verbindung mit dem Informationsstand und den organisatorischen Strukturen beurteilen.
Das ökonomische Kriterium ist die verbesserte Kombination von Methoden, Datentechnik und Management, insbesondere von Mensch und Datenverarbeitungsmaschinen [411]. Welche Rolle kommt der höheren Datentechnik (Computer und Computersysteme) bei den Entscheidungen des Top-Management zu?
Bei der Bewältigung und Verbesserung der Informationsarbeit hat der Computer im vergangenen Jahrzehnt insgesamt eine bedeutende Rolle gespielt. Dennoch stellt Brady [412] bei seiner Untersuchung US-amerikanischer Unternehmungen fest, daß der Computer auf Art, Form und Inhalt der Entscheidungsprozesse des Top-Management kaum einen direkten Einfluß gehabt habe. Es stünden zwar mehr Zeit und Alternativen zur Verfügung, aber der Weg, Entscheidungen zu treffen, sei kaum beeinflußt worden. Allerdings ist der mittelbare Einfluß über die Anwendung des Computers bei der Vorbereitung der Entscheidungen durch mittlere Führungskräfte zwar vorhanden, doch ebenfalls in einem noch nicht sehr großen Umfang.
Für die Zukunft wird jedoch mit einem raschen Anwachsen des Einflusses in den einzelnen Bereichen der Informations- und Entscheidungsprozesse des Top-Management gerechnet [413] (s. Abb. 52, S. 142).
Schließlich liegt die Funktion der elektronischen Datenverarbeitung ... nur zum geringen Teil darin, konventionelle Aufgaben billiger zu erledigen und damit Geld zu sparen. Die entscheidende Frage lautet vielmehr, wie sich durch die Anwendung von

[410] Vgl. Cartwright [Group], S. 276.
[411] Vgl. hierzu insbesondere Mertens/Kress [Mensch–Maschinen-Kommunikation], S. 1ff.; vgl. auch Diemer [Datenverarbeitung]; Higginson [ED P]; Shultz/Whisler [Management]; Littmann [Organisation]; Muckler [Theory], S. 156f., und Jacob [Einsatz], S. 92ff.
[412] Brady [Computers], S. 67ff.; er teilt seine Auffassung mit einer größeren Zahl europäischer und amerikanischer Experten. Vgl. auch Hofer [ED P], S. 16ff.
[413] Vgl. Brady [Computers], S. 75. Vgl. auch Ansoff [Strategy], S. 174, und Simon [Science], S. 26ff. [Computer als Problemlöser]. Vgl. zum »sich abzeichnenden Wandel« Grochla [Wirtschaftlichkeit], Vorwort.

Einflußbereich	Jahr			
	1967	1970	1975	1980
Art der erhaltenen Information	unbedeutend	mittelmäßig	wesentlich	wesentlich
Menge der erhaltenen Information	unbedeutend	unbedeutend	mittelmäßig	wesentlich
Genauigkeit der erhaltenen Information	mittelmäßig	mittelmäßig	wesentlich	groß
Terminierung der erhaltenen Information	wesentlich	groß	sehr groß	sehr groß
Art der zu treffenden Entscheidung	keine	unbedeutend	mittelmäßig	wesentlich
Auswertungsprozeß	unbedeutend	mittelmäßig	wesentlich	groß
Organisation des Topmanagement	unbedeutend	unbedeutend	mittelmäßig	wesentlich
Totalbereich	unbedeutend	mittelmäßig	wesentlich	groß

Abb. 52: Einfluß des Computers auf die Informations- und Entscheidungsprozesse in der Zukunft

elektronischer Datenverarbeitung auf »neuartige Aufgabengebiete« mehr Erträge erzielen lassen [414]. Das kann sogar bedeuten, daß mit Hilfe des Computers nicht mehr, sondern weniger Informationen produziert werden [415].
Noch nutzen die Führungskräfte für ihre Entscheidungen weniger als ein Zehntel der Informationen, über die sie auch ohne Computer verfügen könnten [416]. Dearden vertritt sogar die Ansicht, daß vorläufig Fortschritte primär nur im taktischen Bereich zu erzielen seien. Bevor an die Verwendung für strategische Bereiche des Topmanagement gedacht werden könne, seien noch beträchtliche Verbesserungen organisatorischer und technischer Art notwendig [417]. Und auch dann werden nur die Fähigkeiten des guten Managers unterstützt werden können, der die zutreffenden Fragen zu stellen, Antworten in ihrem Wert zu erkennen und diese nutzbringend auszuwerten versteht. Von der Leitung wird eine höhere Flexibilität erwartet, um größeren Kostendimensionen Rechnung zu tragen. Für Irrtümer muß ein höherer Preis bezahlt werden [418].

Zum andern müssen organisatorische Vorkehrungen getroffen werden gegen

- eine Entwöhnung von der Entscheidungstechnik
- ein bequemes Ausweichen auf Routine-Entscheidungen
- und eine Vernachlässigung von Anregungen, die nicht in die Computersprache übersetzt werden können [419].

[414] Arbeitskreis Pietzsch [Handhabung], S. 723. Vgl. auch Wurster [Wandlungen], S. 587; Malcolm/Rowe [Approach], S. 505ff.; Wyler [Chef-Information], S. 25f.
[415] Garrity [Management], S. 12.
[416] Dearden [Information], S. 134.
[417] Dearden [Information], S. 135.
[418] Vgl. Bright [Leitung], S. 191ff., und Burlingame [Information], S. 121ff.
[419] Vgl. Drucker [Führungskraft], S. 35. Vgl. auch Mertens [Einfluß], S. 79.

III. Informationsbedarf und Informationserschließung

1. Messung und Bewertung

a) Fortschreitender Quantifizierungsprozeß

»Die moderne Gesellschaft wird rationaler: Sie wird rechenhafter, in ihren wirtschaftlichen Prozessen spielt die Kalkulation von Aufwand und Ertrag eine Rolle, sie kennt Buchhaltung und Logistik; sie wird wissenschaftlicher ...« [420], sie ist informiert [421], »sie wird vielleicht sogar vernünftiger« [422]. Die allgemeine Systemlehre wird als Schritt zur mathesis universalis angesehen, zu einem umfassenden interdisziplinären Zeichensystem, das schon Leibniz vorschwebte [423].

Der Grundgedanke der Quantifizierung, der das Wissenschaftsbild der Wirtschafts- und Sozialwissenschaften in der Gegenwart [424] bestimmt, geht zurück auf die Erfassung einzelner sozialer Beziehungen mit Hilfe der Buchhaltung im Altertum [425] und verstärkt sich mit dem Geist des mechanischen Denkens im 16. Jahrhundert. Es handelt sich dabei um kein in sich erstarrendes System, sondern um ein sich zwangsläufig weiterentwickelndes Gebilde [426] nach dem motivierenden Leitspruch von Galileo Galilei: Alles messen, was meßbar ist, und versuchen, meßbar zu machen, was noch nicht ist. Die Rechenhaftigkeit wird zum Strukturmerkmal der Unternehmung [427], zum spezifischen Ausdruck ihres Rationalitätsgrades; zum andern ist in dem Streben nach Quantifizierung ein pragmatischer Ansatz enthalten. In der Unternehmung »ist die fachlich-spezialisierte Rationalität durch eine geldmäßig (derivativ) orientierte Rechenhaftigkeit gekennzeichnet« [428]. Die Formalwissenschaften liefern dabei die Schemata und Ausdrucksmittel für die Gewinnung des Erkenntnismaterials [429].

Es konnte daher akzentuiert gefolgert werden, »die Betriebswirtschaftslehre stellt sich dar als Lehre vom Unternehmen als Mittel der Kapitalbildung unter Anwendung rechenhafter Methoden« [430]. Mit Hilfe quantitativer Methoden wurde in der Betriebswirtschaftslehre sozusagen von Anfang an versucht, die Zukunft der Unternehmung

420 Dahrendorf [Markt], S. 3.
421 Steinbuch [Gesellschaft], S. 5 und S. 338.
422 Dahrendorf [Markt], S. 4.
423 von Bertalanffy [Weltbild], S. 187.
424 Angermann [Entscheidungen], S. 10.
425 Bellinger [Geschichte], S. 11 ff.
426 Vgl. Sombart [Kapitalismus], S. 119 ff., unter besonderer Würdigung des in der doppelten Buchhaltung folgerichtig angewandten Grundgedankens der Quantifizierung: »alle Erscheinungen nur als Quantitäten zu erfassen«.
427 Schwarz [Organisation], S. 583; Mellerowicz [Unternehmenspolitik], Bd. I, S. 60.
428 Illetschko [Unternehmenstheorie], S. 211.
429 Adam [Messen], S. 13.
430 Hoffmann [Wirtschaftslehre], S. III.

überschaubarer zu machen [431]. Dieser Aspekt setzt sich verstärkt fort. »Das Datenmaterial, der Datenkranz ist von Geldbewegungen und Kreditbeträgen und deren Veränderung auf die Leistungsvorgänge im Inneren des Betriebes, auf technische Kapazitätsbeschränkungen, auf Erhebungsmaterial aus Stichproben bzw. auf numerische Antizipationen künftiger Datenansätze ausgedehnt.« [432]
Die zunehmende Entwicklung von entscheidungsbezogenen Kalkülen erlaubt eine Verbesserung der ökonomischen Problemlösung [433]. Die Formulierung mathematischer Entscheidungsmodelle mit Hilfe von weitmöglichst quantitativ faßbaren Begriffen für betriebliche Entscheidungsprobleme gilt als Kennzeichen der »neueren Betriebswirtschaftslehre« [434]. Zwei neue Varianten zur Problematik und zum Umfang der fortschreitenden Quantifizierbarkeit in der Betriebswirtschaftslehre ergeben sich aus der Unterscheidung von »beobachtbaren« [435] und nichtbeobachtbaren »Größen« und schließlich daraus, daß »das Streben nach Quantifizierung nicht nur auf den bisherigen Grundlagen des Faches aufbaut, sondern sie teilweise auch in Frage stellt« [436].
Die Grundprobleme einer betriebswirtschaftlichen Informationstheorie oder Datenverarbeitungstheorie sind verknüpft mit der »quantitativen Faßbarkeit von Sachverhalten« [437] und der »formalen Informationsanalyse« [438].
Datentechnik und formale Informationsanalyse haben sich wechselseitig beeinflußt. Der wirtschaftliche Einsatz der Datentechnik, insbesondere der höheren Datentechnik, ist von der Weiterentwicklung einer betriebswirtschaftlichen Informationstheorie abhängig. Eine weitestgehende Integration setzt eine formalisierte Sprache voraus [439].
Die Atomisierung oder Auflösung von Informationskomplexen in kleine und kleinste Signaleinheiten ist ein wichtiger Durchgangsprozeß für den Aufbau neuer vielfältiger Kombinationen und situationsbezogener Datensynthesen. Beispielhaft sei auf die Durchschreibebuchhaltung und Lochkartenabrechnung auf der »Loseblattbasis« und die elektronische Datenverarbeitung auf der »Losezeichenbasis« hingewiesen. Numerische Skalen oder gar monetäre Maße sind auch für die Effizienzbetrachtung organisatorischer Strukturen ein ökonomisch sinnvolles und erstrebenswertes Ziel [440]. Von einer quantifizierbaren Information sollte aber im ökonomischen Bereich erst dann gesprochen werden, wenn eine Meßvorschrift für Dritte abgeleitet werden kann.

[431] Schär [Buchhaltung], S. 83; Nicklisch [Betriebslehre], S. 325 und S. 328.
[432] Illetschko [Theorie], S. 193.
[433] Vgl. Vischer [Kostenkalküle], S. 10ff., und Kosiol [Modellanalyse], S. 318ff.
[434] Heinen [Zielsystem], S. 52.
[435] Hax [Koordination], S. 22.
[436] Gerth [Tagung], S. 502.
[437] Schweiker [Grundlagen], S. 59.
[438] Arbeitskreis Pietzsch [Handhabung], S. 724ff.
[439] Lieberman [Model], S. 670.
[440] Vgl. hierzu Wild [Grundlagen], S. 200; Kosiol [Organisation], S. 35; Rittel [Hierarchie], S. 50, im Hinblick auf Kooperationsformen in Forschung und Entwicklung. Trotz dieser Zielrichtung darf nicht übersehen werden, daß der »Rechenhaftigkeit« in diesem Bereich »enge Grenzen« gezogen sind, die im übrigen auch in den der Quantifizierbarkeit näherliegenden, von der Betriebswirtschaftslehre schon sehr eingehend erörterten Zusammenhängen zwischen Kosten und Beschäftigungsgrad deutlich erkennbar sind; vgl. Sieber [Wirtschaftlichkeit], S. 188f.

b) Information und Wirtschaftlichkeit

Es erscheint zunächst selbstverständlich, die Informationsströme und Verbindungswege (Kommunikationsstrukturen) den gleichen Wirtschaftlichkeitskriterien zu unterwerfen, wie sie etwa für die Real- und Nominalgüterströme gelten [441]. Eine besonders enge Durchdringung von Realgüter-, Nominalgüter-, Energie- und Informationsströmen liegt regelmäßig bei der Beurteilung von Datenverarbeitungs- und Kommunikationseinrichtungen vor. Aus diesem Bereich kamen denn auch bisher die stärksten Impulse zur Erforschung der Informationswirtschaftlichkeit [442].

Dennoch können für die wirtschaftliche Beurteilung größerer integrierter Systeme bis heute kaum mehr als ordinale Kriterien verwandt werden [443]. Dies würde schließlich die Bewertung des totalen Informationsbedarfs für den Zeitraum der »revolvierenden Amortisation« mit einschließen. Bei der pragmatischen Bewertung wird daher die Bewältigung der Massendaten als existentielle Mindestbedingung empfunden. Die Investition muß sich nach Hartmann schon auf Grund der überschaubaren quantifizierbaren Daten bezahlt machen. Auch wenn nicht davon ausgegangen werden könnte, daß eine Lösung des Zurechnungsproblems prinzipiell ausscheidet, gelten für die Informationen eine Reihe eigener Gesetzmäßigkeiten, die mit ihrem relativ »unsicheren Marktwert«, ihren vielfältigen Ausdrucksformen, infinitesimalen Impulswirkungen, mehrschichtigen Verrichtungs- und Lenkungsfunktionen und ihrer Bindung an die Kommunikationsstrukturen der Entscheidungssituation und deren Auswirkungen zusammenhängen [444]. Wird davon abgesehen, reduzieren sich die Probleme auf einfache Beschaffungs- und Verteilungsprobleme. Das »Transportproblem« ist aber hier abhängig von der Information bzw. den auf eine Entscheidungssituation einwirkenden Faktoren.

Material, Geld, menschliche Energie und Informationen sind Stufen zunehmender Abstraktion. In einzelnen Unternehmungsgruppen und -bereichen tritt die Informationswirtschaftlichkeit als Sachaufgabe akzentuiert in den Vordergrund, vgl. z. B. bei »abrechnungsintensiven« Unternehmen wie Banken, Versicherungen, Forschungsinstituten, Datenverarbeitungsbetrieben. In diesem Feld geht es primär um die Bewertung von Informationen und um verstärkte Versuche der »bewertenden Messung«. Hier sind die Substitutionseffekte zwar schwieriger anzustreben, aber im allgemeinen

[441] Vgl. Kosiol [Unternehmung], S. 171; Mueller [Wertfaktoren], S. 1349; Marschak [Problems], S. 38ff.; Pietzsch [Informationskosten], S. 111f.

[442] Grochla [Wirtschaftlichkeit], Vorwort; derselbe [Grundprobleme], S. 18ff., fordert bei seiner »Bestandsaufnahme« die Entwicklung eines neuen, dem Computereinsatz adäquaten Meß- und Bewertungsinstrumentariums.

[443] Vgl. Kalscheuer [Datenverarbeitungssysteme], S. 95f.; Mueller [Wertfaktoren], S. 1354; Mertens [Kooperation], S. 16. Vgl. zur »Wirtschaftlichkeit der Informationswirtschaft« auch Pastoors [Informationswirtschaft], S. 171ff. Vgl. außerdem Hirsch [Informationswert], S. 670ff.

[444] Eine Analogie zwischen »Produktions- und Informationsbetrieb« hat dennoch eine heuristische und vor allem eine didaktische Bedeutung. Vgl. hierzu den Hinweis von Adam [Messen], S. 12f., im Zusammenhang mit den Begriffen System und Informationsgut: »... der Informationsbeschaffungsbetrieb und der Informationsveredlungsbetrieb (Statistisches Amt, Betriebsrechenzentrum) verfügen über die wesentlichen technischen und administrativen Attribute eines stoffverarbeitenden Industriebetriebes«.

ungleich gewichtiger als in anderen Unternehmen. Gleichzeitig werden andererseits die organisatorischen und planerischen Problemlösungen vielfältiger und anspruchsvoller. Alle entscheidungsorientierten Rollen und Rollenvarianten der Information unterliegen dem Wirtschaftlichkeitsprinzip. Ausgehend vom Rationalprinzip, als einem allgemeinen Handlungsprinzip [445], wird mit der Wirtschaftlichkeit dieses Prinzip in den ökonomischen Handlungsraum übertragen. In seiner zweifachen Ausrichtung Minimierung (vom gegebenen Zweck ausgehend) und Maximierung (von gegebenen Mitteln ausgehend) sind mit der Wirtschaftlichkeit Optimierungskriterien gegeben, d. h. ein Eignungsmaßstab für jede Formulierung eines Problems, das im Sinne übergeordneter Zwecke (z. B. Rentabilität und die dahinter stehenden Motive) [446] und Beschränkungen zu lösen ist. Eine entscheidungsorientierte dynamische Modifikation der Optimierungskriterien ist das Optimalitätsprinzip von Bellman, das sich auf die Optimierung der jeweils verbleibenden Alternativen beschränkt [447].

Das wirtschaftliche oder rationale Vorgehen im ökonomischen Raum kann in empirischen Einzelfällen – im mathematischen Modell immer – ein operationaler konkreter Maßstab sein, viel häufiger ist es aber nur eine Leitlinie, ein Grundsatz, »eine im Zeitpunkt der Forderung noch unbestimmte Zuordnung von Mitteln und Zielen«, die durch »Kombination aus Vorhandenem, Endlichem, Begrenztem« zu Extremwerten auf beiden Seiten führen soll [448]. Es ist daher bis heute nur näherungsweise und nur für den Einzelfall möglich, etwa festzustellen, wann ein Suchprozeß aus wirtschaftlichen Gründen beendet werden muß oder in welchem Maße ein Planungssystem wirtschaftlich ist. In der Regel müssen kleinere Einheiten isoliert betrachtet oder Ersatz- und Hilfsmaßstäbe angelegt werden, wie etwa eine mehr oder weniger willkürliche zeitliche Umgrenzung, ein Anknüpfen an Kostenfaktoren, an eigene Erfahrungswerte, an eine zufriedenstellende Strategie oder Anspruchsanpassung, an Meinungen, an einen Vergleich mit dem vorausgegangenen Stand oder dem Stand anderer Unternehmungen mit dem Ziel der relativ schwachen Aussage: Die Situation konnte verbessert werden. Daraus wird ersichtlich, daß das Wirtschaftlichkeitsprinzip mit spezifischen Genauigkeitsgraden angewandt werden muß. Einen bestimmten Grad der Konkretisierung setzt allerdings jede ökonomische Analyse voraus.

Werden schwach meßbare Aussagen akzeptiert, so lassen sich im Prinzip alle Problemlösungen einer relativ wirtschaftlichen Beurteilung unterwerfen. Die Erscheinungsformen der Unternehmung, wie sie in der Informations- und Kommunikationsanalyse und -synthese hervortreten, verlangen geradezu nach einer derartigen Differenzierung der Maßstäbe. Daraus wird andererseits ersichtlich, wie problematisch es ist, zwischen »quantitativen« und »qualitativen« Kriterien zu unterscheiden, wie etwa die Faktorisierung [449] psychologischer oder pädagogischer Fragestellungen zeigt.

So kann bei einem Planungszeitraum bis zu fünf oder gar zehn Jahren noch sinnvoll mit Kostengrößen gearbeitet werden, während bei einem längeren Planungszeitraum

[445] Vgl. Pack [Rationalprinzip], S. 525ff.
[446] Selbst die Motive sind nicht viel mehr als Symbole der eigentlichen Antriebskräfte.
[447] Vgl. Bellman [Programmierung], S. 88.
[448] Illetschko [Unternehmenstheorie], S. 214.
[449] Vgl. hierzu Überla [Faktorenanalyse].

ordinale Größen mehr angemessen sind oder ergänzend hinzutreten müssen. Zuverlässige und genaue Schätzungen können sogar nur für eine Woche, bezogen auf kleinere Tätigkeitsausschnitte, gemacht werden, wie die praktischen Erfahrungen mit der Netzplantechnik ergeben haben.

Wie frühere Ausführungen zeigten, stellt sich die eingeschränkte Rationalität etwa dar als relative Minimierung von Zeit bzw. Informationskosten oder relative Maximierung von relevanten Informationen bzw. Informationserträgen in einem überschaubaren Zeitraum. Die beschränkte, begrenzte, lokale Rationalität (Relativität) führt in der Regel zur zufriedenstellenden Strategie, d. h. Angabe einer Höchstzeit für den Suchprozeß oder von Mindestinformationen; diese Angaben wiederum basieren auf Informationen in Form von Erfahrungsregeln. Davon ist auszugehen, wenn etwa beispielhaft festgestellt wird, daß eine Berechnung von rund »400 Varianten« auf einer Großrechenanlage die »relativ bescheidene« Summe von weniger als 2000 DM kostete [450] oder einer »Kontenzahl« ein bestimmtes Umformungsaggregat zugeordnet wird.

Das Erkennen des Ausmaßes ökonomischer Handlungsweisen ist von dem Streben nach möglichst operationalen Ausdrucksformen und relativ konkretem Messen und Bewerten begleitet; dies setzt wiederum ein ebenso konkretes Ziel oder eine adäquate Zielableitung voraus, als Orientierungshilfe für die Messung und Bewertung in der jeweiligen Entscheidungssituation.

Auch die Rentabilität ist in letzter Konsequenz eine spezifische Wirtschaftlichkeit, die Kapitalwirtschaftlichkeit, ein Vergleich von

$$\frac{\text{Kapitaleinsatz}}{\text{Kapitalersatz}} \approx \frac{\text{»Kapitalaufwand«}}{\text{»Kapitalertrag«}} \approx \frac{\text{Kapitalrisiko}}{\text{Erwartete Chancen}}$$

oder als positive Größe

$$\frac{\text{»Kapitalersatz«}}{\text{Kapitaleinsatz}}$$

Wenn die Rentabilität das übergeordnete Ziel ist, in das viele andere Ziele einmünden, oder das für andere Ziele ein Ersatzmaßstab ist – weil ein operationaler Gesamtmaßstab bis heute nicht vorhanden ist –, im Zusammenwirken mit zeitlichen und sachlichen Prioritäten, Restriktionen und Mindestbedingungen, so kann in der weitmöglichst quantitativen Auffächerung der Rentabilitätsbeziehungen (R) ein für die Unternehmung typisches Handlungsfeld der Informationsumformung und Rechenpläne erblickt werden, ein Raum für rationalere bzw. wirtschaftlichere Verhaltensweisen [451]:

[450] Vgl. Eichenberger [Investitionsentscheide], S. 48. (2000 DM = 2000 Fr.)

[451] Das absolute Dasein der Rentabilitätsbeziehungen wird immer relativiert durch die zweckbezogene Antwort auf die Frage: »Was ist Gewinn?«

$$R = \frac{(E-A)\cdot 100}{\bar{C}} = \overbrace{\frac{(E-A)\cdot 100}{E}}^{\text{Umsatzgewinnrate}} \cdot \overbrace{\frac{E}{\bar{C}}}^{\text{Kapitalumschlag}}$$

E = Ertragsbeziehungen
A = Aufwandsbeziehungen
$\bar{C}$ = Kapitalbeziehungen (ausgehend von einem bestimmten Betrag an eingesetztem und geberabhängigem Kapital als Vergleichsmaßstab und Kritikbasis)

Von da aus lassen sich schachbrettartig alle weiteren Beziehungen entwickeln, die in Form der daraus abgeleiteten Kenndaten oder Kennzahlenpyramiden – rückblickend und vorausschauend – bis in einzelne Operationen hineinreichende Eignungsmaßstäbe für Analysen und Synthesen abgeben können, wie sie bei den einzelnen Entscheidungskomponenten als rechnerische Handlungsprozesse benötigt werden [452].

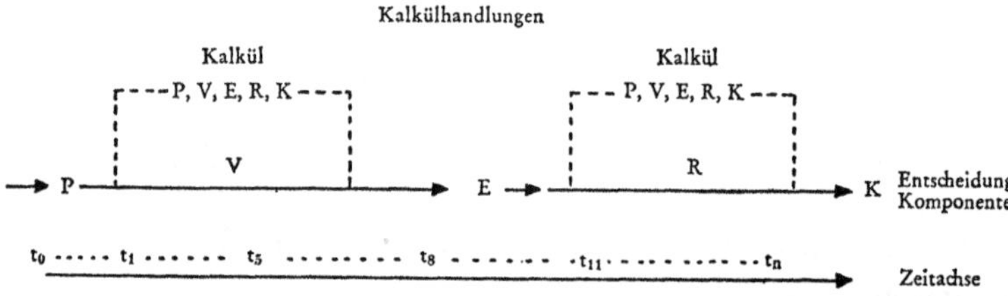

Diese Kalkülhandlungen (rechenspezifische Informationsprozesse) lassen sich, ausgehend von den Rentabilitätsbeziehungen mit den Hauptkomponenten Umsatzgewinnrate und Kapitalumschlag, in einer Art Generalstabskarte verfolgen, wie sie bei Du Pont für sämtliche Leitungsbereiche schon relativ lange verwendet wird. Die Leitung von Du Pont ist der Auffassung, daß mit dem Maßstab der Verzinsung des eingesetzten Kapitals (ROI = Return On Investment) [453] sowohl die Effizienz der Anstrengungen einer Produktionsunternehmung als auch das Ausmaß der möglichen Dezentralisation beurteilt werden kann. Die Kapitalrentabilität erhält den Vorzug vor der Umsatzrentabilität [454]. Damit erlauben die quantitativen Ausdrucksformen der Information, wie sie die Kenndaten darstellen, in gewissem Sinne eine quantitative Basis für eine Totalkonzeption der Informationswirtschaftlichkeit, bezogen auf überschaubare und vergleichbare Zeiträume und Zeitpunkte [455]:

[452] Vgl. hierzu auch die Überlegungen über den Standort der Planungsrechnung bei Ferner [Modelle], S. 17, und rechnerischen Restriktionen, S. 48. Danielsson [Measurement], S. 2; Adam [Messen], S. 67 (quantitatives Regelungsmodell in Anlehnung an das klassische Rechnungswesen).

[453] In den meisten Unternehmen der wichtigste oder gar einzigste Maßstab; vgl. Hinweis bei Steiner [Management], S. 372.

[454] Neubauer [Instrumentarium], S. 5.

[455] Vgl. Davis [Du Pont], S. 524; Newman [Action], S. 429; Wissenbach [Kennzahlen], S. 129; Matz [Planung], S. 317; Solomon [Theory], S. 121; Pöhlmann [Prozeß], S. 116; Heiser [Budgetierung], S. 33; Interfirm [Comparisons], S. 413. Zum imperativen System vgl. Heinen [Zielsystem], S. 128. Staehle [Kennzahlen], S. 97ff.

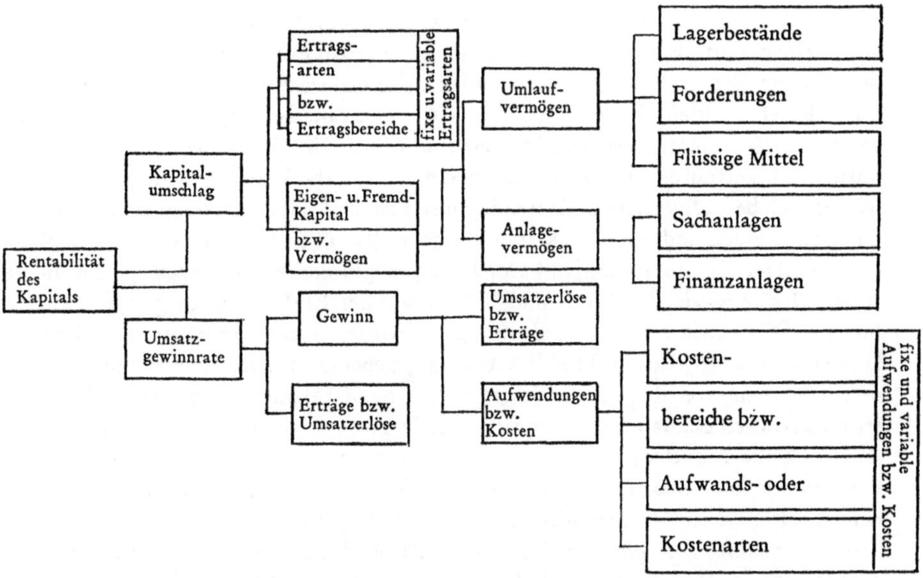

Abb. 53: ROI-Chart als Totalkonzeption der Informationswirtschaftlichkeit

Die Auffächerung und Aufschlüsselung der wichtigsten quantitativen Ausdrucksformen und Relationen (Kennzahlen) spielen für die wirtschaftliche Planung, Zielprogrammierung und Kontrolle eine bedeutende Rolle. Es kann sich um vergangene oder erwartete, eigene oder vergleichbare fremde Werte handeln, die den produktions-, finanz-, personal- oder informationswirtschaftlichen Bereich betreffen können.

Zweifellos können damit die materialen Prozesse und die Informationsprozesse selbst und viele darauf einwirkende Größen menschlichen Verhaltens personeller Kapazitäten und Beziehungen nicht geklärt, aber doch indirekt über nachfolgende Analysen bei bedeutenden Abweichungen kontrolliert werden, soweit die Problematik der Vergleichsgrößen und simultanen Änderungen durch eine Relativierung ausreichend vermindert werden kann. Dabei wirken sich auch die Erkenntnisse der Lerntheorie klärend aus.

Einen Planungszeitraum kontrollfähig und abrechenbar machen, setzt schließlich voraus, daß die für die einzelnen Arbeitsbereiche abgeleiteten Ziele nach Mengen-, Termin-, Kosten- und Ertragserwartungen möglichst konkret vorgegeben werden.

Der Informationsprozeß, der diese Einsichten vermittelt, bedarf selber der ökonomischen Durchleuchtung, auch wenn es nicht möglich ist, alle Wirkgrößen darin einzufangen. Zumindest sind Näherungslösungen auf Grund bekannter Informationsprozesse denkbar, in denen von einer Informationsalternative zur jeweils nächsten fortgeschritten wird. So etwa könnten im Verlauf des Suchprozesses verschiedene informationstechnologische Verfahren und Hilfsmittel alternativ vor- und rückkoppelnd abgewogen werden. Insbesondere für den Einsatz elektronischer Datenverarbeitungsanlagen sind derartige Ansätze von Wirtschaftlichkeitsrechnungen im umfangreichen Maße

versucht worden. Es blieb im wesentlichen zunächst ein Problem der Faktorisierung von allgemeinen Einflußgrößen einer komplexen realtechnischen Investition, denn die auf dem Gesetz der großen Zahl beruhenden allgemeinen Abhängigkeiten bedürfen zur numerischen Einkleidung der Daten des einzelnen Entscheidungsfalles. Die Suche nach geeigneten Informationsalternativen erfordert auch eine Einbeziehung anderer Hilfsmittel und Verfahren, bis hin zur mittleren Datentechnik und zu alternativen Datenträgern. Neben allgemeinen Kostendegressionen und Nutzenerwartungen sind dabei die Genauigkeit und Schnelligkeit wichtige Hilfsgrößen [456]. Von Hartmann [457] werden gegenwärtig die »effektiven Gestaltungsmöglichkeiten« untersucht, »die die zentralen Geräte sowie die Rand- und Hilfsgeräte der EDV technisch und wirtschaftlich bieten«. Die Kapazität und Geschwindigkeit realtechnischer Aggregate und Verfahren können allerdings nicht im Hinblick auf ein gegebenes Informationsvolumen allein beurteilt werden, von dem in der Regel nicht einmal bekannt ist, ob das Volumen den wirtschaftlichen Bedürfnissen entspricht; die Degressionserscheinungen müssen vielmehr auch unter Berücksichtigung qualitativer und erwarteter Veränderungen beurteilt werden. Immerhin ist bedeutsam, daß sich die Zahl der Rechenoperationen pro Währungseinheit seit 1950 im Durchschnitt um jährlich 80 % gesteigert hat: Eine wesentlich verbesserte Leistung zum gleichen Preis. Bis 1975 wird mit einer 100- bis 1000fachen der gegenwärtigen Arbeitsgeschwindigkeit gerechnet. Der Einsatz des jeweils modernsten Verfahrens bedeutet daher einen beachtlichen Vorsprung; vorausgesetzt, daß der Informationsbedarf in gleicher Weise gestiegen ist und zu höheren Erträgen führt.
Derartige Untersuchungen bedürfen daher der Ergänzung durch Wirtschaftlichkeitsvergleiche bei Suchprozessen in personeller Hinsicht, die erkennen lassen, wann diese Prozesse aus wirtschaftlichen Gründen in der Entscheidungssituation zu beenden sind, etwa ausgehend von der Varietät des Suchraumes und der Zahl der beteiligten Personen [458]. An diesen Überlegungen wird schon deutlich, daß die Informationswirtschaftlichkeit viele Gesichter hat; von einer sinnvollen ökonomischen Beurteilung von integrierten Datenverarbeitungssystemen sind wir noch weit entfernt. Der Wert dieses Systems ist aus dem Gesamtergebnis nicht isoliert herauszurechnen.
Somit sind grundsätzlich folgende Bewertungskomplexe bei Sensitivitäts- und Wertanalysen im informationswirtschaftlichen Bereich auseinanderzuhalten:

Statisch:

Synthetisch:
- Integriertes (Total-)System (mit dem Problem der Bewertung ganzer Unternehmungen vergleichbar)
- Informationsbündel der Entscheidungssituation

[456] Vgl. Grochla [Möglichkeiten], S. 68ff.; Holtgrewe [Automation], S. 65; Gregory, R. H.; von Horn, R. L. [Data-Processing], S. 349f.; Savas [Computer], S. 340.

[457] Hartmann, B. [Business], S. 184. Vgl. auch Mertens [Kooperation], S. 10. Vgl. auch die »Untersuchungen zum Gesetz der Kostendegression in der ADV« von Mertens [Untersuchungen], S. 203ff.

[458] Vgl. z. B. Rittel [Hierarchie], S. 54ff.; Gregory [Management], S. 88; Berthel [Information], S. 75ff.

- Informationsbündel taktischer Entscheidungen (Ursprüngliche oder Leistungsprozesse)
- Dauerinformationen (Richtlinien)

Analytisch:
- Informationen für strategische Entscheidungen (Abgeleitete oder Führungsprozesse)
- Bei der Deckung des Informationsbedarfs eingesetzte Mittel
- personell
  Kommunikationsstrukturen zur Sammlung (Suchprozesse) Umformung und Weiterleitung von Informationen (Vergleich von Gruppenstrukturen)
- realtechnisch
  untere, mittlere, höhere Datentechnik (Verfahrensvergleich; Eigen- oder Fremdleistungen)
- finanziell
  Einzusetzende finanzielle Mittel für den Informations- und Kommunikationsprozeß
- Informationsbestände
  Einsetzbare zugriffsfähige potentielle Informationen und Verknüpfungen einschließlich Kalkülen (Methodenvergleich) und Programmsätzen

Dynamisch:

Synthetisch: – Anspruchsanpassung, bezogen auf das gesamte integrierte System

Analytisch: – Anspruchsanpassung im Verlauf einzelner Entscheidungsprozesse

c) Messung von Informationen

Die synthetische Messung von Informationen, d. h. die Festlegung der Informationskapazität eines ganzen integrierten Systems, für einen bestimmten Zeitpunkt oder Zeitraum ist von der Bewertung des der Integration zustrebenden Informationssystems nicht zu trennen. Diese Bestimmung ist mit der Bewertung ganzer Unternehmungen vergleichbar, allerdings unter stärkerer Betonung der Entscheidungs- und Verstärkerkapazitäten.

Eine analytische Messung erstrebt eine Mengenbasis für eine Bewertung einzelner Informationsprozesse, Informationsflüsse und Informationsbestände [459]. Die Suche nach einer ökonomisch sinnvollen Informationseinheit (»IE«) führte zu zahlreichen Vorschlägen für Meßgrößen. Die Spannweite dieser Meßgrößen bewegt sich zwischen einer variablen, pragmatisch orientierten, problembezogenen Größe [460] und einer syntak-

[459] Vgl. auch zur Messung der Wissensvermittlung beim Menschen Schönfeld [Führungsausbildung], S. 273ff.

[460] Thüring [Programmierung], S. 273.

tisch – auf die Möglichkeit der Automatisierung hin – ausgerichteten Größe (Bit, Byte, Informationsgehalt)[461]. Dazwischen liegen Meßgrößen, die eine bessere Handhabung im Rahmen der praktischen Organisationsarbeit erlauben sollen, wie etwa die IE nach Pietzsch[462]: 40 Zeichen einer Lochkarte – oder die »Informationsdichte« nach Walz[463]: »Zeichen je IE«.
Beträchtliche Mißverständnisse über den analytischen Informationswert beruhen darauf, daß diese Informationseinheiten bereits als »Informationswerte« angesehen werden. Der trotz vorhandener praktischer Ausrichtung und Annäherung sichtbare syntaktische Aufbau der Informationseinheiten zeigt jedoch, daß es sich dabei lediglich um Grundlagen einer Bewertung handeln kann; denn mehr Zeichen oder eine Vergrößerung des nachrichtentheoretisch definierten Informationsgehalts bzw. eine Verminderung der Entropie sind nicht gleichbedeutend mit höherem Informationswert für den Empfänger der Information. Aus dem gleichen Grund erlaubt auch die Annahme einer linearen Wertänderung[464] in der Zeit keine ökonomisch sinnvollen Folgerungen.
Es muß als ein Irrweg erscheinen, nach einer universalen Informationseinheit zu suchen, denn die Informationsmengen können nicht die zugrundeliegenden unterschiedlichen Erscheinungsformen der Unternehmung überdecken, dazu bedarf es bereits bewertender Vorgänge. Und die Bewertung richtet sich nach den Zwecken der Information, die so vielgestaltig sein können, wie die Entscheidungssituationen selbst.
Daß es aber andererseits trotz aller Unzulänglichkeiten möglich ist, die heterogensten Mengengrößen über eine zeit- und zweckbezogene Bewertung mit Hilfe eines Generalnenners (z. B. Währungseinheit) zusammenzufassen, zeigen die in der Praxis üblichen Informationsbündel, wie etwa die Bilanz oder die Finanzpläne. In diesen werden nicht nur die verschiedenartigsten Mengen in Geldgrößen zusammengefaßt, sondern – unter Beachtung von Minimalforderungen und Modifikationen – auch mehrere Zwecke gleichzeitig berücksichtigt. Das bedeutet zugleich, daß in dieses Informationsbündel eine Vielzahl zeitgebundener und standortbezogener Bewertungskompromisse einfließen. Das Ausmaß der gleichzeitig zu berücksichtigenden Zwecke und der Aussagewert je Zweck sind dabei konkurrierende Zielkriterien.
Es liegt somit nahe, von einer größeren Zahl von Informationseinheiten auszugehen, die unter bewertenden Gesichtspunkten von Fall zu Fall, d. h. problembezogen, sinnvoll eingesetzt werden können; also z. B. neben Bit, IE und Zeichen je IE etwa die Stammkarte eines Arbeiters, die durchschnittlichen Kosten eines Interviews, die durchschnittliche Zeit eines Rechenaggregats für Routineprobleme, Zeichen eines Einheitsbriefs, Stufen der Auftragsabwicklung, durchschnittliche Kosten eines Ablagegutes, Spezialisten-Jahr (»Mann-Jahr«); aggregatabhängige und aggregatunabhängige Maßeinheiten.
So kann es für die Investitionsentscheidung »Computer-Anschaffung« u. a. sinnvoll sein, die Speichermöglichkeiten in Bits oder einer davon abgeleiteten Basis zu kennen.

461 Zemanek [Informationstheorie], S. 21. (Informationsgehalt) $H = -\sum_{i=1}^{N} p_i \cdot \mathrm{ld} p_i$.
462 Pietzsch [Information], S. 27.
463 Walz [Einbeziehung], S. 244f.
464 Vgl. hierzu z. B. die Untersuchungen von Gregory/van Horn [Data-Processing], S. 518ff.

Aber diese »Messung« ist nur ökonomisch sinnvoll, wenn eine Bewertung auf den angestrebten Zweck hin erfolgt, die eine Abstimmung mit konkurrierenden Kriterien, z. B. mit den Kenndaten der zentralen Recheneinheiten, den peripheren Geräten und der Programmkompatibilität, mit einschließt.

Damit wird deutlich, daß die Messung, insbesondere die Auswahl der Meßgrößen, von der Bewertung nicht zu trennen ist. Sie liefert nur eine Grundlage des Bewertens, anknüpfend an die natürlichen Merkmale des Meßobjekts[465]. Dies führt zu unterschiedlichen Graden der Messung in den einzelnen Meßbereichen, z. B. pragmatisch orientierte Problemanalyse, semantisch ausgerichtete Organisationsanalyse und syntaktische Voraussetzungen der Automatisierung.

Erst aus dieser Sicht heraus können die semiotischen und meßtheoretischen [466] Erkenntnisse verbunden und im ökonomischen Bereich für verschiedengradige Messungen eingesetzt werden.

Übersicht zum Versuch einer Synthese von Semiotik und Meßtheorie für ökonomische Zwecke:

Abstufungen	Theorien	
	Semiotik (Sprach- und Zeichentheorie)	Meßtheorie (Mengenlehre)
I	Syntaktik	Kardinal
II		Interval
III	Semantik	Ordinal
IV	Pragmatik	Nominal

Abb. 54: Synthese von Semiotik und Meßtheorie

Kurzinterpretation:

Stufe I:	Physikalische Substanz; Signale, Zeichen	Konstante Maßeinheit; es existiert ein absoluter Nullpunkt; z. B. Temperatur, Gewicht.
Stufe II:	Signalbündel, z. B. »IE«	Willkürlicher Nullpunkt, aber Gleichheit von Intervallen; lineare Transformation, z. B. Abweichungsrechnung, Standardkostenrechnung.
Stufe III:	Sinnvolle Zeichenbündel, z. B. Satz; Standardisierte Informationsgruppen	Komparatives Urteil; Rangunterschied vorhanden; z. B. fallend < gleichbleibend < steigend; gegebene Transitivität und Relation. Klassen möglich, z. B. Lohngruppen.
Stufe IV:	Bezugspunkt; Zweckorientierung; adressatenbezogener Satz	Schwaches Messen. Lediglich Unterscheidbarkeit. 1:1-Transformation. Quasi-Analyse.

465 Vgl. Kloidt [Grundsätzliches], S. 297.

466 Stevens [Measurement], S. 8; Kloidt [Grundsätzliches], S. 295f.; Heinen [Zielsystem], S. 116f.; Ijiri [Foundations], S. 4ff. und S. 33ff.; Mattessich [Philosophie], S. 249ff.; Roth [Persönlichkeitspsychologie], S. 24ff.; Chmielewicz [Formalstruktur], S. 240ff.

Diese Gegenüberstellung macht sofort einsichtig, daß starkes Messen von einfachsten Einheiten ausgehen muß, schwaches Messen aber in der Regel mit den wertvollsten Informationen verbunden ist. Eine Werterhöhung kann daher leicht mit dem angestrebten Grad der Manipulierbarkeit und Kontrollfähigkeit konkurrieren.
Zur Demonstration von starkem und schwachem Messen sei auf das Vorgehen des Marktforschungsinstituts Nielsen [467] hingewiesen. Die Zuverlässigkeit erhobener Daten steht an erster Stelle. Zur Feststellung der Verbrauchergewohnheiten werden daher nicht die Verbraucher befragt, sondern die Einzelhändler. Die Einzelhändler bleiben einzige Erhebungsbasis, die Aussagen der Verbraucher erscheinen zu unsicher. Dennoch werden auch auf dieser Basis keine Prognosen geliefert, sondern lediglich minuziös aufbereitete Daten. »Die Zielsetzung des wirtschaftlichen Handelns steht somit im engen Zusammenhang mit dem Messen.« [468]

d) Bewertung und Informationen

Wie sich bei der Messung gezeigt hat, erhält diese nur ihren ökonomischen Sinn über die Wertung an Hand der Einzelziele bei der Entscheidungssituation oder den einzelnen Entscheidungskomponenten. Die Mengenkomponenten werden mit Artkomponenten zu Werten transformiert. Insoweit stellt die Messung lediglich Ersatz- und Hilfsgrößen oder vorläufige Maßstäbe für die Bewertung bereit; die Bewertung bestimmt, welches Meßobjekt mit welchem Maßstab und mit welchem Meßinstrument nach welcher Meßmethode zu behandeln ist. So kann mit dem Thermometer nicht die Luftfeuchtigkeit gemessen werden, oder es kann der personelle Input nicht in kg gemessen werden und der gütermäßige Output nicht mit dem Leistungsmaß n-achievement (McClelland).
Zu den Ersatzgrößen gehören z. B. eindeutige Mengenangaben, zeitliche Fixierungen (Zeitdauer, Zeitpunkte, Zieltermine und Bezugstermine – »timing«), Qualitätsstandards, Ausschußtoleranzen, Bandbreiten der Fluktuation, individuelle Finanzierungsregeln und andere Kenndaten. Höchste Zielersatzgröße ist die zeitraumbezogene Kapitalwirtschaftlichkeit in Währungseinheiten.
»... Zeitgrößen stellen mengenmäßige Ergiebigkeitskriterien dar, die das Ausmaß der Technizität zum Ausdruck bringen sollen. Das Kriterium der Ökonomität tritt als wertmäßiger Gesichtspunkt zu den mengenmäßigen Beurteilungsmaßstäben noch hinzu. Die zunächst am Technizitätsgrad orientierten organisatorischen Überlegungen werden dann durch die Einbeziehung von Aufwendungen und Erträgen, die der Leistungsprozeß verursacht bzw. hervorbringt, überlagert und relativiert.« [469]
Bei den Erwartungsgrößen ist zwar prinzipiell keine Messung möglich [470]; die hier in den Vordergrund rückenden Schätzungs- oder Bewertungsvorgänge bedürfen jedoch

[467] Busch [Meßbare], S. 8.
[468] Schulze [Messung], S. 207. Schulze behandelt mit der Messung zugleich die Bewertung und versucht, den Unterschied aufzuheben. Vgl. auch die Interdependenz zwischen Information und Entscheidung, zwischen Diagnose und Prognose.
[469] Wild [Grundlagen], S. 130.
[470] Kloidt [Grundsätzliches], S. 299.

der Hilfsvorstellungen, welche in den in der Vergangenheit angewandten Meßgrößen enthalten sind.

Eine weitere Relativierung tritt durch die hinter den einzelnen Entscheidungskomponenten stehenden Zielsetzungen und Wirtschaftlichkeitsüberlegungen ein.

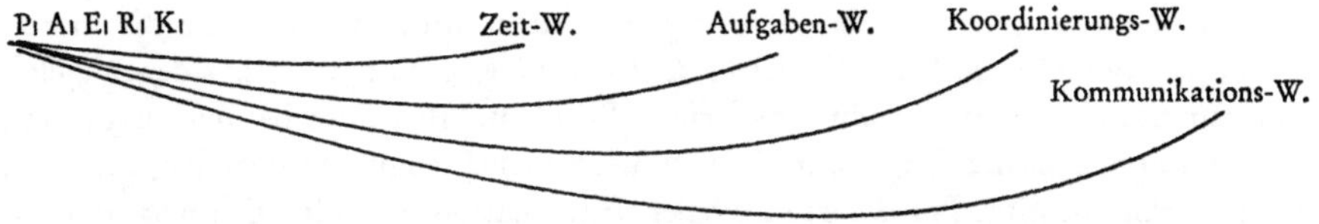

Die Gewichte der Information (I) bei den einzelnen Entscheidungskomponenten sind von den Rollendifferenzierungen abhängig, bezogen auf die Ziele der Entscheidungskomponenten und ausgehend vom Informationsstand des Entscheidungsträgers.

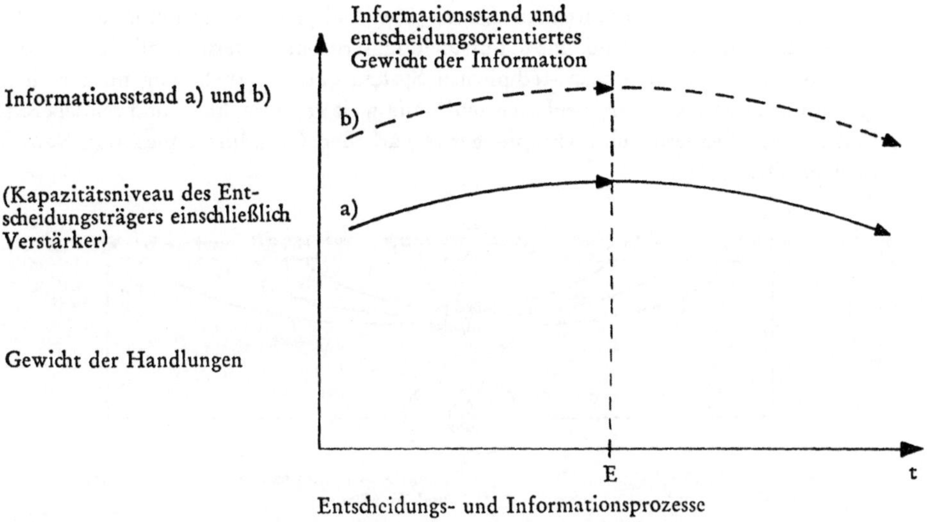

Die Qualität des Informationsstands zu Beginn des Entscheidungsprozesses beeinflußt oder bestimmt die Folgewirtschaftlichkeiten. Die Anwendung der Wert- und Sensitivitätsanalyse auf die Information erstrebt eine zusätzliche Verbesserung der Information. Das schließt auch insbesondere die Beantwortung der Frage ein: welche Informationen sind entbehrlich? Die ständige Reduktion der fast kontinuierlich anfallenden Datenmengen zugunsten einer entscheidungsorientierten Qualitätsverbesserung erleichtert die Suchprozesse in der Entscheidungssituation.

Der Informationsstand der Entscheidungsträger kann nie O sein. Es ist daher unrealistisch, bei der Untersuchung von Informations- und Kommunikationswirkungen von einer absoluten Nullposition auszugehen. Die Abschätzung der Informationswirkungen erfordert daher einen Vergleich zwischen zwei Erwartungen:

a) Erwarteter Gewinn ohne zusätzliche Informationen

b) Erwartete zusätzliche Informationen = erwarteter zusätzlicher Ertrag (bzw. zusätzlicher Informationsgewinn = zusätzlicher Unternehmungsgewinn)

Jede Planung und Kontrolle setzt Eignungsmaßstäbe voraus als Basis einer näherungsweisen Bewertung [471]. Was bei den ursprünglichen Informationen, die die materialen Prozesse begleiten, noch relativ leicht realisierbar erscheint, wird bei den abgeleiteten Informationen zu einem recht schwierigen Problem. Aber auch bei den ursprünglichen Informationen ist die Frage nach dem zu messenden Eigenwert zu stellen, sofern es den dort überhaupt gibt. Bei der zusätzlichen Information ist schließlich nach dem Mehrertrag zu fragen, auch wenn eine Verbesserung in der Regel nicht mit mathematischer Genauigkeit bestimmt werden kann [472]. Besonders problematisch erscheint dabei, abgesehen von der Mehrfach- [473] und Wiederverwendung, den zusätzlichen Informationswert mit dem Ergebnis der Entscheidungswirkung gleichzusetzen und von einer Nullposition des gegebenen Informationsstandes auszugehen. Dabei können allein schon die relativ kostensparenden Dauer- und Gelegenheitsinformationen der Führungskräfte ein hinreichend gutes Entscheidungsergebnis liefern. Schließlich sind die Menschen im sozioökonomisch-technischen System der Unternehmung nicht gleichzusetzen mit zuverlässig berechenbaren und ohne weiteres aufnahme- und sendebereiten, steuerbaren »Sendern« und »Empfängern« nach den Grundprinzipien der Nachrichtenübermittlung [474]:

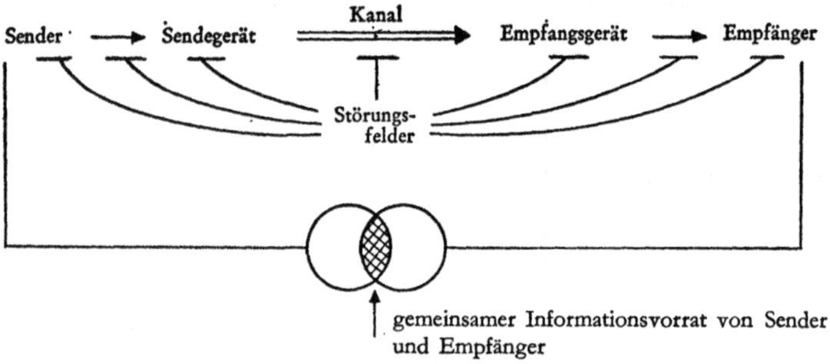

Gerade hierin liegen die besonderen semiotischen und meßtheoretischen Probleme einer betriebswirtschaftlichen system- und entscheidungstheoretisch orientierten Informationstheorie.

[471] Vgl. zum empirischen Zusammenhang zwischen Informationsgrad und Planungseffizienz bzw. zwischen Planabweichung und Informationsgrad am Beispiel von Absatzplänen bei Berthel/Moews [Planung], S. 161 ff.

[472] Vgl. Kosiol [Unternehmung], S. 179.

[473] Zum »Wissensbeitrag« der »unmittelbaren« und »mittelbaren« Information vgl. Loitlsberger [Informationsbegriff], S. 127 ff.

[474] Vgl. Modelle bei Schweiker [Grundlagen], S. 156; Steinbuch [Gesellschaft], S. 40, Kramer [Information], S. 49 ff., Berthel [Informationen], S. 146.

Neuerdings beschäftigt sich auch die mathematische Informationstheorie mit der Frage, »welchen Wert eine bestimmte Information für den Empfänger besitzt« [475]. Dabei wird eine bestimmte Struktur des Empfängers vorausgesetzt und festgestellt, um wieviel eine zusätzliche Information bei einer Problemlösung weitergeführt hat. Der »Meßbarkeit des Nutzens« wendet sich nunmehr auch die mathematische Entscheidungstheorie in verstärktem Maße zu [476].

Diese Versuche dienen noch vorwiegend der logischen Klärung von Informationszusammenhängen. Die entscheidenden »Einflußgrößen«, wie der Informationsstand, die erwarteten Informationskosten, Informationserträge, Wahrscheinlichkeitsverteilungen, Informations- und Entscheidungsregeln werden vorausgesetzt. Allein schon die Trennung dieser Regeln ist wegen der Parallelität von Information und Handlung problematisch. Auch Marschaks Modell unterstellt einen zu hohen Rationalitätsgrad [477].

Wesentlich realistischer sind die methodischen Überlegungen, die von einer Veränderung des Bedarfsniveaus im Verlauf des Entscheidungsprozesses ausgehen [478]. Wider Erwarten fördernde Faktoren führen während des Prozesses zu einer Anspruchsanpassung nach oben, hemmende zu einer solchen nach unten.

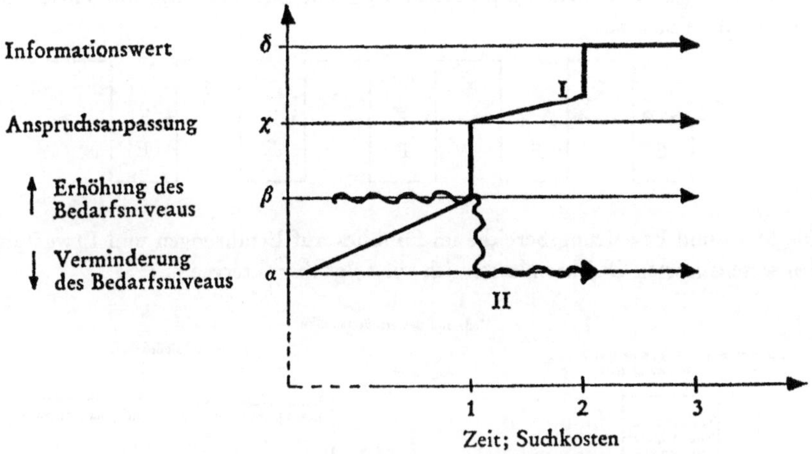

Abb. 55: Informationsbedarf und Anspruchsanpassung

Der Suchprozeß findet bei t_3 sein Ende, weil etwa die Beschaffung weiterer Informationen trotz intensivster Suche unmöglich erscheint, keine zusätzlichen Erträge oder akzeptable Handlungsalternativen mehr erwarten läßt, die erwarteten Kosten überschritten würden oder der Entscheidungszeitpunkt mutmaßlich ungünstiger werden würde. Das ursprüngliche Anspruchsniveau wurde jedoch von β an γ und schließlich

[475] Steinbuch [Gesellschaft], S. 41; Charkewitsch [Wert], S. 59ff.

[476] Kohlas/Landtwing [Planung], S. 225ff.

[477] Hinweis auf die prägnant vergleichende Analyse (der Modelle von Marschak, Simon, Boulding) bei Bössmann [Analyse], S. 112ff. Vgl. auch Marschak [Information].

[478] Vgl. Bössmann [Analyse], S. 115; Sauermann/Selten [Anspruchsanpassungstheorie], S. 557ff.

an δ angepaßt, weil die Suchprozesse bis t_1 und t_2 unerwartet günstig verlaufen sind. Umgekehrt erfolgte beim Sußprozeß II eine Anspruchsanpassung nach unten, nämlich von β an α, weil die Suche bis t_1 erfolglos blieb. Im Zeitpunkt t_2 wird schließlich unter pessimistischen Vorzeichen entschieden.
Die Sicherheit der Bewertung der potentiellen Informationen (Informationsstand, Dokumentation) wächst mit dem Bekanntheitsgrad der vermuteten Problemzugehörigkeit. So lassen sich für Kontrollinformationen einzelne Wertklassen [479] bilden, die eine vorläufige Abschätzung der Informationsbestände und deren Einsatzmöglichkeiten gestatten.
Je vollkommener die Information, desto bedeutsamer werden die Kalküle oder: je unvollkommener die Information, desto mehr Gewicht erhält der Bewertungsvorgang, die Meinung und das Urteil des Entscheidenden.
Es ist somit unfruchtbar, nach dem generellen »Geldwert für ein ›Stück‹ Information« [480] zu suchen. Das wird besonders deutlich an der Bewertung von solchen Planstudien, die keine Verbindung zu den gegenwärtigen physischen Grundlagen der Unternehmung mehr haben.
Im Verlauf des Entscheidungsprozesses wechseln informations- mit entscheidungsintensiven Bereichen ab:

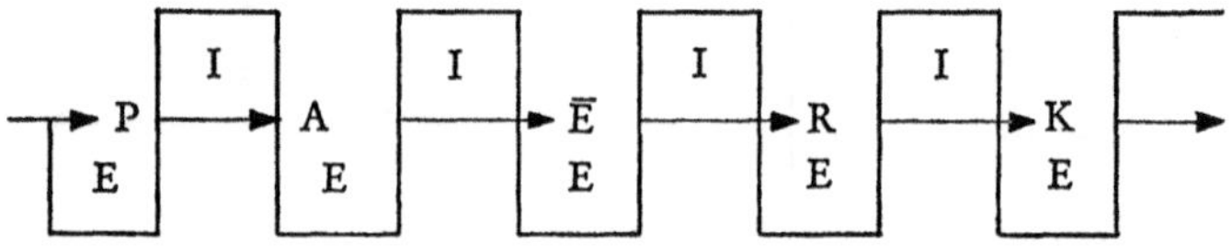

Die Meß- und Bewertungsbereiche im Hinblick auf Erfahrungen und Erwartungen bei den wesentlichsten Objekten lassen sich wie folgt charakterisieren:

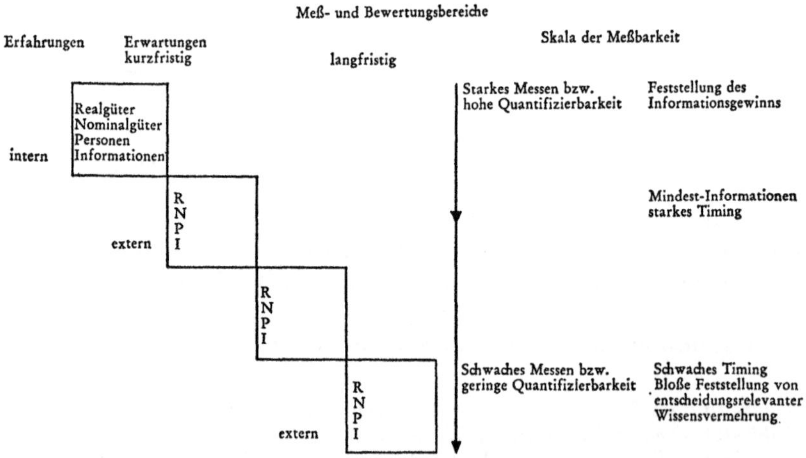

[479] Scheuchzer [Unternehmungsdokumentation], S. 18.
[480] Mueller [Wertfaktoren], S. 1348.

Weder der Informationsstand am Anfang noch der Informationsstand am Ende eines Entscheidungsprozesses können den Wert 0 erreichen. Abgesehen davon, kann es ökonomisch sinnvoll sein, eine Prämisse oder ein Ablagegut schon wesentlich früher mit dem Quasiwert Null zu klassifizieren und damit zu entwerten. Diese Entwertung bedeutet eine Qualitätsverbesserung, wenn es gelingt, das Volumen weitmöglichst auf den entscheidungsrelevanten Zusammenhang zu reduzieren.
Der Nutzwert der Information hängt zwar primär von der Bewertung durch den Empfänger ab, aber der Sender kann ebenfalls darauf hinwirken, daß eine Information zu Handlungen führt, d. h. ihren Nutzwert behält [481].

2. Kriterien für den Informationsbedarf der Entscheidungsträger

a) Ableitung des Informationsbedarfs aus den entscheidungsorientierten Rollen der Information

In den Relationen zwischen den Informationsbedürfnissen bzw. dem ökonomisch relevanten Bedarf und den Informationsquellen liegen die Schlüssel für ein integriertes und dynamisches Informationssystem. Es ist notwendig, einen Überblick über den Informationsbedarf der Entscheidungsträger einer Unternehmung zu gewinnen [482] und vor allen Dingen angesichts des sich ständig wandelnden Informationsbedarfs auch zu behalten. Das erfordert, daß die Konsequenzen aus der gegenwärtigen Situation gezogen werden, die Henderson treffend so umreißt: »We do not know what data management ›ought‹ to have and have little indication that managers know what constitutes complete and perfect data services. It is apparent that the needs are not static . . .« [483]. Der Fremd- und Eigenbedarf der Führungskräfte an Informationen kann nicht im gleichen Maße auf empirisch feststellbare »Bedarfsäußerungen« und »Bedarfsfaktoren« [484] zurückgreifen, wie dies bei den Bedarfsuntersuchungen im Rahmen von Marktanalysen üblich ist. Allein schon die Feststellung des »Versorgungsgrades« (Informationsstand) bereitet große Schwierigkeiten.
Wenn in der gesamten Unternehmung möglichst zieladäquate Entscheidungen getroffen werden sollen, führt das zu der Kardinalfrage jeder auf Verbesserung der Informationsarbeit in der Unternehmung gerichteten Tätigkeit: »Über wieviel Informationen muß jeder Entscheidungsträger mindestens verfügen, wenn der Entscheidungsprozeß« so

[481] Vgl. zur Leistung des Geistesarbeiters in der Großunternehmung Drucker [Führungskraft], S. 16.

[482] Vgl. Gallagher [Management], S. 60. Vgl. hierzu auch die empirische Studie von Berthel/Moews, insbesondere S. 104ff., zu Tendenzaussagen über die Wichtigkeit von Bedarfskategorien »in Abhängigkeit von Merkmalen zur Kennzeichnung der Unternehmungen und der Pläne«, vor allem bezogen auf die Absatzplanung. Vgl. außerdem Vieweg [Informationswesen], S. 410ff.

[483] Henderson [Design], S. 2.

[484] Vgl. Schäfer [Grundlagen], S. 69ff.

rational bzw. so gut wie möglich sein soll[485]. Die Frage nach dem Mindestansatz, nach der »zufriedenstellenden Strategie« [486], für die Deckung des Informationsbedarfs in der Unternehmung muß an den entscheidungsorientierten Rollen der Information anknüpfen.

Der Informationsbedarf der Unternehmung in quantitativer und qualitativer Hinsicht ist generell stark expandierend [487]. Im Einzelfall werden aber die Entscheidungsträger niemals die zutreffenden Antworten auf ihre Fragen erhalten, wenn sie diese nicht auch tatsächlich stellen [488]. Die entscheidungsorientierten Rollen der Information müssen somit zugleich in der Tendenz erkennen lassen, von welchen objektiven und subjektiven Bedarfsfaktoren in der individuellen oder gruppenbezogenen Entscheidungssituation auszugehen ist bzw. sein wird [489]. Die rollenspezifischen Anforderungen an die Information in einer Entscheidungssituation stellen somit Beziehungslinien dar, die sich im »Weltausschnitt« [490] des Entscheidungsträgers kreuzen.

Wie die Untersuchung der Zusammenhänge im Entscheidungssystem erkennen ließ, kommt folgende Basis des Informationsbedarfs in Betracht:

- ursprüngliche oder abgeleitete Bedingungen der Zielsituation
- ursprüngliche oder abgeleitete Bedingungen der Ausgangssituation

Der Bezugspunkt für diese Situationsanalyse und -synthese (»Lagebeurteilung«) ist die konkrete Entscheidungssituation des Entscheidungsträgers mit ihren Hauptkomponenten Problem, Alternativen, Entschluß, Realisierung und Kontrolle. Ziel- und Ausgangssituation jeder Komponente sind abhängig von Zeit, Aufgabe, Koordination, Kommunikation und dem Grad wirtschaftlichen Verhaltens, der vom handelnden Entscheidungsträger erwartet und/oder erstrebt wird.

Die Ausgangsinformationen entsprechen dem Informationsstand des Entscheidungsträgers, der ihm Anhaltspunkte liefert über die für die Problemlösung und ihre Konsequenzen zur Verfügung stehenden Ressourcen. Darin münden ein das Wertsystem, die Motivationsstruktur, Erkenntnisstruktur, der Rang und die Entscheidungskapazität des Entscheidungsträgers und der im Wirkungsbereich des Entscheidungsträgers agierenden Individuen und Gruppen.

Die Zielinformationen entsprechen der verbesserten Ausgangsinformation, d. h. der ursprünglichen oder abgeleiteten Zielerwartungen, auf die die gleichen Strukturen einwirken.

Ziel- und Ausgangsinformationen sind die Basis für die Transformation von Informationen je Entscheidungskomponente, d. h. den Rollen der Informationen mit den Varianten Zeit, Aufgabe, Koordination und Kommunikation:

[485] Vgl. Gutenberg [Unternehmensführung], S. 140. Allerdings Optimalität uneingeschränkt.
[486] Vgl. auch March/Simon [Organizations], S. 140.
[487] Vgl. Sieber [Informationsbedarf], S. 176.
[488] Vgl. Wiener [Mensch], S. 194; Gäfgen [Theorie], S. 96; Drucker [Führungskraft], S. 35.
[489] Vgl. hierzu auch Gäfgen [Theorie], S. 94f.
[490] Gäfgen [Theorie], S. 95f.

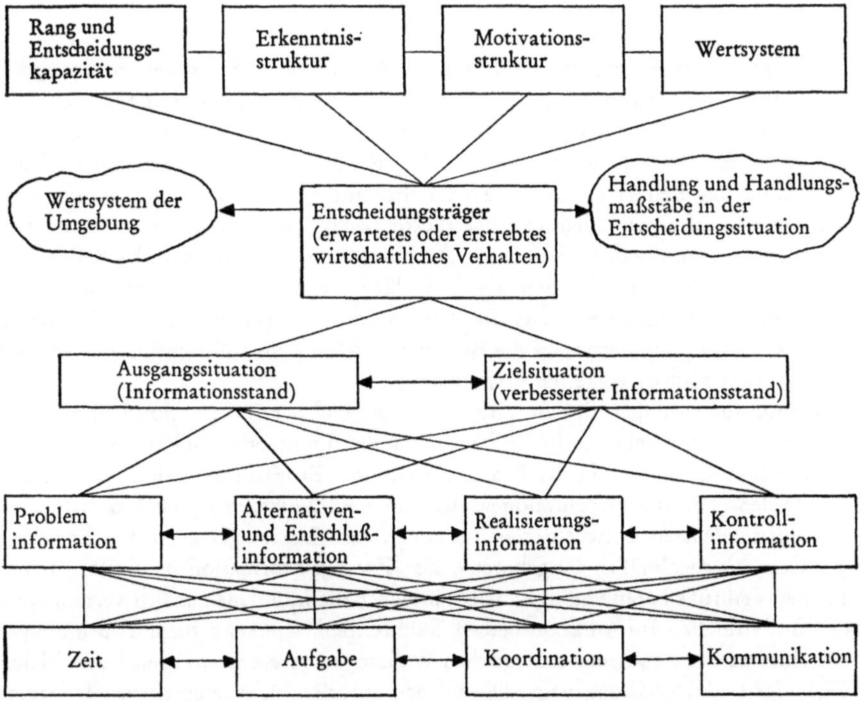

Abb. 56: Weltausschnitt des Entscheidungsträgers

Prinzipiell ist die Entscheidungssituation nicht vorauszusehen. »Entscheidungen gleichen einem Zielen auf ein bewegliches Objekt.« Die Einkleidung der Entscheidungskomponenten mit den numerischen oder nichtnumerischen Daten der Entscheidungssituation kann somit nicht im voraus besorgt werden. Angesichts des Informationsbedarfs einer noch unbekannten Entscheidungssituation steht der Entscheidungsträger in der Praxis vor den Problemen, denen sich die Wissenschaft im Verhältnis zur Technik oder zur generellen Vorbereitung von praktischen Entscheidungen schon immer gegenübersah. Mit der zunehmend rationaleren Vorbereitung von Entscheidungen in der Praxis werden zwangsläufig die Unterschiede zwischen Wissenschaft und Praxis mehr und mehr verwischen.

Wenn die vorsorgliche Einkleidung mit den Daten der Entscheidungssituation nicht möglich ist, so verbleibt doch zwischen Beharrung und Veränderung ein relativ großer Spielraum, der es erlaubt, eine Methodik des Vorgehens zu entwickeln und von bekannten Abhängigkeiten oder vermuteten Einflußgrößen, deren Stärke und Richtung, auf weniger bekannte oder unbekannte Situationen und Probleme zu schließen. Von der gleichen Überlegung geht die Einteilung in einwertige und mehrwertige Erwartungen, in plausible und weniger plausible Hypothesen aus.

b) Bedarfsträger

Es klingt zunächst recht plausibel, daß ein Bedarf nur gedeckt werden kann, wenn er auch tatsächlich bekannt ist. So wie sich etwa im Realgüterbereich die Beschaffung nach Produktion und Absatz oder im Nominalgüterbereich und Personalbereich die Geld-, Kapital- und Personalbeschaffung nach dem Realgüterbereich richten mögen. Doch auch hier kann der Bedarf in den meisten Fällen nicht »auf Auftrag«, sondern nur »auf Verdacht«, auf unterschiedlich abgestützte Bedarfsprognosen bzw. Absatzprognosen gestützt werden, die das »Auf-Lager-Arbeiten« oder »das Wecken des Bedarfs« an die Stelle des effektiv vorhandenen, also zuverlässig bekannten Bedarfs setzen.
Wenn diese materialen Bereiche die Ausgangsposition für die Information darstellen, muß es nicht verwundern, daß die Bedarfsfeststellung im Informationsbereich noch mit weit größeren Schwierigkeiten verbunden ist.
Die Situation ist daher hier auch heute noch so, daß der Informationsbedarf nur global oder unbestimmt bekannt ist und ebenso unbestimmt oder global gedeckt wird, wie allein schon die meisten in der Praxis verwandten Ermittlungsmodelle erkennen lassen. So werden etwa die Informationen aus dem Rechnungswesen global ermittelt und für die verschiedensten Entscheidungssituationen »auf Lager« gelegt, mit mehr oder weniger Geschick regelmäßig »angeboten«, als »Zwangsinformationen« weitergeleitet oder für den »Abruf« bereitgehalten. Selbst in den Fällen, in denen es sich vermutlich lohnt, den individuellen Informationsbedarf festzustellen, wie etwa beim Top-Management, weil hier in der Regel mit strategischen Wirkungen gerechnet werden kann, bleiben die Ziele der Bedarfsdeckung vage. Die bis heute vorliegenden empirischen Informationsanalysen lassen allerdings das Ausmaß der tatsächlichen Unbestimmtheit noch nicht klar genug erkennen.
Wenn der Inhalt des Bedarfs schon verschwommen bleibt, wäre allerdings zu erwarten, daß die »Bedarfsträger« wenigstens hinreichend bestimmt werden können, zumal die »Entscheidungsträger« eines Systems doch in der Regel für einen überschaubaren Zeitraum und Aufgabenbereich festzustehen scheinen. Doch bei näherem Zusehen sind auch die Bedarfsträger nicht so eindeutig zu bestimmen, wie etwa folgende konkurrierenden Begriffe für die Adressaten oder Bedarfsträger der Information zeigen:

Bedarfsträger
Empfänger
Verwender: »Kern- und Randinformationen« bzw. »Stamm- und Hilfsinformationen« (1,2 ... n + Ablage/Registratur/Archiv/Speicher/Gedächtnis und infinitesimale Impulswirkungen)
Adressaten
Aktionsstellen des Systems
Abteilungen
Aktoren
Handlungsträger
Entscheidungsträger
Informationsträger
Verantwortungsträger

Aufgabenträger
Funktionsträger
Führungskräfte
Mitglieder der Organisation
Innenbeteiligte (Insider)
Außenbeteiligte (Outsider)

Zum anderen ist nicht leicht festzustellen, wie lange eine Information durch ständig weitere Umverteilung positiv oder negativ weiterwirkt. Es ist nicht sicher, ob die Informationen bei dem Empfänger, der sie anfordert, die größten Wirkungen zeitigt; es kann jeder andere in der Kette der Umverteilung der für die Organisation wertvollere Empfänger sein. Werden die konstitutiven Merkmale der Information zugrundegelegt, so rückt der systembezogene Aktor, der Entscheidungsträger, in den Vordergrund, während die übrigen Bezeichnungen entweder informationsneutrale oder zweitrangige sinnverwandte Bezeichnungen für Informationsempfänger darstellen können. Andererseits setzen sich deutlich die Außenbeteiligten ab, von denen aber der Informationsinhalt nicht unwesentlich abhängen kann (vgl. z. B. Fiskus, Berater, Kunden, Lieferanten). Außerdem kann es für die Bedarfsfeststellung zweckmäßig sein, die Handlungsträger von Vor- und Nachentscheidungen von den für eine Problemlösung tatsächlich verantwortlichen Entscheidungsträgern abzugrenzen. Und im Bereich der Vor- und Nachentscheidungen können zweitrangige Handlungsträger vernachlässigt werden, die von Impulsausstrahlungen versorgt werden. Somit konzentriert sich das Interesse auf die Bedarfsträger der Organisation, welche »Entscheidungen« fällen. Wer sind diese Bedarfsträger?

Bisher wurde die Unternehmung vorherrschend als monolithische Entscheidungseinheit betrachtet. Im Vordergrund standen daher die sogenannten echten Entscheidungen, d. h. Führungsentscheidungen, deren Auswahl bisher kaum hinreichend begründet wurde. Sie betreffen oder tangieren die existentiellen Bedingungen der ganzen Organisation. Diese Entscheidungen könnten daher auch Unternehmerentscheidungen oder Entscheidungen der leitenden Führungskräfte genannt werden, ohne Rücksicht darauf, ob es sich dabei um den Eigentümer-Unternehmer, den Manager-Unternehmer oder rundweg um die sogenannten obersten oder oberen Führungskräfte handelt [491]. Bei den sogenannten »unternehmerischen Entscheidungen« schwingt eine soziale Verhaltensweise mit, sie ist nicht nur auf den Rang bezogen. Sie führt eigentlich dahin, daß man in jedem Menschen in der Organisation einen Entscheidungsträger sieht, der sich in mehr oder weniger starkem Umfang »unternehmerisch« verhält.

Der Ansatz: Jeder Mensch in der Unternehmung ist ein Entscheidungsträger [492], bedeutet daher einen wesentlichen Wandel in der Betrachtungsweise.

[491] Vgl. etwa die in der Praxis recht häufig zugrunde gelegte Modifikation des Wuppertaler Kreises.

[492] Stradoudakis [Kommunikationssystem], S. 204f.: »... jedes Organisationsindividuum ist ein Entscheidungszentrum; es hat zu entscheiden, was, wie und wann in seinem engeren Tätigkeitsbereich durchgeführt werden soll.« Vgl. auch Schmidt-Sudhoff [Unternehmerziele], S. 18, zum »entscheidungsbezogenen Unternehmerbegriff«, und Hax [Koordination], S. 10.

Welche Konsequenzen ergeben sich daraus? Es liegt zumindest nahe, den Begriff Entscheidungsträger auch auf die unteren Führungskräfte und alle Stäbe in der Unternehmung einschließlich der sog. Chefsekretärinnen zu übertragen. Sicherlich ergibt sich schon in dieser Abstufung der Verantwortungsbereiche auch eine Abstufung der mehr oder weniger flexibel gehaltenen Entscheidungsspielräume. Dabei kann evtl. davon ausgegangen werden, daß mit abnehmendem Rang auch die existentiellen Bedingungen der ganzen Unternehmung weniger berührt werden. In der Masse allerdings kann die Quantität in Qualität umschlagen.

Somit stellt sich das Problem in erster Linie im Hinblick auf die Menschen in der Unternehmung, die auch in diesem Sinne keine Entscheidungsträger wären, d. h. negativ ausgedrückt, alle Nicht-Führungskräfte. Wollte man diese ebenfalls als Entscheidungsträger – unabhängig von den Möglichkeiten der sog. Mitbestimmung – betrachten, so würde hier erst recht die Tendenz gelten, daß deren einzelne Entscheidungen die existentiellen Bedingungen der Unternehmung kaum berühren, die Kumulierung der Handlungen kann jedoch auch hier bedeuten, daß Quantität in Qualität umschlägt. »Ruinös kann es ... sein, wenn ein hoher Prozentsatz der unscheinbaren täglichen Entscheidungen aus irgendwelchen Gründen fehlerhaft ist.« [493]

Worin könnte nun das Besondere dieser Kategorie von mutmaßlichen Entscheidungsträgern gesehen werden. Es gibt auch auf den untersten Ebenen der kooperativ-hierarchischen Gliederung der Unternehmung Ausnahmesituationen, in die der Mensch »entscheidend« eingreifen muß [494]. Zweifellos sind die Entscheidungsspielräume in diesem Bereich im allgemeinen eng bemessen und Arbeitsplatzbeschreibungen werden häufig pauschal fixiert, weshalb es auch schon aus dieser Sicht naheliegend ist, hier mit der Automatisierung zu beginnen. Das mag nicht nur für den betrieblichen Bereich, sondern auch für den Verwaltungsbereich gelten. Dann besteht aber immer noch ein wichtiger Unterschied zwischen den vorgegebenen Toleranzen bei der höheren Datentechnik und den Toleranzen bzw. Entscheidungsspielräumen bei den Menschen. Hier können auch Anpassungen im Einzelfall, über diesen Schwellenbereich hinaus in Betracht kommen, insbesondere bei fallweisen Regelungen; hier »kann der Mensch auf Grund seiner Intelligenz kostspielige Mechanismen ersetzen« [495]. Diese Überlegungen gelten erst recht, wenn Gruppen von Entscheidungsträgern betrachtet werden. In Form der sogenannten Abteilungen haben sie bereits eine beträchtliche eigene Zielkonsistenz, mit der die Leitung rechnen kann und muß.

Dabei bleiben die Rollen aller Entscheidungsträger im Blickfeld, die sie in der Unternehmung spielen. In ihrem Wertsystem spiegeln sich aber nicht nur diese Rollen, sondern auch alle jene Rollen, die sie in den verschiedensten sozialkulturellen Systemen außerhalb der Unternehmung spielen. Hier wäre nun zu fragen: inwieweit ist es wesentlich, für die Erklärung des sozioökonomischen Systems der Unternehmung den Einfluß des Wertsystems der Entscheidungsträger auf deren Entscheidung zu kennen? Das erscheint wohl in mehrfacher Hinsicht wesentlich, aber ausgehend von den vorausgegangenen

[493] Vgl. Stefanic-Allmayer [Technik], S. 7.

[494] Vgl. z. B. die »strategischen Entscheidungen« im vorwiegend taktischen Bereich (»Engpaßsituation«).

[495] Nürck [Regelungsmaßnahmen], S. 755.

Überlegungen evtl. in einer gewissen Abstufung. Zunächst bildet sich in der Unternehmung selbst so etwas wie ein Wertsystem heraus, bei dem selbstverständlich die »Unternehmungsphilosophie« bzw. die Grundsätze der Unternehmensleitung und die Indoktrination eine bedeutsame Rolle spielen. Aber in dieses Wertsystem münden auch alle einzelnen Wertsysteme der Entscheidungsträger ein. Zwischen beiden Kategorien bestehen Wechselbeziehungen. Hier wäre nun andererseits zu fragen, inwieweit diese einzelnen Wertsysteme für die Effizienz des Ganzen wesentlich sind. Analog zu den vorausgegangenen Überlegungen könnte man auch hier an eine Art Abstufung denken. Schließlich dürften die Umweltsysteme des untersten Entscheidungsträgers die existentiellen Beziehungen der Unternehmung kaum berühren. Allerdings wird auch hier Quantität in Qualität umschlagen. Das bedeutet, daß bei der Verbesserung der Motivationsstruktur unter Umständen auch Einflüsse aus diesem Bereich in Rechnung gestellt werden müßten. Bei den obersten Führungskräften ergibt sich konsequenterweise, daß deren Umweltbeziehungen außerhalb der Unternehmung für die existentiellen Bedingungen der Unternehmung von ungleich größerer Bedeutung sind. Schließlich treffen sie – nach herrschender Meinung – die grundlegenden Entscheidungen in der Unternehmung, in die Wertvorstellungen nicht nur des Wertsystems der Unternehmung, sondern vor allen Dingen ihr eigenes Wertsystem eingeht, das zum großen Teil aus den individuellen Umweltbeziehungen gespeist wird.

In diesem Zusammenhang spielt auch die wachsende soziale Verantwortung der oberen Führungskräfte auf dem Hintergrund der immer stärker zu Tage tretenden Umwelt- bzw. Systeminterdependenzen eine besondere Rolle, häufig umschrieben mit der wachsenden Einsicht in die übergeordneten Zusammenhänge (»management by implications«).

Somit hängt die Priorität für die Feststellung des Informationsbedarfs (wie für den Wert der Information) vom Gewicht des Entscheidungsträgers ab, das ihm im Rahmen der Gesamtorganisation der Unternehmung zukommt und das sich nicht mit der hierarchisch-kooperativen Struktur zu decken braucht.

Damit steht nicht im Widerspruch, daß die Entscheidungen der Hauptverantwortlichen, nämlich der Führungsspitze, in der Regel die Gestalt der Organisation bestimmen. Sie haben die Macht, Ziele für die ganze Organisation verbindlich zu setzen und durchzusetzen, und sie haben ebenso die Macht, diesen Zielen zuwiderlaufende Bestrebungen zu unterbinden.

Somit ist jeglicher Informationsbedarf der Entscheidungsträger primär an den Informationsbedürfnissen der Unternehmensleitung orientiert. Faktisch wird aber die Qualität des ganzen Management und in immer stärkerem Maße die der Stäbe den Informationsbedarf und die Entscheidungen der Leitung beeinflussen, und zwar bis zu der Grenze, die die Leitung zieht. Und auch die Leitung kann nur bis zu der Grenze gehen, von der ab eine Mindestkonsistenz der Mitarbeit nicht mehr gewährleistet ist.

Worauf es also ankommt, ist nicht, ob ein Organisationsmitglied als Entscheidungsträger bezeichnet werden kann oder nicht, sondern darauf, welches Gewicht ihm und seinen Handlungen im Rahmen des Systems bzw. Systemobjekts zukommt. Dieses Gewicht hängt von einer Reihe von Indikatoren ab, die eine Aussage gestatten, welchen Beitrag der einzelne für die Organisation leistet, sei es im Bereich der Zielbildung oder

der Zielerreichung. Es ist plausibel, daß die Handelnden einen Bezugspunkt darstellen; sie sind für den Bestand der offiziellen Organisation verantwortlich (Innenbeteiligte), obwohl etwa Handlungsträger im Systemfeld der Organisation (Außenbeteiligte) die Organisation u. U. stärker zu beeinflussen oder auch zu erschüttern vermögen als die Handlungsträger der Organisation selbst. Bei jeder Handlung muß daher der Innenbeteiligte die Informationsbedürfnisse der Außenbeteiligten wohl abwägen und auf ihr Mindesterfordernis oder ihren restriktiven Charakter hin untersuchen. Diese Mindesterfordernisse sind sozusagen wesentliche Nebenbedingungen jedes Entscheidungsprozesses. Zu den internen Indikatoren, die das Gewicht des Entscheidungsträgers ausdrücken, gehören etwa seine Stellung als Vorgesetzter, sein Verteilungsradius als Informationsempfänger und -sender, seine Bezüge, rechtliche Stellung, Ausbildung, Beteiligung bei den Entscheidungsprozessen. Zu den externen Indikatoren gehören neben seiner rechtlichen Stellung seine tatsächlichen Beziehungen zu den Außenbeteiligten und sein formaler und informaler Verhandlungsradius im Hinblick auf die sich unablässig verändernden Strukturen der Außenbeteiligten.

Wird der Informationsbedarf nur nach den von den Entscheidungsträgern geäußerten Bedürfnissen gedeckt, die in so verschiedenartiger Weise mit dem Unternehmungsgeschehen im Zeitablauf verknüpft sind, kann diese Bedarfsdeckung leicht die von der Leitung für zulässig erachtete, kostenverursachende Bedarfsdeckung überschreiten. Informationsrechte und Informationspflichten bedürfen daher einer systematischen Überwachung, ohne daß dadurch die Motivation beeinträchtigt wird. Informale Gelegenheitsinformationen verbessern in der Regel den Informationsstand der Organisation erheblich, ohne daß der Organisation dadurch zusätzliche Kosten entstehen.

Das Gewicht des Entscheidungsträgers erhält aber erst seine volle Geltung, wenn seine Bedeutung als Sender, Impulsgeber und als Handlungen anregender Aktor hinzutritt. Das geschickte Anbieten wichtiger Informationen ist so bedeutsam, wie die Informationen als Aufnehmender in ihrem Wert zu erkennen.

Jeder Adressat kann zugleich auch Informationsquelle sein. Ähnlich wie etwa ein Kunde zugleich Lieferant sein kann oder eine Unternehmung an einen Verband Daten liefert oder von dort zugleich andere erhält oder ein Mitarbeiter für den Vorgesetzten A nur Empfänger, für B nur Sender oder beides sein kann [496]. Es ist für den Adressaten, insbesondere für den Entscheidungsträger wichtig zu wissen, von wo und wem er im konkreten Fall Informationen erhalten kann und an wen er welche liefern muß (Potentielle Information und Kommunikation). Es ist daher wichtiger, den Entscheidungsträger nicht als »Endstation« der Information (a), sondern als Informationsknotenpunkt (b) zu begreifen:

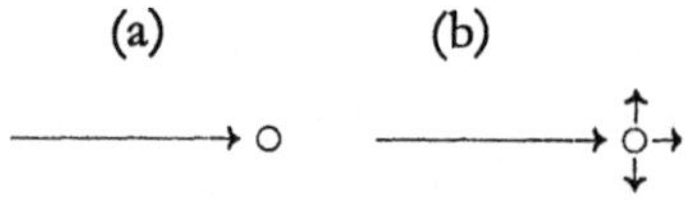

[496] Kramer [Information], S. 71.

Interne Bedarfsträger

Gewinnung (Herkunft; Beschaffung; Sender) Kommunikator		Adressaten (Hinkunft Rezipent)	
		Entscheidungsträger (interne Aktoren)	
		Person	Gruppe
Entscheidungsträger	Person	11	12
(interne Aktoren)	Gruppe	21	22

Alle übrigen, nicht minder wichtigen Konkretisierungen, sprich Anforderungen an die Information, z. B. Quantität, Qualität, Form (schriftlich, mündlich), Kosten, Datenträger, Ort, Zeit, Speicher, Kommunikationsmittel, lassen sich auf Adressaten und Quellen zurückführen bzw. von dort her in ihrem Wert oder in ihrer Wichtigkeit in bezug auf das ganze System bestimmen.
Die peripheren und externen Informationsbeziehungen werden nur im Hinblick auf die internen Aktoren systemrelevant, können aber für die Information besonders kennzeichnend sein. Diese Beziehungen lassen sich daher auf die erwähnte Matrix reduzieren. Die »schwächere Zone der Unterwerfung« wird damit in die stärkere überführt oder die Outsider-Positionen in Insider-Positionen transformiert. Darin liegt ein Lösungsansatz für die Integration der offiziellen Organisation und der darüber hinausgehenden

Adressaten / Quellen	Entscheidungsträger der Organisation (Innenbeteiligte)	Kunden	Lieferanten (und Zulieferer)	Banken	Berater	Konkurrenz	Staatl. und parastaatl. Institutionen	. . .
Entscheidungsträger der Organisation (Innenbeteiligte)	11							. . .
Kunden		22						. . .
Lieferanten (und Zulieferer)			33					. . .
Banken				44				. . .
Berater					55			. . .
Konkurrenz						66		. . .
Staatl. und parastaatliche Institutionen							77	. . .
. . .	. . .	. . .	. . .	. . .	. . .	. . .	. . .	. . .

Abb. 57: Interne und externe Bedarfsträger

Informationsbeziehungen. Die »externen« Adressaten[497] und Quellen entspringen einer Entscheidung über die Beschaffung oder Lieferung von Informationen, freiwillig oder unter dem Zwang zur Kontaktaufnahme bzw. zur Beteiligung »am wirtschaftlichen Verkehr«. Sie sind also bereits Gegenstand oder Folge einer Entscheidung bzw. einer Vorentscheidung oder Nachentscheidung; die externen Ouellen bzw. Aktoren und externen Adresssaten bzw. Aktoren lassen sich auf den Informationsbedarf der Entscheidungsträger zurückführen. Der offene Zeitrahmen erlaubt außerdem die Reduktion aller Informationsverknüpfungen auf Zweierbeziehungen. Die Organisation ist dafür lediglich die Bezugsgrundlage.

Nur der erste Zeilenvektor und der erste Spaltenvektor betreffen die unmittelbaren internen und die unmittelbaren peripheren Verknüpfungen mit den Außenbeteiligten. Alle übrigen Elemente berühren zwar die Unternehmung ebenfalls, aber nur mittelbar (externe Beziehungen). Wenn z. B. zwei Hausbanken sich gegenseitig über die Unternehmung informieren (44), so können diese Informationen für die internen Aktoren viel bedeuten; sie sind aber nur schwer für eine Steuerung zu erschließen. Ähnliches gilt für die anderen rein externen Elemente (s. Abb. 57, S. 167).

c) Faktoren der Bedarfsermittlung

Der effektive oder relevante Bedarf an Informationen entsteht erst in der Entscheidungssituation. Eine rechtzeitige Wahrnehmung von Chancen und Risiken in der Entscheidungssituation erfordert somit eine Prognose der mutmaßlichen Situation.

Für eine Vielzahl von Ereignissen des taktischen Bereichs ist dies ohne weiteres möglich. Ein vorausschauendes Eindringen in den strategischen Raum erfordert allerdings nicht nur eine Prognose ähnlicher Situationen, sondern auch von neuen Situationen im taktischen wie im strategischen Bereich, eine eigentliche Problemprognose, die sich immer stärker von den gegenwärtigen Grundlagen der Unternehmung entfernt, und zwar in dem Maße, wie der erwartete Bedarf sich davon entfernt.

Der Informationsbedarf des Entscheidungsträgers in der konkreten Entscheidungssituation ist ein Komplex zahlreicher Einzelbedürfnisse, die sich aus der Abstimmung der Ziel- und Ausgangsbedingungen jeder Entscheidungskomponente ergeben und sich im Laufe des Entscheidungsprozesses verändern bzw. anpassen.

Die Systematik auf S. 169, Abb. 58, soll einen Gesamteindruck von der Vielfalt einer Bedarfsdichotomie zwischen entscheidungsferner und entscheidungsnaher Information in dynamischer Sicht vermitteln.

Dabei ragen zwei Faktorenbündel deutlich heraus, und zwar deshalb, weil sie schon sichtbar sind, wenn die inhaltliche Fixierung der Information sich erst in schemenhaften

[497] Vgl. »Außenbeteiligte« und »Fremdbeteiligte« bei Schnutenhaus [Organisationslehre], S. 164ff. und Holzinger [Verbindungswege], S. 16: Die Verbindungswege zu »Fremdbeteiligten« werden erst »existent«, wenn sie »den innerbetrieblichen Wirkbereich der Unternehmung durchlaufen«. Zur Klassifikation der Adressaten und ihrer Interessenlagen am Beispiel der externen Rechnungslegung der Aktiengesellschaften, vgl. Lück [Rechnungslegung], S. 8f., und Heigl [Zielvorgaben], S. 1037ff.

Komponenten	Bedarfsfeststellung (Analyse und Synthese)		
	Ziel-Bedingungen	Ausgangs-Bedingungen	Bedarfsidentifikation (und Anspruchsanpassung)
Problem (1) Zeit (2) Aufgabe (3) Koordination (4) Kommunikation			↓ Problem-information
Alternativen (1) Zeit (2) Aufgabe (3) Koordination (4) Kommunikation	(1) Zieltermin (Terminierung)	(1) Bezugszeit (Periodizität)	↓ Alternativen-information
Entscheidung (1) Zeit (2) Aufgabe (3) Koordination (4) Kommunikation	(2) Zielinhalt (3) Ziel-integration (4) Adressaten-bezogene Verknüpfung	(2) Ressourcen (3) Integration der Ressourcen (4) Quellen-bezogene Verknüpfung	↓ Entschluß-information
Realisierung (1) Zeit (2) Aufgabe (3) Koordination (4) Kommunikation			↓ Realisierungs-information
Kontrolle (1) Zeit (2) Aufgabe (3) Koordination (4) Kommunikation			↓ Kontroll-information ↓

Abb. 58: Faktoren der Bedarfsermittlung

Konturen zu Beginn eines Entscheidungsprozesses anzeigt, nämlich die Art des Adressaten und das »Timing« (Terminierung und Periodizität bzw. Zieltermin und Bezugszeit).
Sie geben trotz – oder gerade wegen – der vielfältigen Zusammenhänge mit allen anderen Bedarfskomponenten die Möglichkeit, eine rationelle Bedarfsdeckung anzustreben. Diese ist nur möglich, wenn die Bedürfnisse weitgehend zu adressaten- und zeitbezogenen Bedarfsgruppen konzentriert werden (s. Abb. 59, S. 170). Dieses Problem ist vergleichbar mit dem Streben nach einheitlicher »Produktion«, soweit es die Vielfalt des »Bedarfs im Absatzmarkt« zuläßt. Allerdings kulminiert im Informationsbereich der externe Bedarf im Informationsbedarf des internen Aktors, soweit die Information nicht primär Gegenstand des Leistungsprozesses ist, wie z. B. bei einem Beratungs- oder Marktforschungsinstitut.

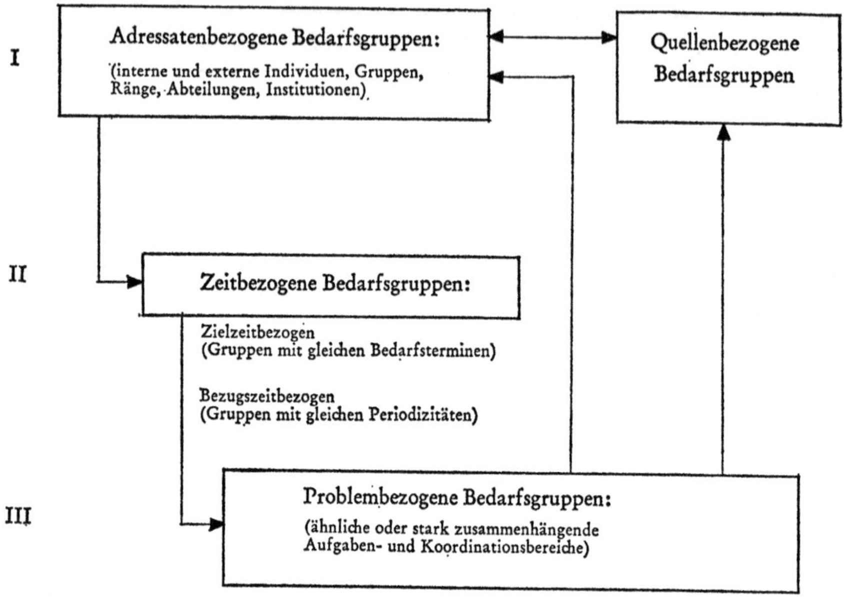

Abb. 59: Beziehungen zwischen den Bedarfsgruppen

Zwischen Homogenität und Heterogenität der Informationsbündel und Einzelinformationen liegen die Möglichkeiten der Bedarfssynthesen, die sich aus einer Kombination folgender Informations-Dichotomien ergeben können:

Individualbedarf – Mehrere gleichzeitig – Individuell zuzuleiten – Umverteilung erforderlich	Gruppenbedarf – Mehrere Gruppen gleichzeitig – Nur direkte Zuleitung (abteilungsbezogen) – Umverteilung erforderlich – Massenbedarf
Mit internem Anschlußbedarf – eigen – fremd	Ohne internen Anschlußbedarf
Mit externem Anschlußbedarf – problembezogener Mindestbedarf externer Adressaten – Zwangsinformationen	Ohne externen Anschlußbedarf
Dauerinformationen (Kurzfristige oder langfristige Dauerwirkungen erwartet)	Einmalinformationen
Zuverlässige –	Weniger zuverlässige –

Schriftliche –	Mündliche –
Rechenintensive (»genaue«) –	Weniger rechenintensive (»genaue«) –
Feststellbare –	Weniger feststellbare –
Motivierungsbedürftige –	Weniger motivierungsbedürftige –
Hochwertige (wichtige) –	Geringwertige (weniger wichtige) –
Relevante –	Potentielle –
Mindest-	Nicht begrenzte –
Standard-	Sonder-
Starrer Bedarf	Elastischer Bedarf
(Mehr planrational und quellenabhängig)	(Mehr planschaffend und quellenunabhängiger)
Hohe Umformbarkeit	Geringe Umformbarkeit
Hohe Konstanz	Geringe Konstanz

Für die zeitbezogenen Bedarfsgruppen kommen folgende Kriterien in Betracht (f = fest; v = variabel; sp = sporadisch, ad hoc, von Fall zu Fall; P = Periode, Zeitpunkt)

Bezugszeitpunkt f, v, sp	Bezugszeitraum f, v, sp
Zielzeitpunkt f, v, sp	Zielzeitraum f, v, sp
Dringend	Weniger dringend

Zeitbezogene Bedarfsgruppen

Zeitbezogene Bedarfsgruppen \ Adressatenbezogene Bedarfsgruppen			Individualbedarf		Gruppenbedarf	
			intern 1 . . . n	extern 1 . . . n	intern 1 . . . n	extern 1 . . . n
Zielzeit	fest	P_1, P_2, P_3				
	v	P_I, P_{II}, P_{III}				
	sp					
Bezugszeit	fest	P_a, P_b, P_c				
	v	P_a', P_b', P_c'				
	sp					
Dringend						
Weniger dringend						

Eine besondere Bedeutung erhält die Bedarfssynthese für die sog. Basis-, Grund- oder Chefinformationen [498] bzw. die Informationen für die Leitung oder die oberen und obersten Führungskräfte, weil von hier aus Konturen und Richtung der Organisation und der Informationsbeziehungen primär bestimmt werden. Auch wenn versucht wird, globale Sachkriterien für eine Zuordnung nach dem Rang des Adressaten in der Organisation zu finden, ist nicht zu übersehen, daß es vor allem auch darauf ankommt, was die Leitung tatsächlich für wichtig ansieht bzw. was sie glaubt, für eine sichere Steuerung der Unternehmung zu benötigen. Hier haben nichtfixierte, mündliche Informationen und individuelle Bedarfssysteme in der Regel den Vorrang, allerdings auf dem Hintergrund von im übrigen funktionierenden taktischen Informationssystemen.
Für die rangbezogene Information geht die häufigste Datensynthese von unten nach oben aus von einem abnehmenden Genauigkeitsgrad, zunehmenden Koordinationsbedürfnis, abnehmenden Umfang, einer abnehmenden Formalisierung, einer abnehmenden Bedeutung der Dauerinformation, einer Zunahme sporadischer Informationen und informaler Kontakte [499].
Sachbezogen wächst von unten nach oben die Bedeutung des Systemzusammenhangs, die Kenntnis über die Schwächen und Stärken der eigenen Position und derjenigen der Konkurrenz, die langfristigen Verträge, Entwicklung des Kapitalmarkts, der Einfluß des Staates und anderer Umsysteme, die Sicherung der Marktposition und die Möglichkeiten der Substitution von Leistungsobjekten. Kurzfristig beschränkt sich die Kenntnis des Systemzusammenhangs auf die Festlegung und Auswertung von Ausnahmesituationen und ihren Toleranzen im finanziellen und personellen Bereich.
Beim Informationsbedarf einer Konzernleitung tritt die »Chefinformation« besonders deutlich zutage, wie die gewichtete Übersicht von Hardach [500] in etwas modifizierter Form zeigt:

Aufgabenbereiche	Entscheidungskomponenten			
	Planung	Entscheidung	Realisierung	Kontrolle
Beschaffung	x	x	x	xx
Erzeugung	xx		x	xx
Absatz	xx	x	x	xx
Investitionen	xx			xx
Finanzverwaltung	xx	x	xx	x
Lagerverwaltung				x
Personalverwaltung	x	x	x	x
Anlagenverwaltung				x
Rechnungswesen	x		x	x

Abb. 60: Chefinformation

[498] Vgl. hierzu z. B. Catherwood [Information], S. 402ff.; Linhardt [Chefinformation], S. 257ff.; Mertens [Dokumentation], S. 8f.; Wyler [Chefinformation], S. 21ff.; Denby [Management], S. 381ff., insbes. S. 385f.; Daniel [Management], S. 118; Evans/Hague [Master Plan], S. 92ff.

[499] Vgl. auch die zunehmende Bedeutung der mündlichen Kommunikation für die Unternehmensleitung im Zusammenhang mit der zunehmenden Technisierung und dem ausgeprägten Fähigkeitsprofil der Kommunikations-Beteiligten.

[500] Vgl. Hardach [Leitung], S. 716.

Die Mindestinformationen der Leitung werden außerdem – abgesehen von rechtlichen Vorschriften – nicht unwesentlich vom peripheren und externen Anschlußbedarf, den Informationserwartungen [501] der Outsider, mitbestimmt.
Die feststellbaren Komponenten des Informationsbedarfs einer Unternehmung betreffen zusammenschauend alle Bedarfsgruppen, insbesondere hinsichtlich folgender Faktoren: Führungsstil, Grad der Zielformulierung, Komplexität der Probleme, Umweltwirkungen, Verwendungszweck, Datenumfang, Datengeschwindigkeit, Datengenauigkeit, Integrationsgrad, einsetzbare Hilfsmittel, geäußerte Nutzen- und Kostenerwartungen, Aufgabendifferenzierung und Koordinationserfordernisse, Ausmaß der Beeinflußbarkeit, räumliche und geistige Distanzen, Spezialisierungsgrad und Ausbildungsstand der Informationsbeteiligten.

d) Wechselwirkung zwischen Datenverwendung und Datengewinnung

Die Anpassung des Bedarfsniveaus im Laufe des Entscheidungsprozesses hängt sehr stark davon ab, inwieweit es gelingt, die Sucherwartungen hinsichtlich der Aktivierung, Erschließung oder Umformung von Quellen zu befriedigen. In umgekehrter Richtung wirken die Bedarfserwartungen auf die Datengewinnung bzw. Quellen ein.
In intensiver Weise zeigt sich die Wechselwirkung zwischen Datenverwendung und Datengewinnung im Gespräch, im Informations- und Entscheidungsteam.

Wechselwirkung zwischen Datenverwendung und Datengewinnung

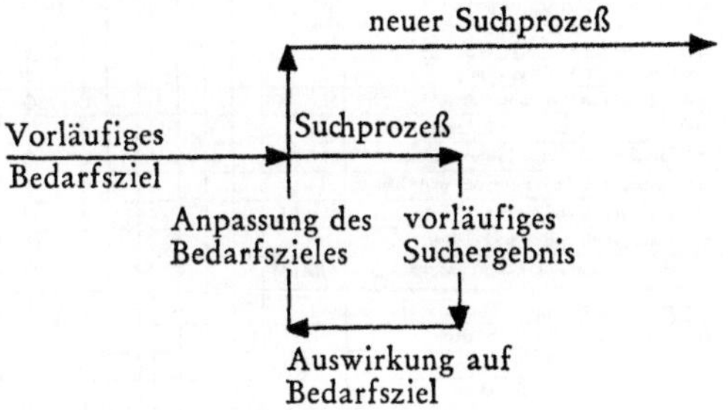

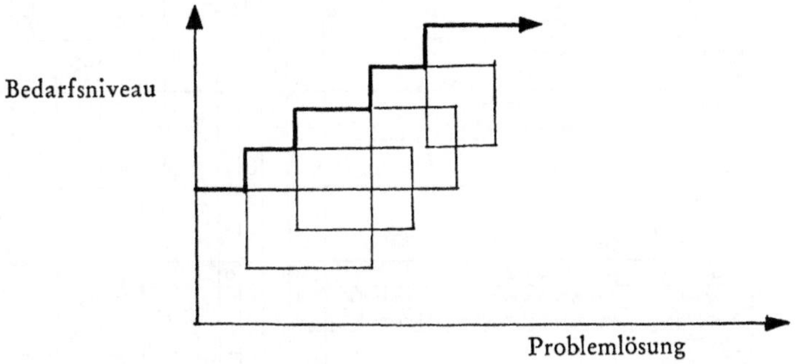

[501] Vgl. hierzu z. B. die empirische Untersuchung von Blohm/Müller [Geschäftsbericht], S. 1ff. Vgl. auch Lück [Rechnungslegung].

Die Möglichkeiten und Mittel der Datengewinnung wirken beschränkend oder verstärkend auf die Datenverwendung oder den Bedarf. Auch das Angebot unverlangter Informationen induziert neuen Bedarf. Umgekehrt regt der Bedarf neue Erschließungsquellen, -mittel, -formen und Verknüpfungen an. Häufig sind die Wechselwir-

Informationsbedarf	Entscheidungsträger (Abteilungen)	Periodizität	Gewinnung und Umformung – Erstellt					Verwendung																				
			EDV/Rechenzentrum	Betriebswirtschaftliche Abt.	Verkaufsplanung	Verkaufsforderung	Warendisposition	Direktor Vertrieb	Sekretariat	Verkaufsforderung/Werbung	Marktforschung/Verk.-Planung	Verkaufsleiter	Sekretariat	Verkaufsadministration	Zentraler Kundendienst	Buroleiter	Installation/Reparaturwerkstatt	Akquisiteure	Verkaufsadministration	Außenlager	Einkauf/Warendisposition	Zentrallager	Einkaufsadministration	Termindisposition	Betriebswirtschaftliche Abt.	Rechnungswesen	Statistik	EDV/Rechenzentrum
Primäre Fuhrungsinformationen	(Rückschau)																											
Auftragseingänge	nach Artikelgruppen, wertmäßig	M	O					O		O	O	O				O									O			
Auftragseingänge	nach Artikel, wert- und mengenmäßig	ABR	O							O	O	O				O					O			O	O			
Auftragseingänge	gebietsweise nach Artikelgruppen, wertmäßig	M	O					O		O	O	O				O									O			
Auftragseingange	gebietsweise nach Artikel, wert- und mengenmäßig	ABR	O							O	O	O				O									O			
Auftragsbestande	nach Artikelgruppen, wertmäßig	M	O					O		O	O	O				O									O			
Auftragsbestände	nach Artikel und Herkunft, gebietsweise, wert- und mengenmäßig	ABR	O							O	O	O				O					O			O	O			
Nutzenerwartung	nach Gebiet und Artikelgruppen	M	O					O		O	O	O				O									O			
Umsätze	Totalumsatz, nach Artikelgruppen und Gebieten	M	O					O				O				O									O			
Umsätze	Barverkäufe nach Artikelgruppen, Gebiet, Abnehmer, brutto und netto	M	O							O	O	O				O									O			
Umsätze	Verkäufe, mit Abgabe gegen Faktura, Artikelgruppen, Gebieten, brutto und netto	M	O							O	O	O				O		O							O			
Umsätze	Restumsätze, nach Artikelgruppen und Gebiet, wertmäßig, brutto und netto	M	O									O				O									O			
Umsätze	Restumsätze, nach Artikel und Gebiet, wert- und mengenmäßig, brutto und netto	ABR	O									O				O									O			
Lagerbestände	Bestand und Bewegung, wert- und mengenmäßig, nach Artikel Lagerort, disponiert und verfugbar	ABR	O							O	O	O				O		O		O	O	O		O	O			
Lagerbestände	Beschaffungsanstoß pro Artikel, mit Bestanden, Unterdeckung, Verbrauch, Lieferzeit, Einstandspreis, Lieferant	AP	O							O	O	O				O		O		O	O	O		O	O			
Kostenstellenrechn.	pro Gebiet	M		O				O				O				O									O			
Kostenstellenrechn.	pro Abteilung	M		O				O	O	O	O	O	O	O	O	O	O	O	O	O	O	O	O	O	O	O	O	O
Kostenträgerrechn.	pro Artikelgruppe	M	O					O		O	O	O				O		O			O				O			
Kostenträgerrechn.	pro Einzelartikel	ABR	O							O	O	O				O		O			O				O			
Kurzfristige Erfolgsrechnung	nach nutzenbringenden Verantwortungsbereichen	M		O				O				O				O									O			
Kurzfristige Erfolgsrechnung	gesamthaft	M		O				O																	O			
Sekundäre Führungsinformationen	(Vorschau)																											
Verkaufspläne	pro Artikel und Gebiet	J/M			O			O		O		O				O									O			
Kostenbudget	Soll/Ist, nach Kostenträger und Kostenstelle	J/M		O				O	O	O	O	O	O	O	O	O	O	O	O	O	O	O	O	O	O	O	O	O
Ertragsbudget	Soll/Ist, nach Kostenträger und Kostenstelle	J/M		O				O		O	O	O				O		O			O							
Verkaufsforderung und Werbepläne		AP				O		O			O	O				O		O							O			
Beschaffungspläne		J					O	O													O			O	O			

Abb. 61: Beispiel eines Informationsplans für den Vertrieb

kungen auch Ausdruck der Integration von Teilplänen, also von Abstimmungsprozessen.
Andererseits werden im Entscheidungssystem unablässig potentielle zu relevanten und relevante zu potentiellen Informationen transformiert. Diese Wechselwirkungen führen dann zu einer Verbesserung der Informationen, wenn Sender und Empfänger im Informationsprozeß nach aktiver Umverteilung von Informationen streben. Ohne Impulswirkungen wird der Empfänger zum Ablageort potentieller Informationen.
Die Informations- und Kommunikationsanalyse zur Feststellung der Wechselwirkungen geht in der Praxis primär von den sachbezogenen Bereichen aus. Das setzt die Bestimmung des Detaillierungsgrades, d. h. ausreichende Atomisierung, Verdichtung und Umformung der anfallenden Informationen voraus. Die Zuordnung dieser Führungsinformationen zu den Gewinnungs- und Verwendungszentren unter Berücksichtigung der Periodizität führt zu wichtigen Erkenntnissen über die Umverteilung der Information und die Knotenpunkte der Verknüpfung. Erst diese Konzeption erlaubt im taktischen Entscheidungs-Bereich die Anwendung des Prinzips der Ausnahme (Management by Exception) mit Hilfe modernster Führungshilfsmittel.
Das Beispiel (s. Abb. 61, S. 174) eines praktischen Informationsplanes oder -systems für den Vertrieb[502] soll dies veranschaulichen.

3. Informationsverhalten der Entscheidungsträger

a) Einfluß des Verhaltens auf Informationsbedarf und Informationserschließung

Ausgangs- und Bezugspunkt für die Ermittlung des Informationsbedarfs (Datenverwendung) und die Informationserschließung (Datengewinnung und Datenumformung), d. h. die Deckung des Informationsbedarfs, sind die Informationsbedürfnisse der Entscheidungsträger in der Unternehmung und die dahinter stehenden Faktoren. Ohne Berücksichtigung des Verhaltens dieser Organisationsteilnehmer gegenüber der Information reduzieren sich die Probleme des betrieblichen Informationssystems in unrealistischer Weise auf syntaktische und semantische, auf nachrichten-theoretische oder technisch-ökonomische Probleme.
In diesem Verhalten zeigt sich allerdings ebenfalls nur ein Aspekt – allerdings ein wichtiger – des Informationssystems, und zwar der soziologische, sozialpsychologische und psychologische, der es erforderlich macht, die verhaltenswissenschaftlichen Erkenntnisse immer wieder auf ihre mögliche ökonomische Rezeption hin zu prüfen. Zum andern ist das Informationsverhalten wiederum nur eine Komponente des menschlichen Verhaltens. Diese und die vorausgegangenen Überlegungen, welche enge Zusammenhänge und schwer auflösbare Wechselwirkungen zwischen Information, Kommunikation und Entscheidung erkennen ließen, legen es nahe, von Parallelwirkungen des Informations-, Kommunikations- und Entscheidungsverhaltens auszugehen; die maßgebende und tatsächlich wirksame Kombination relativ subjektiver und

[502] Zur Verfügung gestellt von der Aktiengesellschaft Institut für Automation, Zürich; etwas ergänzt.

relativ objektiver Faktoren hängt von der jeweiligen Entscheidungssituation ab. Der Kunstgriff personifizierter Verhaltenstypen kann daher nur problemorientiert gelingen. Zum andern spiegelt sich im Informationsverhalten das Entscheidungsverhalten wider und umgekehrt. Eine Trennung zwischen Informations- und Entscheidungsverhalten müßte von der irrealen Konstanz des Informationsstandes (»Versorgungsgrades«) ausgehen. In den Untersuchungen wird meist nicht nur eine Konstanz während des Entscheidungsprozesses, sondern auch eine Nullposition am Anfang des Entscheidungsprozesses und nach der Erstverwendung der Information unterstellt.

Das Informationsverhalten wurde von ökonomischer Seite bisher namentlich unter dem Begriff der »innerbetrieblichen Information« [503] und unter den Bezeichnungen »subjektive Struktur- und Informationsstörungen« [504], »Stimuli« [505], »Filterung« [506] und »Verbesserung der Beziehungen« [507] untersucht. Ein umfassender sozioökonomischer Ansatz verbindet sich mit dem »managing by communication« [508]. Zum andern sind die empirisch gefundenen Informationsgrade bei einzelnen Plänen ein Anhaltspunkt für das durchschnittliche Informationsverhalten in Unternehmungen [509]. Im allgemeinen bleibt allerdings der Adressatenkreis relativ unbestimmt oder der besonders motivierungsbedürftige Bereich ist die Zielgruppe. Der polar-hierarchische Ansatz dominiert. Die Problembezogenheit tritt hinter die gegebene Organisationsstruktur zurück, die noch kaum erlaubt, zwischen »Oben« und »Unten« ohne Wertung sich auf ein Problem zu konzentrieren, wie es das wirksame brainstorming in Ausnahmesituationen, z. B. bei besonders schwierigen Problemen, empfiehlt.

Im Idealfall wird der Entscheidungsträger alle für seinen Entscheidungsbereich erforderlichen Informationen von oben, von unten, von der Seite und von »außen« bzw. von internen und externen technischen Dokumentationszentren beschaffen wollen und auch erhalten; gleichzeitig wird er bereit sein, in umgekehrter Richtung alle berechtigterweise verlangten Informationen oder »unverlangten Informationen« nach Plan an Personen, Abteilungen oder ein technisches Zentrum zu liefern. Das andere Extrem wäre die fehlende Bereitschaft, Informationen zu beschaffen oder aufzunehmen bzw. Informationen zu liefern.

Die Praxis liegt zwischen diesen Extremen. Besonderheiten ergeben sich darüber hinaus bei Berücksichtigung der Außenbeziehungen oder diagonalen und sporadischen Beziehungen [510]. Das Verhalten beeinflußt insbesondere auch die Auswahl der Führungshilfsmittel und die Wahrnehmung von Kontaktmöglichkeiten, weshalb es nahe-

503 Vgl. Feurer [Information], S. 9ff., [Übermittlungsprozeß], S. 56ff. und [Praxis], S. 81ff. (Umfrage zur »innerbetrieblichen Information«); Ackermann [Aspekte], S. 69ff.

504 Vgl. Blohm/Lutz [Schwachstellen], S. 11ff.

505 Simon [Behavior], S. 89ff.; March/Simon [Organizations] S. 139f.

506 Ackermann [Unternehmen], S. 24ff.

507 Vgl. zur »Probleminformation als Element betrieblicher Demokratie« Bergmann/Zapf [Kommunikation], S. 94f.; Merrihue [Managing], S. 38ff.

508 Vgl. Merrihue [Managing], S. 29ff.

509 Vgl. hierzu die aufschlußreiche Untersuchung von Berthel/Moews [Planung], insbes. S. 127ff.

510 Vgl. zum Zusammenhang zwischen Kommunikationsfrequenz und Mechanisierung die Hypothesen von Simpson [Communication], S. 196.

liegend ist, einen Wandel des Verhaltens im Verlauf des Entscheidungsprozesses für wahrscheinlich zu halten. Von nachhaltiger Wirkung ist dabei das zu Beginn des Entscheidungsprozesses vorhandene Anspruchsniveau. Außerdem lassen empirische Untersuchungen [511] eine unterschiedliche Informationsaktivität der beteiligten Ränge erkennen.

Neben dieser allgemeinen Zielorientierung wird das Verhalten von den beim Informationsprozeß beteiligten Faktoren bestimmt, den Aufgaben und Einzelzielen von Sendern, Empfängern, seien es Gruppen oder Individuen, deren Gefühlsdispositionen, den verwendeten Kommunikationsmitteln, der Kommunikationsrichtung, der Zeitdauer des Suchprozesses, der Daten- und Kommunikationsfrequenz, der Daten- und Kommunikationsänderung und schließlich von der Informationsart (dem Kommunikationsinhalt) selbst.

Das führt zu dem Ansatz des subjektiven Informationsgrades in erweiterter Form (IG_4):

$$IG_4 = \frac{I_{EM}}{I_{NM}}$$

I_{EM} = Als vorhanden erkannte Informationen und Hilfsmittel

I_{NM} = Tatsächlich und subjektiv in der Entscheidungssituation für notwendig erachtete Informationen und Hilfsmittel

Woran liegt es, daß trotz vorliegender Informationen nicht richtig bzw. nicht mit ausreichender Zieladäquanz entschieden wird [512]? Wenn Führungskräfte nicht regelmäßig die für ihre Entscheidungen unbedingt notwendigen Informationen beschaffen und einsetzen, obwohl dies ohne große Kosten möglich wäre, werden die Entscheidungen mehr intuitiv und impulsiv, d. h. für die Unternehmung zu risikoreich, getroffen [513].

Für die betriebswirtschaftliche Organisation wäre es wichtig, von der Soziologie, Psychologie und Sozialpsychologie zu erfahren, ob nach Heraushebung negativer Mechanismen eine zufriedenstellende Prognostizierung des Rollenverhaltens in der Unternehmung möglich erscheint. Die Überlegungen von Konrad Lorenz und René König [514] zum Phänomen des »Einrastens« und zur »Unbelehrbarkeit« trotz rationaler Argumente bei der »Gestaltwahrnehmung« geben bereits auf die zuvor gestellte Frage eine vorläufige Antwort. Ein anderer Ansatz ist die Orientierung der Führungskräfte an der wachsenden Verantwortung [515].

Die Bedeutung des institutionalisierten Informationssystems für das Verhalten der Organisationsteilnehmer darf aber andererseits nicht unterschätzt werden. Die formale Organisation ist das Rückgrat [516], die das Verhalten der Organisationsteilnehmer

[511] Vgl. Witte [Informationsaktivität], S. 140ff.

[512] Vgl. Churchman [Acceptance], S. 31.

[513] Vgl. Blohm [Datenverarbeitung], S. 367.

[514] Dargelegt anläßlich eines Vortrages von René König im Rahmen einer Veranstaltungsreihe des Sozialwissenschaftlichen Forschungszentrums am 14.6.1967 (»Das Problem der Beobachtung im Zusammenhang mit der Gestaltswahrnehmung«).

[515] Vgl. Bodmer/Lenzin [Machtwille], Bl. 13, insbesondere »Verantwortung als Verhaltensregel«.

[516] Dahrendorf [Sozialstruktur], S. 37; Berthel [Informationen], S. 178.

immer wesentlich mitbestimmt. Von hier aus kann auf die Organisationsmitglieder so eingewirkt werden, daß sie die relevanten Fragen [517] stellen, »systematische Orientierungsarbeit« [518] leisten und sich in der Entscheidungssituation »betroffen« [519] fühlen. Diese Institutionalisierung kann aber nur funktionieren, wenn sie begleitet ist von einer kontinuierlichen Aufklärungsarbeit über die Verwendungszwecke der Information [520]. Darüber hinaus wird bei grundlegenden Veränderungen häufig nicht genügend Vorbereitungszeit für die problembezogene Anpassung des individuellen Informationssystems berücksichtigt [521]. Das Feld für eine Weiterentwicklung der formalen Organisation ist das Reservoir der informalen Kommunikation, intern, peripher und extern. In diesem Bereich muß die durch vermehrten Gebrauch von Führungshilfsmitteln gewonnene Zeit zuerst eingesetzt werden. Wie die bisherigen Überlegungen erkennen ließen, führen die wachsenden Informationsprobleme zu wachsenden Kontaktproblemen. Es müssen daher durch persönliche Kontakte die Lücken ausgefüllt werden, die dadurch entstehen, daß sich bedeutsame Kommunikationscharakteristika bei einzelnen Empfängern und Sendern der Fixierung entziehen. Es besteht eine Antinomie zwischen dem Streben nach allgemeiner Kenntnis des individuellen Informationsverhaltens und der Entwertung durch Dokumentation des individuellen Verhaltens.
Der Pessimist spricht von Entropie, der Optimist von Informationsgehalt bzw. relativer Sicherheit und relativer Unsicherheit, ohne daß sich an den Bedingungen der Entscheidungssituation etwas zu ändern braucht; aber mit dieser Haltung gegenüber der Information und der Kommunikation werden die Auswirkungen auf die Entschlußfassung und ihre Konsequenzen beeinflußt. Im pragmatischen, sozialpsychologischen Feld erhalten die syntaktischen, nachrichtentheoretischen Dimensionen von Informationsgehalt, Entropie, Redundanz, Kapazität und Störungen einen neuen Inhalt.

b) Verhaltenserwartungen

Die Verhaltenserwartungen orientierten sich bisher vorherrschend am »hierarchischen Filterprinzip«. Die Alternativen der Kanalwahl blieben verkümmert und die Informationen treten primär nur im Zusammenhang mit den institutionalisierten Kommunikationsrichtungen ins Bewußtsein. Nur allmählich löst die Problemorientierung die unbestimmte Masseninformation ab. Eine Informationshierarchie ist nur dann sinnvoll, wenn sie zu einer Verstärkung, Umformung, Umverteilung, d. h. einer Verbesserung der Information führt oder zur Erhaltung ihres Nutzwertes beiträgt. Andernfalls werden gute zu schlechten Informationen verformt und vermeidbare Kosten verursacht.
Die Rückwirkungen der Informationshandlungen auf die am Entscheidungsprozeß tatsächlich beteiligten Individuen wurden in der Betriebswirtschaftslehre lange vernach-

[517] Wiener [Mensch], S. 194.
[518] Strothmann [Marktorientierung], S. 23.
[519] Thomae [Mensch], S. 87; Witte [Analyse], S. 123.
[520] Vgl. Höllebrandt [Kriterium], S. 10.
[521] Vgl. Hahn [Probleme], S. 459, am Beispiel der »Vorbereitung atlantischer Kräfte«.

lässigt [522]. Diese Rückwirkungen betreffen jeden Aktor, zumal er regelmäßig Sender und Empfänger von Informationen ist [523].
Wie empirische Untersuchungen, z. B. von Festinger [524], zeigen, wächst die Aufnahmebereitschaft für Informationen, wenn diese Informationen früher getroffene Entscheidungen stützen oder wenn sich die Informationen mit den Intentionen des Entscheidungsträgers treffen. Dazu gehört auch die Aufblähung der Verteiler aus Prestigegründen [525]. Dieses Verhalten steht in der Regel im Widerspruch zu den bei schwierigen Informationsprozessen im Stadium der Entschlußfassung gehegten Korrekturerwartungen.
Negatives Informationsverhalten auf der einen, führt zu einem negativen Informationsverhalten auf der anderen Seite. Führen heißt: mit andern Menschen und durch andere Menschen etwas zustande bringen. Zaleznik [526] unterstellt ein generell vorhandenes Harmoniestreben, das nur durch positive Handlungen gefördert werden könne.
Verhaltenserwartungen werden sich vor und nach der Entscheidung wesentlich voneinander ebenso unterscheiden wie das Verhalten gegenüber abgehenden Informationen und gegenüber ankommenden Informationen oder etwa im Hinblick auf Insider und Outsider.
Die mit der Informationsbehandlung befaßten Individuen erwarten eine ausreichende Konkretisierung der in der betriebswirtschaftlichen Information regelmäßig zum Ausdruck kommenden Abstraktion [527]. Die Aufnahmebereitschaft wächst, wenn das Problem die Aufmerksamkeit des Empfängers erregt. Nicht immer erhält daher z. B. die strategisch wesentliche Stabsinformation das ihr zukommende Gewicht bei den Managemententscheidungen [528].
Die Elastizität der Erwartungen schwankt zwischen Planenthusiasmus und Planresignation. Erst mit der Untersuchung der unvollkommenen Information und der Anspruchsanpassung war es möglich, den psychologisch-ökonomischen Hintergrund dieses bei jedem Entscheidungsträger auftretenden Phänomens hinreichend zu klären.
Ein noch weithin unerforschter Bereich ist das Informationsverhalten der Entscheidungsträger bei einem freiwilligen oder zwangsläufigen Anschlußbedarf externer Adressaten. Das Maß an verlangter oder erwarteter Publizität geht in die Informationshandlungen ein. In der gleichen Weise unsicher sind die unterschiedlichen Verhaltenserwartungen im planrationalen und planschaffenden Bereich. Wie wirkt sich die fehlende Planvorgabe auf die Rationalität der Stäbe angesichts einer anzustrebenden Entscheidung aus? »Im internen wie im externen Informationsaustausch kommt es zu

[522] Coenenberg [Kommunikation], S. 15.
[523] Vgl. Stratoudakis [Kommunikationssystem], S. 206.
[524] Vgl. u. a. Festinger [Lehre], S. 27ff.; vgl. auch Coenenberg [Kommunikation], S. 68.
[525] Blohm [Datenverarbeitung], S. 367.
[526] Zaleznik [Management], S. 59ff. Vgl. auch Bössmann [Analyse], S. 116; Hasenack [Mensch], S. 590f.
[527] Vgl. hierzu Ackermann [Unternehmen], S. 42. Als Abstraktionsstufen kämen wohl in Betracht: z. B. Ware – Kapital – Geld – Information.
[528] Vgl. Churchman [Acceptance], S. 36f.

Pannen, ... (weil) es am Sinn für die Pluralität der Standpunkte und Empfindlichkeiten gerade bei Leuten mit stark ausgeprägten Denksystemen häufig mangelt.« [529]
Das Verhalten der Entscheidungsträger gegenüber der Information, den Informationsquellen und den Informationshilfsmitteln ist ein Indiz für das Verhalten bei der Entschlußfassung, ein Anhaltspunkt für den Rationalitätsgrad der zu fällenden Entscheidung. Informationsregeln sind Entscheidungsregeln für eine spezifische Aufgabe, nämlich die informationswirtschaftliche Sachaufgabe. Sie lassen sich nur auf dem Hintergrund von problemorientierten Verhaltenserwartungen aufstellen. Eine Typisierung empirischer Befunde ist daher eine wesentliche Orientierungshilfe, wie sie etwa von Strothmann [530] versucht wurde. Er kommt bei seiner Repräsentativerhebung bei 500 einkaufsentscheidenden Fachleuten der Industrie zu drei Typen des Informationsverhaltens

- Literarisch-wissenschaftliches Informationsverhalten
- »Objektiv« wertendes Informationsverhalten
- Spontanes Informationsverhalten

Diese Typen lassen zugleich auch ein paralleles Entscheidungsverhalten vermuten, d. h. einen übergründlichen Alleingang, ein schöpferisches Zögern oder ein impulsives Entscheiden.
Das literarisch-wissenschaftliche Informationsverhalten zeichnet sich durch einen »Hang zur systematischen Informationsentgegennahme« aus, gepaart mit einer »gewissen Kontaktarmut«. »Es besteht das Bestreben zur systematischen Erarbeitung eines Gesamtüberblicks, der stets durch die Erkenntnis des letzten Standes technischer Forschung abgerundet wird. Entsprechend dieser Informationsverhaltensweise erfahren alle fachlichen Informationsmittel eine Aufwertung, die dieser Neigung zu wissenschaftlich abgerundeter Information entsprechen.« Anzeigen und Prospekte führen bei diesen Verhaltenstypen erst in einem späteren Stadium zu einem Zusatznutzen.
Das »objektiv« wertende Informationsverhalten ist gekennzeichnet durch ein sachlich und zeitlich wohlabgewogenes und abgestimmtes individuelles Informationssystem von hoher Rationalität. Den Kurzinformationen folgt die »fachliche Vertiefung« und die umfassende Information. Dieser Typus war immerhin mit 58 % bei den Einkaufsleitern und mit 67 % bei den technischen Leitern anzutreffen.
Die Spontaneität in der Informationsbeschaffung des dritten Typs erwächst aus einem vorherrschend passiven Verhalten. Informationen müssen an diesen Typ besonders herangetragen werden. Kurzinformationen werden einer umfassenden Orientierung z. B. an Hand von Fachbüchern und Fachzeitschriften vorgezogen. Zugleich weist dieser Verhaltenstyp eine hohe Kontaktfähigkeit auf. Aktiv in der Informationsbeschaffung wird er erst, wenn eine Entscheidung unmittelbar bevorsteht.
Die an dem bedeutsamen Komplex des Beschaffungswesens demonstrierten Verhaltenstypen sind eine eindrucksvolle Orientierungshilfe. Dieses Verhalten kann allerdings nur unter gewissen Einschränkungen erwartet werden, wenn auch zu vermuten

[529] Tondeur [Forscher], Bl. 5.
[530] Strothmann [Marktorientierung], S. 17ff.

ist, daß hier relativ konstante charakteristische, zumeist unbewußte Dauerinformationen wirksam sind. Dennoch können die Problemsituation, die einzelne Entscheidungskomponente, die Informationsart, das institutionalisierte Informationssystem und das zu Beginn eines Entscheidungsprozesses vorhandene Anspruchsniveau einen Wandel und eine Anpassung des zunächst dominierenden Informationsverhaltens mit sich bringen.

Zum andern zeigt die Untersuchung indirekt, daß das Informationsverhalten nicht nur Ausdruck des Entscheidungsverhaltens, sondern auch des Kommunikationsverhaltens ist; Art und Frequenz der Kommunikation werden vom Informationsverhalten mitbestimmt.

Eine empirisch fundierte Typisierung vermag für ähnlich gelagerte Probleme Aufschluß geben über die Bevorzugung von Quellen und Hilfsmitteln, die Verwendung der Zeit bei Suchprozessen, das Problembewußtsein, die Bedeutung der Teamentscheidung, die Gründe für die Erwartung günstiger Datenkonstellationen, die Einstellung gegenüber den Erwartungen der Adressaten und die Beobachtung bekannter oder neuer externer Datenkonstellationen und Kontaktmöglichkeiten, ausgehend von den Aufgabenbereichen des Entscheidungsträgers.

c) Einfluß der Ungewißheit auf das Informationsverhalten

Die relative Ungewißheit ist die psychologische Restkomponente der relativ unvollkommenen Information oder die intrasubjektive Unvollkommenheit, auf die auch die Elemente der intersubjektiven Unvollkommenheit, nämlich die relative Unvollständigkeit, relative Unbestimmtheit und relative Unsicherheit, einwirken. Das Ungewißheitsphänomen führt zu einem spezifischen Informationsverhalten.

Das Feld des beschränkt rationalen Entscheidens und die Fälle des Nichtentscheidens werden von der Ungewißheit beeinflußt. Die Ungewißheit bleibt immer bestehen, auch dann, wenn die intersubjektive Unvollkommenheit, im Rahmen der Umstände einer Entscheidungssituation weitmöglichst reduziert werden konnte.

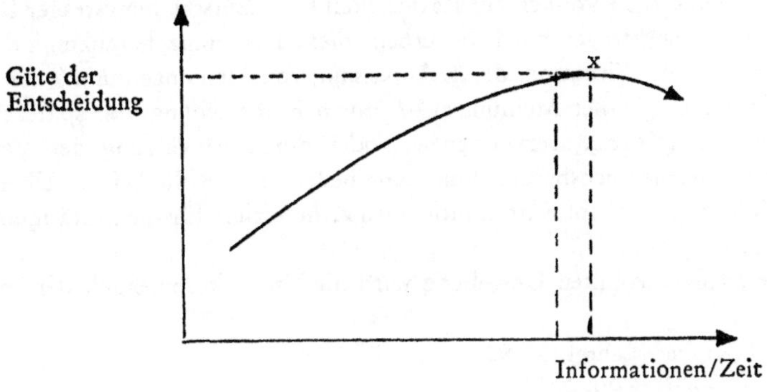

Abb. 62: Informationsaufnahme und Güte der Entscheidungen

Wenn von einem bestimmten Punkt ab zusätzliche Informationen nicht mehr zu besseren, sondern sogar zu schlechteren Entscheidungen führen, weil die menschliche Kapazität in einer Zeiteinheit auf eine relativ sehr begrenzte Informationsaufnahme angelegt ist (vgl. Abb. 62, S. 181), so bleibt zu fragen, ob mit dem Einsatz ökonomisch-technischer Hilfsmittel (Daten-, Kommunikationstechnik und Umformungsregeln) dieser Kurvenverlauf nicht wesentlich – gleichzeitig oder zusätzliche Zeit verbrauchend – verbessert werden kann:

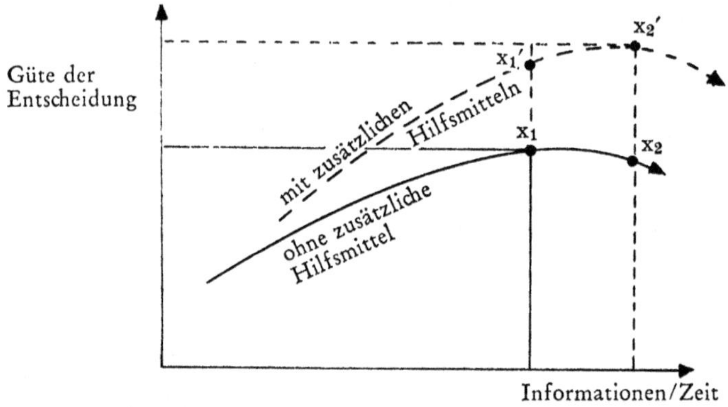

Abb. 63: Auswirkung zusätzlicher Hilfsmittel

Wie reagiert der Entscheidungsträger auf das Unbehagen über die auch nach den rational weitmöglichst verdichteten Alternativen relativ unvollkommen bleibende Information? In Extremfällen wird er vor dem Datenchaos resignieren oder um jeden Preis zusätzliche Informationen zu beschaffen versuchen. Dazwischen liegt eine Verhaltensweise, die dazu neigt, im Rahmen wirtschaftlicher Überlegungen die Informationssuche nach einer gewissen Zeit zu beenden.

Immer verbleibt aber eine »Dissonanz« zwischen dem schließlich erreichten Informationsstand und der auszuführenden Handlung. Die Dissonanz kann sich auch bei oder nach der Wahl zwischen zwei recht attraktiven Alternativen einstellen [531]. »Mehrere konkurrierende Ziele können zur Ratlosigkeit beim Entscheidungsträger führen.« [532]

Der Entscheidungsträger wird versuchen, diese Dissonanz herabzumindern, so durch Umbewertung der Situation, durch Anpassung von Meinungen und/oder Handlungen, durch Sammeln gleicher Meinungen [533], durch Einbeziehung von späteren Korrekturmöglichkeiten (Korrekturerwartungen) oder durch Abwälzung der Verantwortung. Auch der Unternehmensberater kann eine bedeutsame Rolle bei der Überwindung der Ungewißheit spielen. Im Extremfalle wird er honoriert für die Bestätigung des »richtigen Weges«.

In einer erfolggewohnten Umgebung wird die Unvollkommenheit der Information in

[531] Vgl. Festinger [Lehre], S. 29.
[532] Heinen [Zielsystem], S. 140.
[533] Vgl. Festinger [Lehre], S. 38.

der Regel unterschätzt [534]. Mit steigender Unvollkommenheit steigt in der Regel das Gewicht der qualitativen Urteile und verstärkt sich die Neigung, Faustregeln zu akzeptieren und größere Ungenauigkeiten in Kauf zu nehmen.
Wie kommt der Entscheidungsträger mit seiner so getroffenen Entscheidung zurecht, d. h. wie verhält er sich angesichts des Mißverhältnisses zwischen Wissen und Handlung und der verbliebenen Ungewißheit nach der Entscheidung?
Das Vorwärtsschreiten der Führungskräfte, das Streben nach besseren Informationen, nach einer Reduktion der Ungewißheit, nach Aktionen, Handlungen, Strategien oder Entscheidungen, bringt zwangsläufig immer eine Abweichung zwischen Erwartung und Ereignis mit sich.
Bei einer sehr positiven Abweichung wird das Anspruchsniveau rasch unrealistisch gesteigert, und es kommt schließlich zu einer Abweichung nach »unten«, zu einer Enttäuschung. Diese Enttäuschung verstärkt sich dadurch, daß sie immer an ähnliche Abweichungen erinnert. Der Effekt hält solange vor, bis das Anspruchsniveau angepaßt wird, erst dann eröffnen sich wieder neue verschüttet gebliebene Perspektiven [535].
Ein Hauptproblem der Führungskräfte besteht somit darin, ständig mit den Wirkungen ihrer Entscheidungen zurechtzukommen. Das erfordert ein möglichst realistisches Informationsziel. Je weniger dies gelingt, um so mehr tritt Informations- und Entscheidungsmüdigkeit auf.

d) Wechselwirkungen zwischen Führungsstil und Informationsverhalten

Wenn Ziele mit einem bestimmten Führungsstil erreicht werden sollen, setzt das die Kenntnis des Verhaltens der Entscheidungsträger gegenüber den Formen der Information voraus. Die Wirkungen bestimmter Führungsweisen reichen nur so weit, wie die Qualität der Kommunikationsstruktur in der Gruppensituation und damit wie die Qualität der Interaktion zwischen den relativ Führenden und den relativ Geführten. Zwischen dem pluralistischen Informationsverhalten und dem Führungsstil scheinen enge Beziehungen [536] zu bestehen. »There is nothing more disastrous for a chief executive than to be told only what he wants to hear.« [537] Das Wesen dieser Zusammenhänge ist noch weitgehend ein Schwarzer Kasten, ganz abgesehen davon, daß jeder Impuls einen trägerbezogenen irrationalen Bestandteil aufweist [538].
Woran liegt es, daß trotz Kenntnis der Ziele und Informationen über die Entscheidungssituation kein völlig konformes Verhalten bei der Realisierung festzustellen ist? Auch informale Gruppen haben einen Führungsstil [539]. Für die noch tastenden Versuche, die Zusammenhänge etwas zu lichten, empfiehlt es sich nicht, von einer zu stark differenzierten Systematik von Führungsstilen auszugehen.

[534] Vgl. hierzu z. B. Katona [Verhalten], S. 306.
[535] Vgl. hierzu die Thesen von Zaleznik [Management], S. 70.
[536] Vgl. zu den Interdependenzen des Verhaltens Hofstätter [Einführung], S. 16; vgl. auch Gutenberg [Unternehmensführung], S. 142f.
[537] Catherwood [Information], S. 405.
[538] Vgl. Ziehm [Elemente], S. 51.
[539] Nehter [Verhalten], S. 256f.; Bornemann [Betriebspsychologie], S. 97f.

Es sei zunächst von drei relativ gut umgrenzbaren Stilen ausgegangen. Zwei davon stellen in gewissem Sinne zwei Extreme dar, der dritte ein Kompromiß, dem man mehr und mehr in der Praxis trotz veränderten Arbeitsmarktlagen und auch im Rahmen theoretischer Erörterungen zuzuneigen scheint. Diese drei Typen werden überlagert von historischen Typen [540], die sich in Richtung nationaler oder kontinentaler Führungsmentalität interpretieren lassen. Offen bleibt aber trotz zahlreicher Versuche [541], ob überhaupt von einem monolithischen Führungsstil ausgegangen werden kann, oder ob nicht auch er sich von Entscheidungssituation zu Entscheidungssituation wandelt bzw. eine Verbindung mit anderen eingeht.

(1) Patriarchalischer / Autoritärer / Autokratischer |———————|———————| (2) Liberalistischer / (Laissez-faire)

(3) Partnerschaftlicher / Demokratischer / Kooperativer

Der liberalistische Führungsstil bedeutet bei den Stäben, daß der »Spezialist den Spezialisten nicht kontrolliert« [542], das ist Ausdruck einer nicht bewältigten Führung, ein Versäumnis der Organisation und Führungstheorien. Die Neutralisierung der Hierarchie bedeutet eine Reduktion von Spannungen und eine stärkere kooperative Hinwendung auf Sachfragen. Das schließt aber eine adäquate Führung nicht aus. Berücksichtigt man, daß der liberalistische Führungsstil praktisch »Führungslosigkeit« bedeutet, also von einem Führungsstil [543] gar nicht gesprochen werden kann, und die übrigen üblich gewordenen Stilbezeichnungen zu traditionsbeladen sind, läßt sich das Schema zentralitätsbezogen nach einer neutraleren Benennung wie folgt auf (1) und (3) reduzieren:

Ungeteilte Führung |———————————| Geteilte Führung

Entsprechend der noch vorwiegend recht monolithischen Vorstellung vom Entscheidungsprozeß, wird auch beim Führungsstil noch viel zu sehr nur von einem eine ganze komplexe Organisation durchziehenden Führungsstil ausgegangen. So etwa, wenn »vom Stil des Hauses« [544] bei gewissen Grundsatzfragen gesprochen wird (z. B. Direktor von außen oder von innen; Kooperation oder Selbständigkeit; friedliches oder aggressives Marktverhalten). Meist wird dabei zwangsläufig gegen die »zentrale Kategorie des Zusammenlebens« [545] verstoßen.

[540] Vgl. Kirche, Staat, Militär, Verwaltung, Wirtschaft, Bildung.
[541] Vgl. z. B. die Einführung einer allgemeinen Führungsanweisung durch zahlreiche Unternehmen. Die »Führung im Mitarbeiterverhältnis«, bei der die »Information als Führungsmittel«: Höhn [Führungsbrevier], S. 78ff., eine Rolle spielt, ist vorherrschend »total« angelegt.
[542] Vgl. Höhn [Dienstaufsicht], S. 283ff., und Lindelaub [Organisation], S. 3.
[543] Vgl. zur Differenzierung der Führungsstile auch Häusler [Grundfragen], S. 88f.; und Dugdale [Fundamentals], S. 163.
[544] Hinweis auf den Prozeß der »Indoktrination«.
[545] Weippert [Sozialwissenschaft], S. 62.

Neben der historischen Überlagerung Kirche, Staat, Wirtschaft, Bildung, von der einzelne Nationen, etwa die Vereinigten Staaten, weniger berührt werden [546] als andere, kommt auch den beiden Führungsstilen historisch eine gewisse Akzentverlagerung zu. Einzelne Stilrichtungen mögen für eine gewisse Zeit global vorherrschend und auch erfolgreicher sein als andere, vgl. z. B. die relativ autoritäre Struktur in der BRD und die patriarchalische in Japan. Im einzelnen, in der individuellen Entscheidungssituation, geht es um eine situationsbezogene Kombination von Führungsstilen. Der Führungsstil wird so zugleich zum Instrument der Verhaltenssteuerung, auf Veränderung und Beharrung zugleich bedacht.

Im Hinblick auf die historische Überlagerung stellt Sieber [547] einen tiefgehenden Wandel im Führungsstil bei der jüngeren Generation fest. Die Führung werde anspruchsvoller bzw. schwerer, weil der Mitarbeiter Befehle, Ratschläge und Meinungen seines Vorgesetzten heute weniger leicht annehme als z. B. vor dem Zweiten Weltkrieg. Andererseits kann die Führung aber auch mit informationsbewußteren Mitarbeitern rechnen [548].

Eine weitere Akzentuierung ergibt sich zweifellos auch aus den unterschiedlichen Arbeitsmarktlagen. Diese beeinflussen sowohl den »Stil des Hauses« als auch die einzelnen Entscheidungen. Daraus ergeben sich ganz unterschiedliche Einstellungen gegenüber der Fluktuation, Mobilität, Personalbetreuung, Aus- und Weiterbildung und dem Sozialwesen.

Der Führungsstil wird mehr und mehr als ein Instrument, als eine Methode, begriffen [549]. Das setzt voraus, daß die Unternehmung als ein technisches, wirtschaftliches und soziales System zugleich verstanden wird.

Wir können nach den beiden Führungsstilen, evtl. in Kombination mit den Rollen der Information im Entscheidungssystem, ein typisches Informationsverhalten der Entscheidungsträger unterstellen. Es kann durchaus so sein, daß für bestimmte Arten von Informationen nur die ihnen entsprechenden Führungsstile in Betracht kommen können oder umgekehrt: Ein Führungsstil erfordert die ihm gemäße Information bzw. Kommunikation. Das herkömmliche »Kompetenzsystem« ist z. B. ein Ausdruck für die »ungeteilte Führung«.

Für den Zusammenhang zwischen Führungsstil und Informationsverhalten nennt Blohm [550] folgendes Beispiel: Wenn Informationen in der Regel erst erhebliche Zeit nach der Beschaffung verwendet werden, obwohl der Beschaffungstermin nur durch Überstunden eingehalten werden konnte, beeinflussen die zu früh gesetzten Termine die Grundhaltung der Mitarbeiter negativ. Die Termintreue schwindet. Die sachlich

[546] Sie sind daher weniger traditionsgebunden und konnten die Zukunft darum früher vorbehaltloser entdecken; dies führt zu einem fortschrittsgläubigen, von der Mentalität der Umwelt getragenen Führungsverhalten der amerikanischen Manager.

[547] Sieber [Ausbildung], S. 4.

[548] Vgl. zum Zusammenhang zwischen Führungsstil, Informationssystem, Effizienz und qualifizierten Mitarbeitern die Untersuchungen von Blau/v. Heydebrand/Stauffer [Structure].

[549] Fischer [Führungsstil], S. 41.

[550] Blohm [Schwachstellen], S. 50f.

unbegründeten Termine führen zu einer Verschlechterung der Termindisziplin. Für das Informationsverhalten der Führung ist in diesem Falle kennzeichnend, daß das Bekanntwerden der Zeitreserven und die damit verbundenen Folgen übersehen werden. So entsprechen beispielsweise Befehle, Anordnungen, mehr dem ungeteilten Führungsstil. Man braucht dabei kaum Erklärungen abzugeben und glaubt, auch kaum Reaktionen einkalkulieren zu müssen. Die Gefahr liegt in übereilten Entschlüssen, aber andererseits besteht auch so die Möglichkeit, als richtig erkannte Entschlüsse ohne Verzögerung rasch durchzusetzen. Zweifellos wird dabei bereits verkannt, daß die artspezifischen Informationen auch zu einem Verhalten führen können, das den Zielen der Anweisungen entgegenstehen kann.

Rein von der Information her, könnte gesagt werden, daß bei der von unten nach oben fließenden Information, bei der Berichterstattung, ein geteilter Führungsstil in Betracht kommt. Der Führungsstil muß aber in dem gleichen Unternehmen differenziert betrachtet werden. Es kommt also nicht nur *ein* Führungsstil in Frage, sondern mehrere, die primär abhängen von der jeweiligen Entscheidungs- und Informationssituation. Der geteilte Führungsstil würde hier z. B. bedeuten, daß man mehr Tatsachen durch die sich gegenseitig stimulierenden Mitglieder erhält. Bei einschneidenden Entscheidungen kann ebenfalls die »geteilte Führung« zweckmäßig sein, vor allem, wenn es darauf ankommt, daß jeder Beteiligte mit vollem Einsatz arbeiten, Verantwortung tragen und sich mit der Entscheidung identifizieren soll. Es handelt sich um eine aktive Anpassung im Hinblick auf Zielbildung und Zielerreichung.

Sollen Entscheidungen durchgesetzt werden, müssen einzelne Stadien unterschieden werden, um bestimmte Informationen mit dem treffsichersten Führungsstil verkaufen zu können. Der ungeteilte Führungsstil käme dann in Frage, wenn Informationen in Form von Fragen zur Entscheidung gegeben werden, und der geteilte käme in Betracht, wenn etwa Fragen gestellt und Informationen aus dem Problembereich der Durchsetzung beschafft werden sollen, weil hier die gesamte Intelligenzkraft der Beteiligten evtl. zur Durchführung einer Aktion erforderlich ist. Ebenfalls ist es notwendig, bei der Problemlösung die geteilte Führung für richtig zu halten, denn hier kommt es auf die schöpferische Flexibilität und den Einsatz aller verfügbaren Quellen an. Bezeichnend sind die bei herausragenden »Informationsunternehmen« angewandten Führungsstile [551]. Ein generelles Phänomen, das die Verhaltensweisen bei der Informationsbehandlung umspannt, liegt im planrationalen Anpassungsverhalten allgemeiner Art, zumal jede Entscheidung von einem Entscheidungsrahmen, von einem Ziel, ausgeht. Die Etappe der Zielrealisierung nötigt von vornherein zu einem rationaleren Verhalten als etwa der Bereich der Zielbildung.

Es könnte etwa folgende typologische Zuordnung von Führungsstil und entscheidungsorientierten Rollen der Information versucht werden [552].

[551] Vgl. Integral GmbH; Rand Corporation; Forschung und Entwicklung in einigen Großunternehmen.

[552] Vgl. auch zur Typisierung von Kollegien Foskett [Management], S. 963, und Kosiol [Kollegien], S. 107ff. Vgl. zur Änderung des Führungsstils entsprechend den in einem Projektablauf systematisch wechselnden Mitarbeitern Zimmermann [Projektgruppe], S. 47 und 49.

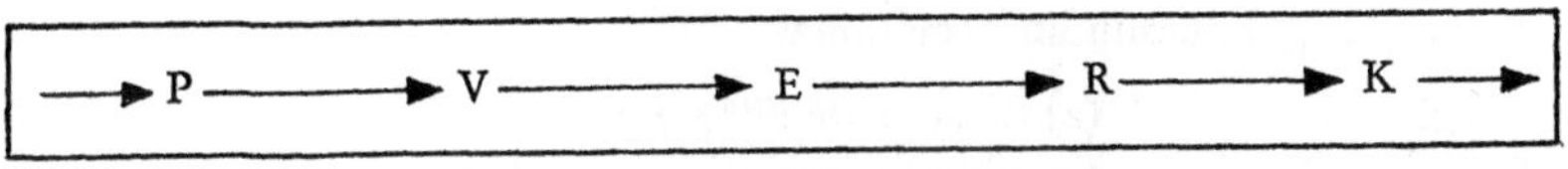

□ »Entscheidungsträger« oder Koordinator

○ Mitarbeiter (Projektgruppe)

Geteilte Führung

P Probleminformation und tastende Problemlösung

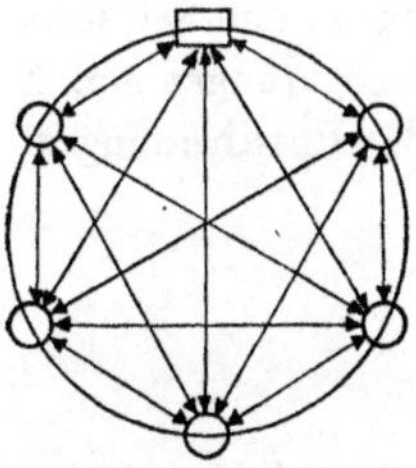

Im Extremfall handelt es sich um ausgesprochene Teaminformationen. Probleminformation und geteilte Führung sollen eine Vervielfachung der Informationsklärung bewirken und eine Informationssuche auf hohem schöpferischem Niveau unter vollem Einsatz aller am Projekt beteiligten Personen.

Im Gegensatz zu der im planschaffenden Bereich vorherrschenden »Führungslosigkeit« tritt hier neben die Selbstkoordination und Eigenverantwortung stets die problembezogene Teamkoordinierung. Diese Teamform arbeitet bei Aufgabenbereichen mit großem Spielraum ohne zusätzliche Motivierung zielstrebig. Sie ist eine geeignete Plattform für die Entwicklung des Führungsnachwuchses.

V Vorbereitung der Entscheidung Alternativen–Information

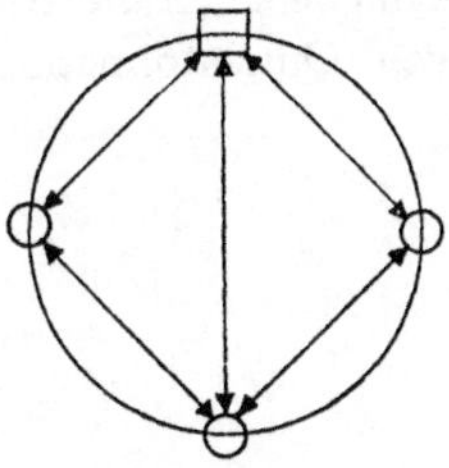

Die systematische Problemlösung bzw. die Transformation der Probleminformation in entscheidungsnahes Wissen erfordert in der Regel eine Reduktion der geteilten Führung. Die Auswahl der Beteiligten geschieht nach der Fähigkeit des Wertens auf hohem Niveau; die Arbeitsweise ist streng zielbezogen (z).

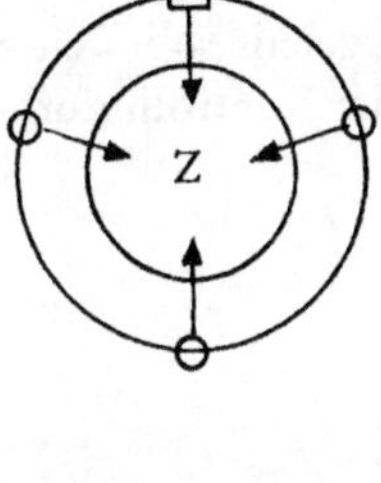

E Entscheidung, Entschlußinformationen

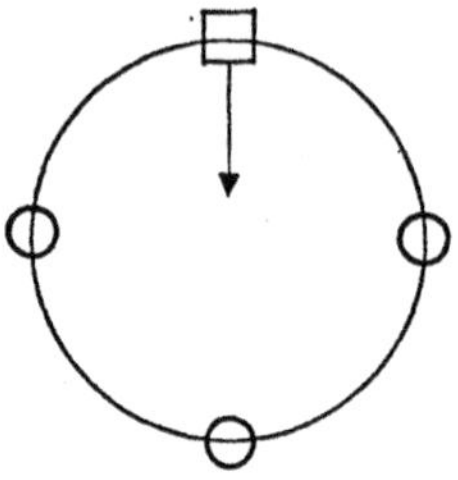

(a) Ungeteilte Führung

Entschlußinformationen und ungeteilte Führung sollen eine raschere Entscheidung bei Vorhandensein des entscheidungsnahen Wissens sichern. Ein Entscheidungsträger entscheidet nach Vorliegen eines entscheidungsreifen Wissensstandes. Erreicht wird damit eine eindeutige Verantwortung; eine gewichtigere, stärker folgernde Bewertung; eine raschere Bereinigung der verbliebenen produktiven Ungewißheit. Eine Niederschrift wirkt dabei klärend und macht den Entschluß verbindlich.

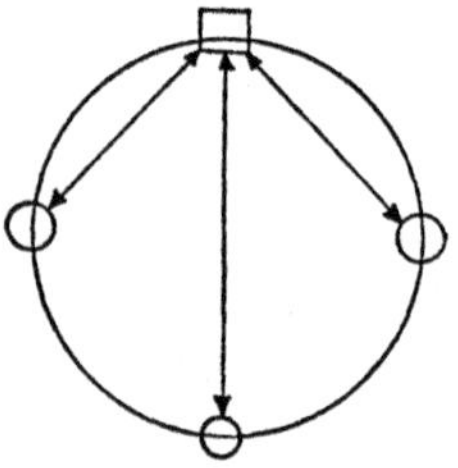

(b) Reduktion der ungeteilten Führung

Bei bedeutenden Entscheidungen kann diese Reduktion zu einer Reduktion der Verantwortung führen, aber andererseits auch zu einem Ausgleich und zur Identifikation mit der Entscheidung. Bei fehlender Selbstdisziplin und Selbstkoordination treten schwer abschätzbare Verzögerungen ein. Andererseits schließen sich im Team rasche Entscheidungen und Verantwortungsscheu nicht aus.

R Realisierungsinformationen

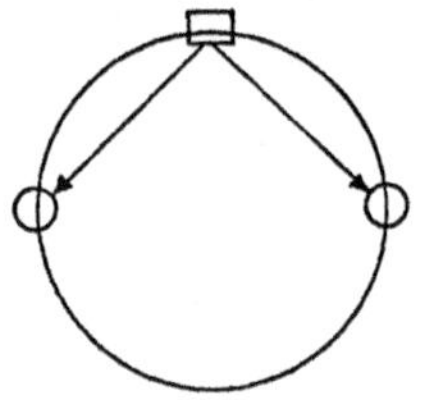

(a) Ungeteilte Führung

Bei unbedeutenden Entscheidungen kann sich eine Diskussion als überflüssig erweisen. Das Vorstellungs- und Erinnerungsvermögen der Mitarbeiter wird nicht überbeansprucht. Voraussetzung des Erfolgs ist aber immer die geistige Vorbereitung.

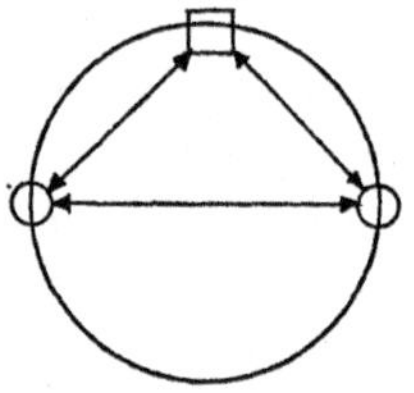

(b) Geteilte Führung

Bei bedeutenden Entscheidungen kann eine Absicherung (Redundanz) unter Einbeziehung von Querinformationen erforderlich werden.

K Kontrollinformationen

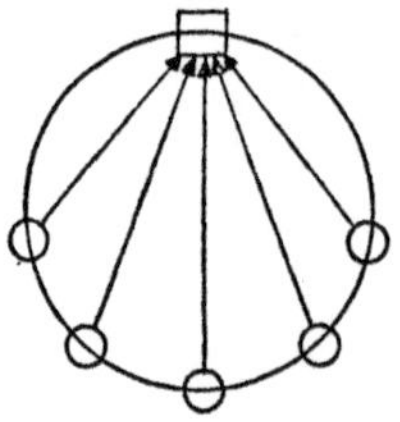

Ungeteilte Führung

Das Ergebnis soll weitmöglichst gesichert werden. Die Auswahl der Kontrollinformationen ist vorbestimmt.

Neben dem Umfang der Beteiligung von Linien und Stäben an Entscheidungen sind Art und Frequenz der Kommunikationskanäle für die Ausprägung des Führungsstils besonders kennzeichnend.

4. Informationserschließung

a) Bedeutung der potentiellen Information für die Deckung des Informationsbedarfs

Die zuverlässige und schnelle Erfassung der wesentlichen Daten ist die Hauptvoraussetzung einer wirkungsvollen Datenumformung und situationsbezogenen Informationsverteilung. Ziel der Informationserschließung muß es daher sein, die wesentlichsten Daten am Arbeitsplatz direkt zu erfassen und über eine Zentrale für alle berechtigten Interessenten fast gleichzeitig in unverändertem oder umgeformtem Inhalt verfügbar zu halten.

Die Erschließung der Information ist ein Problem der Aktivierung adressatenbezogener Quellen [553], während das Kernproblem der Bedarfsfeststellung selbst das Erkennen der Adressatenbesonderheiten ist. Je weniger diese bekannt sind, desto mehr Gewicht erhält eine globale, projektunabhängige Erschließung an Gewicht. Diese Art der Vorbereitung ist kostspieliger, sie wird aber immer neben der Deckung des Direktbedarfs in Betracht kommen, wenn ein Mindestmaß an Elastizität gesichert bleiben soll. Die Verteilungsprobleme treten – wie die Untersuchung der Zusammenhänge zwischen Information und Kommunikation deutlich gemacht haben – bei allen Leistungsbereichen der Information auf, im Rahmen der Bedarfsdeckung kommt ihnen jedoch die größere Bedeutung zu, weshalb diese Leistungsstufe gelegentlich auch vereinfachend mit Informationsverteilung identifiziert wird.

Mit der Informationserschließung (Stufen der Erfassung, Wiedergewinnung und Umformung) soll die Frage beantwortet werden: Wie kann der Informationsbedarf möglichst situationsadäquat gedeckt werden? Dieser Frage muß in mehrfacher Hinsicht in Anlehnung an die bereits herausgestellten Bedarfsfaktoren nachgegangen werden.

Wie sich bei der phänomenologischen Betrachtung der Information ergab, ist die potentielle Information [554] die Grundlage der relevanten Information. Hauptziel der laufenden Informationsarbeit ist es daher, das kontinuierlich anfallende Datenmaterial so entscheidungsnah wie möglich zu erfassen und umzuformen. Die potentielle Information und die potentielle Kommunikation – formal und informal – sind die Nachschubbasen und Nachschublinien der in der Entscheidungssituation relevanten Information. »Information storage and retrieval of technical, management, and

[553] Für die Erschließung der Quellen und Wege können eigene Problemlösungen und Strategien in Betracht kommen. Nicht immer ergeben sie sich »ohne weiteres aus der Art der benötigten Information«, wie etwa im »Rahmen einer Prüfungsplanung«, vgl. Härle [Informationsgewinnung], S. 714f.

[554] Vgl. auch die Unterscheidung von Grochla [Organisation], S. 707f., in »originäre« und »derivative«, »stationäre« und »evolutorische« Plandaten.

general data will become an increasingly important aspect of information systems.«[555] Die potentielle Information[556] geht insofern über die Dokumentation hinaus, als sie auch nicht von vornherein dokumentationsfähige Daten oder Informationen mit umfaßt.

Die potentielle Information und ihre ständige Verbesserung geht vom verlangten, vermuteten oder für wahrscheinlich gehaltenen Informationsbedarf aus. Je früher, schärfer und regelmäßiger die Ziele der Datenverwendung oder Handlungspläne umrissen werden, um so leichter können die Informationen planvoll gesammelt und im Bedarfsfalle zu relevanten Informationen umgeformt werden. Jede Entscheidung erfordert eine Synthese aus betriebsindividueller Dokumentation und allgemeineren ökonomischen Daten. Diese Datensynthesen sind um so wirkungsvoller, je stärker sie auf die Entscheidungsziele ausgerichtet werden können[557].

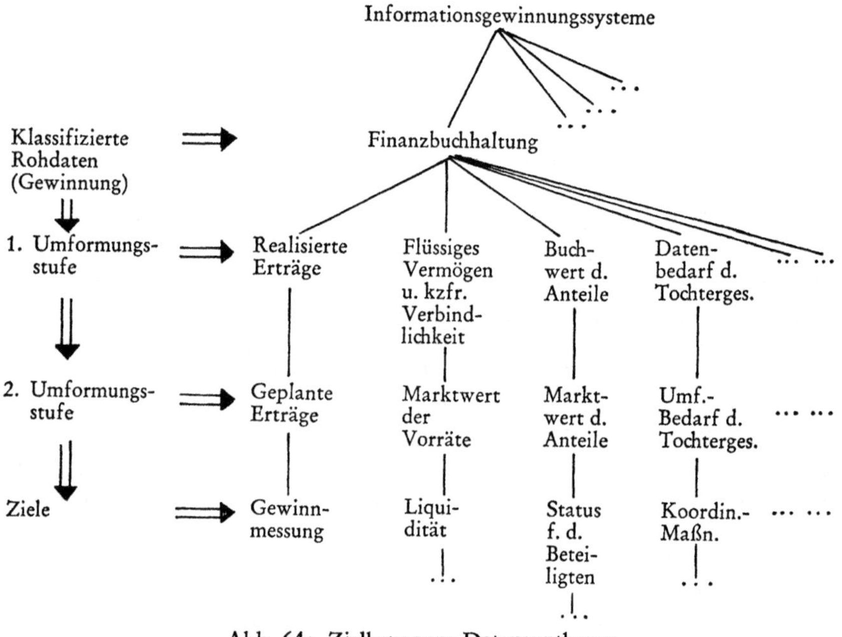

Abb. 64: Zielbezogene Datensynthesen

Die Sammlung potentieller Informationen kann als eine vorläufige Datenverarbeitung oder Datenumformung angesehen werden. Eine rechtlich vorgeschriebene Sammlung und Umformung von Daten, z. B. finanzieller und personeller Art, sind immer von vornherein relevante Informationen; diese Zwangsinformationen sind Nebenbedingungen jedes Entscheidungsprozesses in einer bestehenden Unternehmung.

[555] Diebold [Information], S. 80.
[556] Vgl. zum Begriff der »verfügbaren Information« Churchman [Acceptance], S. 31.
[557] Vgl. hierzu die Überlegungen von Backer [Accounting], S. 57ff., und die Datenflußkarte, S. 59, ausgehend von einer Neuorientierung des Rechnungswesens, insbesondere der Finanzbuchhaltung. Vgl. auch Wacker [Rechnungswesen], S. 127ff.

Die potentiellen Informationen fallen in der Unternehmung und außerhalb der Unternehmung ununterbrochen an. Sollen sie besonders gewonnen oder für die Bedarfsdeckung vorbereitet werden, kommt ein Prozeß von Vorentscheidungen und Hauptentscheidungen in Betracht, dessen multivariable Zielsetzungen in der Regel nur vage bekannt sind. Eine zunehmende Verbesserung der potentiellen Information ist zu erwarten in Verbindung mit dem Aufbau nationaler, weltweiter, branchenbezogener und individueller Mikro- und Makrodatenbänke, Ausbau der Programmbibliotheken bei Rechenzentren und Herstellern von Hilfsmitteln der Information und Kommunikation. Vorläufer dieser Datenbänke [558] sind die Informations- oder Datengerüste der privaten und öffentlichen Verwaltungen, insbesondere der Verbände, statistischen Ämter und Bibliotheken. Schon stärker zweckbezogen sind die verfeinerten Klassifikationsschemata [559], wie z. B. Kontenrahmen, -pläne, Planrahmen [560] und die umfassenden zielorientierten Informationsklassifikationen für Unternehmungen und verwandte Organisationen [561]. Die Erschließungssysteme sind von der Güte und Flexibilität der Datenklassifikation abhängig. Diese relativ statischen Stammgerüste oder allgemeinen Informationspläne sind eine Basis jeder manuellen und maschinellen [562] Datenerfassung.

Informationsklassen und Bedarfsanpassung

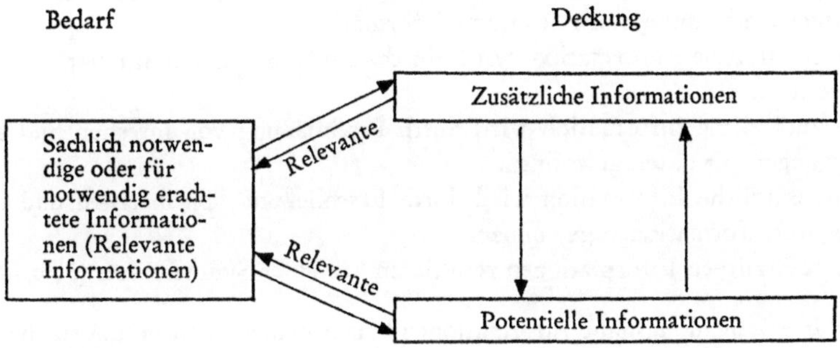

[558] Vgl. zur »Konzeption« und zu den »Techniken der Datenbank« sowie der Bedeutung des »Datenbankdiagramms« Mertens [Datenverarbeitung], S. 29ff.; Wahl [Grundlagen], S. 98ff.; Wedekind [Datenorganisation], S. 232ff. In der systematischen Verkettung aller Datenbestände zu einer Daten- und Methodenbank wird ein Charakteristikum integrierter Informationssysteme gesehen; vgl. Reintges [MIS], S. 219; Hammer [Produktionssteuerung], S. 148. Zum Problem der Mindest-Segementierung einer Datenbank vgl. Mayer [Anpassungsfähigkeit], S. 380f. Zur »zwangsläufigen Weiterentwicklung der Daten- oder Informationsbanken« zu einer »Informationsfabrik« vgl. Adam/Helten/Scholl [Modelle], S. 15. Analyse und Systematik der Dokumentation behandeln umfassend Michajlov/Cernyi/Giljarevskij [Informatiki].

[559] Vgl. zur Bedeutung der Klassifikation für die Dokumentation Pietsch [Stand], S. 1339; vgl. auch Berthel [Informationen], S. 121, Folgerung S. 126ff.

[560] Vgl. Bleicher [Planrahmen], S. 612ff.

[561] McDonough [Information], S. 295ff.; Blohm [Schwachstellen], Anl. 501.

[562] Vgl. z. B. das von Wißmath [Datenerfassung], S. 396ff., beschriebene maschinelle Datenerfassungssystem.

Hauptquelle sind die Kontrollinformationen bzw. die Auswertungsdaten partieller Unternehmungs- und Betriebsanalysen abgeschlossener oder fiktiv abgegrenzter Entscheidungsprozesse oder externer Quellen [563] bzw. Datenbänke.
Zur Deckung einzelner Informationsbedürfnisse oder Bedarfsbündel kommen zwei grundsätzliche Informationsklassen in Betracht, die über die Bedarfsanpassung auf Grund der angeregten Quellenanalyse miteinander in Beziehung stehen (s. Darst. S. 191).
In der Entscheidungssituation kommt es darauf an, die verfügbare Information rasch zu erkennen und einzusetzen. Schon daraus erhellt der Wert der potentiellen Information. Allerdings ist die unbegrenzte Erhöhung dieses Sicherheitsbestandes an Informationen aus wirtschaftlichen Erwägungen nicht möglich. Zum andern ist nur ein Teil – wenn auch der taktisch wichtigere – dokumentationsfähig. Außerdem wird die potentielle Information entsprechend dem Stand ihrer Aufbereitung die Basis für weitere Informationen liefern. Diese weiteren Informationen sind die zusätzlichen Informationen. Somit sind in der Entscheidungssituation folgende Erschließungsformen zu unterscheiden:

(1) Die potentielle Information ist sofort verfügbar und wird ohne weitere Umformung zur (entscheidungs-)relevanten Information.
(2) Die potentielle Information ist nicht sofort verfügbar, wird aber ebenfalls ohne weitere Umformung zur relevanten Information.
(3) Die zusätzliche Information wird durch Umformung potentieller Information gewonnen.
(4) Die zusätzliche Information wird durch Erschließung von internen und externen Vergangenheitsdaten gewonnen.
(5) Die zusätzliche Information wird durch Erschließung von internen und externen Prognoseinformationen gewonnen.
(6) Die zusätzlichen Informationen resultieren aus einer Synthese von (3) bis (5).

Relevante, entscheidungsnahe Informationen haben immer einen prognostischen Bezug. Die Vorgehensweisen werden dennoch primär von Wirtschaftlichkeitsüberlegungen bestimmt. Dies bedeutet, daß die Priorität der für die Bedarfsdeckung heranzuziehenden internen und externen Quellen von den mutmaßlichen Such-, Gewinnungs- und Umformungszeiten oder -kosten und den erwarteten Entscheidungswirkungen bestimmt wird. Das gleiche gilt für den Einsatz von Kombinationen informationstechnischer Hilfsmittel und Kommunikationsstrukturen.
In der Entscheidungssituation muß demnach zunächst festgestellt werden, ob der Informationsbedarf durch potentielle Informationen gedeckt werden kann; in zweiter Linie ist festzulegen, welche zusätzlichen Informationen wann und wie beschafft werden sollen. Das sind die Ausgangsfragen der Informationserschließung.
Wie sich daran zeigt, geht der Weg zur zusätzlichen Information und Entscheidung immer über die Dokumentation und die Gewinnungssysteme. Die Systematisierung

[563] Vgl. vor allem Kramer [Information], S. 73f., und Mertens [Dokumentation], S. 8ff., sowie Coman [Sources].

muß in den Erschließungssystemen nach den zwangsläufig fehlerhaften Bedarfsprognosen geschehen. Das weitere Problem der potentiellen Information ist die Bewältigung der Masse, der Informationsflut [564] und ihr rasches und zuverlässiges Wiederfinden (information retrieval). Zahlreicher werden die Versuche, die Probleme der Dokumentation mit Hilfe von Verfahren der Aktionsanalyse anzugehen [565].
Hinsichtlich der Systematisierung nach der Art des Informationsgutes, nach dem Alter, der Zugriffsfähigkeit, den Prioritäten und der Ad-hoc-Orientierung haben die traditionellen »Informationsbetriebe«, nämlich die Bibliotheken, bereits beträchtliche Erfahrungen gesammelt, die auch für die Vorauswahl der Fachbibliotheken, Patente, Gesetze und Referatssammlungen in den Unternehmungen, insbesondere für die Festlegung der Deskriptoren, genutzt werden können.
Immer bedeutsamer werden die Anschlüsse an zugriffsfähige externe Daten-, Informations- oder Wissensbänke, weil sie eine zeit- und kostensparende Vervielfachung der potentiellen und zusätzlichen Information gestatten können. Im Vordergrund des Interesses stehen heute u. a. die geplanten oder realisierten Datenbänke für das »elektronische Wissen« (USA), die Kernforschung (UdSSR, USA, Österreich), die Werbemittel und Märkte (Institut für Wirtschaftlichkeit in der Werbung, Berlin), Forschungs- und Entwicklungsarbeiten der chemischen Industrie, internationale Public-Relations-Datenbank, internationale Patentdokumentation, juristische und insbesondere steuerrechtliche Datenbanken. Die Bedeutung der Dokumentation kann nicht besser demonstriert werden als durch die Tatsache, daß bereits viele Milliarden in der Welt für die Untersuchung bereits durchgeführter und sogar patentierter Arbeiten ausgegeben wurden [566]. Es ist daher verständlich, wenn z. B. in der UdSSR jedes Forschungsinstitut angewiesen ist, drei Monate vor Beginn eines neuen Forschungsvorhabens einen Spezialisten für die Durchforstung der projektbezogenen verfügbaren Dokumentationen in der Welt einzusetzen [567].

b) Informationsgewinnung und Grundregeln der Umformung

Die nahezu unbegrenzte Umformbarkeit der Information bringt es mit sich, daß im Verlauf der Gewinnung und Verbesserung (»Produktion«) der Information die Ziele des »Absatzes«, der Datenverwendung, in einem weitaus stärkeren Maße korrigierend auf das Informationsprodukt einwirken, als das je im Realgüterbereich ökonomisch sinnvoll und möglich wäre. Dennoch wird im Rahmen der informationswirtschaftlichen Sachaufgaben dieses »Marketingkonzept« [568] in der Praxis nicht konsequent

[564] Eine individuelle Selektion kann grundsätzlich ansetzen bei der Perzeption, Apperzeption und beim Lernvorgang; vgl. Frank [Notwendigkeit], S. 218.
[565] Vgl. z. B. die Literaturanalyse bei Brusberg [Entwicklungsstand], S. 168f. Hinweis auf die verstärkten Bemühungen Forschung, Lehre und Organisation der Dokumentation auszubauen. Vgl. Pietsch [Struktur], S. 28ff.
[566] Vgl. die Literaturanalyse von Mertens [Dokumentation], S. 1.
[567] Hinweis von Pietsch in einem Vortrag in Bad Dürkheim (RKW KN, Nr. 491, vom 20.10.1964).
[568] Vgl. Merrihue [Communication], S. 39ff.

gehandhabt, wie die scheuen Versuche einer »Klärung« des Informationsbedarfs der Führungskräfte erkennen lassen.

Die Eigenständigkeit der Erschließung (Datengewinnung und Umformung) ist daher noch beträchtlich groß; sie ist um so größer, desto weniger versucht wird, den Informationsbedarf im voraus zu ermitteln. Zwischen den einzelnen Leistungsstufen der Information bestehen somit – wie bei der Bedarfsanalyse dargestellt – sehr enge Beziehungen.

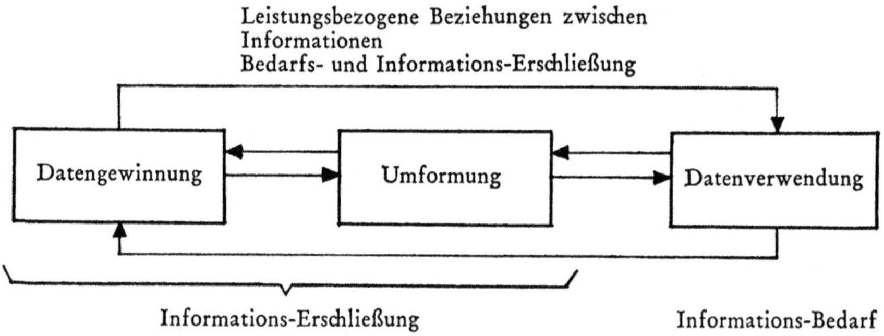

Die Leistungsstufen der Information sind in jeder Unternehmung vorhanden, aber häufig institutionell verdeckt.

Erschließung	Umformung	Verwendung
Verteilung	Verteilung	Verteilung

Die zunehmende Bedeutung der »Informationsbetriebe« innerhalb und außerhalb der Unternehmungen macht es notwendig, den Informationsprozeß ebenso explizit herauszustellen, wie etwa den primären Leistungsprozeß in der industriellen Unternehmung.

Beschaffung	Produktion	Absatz

In den einzelnen Wirtschaftszweigen und Branchen konkurriert der informationswirtschaftliche Prozeß mit den produktions-, personal- und finanzwirtschaftlichen Prozessen in unterschiedlichem Maße (vgl. etwa Industrie, Bank, Handel, Treuhandwesen, selbständige Marktforschung, Ausbildung). Besonderheiten ergeben sich vor allem aus der Unterscheidung zwischen erstrangigen Informationsprozessen (vgl. z. B. selbständige Rechenzentren und Marktforschungsinstitute) und nachrangigen Informationsprozessen (vgl. z. B. Industrie-, Handels-, Bankunternehmung).

Für die Stufen des Informationsprozesses werden noch andere Bezeichnungen verwendet, die nur zum Teil andersartige Erscheinungen der Informationserschließung zum Ausdruck bringen, wie folgender Versuch einer Zuordnung erkennen läßt (Informations- und Verknüpfungsprozesse überlagern sich in allen Stufen, wenn sie auch bei der Verwendung stärker bewußt werden):

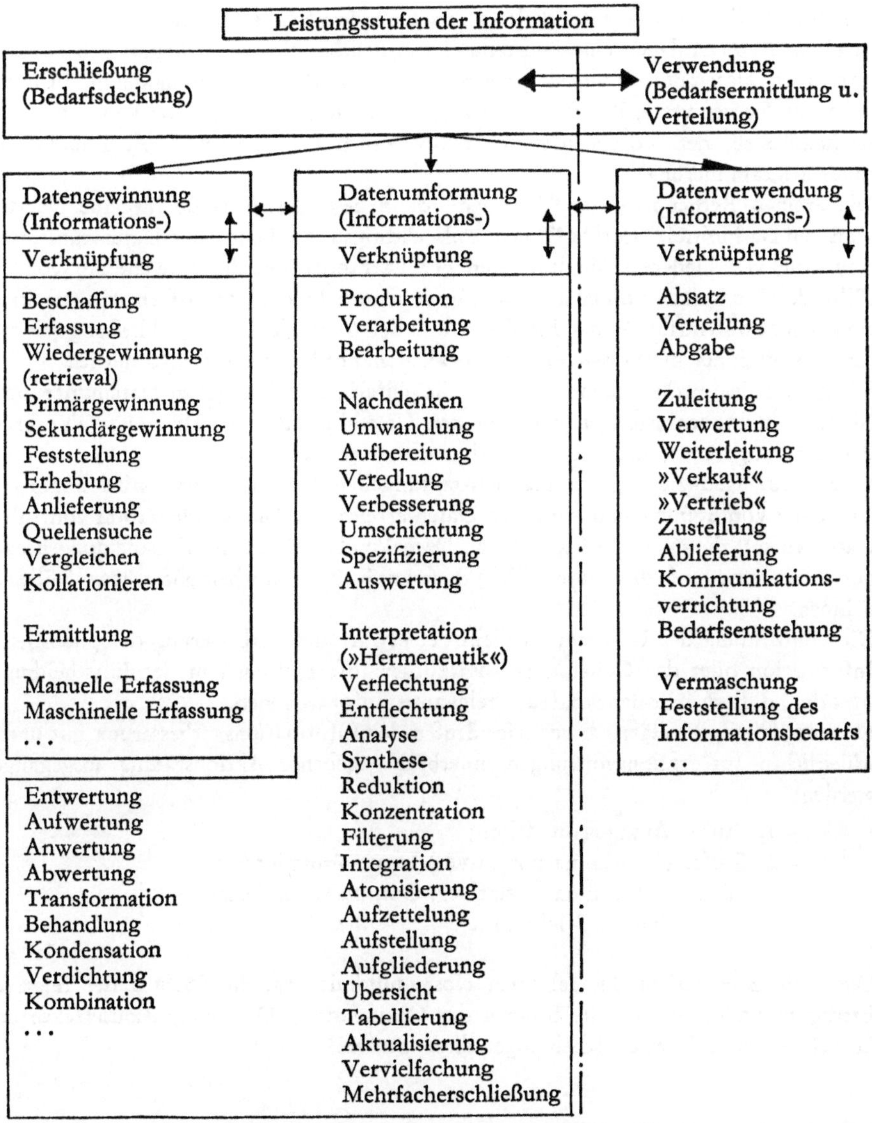

Abb. 65: Leistungsstufen der Information

Vor, innerhalb und nach den Stufen sind Lagerungen oder Speicherungen notwendig, die als Informationsübermittlung in der Zeit (Kommunikation) betrachtet werden können. Das Streben nach Quantifizierung und stärkerem Einsatz von Hilfsmitteln bringt es zwangsläufig mit sich, daß den Rechenplänen und Simulationsmodellen im Rahmen der Umformungsprozesse ein herausragender Platz zukommt [569]. Auch die

[569] Vgl. u. a. Hellfors [Management], S. 68ff.; Vischer [Kostenkalküle]; Russell/Stobaugh/Whitmeyer [Simulation], S. 162ff.

numerische Mathematik entwickelt in zunehmendem Maße Methoden, die beim Einsatz von Rechenanlagen eine Beurteilung wesentlicher Kapazitätskriterien bei rechenintensiven Datenumformungen gestatten sollen (Rechengeschwindigkeiten, problembezogene Rechenwerte, Beziehungen zwischen den technischen Möglichkeiten und dem Rechenprozeß, den Vorgehensweisen einschließlich Problemformulierung und Computerprogrammierung) [570].

Die »reinen Rechenprozesse« [571] eignen sich in besonderem Maße für eine Übertragung auf Sachmittel. Grochla [572] nennt als wichtigste Methoden der Datentransformation »die verschiedenen Möglichkeiten der Extrapolation, die Anwendung von mit Hilfe der Wahrscheinlichkeitsrechnung gewonnenen Häufigkeitsziffern und die traditionellen Schlußverfahren der Induktion und der Analogie«. Die Erschließung relevanter Informationen macht regelmäßig eine »Datenkoordination« [573] erforderlich.

Die größte praktische Bedeutung haben die einfachen zielbezogenen Datenumgruppierungen, Zusammenfassungen und erneuten Umschichtungen [574]. Dies setzt eine breite Auffächerung des zweckbezogenen analytischen Materials voraus.

Eine starke Reduzierung der manuell-maschinellen Datenerfassung wird durch eine Trennung von Stamm- und variablen Daten erreicht [575]. Die Kondensation von Informationen soll die mögliche Vielfalt von Datenkombinationen im Entscheidungsprozeß abmildern und auf die mutmaßliche Kapazität der Entscheidungsträger Rücksicht nehmen.

Die Umformung der Information dient der erwarteten Verbesserung der potentiellen Information oder der Gewinnung zusätzlicher Informationen in der Entscheidungssituation, d. h. primär der Schaffung relevanter Informationen.

Es kann dabei grundsätzlich von vier Stufen der Informationsverbesserung mit unterschiedlichen Integrationswirkungen innerhalb gegebener Aktionsräume ausgegangen werden:

- 1. Stufe: Ausgangssituation
- 2. Stufe: (Streben nach relativer) Input-Minimierung
- 3. Stufe: (Streben nach relativer) Output-Maximierung
- 4. Stufe: Output-Selektion

Die Stufe 2 entspricht der relativen Kostenminimierung, die Stufe 3 der relativen Ertragsmaximierung und die Stufe 4 der Optimierung. Die Integrationseffekte und Lerneffekte sind Parallelerscheinungen dieser Stufen.

[570] Vgl. Ralston/Wilf [Methoden], S. 9ff. Vgl. auch die Kenndaten-Übersicht der Aktiengesellschaft Institut für Automation [Computer-Indices].

[571] Studienkreis Meller [Gliederung], S. 69.

[572] Grochla [Organisation], S. 708. Zu den »Verfahren der Marktbeobachtung« vgl. Schäfer [Grundlagen], S. 407ff.; zu praktischen Beispielen der Datentransformation Kosiol [Unternehmung], S. 182.

[573] Ebenda; vgl. auch Moore [Information], S. 231ff.

[574] Vgl. zu den Vorgängen des »Umformens«, »Verdichtens« und »Spezifizierens« Pietzsch [Information], S. 36.

[575] Vgl. Futh [Computer], S. 332.

In schematischer Zuordnung ergibt sich folgende Darstellung:

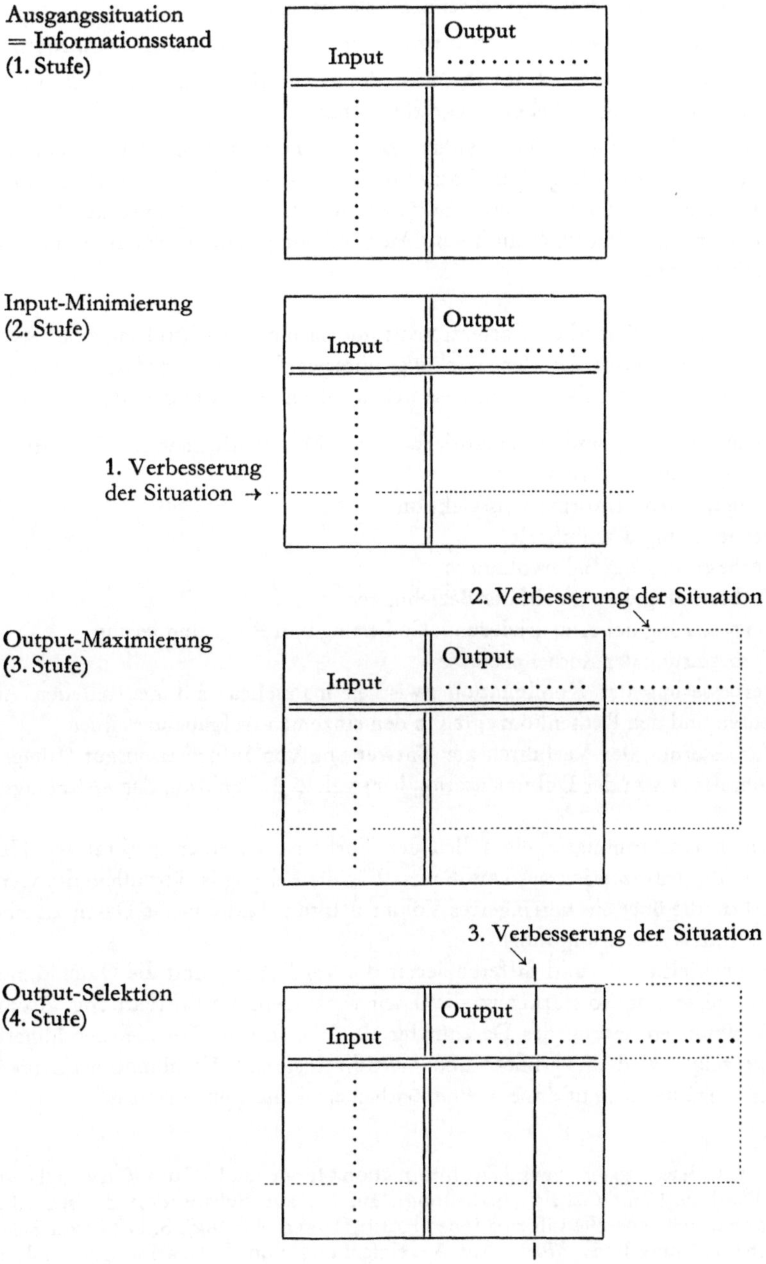

Abb. 66: Stufen der systematischen Informationsverbesserung

An Hand des Beleganfalls würden diese vier Stufen bedeuten [576]:

(1) Feststellung eines wiederkehrenden Belegstroms
(2) Reduktion des Volumens an Informationen für den Entscheidungsprozeß
(3) Vervielfachung der Informationen durch Umschichtungen und Umverteilungen (Ausgesprochener Integrationseffekt)
(4) Auswahl der für die Verwendung zur Verfügung stehenden Informationen nach der Aktualität. (Qualitätsverbesserung durch Wert-, Sensitivitätsanalysen, Simulation und Vereinfachung von Entscheidungskomplexen.)
Dieser Selektion kann auch eine Ausgliederung von Informationsaufgaben entsprechen.

Im Prinzip lassen sich sämtliche Informationsströme nach dieser Abstufung einer Wertanalyse mit integrationsfördernder Wirkung unterwerfen. Im Vordergrund dieser Informations- und Kommunikationsanalyse stehen folgende Gesichtspunkte:

- Generalisierung und Schematisierung der Masseninformation (Substitution der speziellen Information)
- Rangbezogene Informationsselektion
- Verbesserung der Flußzeit
- Verbesserung des Belegvolumens
- Verbesserung der Anzahl der Beziehungen
- Verbesserung der Klassifizierung, Codierung und Programmierung
- Verbesserung der Rechenprozesse
- Verbesserung der Kombination zwischen manuellen und maschinellen Abläufen und den Rechenkonzepten in den einzelnen Aufgabenbereichen
- Verbesserung der Verfahren zur Entwertung von Informationsgut (Integrationseffekt von der Dokumentation her; vgl. z. B. Funktion der »Altablage«)

Die allgemeinen Umformungsregeln sollen der Vorbereitung einer qualitativen Umstrukturierung des Informationssystems dienen. Für die Leitung ist vor allem die vierte Stufe wesentlich, die über ein verringertes Volumen Input- und Output-Daten zu einer direkten Qualitätsverbesserung führt.
Je umfassender, vielfältiger und differenzierter die Verdichtung und die Datenkombinationen sein müssen, um so stärker ist die ihnen vorausgehende Entflechtung, Atomisierung und Homogenisierung des Datenmaterials. Wie sich am Beispiel der höheren Datentechnik zeigt, wird die größere und multidimensionale Kombinationsfähigkeit erst durch ein Zurückgehen auf das einzelne Zeichen ermöglicht und erreicht.

[576] Vgl. zu den Beziehungen zwischen Informations-Input und -Output Evans/Hague [Master Plan], S. 97ff.; Gehrig [Bedeutung], Bl. 13; zur Substitution der speziellen Information durch generelle Informationen Kosiol [Unternehmung], S. 172 f.; zur Selektion Reche [Planung], S. 376ff.; zur Vereinfachung von Entscheidungskomplexen Gäfgen [Theorie], S. 189; zum Integrationseffekt Pietzsch [Information], S. 22, und Hellfors [Management], S. 63ff., zur Datentransformation Schweiker [Grundlagen], S. 92.

c) Adressaten- und quellenbezogene Möglichkeitsanalyse

Die Möglichkeiten der Gewinnung und Umformung von Informationen und die Verknüpfung von Informationsbeteiligten oder Kommunikationspartnern variieren mit ihrem Bekanntheitsgrad, bezogen auf einen Erschließungszeitpunkt oder -zeitraum (vgl. S. 200). Während 11 das Feld des taktischen Routinebereichs ist, kann Feld 22 nur durch systematische Problemprognosen angegangen werden, unterstützt von einer tiefgestaffelten breiten Auffächerung des ersten Zeilenvektors und des ersten Spaltenvektors.

Mit dem höheren Bekanntheitsgrad wächst die Möglichkeit eines Ausschließens bestimmter Führungshilfsmittel oder einer Auswahl zwischen konkurrierenden und/oder sich ergänzenden Hilfsmitteln [577] bei der Information und ihrer Verknüpfung:

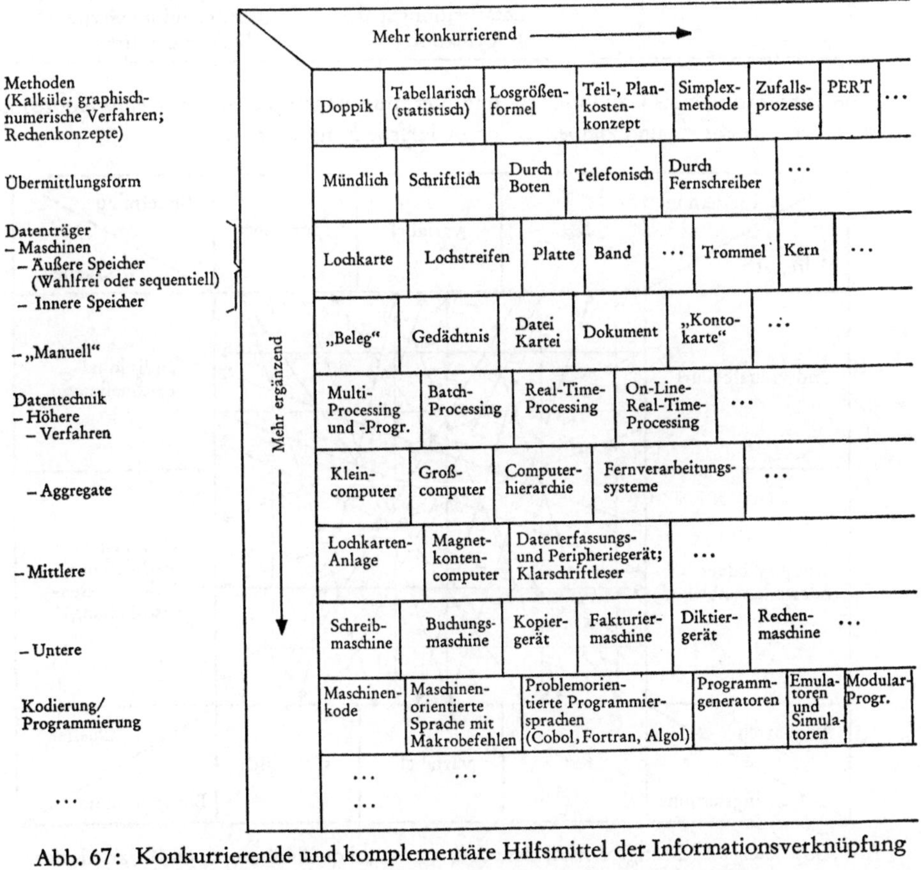

Abb. 67: Konkurrierende und komplementäre Hilfsmittel der Informationsverknüpfung

[577] Vgl. zur Systematik der Speicher Niederberger [Informationssystem], S. 57; Dworatschek [Datenverarbeitung], S. 246ff. Vgl. zu den Beurteilungskriterien für die Datentechnik Kalscheuer [Datenverarbeitungssysteme], S. 64ff., und Aktiengesellschaft Automation [Computer Indices]; vgl. Hartmann [Grundlagen]. Vgl. zu den Entwicklungsphasen der Automatisierung Holtgrewe [Automation], S. 108; zur Kombination der

Adressaten- und quellenbezogene Möglichkeitsanalyse

Quelle (Erschließungsziel)	Adressat (Bedarfsziel)	
	Relativ bekannt	Relativ unbekannt
Relativ bekannt	von der Quellensuche unabhängige 11 entscheidungsnahe Information	12 globale Datenvorbereitung
Relativ unbekannt	von der Quellensuche abhängige 21 entscheidungsnahe Information	22 entscheidungsferne Dokumentation

Eine Integration von Gewinnungs- und Verknüpfungssystemen setzt eine Koordinierung der adressaten- und zielbezogenen Bedarfsdeckung voraus:

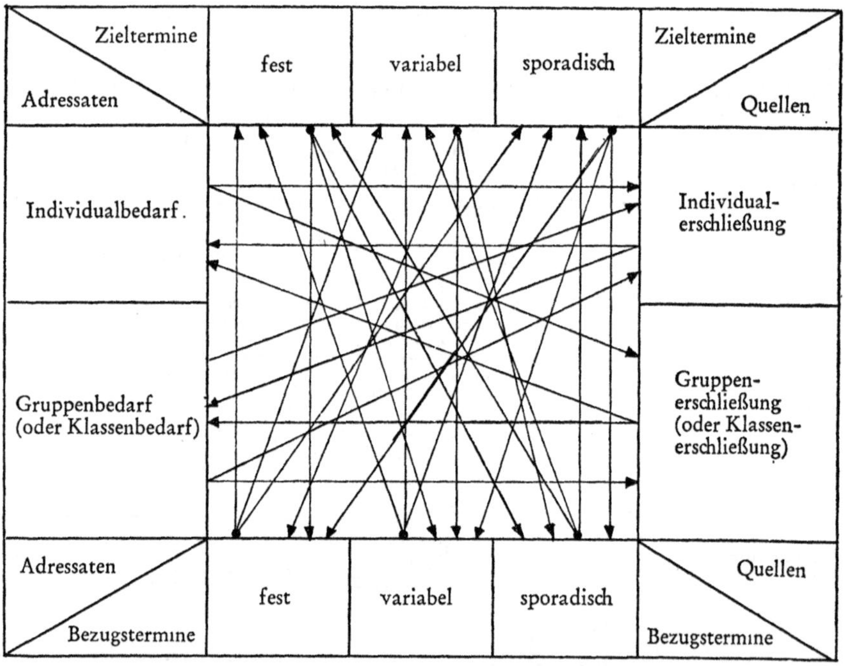

Abb. 68: Ziel- und Bezugstermine der adressaten- und quellenbezogenen Bedarfsdeckung

Datentechnik vgl. Hellfors [Management], S. 72f.; zu den Verfahren Li [Accounting], S. 581ff.; zur »Software« als Steuerungsinstrument Haddenbrock [»Software«], S. 372ff.; zum Stand der entscheidungsorientierten quantitativen Methoden vgl. Künzi [Operations], Bl. 13, und Albach [Entwicklung], S. 113ff.

Die Zieltermine und Bezugstermine können sich grundsätzlich nicht entsprechen, weil die ersteren in der Zukunft, die letzteren in der Vergangenheit liegen. Die Koordinierung der zeitbezogenen Bedarfsdeckung muß sich daher gleichzeitig am Problem orientieren.

d) Problematik der zusätzlichen Information

Die potentiellen Informationen bedürfen in der entscheidungsnahen Situation regelmäßig der Umformung in Plandaten, die den Denkprozeß über die Auswirkungen der unmittelbar bevorstehenden Entscheidung wiedergeben.
Immer gehen mit diesen Plandaten Zwangsinformationen einher, die nicht unmittelbar beeinflußt werden können, z. B. auf Grund von Auswirkungen der Rechtsordnungen, in deren Bereich die Unternehmung operiert [578].
Zusätzlicher Bedarf erfordert auch zusätzliche Maßnahmen der Deckung. Die zusätzliche Information entsteht erst in der Entscheidungssituation, und zwar durch:

(1) Umformung potentieller Informationen
(2) Erschließung nicht zugriffsfähig gespeicherter interner und externer Informationen aus Gegenwart und Vergangenheit
(3) Erschließung von nicht ausreichend gespeicherter oder erkennbarer interner und externer Prognoseinformationen
(4) Synthese-Informationen (Kombinationen von [1] bis [3]).

Diese zusätzliche Information führt zum entscheidungsnahen Wissen. Sie kontrolliert die Zielerwartungen und wirkt regulierend auf das zunächst vorhandene Anspruchsniveau. Das Anspruchsniveau wird steigen, wenn die Erschließung der zusätzlichen Information leichter war als erwartet, es wird sinken, wenn die Erschließung schwieriger war als erwartet. Je größer die Abweichungen sind, desto rascher kommt eine Oszillation zwischen den früheren und den gegenwärtigen Erwartungswerten in Betracht.
Die methodische Vorbereitung der zusätzlichen Information ist ein zentrales Problem der entscheidungsorientierten Betriebswirtschaftslehre. Sie ist ein Spiegelbild des für eine Entscheidungssituation relevanten ökonomischen Horizonts, der sich aus dem problembezogenen Planungszeitraum und dem Vollkommenheitsgrad der Information zusammensetzt. Immer werden »augenblickliche Konstellationen« die Auswahl und Umformung von Daten beeinflussen [579].
Mit der zusätzlichen Information wird die potentielle Information erweitert bzw. verbessert. Abgesehen vom methodischen Vorgehen in der Entscheidungssituation kann die zusätzliche Information systematisch angegangen werden durch Problemprognosen.

[578] Diese Daten (Informationen) werden von Grochla [Organisation], S. 707f., als »objektiv gegebene«, die Unternehmung zwar beeinflussend, dem »betrieblichen Willensbildungsprozeß« aber weitgehend entzogene »Plandaten ersten Grades« (Erwartungsparameter) bezeichnet; sie seien zu unterscheiden von den »Plandaten zweiten Grades« oder den sog. Aktionsparametern.

[579] Neubert [Einfluß], S. 271.

Diese Prognosen sind die Basis für eine Projektion von »Forschung und Entwicklung« im Bereich des Informatiossystems bzw. der informationswirtschaftlichen Sachaufgabe in der Unternehmung. Den Hintergrund bilden die Phänomene »invention«, »innovation« und »imitation«. Die »Hebung« erreichbarer, d. h. die erste oder erneute Nutzanwendung potentieller Informationen ist ein unterentwickelter Bereich in den Unternehmungen aller Größen. Aber neue Ideen müssen auch wirtschaftlich verwertbar sein. Die zusätzliche Information ermöglicht relativ neue (»zusätzliche«) Alternativen [580] in bezug auf die Ziel- und die Ausgangssituation. Nicht jede zusätzliche Information ermöglicht eine gleichwertige Alternative, wie dies im syntaktischen Bereich bei der Bestimmung des Informationsgehalts der Fall ist. Aber das Volumen ist auch im pragmatischen Bereich die vorläufige Bewertungsbasis.

Zusätzliche Information

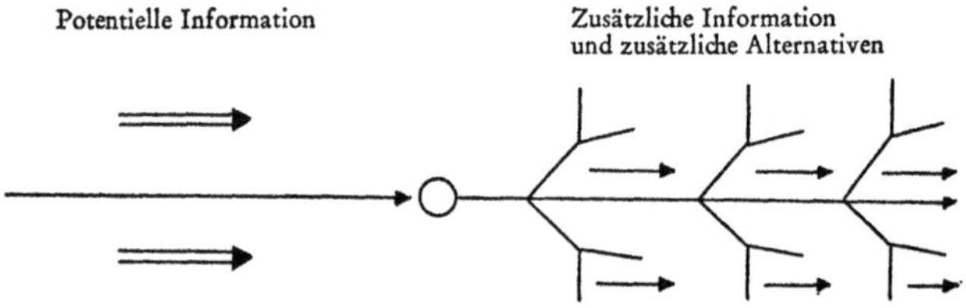

Die Umformung potentieller Informationen zu zusätzlichen Informationen bereitet auch die Entscheidung über darüber hinausgehende zusätzliche Informationen vor: Kauf von Informationen oder Abfinden mit dem erreichten Umformungsgrad [581]. Bei der wirtschaftlichen Erschließung der zusätzlichen Information im taktischen Bereich spielen die informationstechnischen Kombinationen eine besondere Rolle, weil in diesem Stadium die Zeit meist drängt. Die Sammlung dieser Kombinationsmöglichkeiten, Optimierungskriterien, Kenndaten, Kontroll-Listen, Vorgehensweisen, Programmhierarchien haben daher im Informationsbestand ein großes Gewicht.

Im strategischen Bereich erfordern die zusätzlichen Informationen ein Vorausdenken von 3, 5, 7, 10 und mehr Jahren. Hier beginnen die eigentlichen Probleme des Informations-Entscheidungs-Systems für das Management. Je weiter diese zusätzliche Information in die Zukunft reicht, desto stärker treten die Verknüpfungen, die alternativen Kommunikationsstrukturen in den Vordergrund. Problembezogene, alternative Kommunikationsstrukturen sind »schwebende Strukturen« auf dem Hintergrund einer bereits bestehenden Organisation und ihren gegenwärtigen und möglichen oder zu erwartenden und in der Zukunft möglichen Informationsbeziehungen.

[580] Vgl. Wittmann [Unternehmung], S. 188f.

[581] Vgl. Rappaport [Analysis], S. 453, ausgehend von einer Bewertung der Alternativen auf der Basis der vorhandenen Information.

IV. Der Integration zustrebende Insysteme für Entscheidung, Information und Kommunikation

1. Totalkonzeption

a) Aktionsräume und Integrationsgefälle

Die Aktionsräume im Systemobjekt oder Bezugsrahmen der Unternehmung sind die in unterschiedlichem Maße dynamischen Handlungs- oder Wirkungsfelder für die eng zusammenhängenden zentralen Komplexe Entscheidung, Information und Kommunikation. Dabei hat das Korrelat der Information, die Kommunikation, die wichtige integrale Funktion der Verknüpfung von Systembeziehungen und Entscheidungszentren oder -stellen. Diese Aktionsräume sind somit zugleich die sich überschneidenden Insysteme des Entscheidungssystems und des Informationssystems, bestehend aus Erschließungs- und Verknüpfungssystemen. Die Aktionsräume beziehen sich auf vergangene, vorhandene und erwartete, organisierbare und weniger organisierbare, organisationsinterne und organisationsexterne, beobachtbare und weniger beobachtbare, beeinflußbare und nicht beeinflußbare Strukturen. In diesen Aktionsräumen spiegeln sich die Möglichkeiten einer verbesserten Integration ohne zu starre Begrenzung der Zielbereiche. Die Aktionsräume bewegen sich, ausgehend von Datenfrequenz und Datenänderungsgeschwindigkeit, zwischen relativer Konstanz und relativer Dynamik:

Aktionsräume

Ablaufbestimmende Faktoren	Betriebswirtschaftliche Strukturbereiche Gebilde	 Verknüpfungen
Frequenz	Relative Dynamik	Relative Dynamik
Veränderung	Relative Konstanz	Relative Dynamik

Die Benützung (Frequenz) der systembezogenen Strukturen (Gebilde und Verknüpfungen) und deren Veränderungen ergeben sich aus den Entscheidungen (Entschlüsse, Aktionen, Handlungen, Strategien, Wirkungen) mit Hilfe von Information und Kommunikation. Das Maß für die Dynamik erwächst aus dem Gewicht von Frequenz und aktiver, reaktiver oder passiver Veränderung von Verknüpfungen und Gebilden. In der Vorbereitung, Anpassung oder Beeinflussung dieser dynamischen Wirkungen kommt das systembezogene Integrationsgefälle zum Ausdruck. Es ist das jeweils ökonomisch sinnvolle Maß an Integration, das insbesondere den Grad der Zielerreichung verbessert.

Über die ökonomisch zu interpretierende Integration bestehen recht unterschiedliche

Vorstellungen, insbesondere über die mit Hilfe von Information und Kommunikation realisierbaren und nicht realisierbaren Zwischenstufen. Die totale Integration und die totale Automation sind Grenzfälle. Es sind idealisierte Begriffe, die weder Grad noch Bereiche der Realisierung erkennen lassen. Die Integration läßt sich als Schrittmacher der Operationalisierung, Rationalisierung und Kontrollfähigkeit, aber damit mehr als Vorstufe der Automatisierung verstehen [582]. Andererseits werden durch die Automatisierung neue Formen der Integration angeregt [583]. Darauf ist es zurückzuführen, daß die Integration vorwiegend mit der höheren Datentechnik (Einsatz von Elektronenrechnern) in Verbindung gebracht wird. Die Integration ist zwar an Sachen und Personen – wie die Koordinierung – gebunden, nicht aber an die Datentechnik. Die Nichtbeachtung dieser elementaren Einsicht ist die Ursache zahlreicher Fehlinvestitionen im Bereich der mittleren und höheren Datentechnik. Die Integration ist von der Datentechnik nur insoweit abhängig, als die technischen Hilfsmittel den Verlauf und die Richtung der Integration mitbestimmen. Sie ist aber in jedem Falle eine günstige oder im Hinblick auf die Datenmassen eine notwendige Voraussetzung für eine maschinelle Bearbeitung von Informationsprozessen. In der Integration kulminiert die Gesamtheit der ganzheitlich ausgerichteten Koordinierungsbemühungen. Die Integration bedarf selbst der ständigen Koordinationsarbeit. Sie hängt daher eng mit den Grundregeln der Informationsgewinnung, der Umformung von Informationen und der kommunikativen Verknüpfung von Informationen zusammen.
Die Integration als »Verflechtung« [584], »Verkettung« [585], »Vermaschung« oder als Koordinierung in ganzheitlicher Blickrichtung hat zwei Ausgangsaspekte:

- Intern orientierte sozioökonomische Integration
  Die Unternehmung wird aufgefaßt als »integriertes Sozialsystem« und »Zwangsverband«, beeinflußt von mannigfachen hierarchisch-kooperativen Differenzierungen und »sozioökonomischen Schichtungslinien« [586].

- Intern, peripher und extern orientierte sachökonomische Integration
  - Realtechnisch
    Hier wird die Integration als eine ganzheitlich orientierte Koordinierung von Maschineneinheiten aufgefaßt. Im Vordergrund stehen dabei die mechanische und elektronische Automatisierung (vgl. »Hardware«; Computersysteme; Datenfernverarbeitung [587]).

[582] Vgl. Baldus [Integration], S. 481.
[583] Derselbe [Probleme], S. 392.
[584] Bereska [Organisation], S. 32.
[585] Kosiol [Unternehmung], S. 155.
[586] Vgl. Dahrendorf [Sozialstruktur], S. 42f.; zur Integrationswirkung der »innerbetrieblichen Information«, Schelsky [Industriesoziologie], S. 197. Vgl. auch Young [Behavioral System], S. 137ff.; Lattmann [Unternehmung], S. 25ff.
[587] Vgl. Grochla [Automation]; Kosiol [Unternehmung], S. 155; Kuhrt/Giesecke/Maurer [Datenfernübertragung]; vgl. zur »integrierten Produktionsplanung und -steuerung« Soom [Produktionsplanung], mit den Problemkreisen Bedarfsermittlung, Kapazitätsplanung, Materialbewirtschaftung, Belastungs- und Terminplanung, Terminkontrolle.

- Sach- und aufgabenorganisatorisch
  Die ganzheitliche sachorganisatorische Strukturierung bezieht sich sowohl auf die Aktionsstellen und -bereiche der Unternehmung als auch auf die realtechnische Integration. Hier sind zunächst die »Transportprobleme« der Mensch-Maschine-Kommunikation [588] in den Vordergrund getreten, die dann einmündeten in die Probleme der »One-Line-Simulation«.

- Rechentechnisch
  Dabei wird die Integration mehr als Zusammenfassung von Rechenplänen, als ganzheitliche Koordinierung von Teilplänen aufgefaßt (vgl. »master plan«; Informationsplan; Integrierte Planungsrechnung).

Von diesen Hauptgesichtspunkten, die sich im System der Unternehmung durchdringen, muß eine »integrierte Informationsverarbeitung« ausgehen. Sie führen hin zur

- sozioökonomisch-technischen Integration des Mensch-Sachmittel-Systems, einer mit Hilfe verbesserter Informationssysteme »integrierten Management-Organisation«[589], zur Integration der Integration, zur »Lenkung der Lenkung« [590].

Zwischen der Koordinierung, Kommunikation und Integration bestehen enge Beziehungen [591] und fließende Übergänge. Sind die Koordinierungsinformationen und Kommunikationsverknüpfungen auf eine ökonomisch sinnvolle ganzheitliche Zuordnung, Einordnung und Abstimmung ausgerichtet, kann erst von Integration gesprochen werden. Die soziale Integration und die realtechnische Integration bedürfen des umgreifenden ökonomischen Systembezugs der Unternehmung.
Die sozioökonomische Integration wird primär durch die bewußt-motivierende Information erreicht, die parallel zu den Willensbildungs- und Willensdurchsetzungsprozessen verläuft. Von ihr hängt weitgehend der Grad der Zielerreichung ab. Das Rückgrat der sozioökonomischen Integration ist allerdings immer die (formale) Organisation [592] bzw. die formale Kommunikation.
Den informationsbezogenen Hintergrund der sachökonomischen Integration bilden folgende Zielkriterien:

Informationsziel (Gewinnungsziel):	Zweckmäßiger Erschließungs- und Umformungsgrad (Umformung auf den für den Adressaten relevanten Zusammenhang: ziel-, aufgaben-, problem- oder projektbezogene Verdichtung). Kombination von Umformungsresultaten.

[588] Vgl. hierzu Mertens/Kress [Mensch–Maschinen-Kommunikation], S. 1ff.; und Mertens [Datenverarbeitung], S. 16.
[589] Fisch [Management], S. 13ff.; Bower/Sefert [Factors], S. 220ff.
[590] Kosiol [Standort], S. 367f.
[591] Vgl. Johnson/Kast/Rosenzweig [Theory], S. 103.
[592] Vgl. Dahrendorf [Sozialstruktur], S. 42f.; zur »Integration des Individuums« Häusler [Grundfragen], S. 110.

Kommunikationsziel (Verknüpfungsziel):	Möglichst lückenloser Informationsfluß [593] zwischen den aufgaben-, projekt- oder abteilungsbezogenen Aktionsstellen, z. B. von der ersten Erfassung einzelner Daten im Urbeleg bis zum Bericht für die Leitung. Es muß sich aber um relativ homogene, d. h. ökonomisch sinnvolle Einheiten handeln.
Datentechnisches Ziel (Sachmittelbezogenes Kommunikations- und Informationsziel):	Weitmöglichste Automatisierung der Informationsgewinnung, -verarbeitung und -verteilung bei gleichzeitiger Verbesserung der Datenbank: »Automatisierte Führungsinformation« [594]; zweckmäßige Kombination der Datentechnik, z. B. »Integration der EDV mit den Modellen der mathematischen Entscheidungsforschung« [595] (vgl. Verbindung der Netzwerktechnik mit dem Computer); »realtechnische Integration«, »Computerhierarchie«, weitgehende »Simultanverarbeitung«; Kombination der unteren, mittleren und höheren Datentechnik; »Integration der Software« [596]. »Systemtechnische« [597] Kombination.

In der Großunternehmung treten die Gesichtspunkte der Integration deutlicher in Erscheinung, weil hier die Gedächtnisleistungen der Mitarbeiter stärker durch schriftliche Informationen ergänzt werden müssen als etwa im Kleinbetrieb. Die unterschiedlichen Koordinationsprobleme sind primär eine Funktion der Unternehmensgröße [598]. In der Großunternehmung ist es wesentlich schwieriger für die Entscheidungsträger, die Zusammenhänge zu erkennen, als etwa im Mittel- oder Kleinbetrieb, in denen sich die Handlungsträger auf Grund häufiger Kontakte untereinander und mit der Leitung rascher Klarheit über die Zusammenhänge des Entscheidungsfeldes verschaffen können. Nicht die totale, sondern die ökonomisch sinnvolle, zwar zunächst »partielle«, aber tendenziell immer größere Kreise ziehende Integration steht bei der Realisierung im Vordergrund. Es gibt Fälle, die eine simultane Datenverarbeitung aus wirtschaftlichen Gründen verbieten [599]. Eine wichtige Voraussetzung jeder Integrationsstufe sind die systematische Datenerfassung, eine integrale Systemkonzeption und eine stufenadäquate Datenumformung.

Den ökonomisch relevanten Grundstock für die qualitative Kapazität der Integration bilden die am häufigsten und vielfältigsten verarbeiteten Daten (quantitative Kapazität). Ein gleiches gilt für die Verknüpfung (Kommunikationsbeziehungen). Diese Bereiche sind Aufhänger für die automatische Abwicklung. Aber die Dynamik ist in dieser Selektion bereits angelegt.

[593] Vgl. die Zuordnung bei Littmann [Grundlagen], Bl. 3/2/1.
[594] Vgl. hierzu Mertens [Automation], S. 234ff.
[595] Vgl. Kalscheuer [Datenverarbeitungssysteme], S. 12, und Hellfors [Management], S. 72f.
[596] Vgl. Haddenbrock [Software], S. 373. Zum Integrationseffekt als Zentralisierungsvorteil vgl. Pietzsch [Information], S. 90ff.
[597] Vgl. Baginski [Real-Time-System], S. 308ff.
[598] Studienkreis Meller [Gliederung], S. 49ff. und S. 147ff.
[599] Vgl. Bereska [Organisation], S. 32, und Walz [Voraussetzungen], S. 17.

Die komplexen Großunternehmungen der Gegenwart, die von der Zahl der Beschäftigten her gesehen heute im Vordergrund stehen, erfordern eine weitgehende Arbeitsteilung der Entscheidungsprozesse, das führt zwangsläufig zunächst zu einer Art Entflechtung oder »Desintegration« [600]. Der für eine Steuerung notwendige Verflechtungsgrad (Integrationsgrad) muß bei zunehmender Desintegration durch verstärkte koordinierende Bemühungen mit Hilfe von Information und Kommunikation stabilisiert werden. Dabei spielen die einzelnen Änderungsschwellen eine besondere Rolle, deren Erkennung eine Auflösung der Entscheidungsketten sowie eine abschnittsweise Planung und Kontrolle erforderlich machen.

Mit zunehmender Differenzierung von Führung und Organisation wird es notwendig, die Verantwortung für den »Organisations-Mehrwert«, d. h. für die Verstärkung des Integrations- oder Synergieeffekts einem spezifischen Aufgabenträger, dem Integrator [601], Koordinator oder »Kommunikationsingenieur« zu übertragen.

Sämtliche Struktursynthesen, wie z. B. die Matrixorganisation, Parallelhierarchie, das Projektmanagement, die Profit-Center-Struktur oder das Harzburger Modell sind regelmäßig mit einer Verbesserung des Integrationsgrades verbunden. Die unterschiedliche Betonung der Leitprinzipien für die Führung und Organisation sind zugleich Anhaltspunkte für die Richtung der Integrationsbemühungen.

Die aktuellen Leitprinzipien [602] lassen sich schwerpunktartig in folgenden Zusammenhang bringen:

ZIELSETZUNG

- Führung und Organisation durch Zielsetzung (management by objectives)
- Systemorientierte Führung (management by systems)
- Chancenorientierte Führung (management by perception)
- Führung durch positive Veränderungen und Vermeidung negativer Veränderungen – Dynamische Koordination von Stabilität und Flexibilität (management by changes; management by breakthrough)

ZIELREALISIERUNG

- Führung und Organisation durch Delegation (management by delegation)
- Informationsorientierte Führung (management by information)
- Motivationsorientierte Führung (management by communication; management by motivation)

[600] Vgl. Milroy [Disintegration], S. 338ff.; vgl. auch Holtgrewe [Automation], S. 41. Vgl. hierzu auch die insbesondere von der Soziologie untersuchten Parallel-Erscheinungen.

[601] Vgl. z. B. Lawrence [Integrator], S. 142ff.; Schütte [Koordinator], S. 3.

[602] Erst allmählich gelingt eine Überleitung der Prinzipien zu institutionalisierbaren Struktur- und Kalkülformen. Vgl. insbesondere Bidlingmaier [Zielen], S. 30ff.; Bittel [Management]; Bleicher [Entwicklung], insbes. S. 166ff.; Demmer/Deyhle u. a. [Management-Techniken]; Gellerman [Management]; Heinen [Zielsystem]; Juran [Führungstaktik]; [Managing]; Neuschel [Management]; Odiorne [Management]; Schleh [Management]; Schröder [Project-Management]; Schwarz [Erfolgssteigerung]; Wille [Management].

ZIELKONTROLLE

- Führung und Organisation nach dem Prinzip der Ausnahme (management by exception)
- Ergebnisorientierte Führung (management by results)
- Führung nach dem Prinzip der negativen Abweichung
- Führung nach dem Prinzip der wesentlichen negativen und positiven Abweichung (management by exception and importance)

b) Totalsystem als Maximalkriterium

Die Erwartungen oder Absichten und Rollen oder Aufgaben der im Bezugsrahmen einer Organisation verantwortlich handelnden Menschen (Entscheidungsträger) stehen im Mittelpunkt einer Vorstellung vom »Totalsystem« [603]. Die Informationen sind das Spiegelbild dieser Erwartungen; sie bedürfen zu ihrer Sichtbarmachung, Umverteilung, Weiterleitung und Konkretisierung der Kommunikationseinrichtungen. Ein Totalsystem stellt eine idealisierte Leitlinie dar für die der ökonomisch sinnvollen Integration zustrebenden Insysteme oder Teilbereiche eines Systemobjekts bzw. einer Organisation. Das Hauptproblem, ein Informationssystem für die gesamte komplexe Organisation einer größeren Unternehmung nicht nur zu konzipieren, sondern auch wirksam einzusetzen, d. h. unter Einsatz modernster Führungshilfsmittel zu einem quasitotalen Informationssystem fortzuschreiten, erhellt aus der vergleichbaren Beziehung zwischen Planentwurf und Planrealität. »Die Stunde der Wahrheit« [604] kommt für den Organisator zweimal: Zunächst dann, wenn es gilt, nach Vorliegen der Ausgangsanalyse eine Soll-Vorstellung zu entwickeln [605], und schließlich dann, wenn sich ein als realisierbar erkannter Entwurf in der Anwendungsphase bewähren muß. Das Totalsystem stellt beim Übergang von einem Ist- zu einem Soll-Zustand eine notwendige integrationsfördernde Orientierungslinie dar. Problematisch ist aber nicht nur die Totalkonzeption eines Informationssystems, sondern vor allem die Phase der Anwendung, in der sich zeigt, ob es möglich war, den gesamten Informationsanforderungen einer Unternehmung für eine gewisse Zeit im voraus einigermaßen systematisch zu begegnen [606].

Die Unternehmung von heute ist in der Regel ein recht kompliziertes Sozialgebilde unter erheblicher Beteiligung von Sach- und Finanzmitteln. Die rasch zunehmende Arbeitsteilung im Führungsbereich fordert die auf Synthese, Koordination, Konsistenz und Integration gerichteten planerisch-motivierenden Kräfte heraus. Darin werden

[603] Vgl. Wacker [Totalkonzeption], S. 225ff. Der international gebräuchlich gewordene Terminus »Totalsystem« erweckt häufig irrige Auffassungen hinsichtlich seines tatsächlichen Bedeutungsinhalts. Ähnliches gilt für die Begriffe »Gesamtsystem« und »Teilsystem«. Den Bezugsrahmen und Systemcharakter bringen die Begriffe »Insystem«, »Systemobjekt« und »Umsystem« deutlicher zum Ausdruck.

[604] Vgl. Engel [Moment], S. 33ff.

[605] Vgl. Acker [Organisationsanalyse], S. 92.

[606] Vgl. hierzu die Auffassung von Prince [Information], S. 249.

neue spezifische ökonomische Kategorien sichtbar. Es ist naheliegend, daß die oberste Leitung einer Unternehmung trotz – oder gerade wegen – der Komplexität immer wieder versuchen wird, die »Qualität zu beherrschen« und eine möglichst vollkommene Einheitlichkeit von Willensbildung und Willensdurchsetzung mit Hilfe von verbesserten Informationsflüssen und Kommunikationsnetzen zu erreichen. Daß dennoch keine vollkommene Einheitlichkeit ermöglicht oder überhaupt nicht für erstrebenswert angesehen werden kann, folgt aus den internen, peripheren und externen Systemdifferenzierungen und den nicht ganz durchsichtigen Wechselwirkungen zwischen Entscheidung, Information, Kommunikation, Zielbildung und Zielerreichung. Die Notwendigkeit einer Durchdringung ökonomisch relevanter Kommunikationsbeziehungen wird heute immer mehr erkannt [607].

Das »Totalsystem« ist Ausdruck für das Bestreben der Verantwortlichen einer Unternehmung, das komplexe reale System über herausgehobene Gebilde- und Ablaufstrukturen mit Hilfe von Information und Kommunikation zu beherrschen, d. h. wunschgemäß zu planen, zu steuern und zu kontrollieren, es zumindest in seinen wesentlichsten Teilen »total« zu lenken. Allerdings steht dabei noch vorwiegend die fixierte Organisation mit ihren gegebenen Ausstrahlungen und physischen Grundlagen im Vordergrund; von daher wird verständlich, wenn die dynamischen Innen- und Umweltbeziehungen zum großen Teil ignoriert und ein relativ geschlossenes Totalmodell unterstellt wird. In der Regel handelt es sich dabei tatsächlich nur um teilintegrierte Kontrollsysteme.

Dem Totalsystem nahestehend ist der mehr technisch akzentuierte Begriff der »relativ und dynamisch« [608] aufzufassenden Vollautomation und der mehr allgemeinere der Vollintegration. Im Totalsystem kommen Maximalkriterien [609] zum Ausdruck, d. h. nie voll realisierbare Leitlinien. Cox/Good [610] interpretieren daher auch zutreffend den Totalansatz als eine »Komplettierung« der Insysteme. In ähnlich realistischer Weise bezieht auch McDonough [611], anknüpfend an die Erkenntnisse der Systemtheorie, den Totalansatz auf die Erfassung wesentlicher Beziehungen erkannter Systeme, denen immer größere Problemkomplexe zugrundeliegen können. Die schrittweise Annäherung bedeutet jedoch eine strukturell wesentliche »Verlagerung der menschlichen Tätigkeit in den Bereich der Planungsphase« [612].

Das totale Informationssystem ist nicht identisch mit dem totalen System der Unternehmung, ebensowenig wie die Entscheidung mit der Information oder die Information mit den zugrundeliegenden materialen Sachverhalten gleichzusetzen ist. Da aber die Informationen mit allen Erscheinungen der Unternehmung verknüpft sind, erlaubt

[607] Vgl. Bössmann [Analyse], S. 122. Vgl. außerdem Blohm [Organisationstheorie], S. 116ff. und Walz [Einbeziehung], S. 241ff.

[608] Bright [Leitung], S. 186ff.

[609] Vgl. insbesondere Hartmann [Business], S. 180ff. Vgl. zu den idealisierten Begriffen Dearden [Systems], S. 72: »It will never be possible to have a perfectly integrated data-processing system«.

[610] Cox/Good [Information], S. 152.

[611] McDonough [Information], S. 143.

[612] Kramer [Information], S. 181f.

das Informationssystem, die Unternehmung als System zu beschreiben. Dies ist der zweite Aspekt des Totalsystems.

Der dritte – heute sehr stark betonte – Gesichtspunkt ergibt sich aus der Beherrschung der wichtigsten Informationsströme, stellvertretend für das totale System der Unternehmung, mit Hilfe der höheren Datentechnik (Computerbezogenes Informationssystem).

Viertens wird der Ansatz des Totalsystems mit der Deckung des wichtigsten Informationsbedarfs in der Zukunft in Verbindung gebracht [613], mit einer »Totalplanung« [614], soweit es der Informationshorizont, Entscheidungshorizont bzw. ökonomische Horizont [615] gestatten. Gerade dieser Aspekt beleuchtet in besonderem Maße die im Totalsystem zum Ausdruck kommenden Extrem-Positionen, zumal die Unternehmung nicht in einer determinierten Umwelt »operiert«. Der angestrebte Totalansatz beschränkt sich noch zumeist auf die taktische Organisation; leicht wird dabei übersehen, daß das Totalsystem selbst nur ein Insystem umfassenderer Systeme in zeitlicher und sachlicher Hinsicht ist.

Fünftens wird der Totalansatz mit der sofortigen »radikalen Umstellung« einer Organisationsstruktur auf eine höhere Stufe der Datentechnik in Verbindung gebracht, als eine Alternative zur »Parallelarbeit« [616].

Die Frage nach der Realisierbarkeit der Totalkonzeption im Sinne einer höheren Form der »Qualitätsbeherrschung« wird recht unterschiedlich beantwortet. Das Total-System, wie es namentlich in den USA und neuerdings auch in Deutschland untersucht und diskutiert wird [617], führt zu immer neuen, zum Teil wesentlichen Modifizierungen des Bezugsrahmens.

Es wird davon ausgegangen, daß es notwendig sei, für die gesamten Informationsbeziehungen, die eine Unternehmung betreffen, einen systematischen, der Dynamik Rechnung tragenden Rahmen zu finden. Dieser soll die Informations-Kasuistik und die bisher mehr oder weniger isoliert wirkenden Insysteme, namentlich Erschließungssysteme, Gewinnungs-, Wiedergewinnungs-, Umformungs-, Ermittlungs- und Dokumen-

[613] Prince [Information], S. 239f.

[614] Hartmann [Grundlagen], S. 188ff.

[615] Vgl. zum »ökonomischen Horizont« Schöpf [Prognoseproblem], S. 74, und Albach [Prognose], S. 202.

[616] Bereska [Organisation], S. 199ff.

[617] Prince [Information], S. 239ff.; McDonough [Information], S. 143. Dearden/McFarlan [Management], S. 104ff.; Dearden [Systems], S. 65ff.; Hartmann [Business], S. 167ff.; Albaum [Information], S. 63ff.; Savas [Computer], S. 36; Zum »overall-system« vgl. Gallagher [Management], S. 15f.; Lach [Systems], S. 6f.; Graham [Systems], S. 1ff.; Ewell [Systems], S. 9ff.; Boyce [Controls], S. 226ff.; Holtgrewe [Automation], S. 43; Bierfelder [Informationsverhalten], S. 149ff.; Bower/Welke [Information], S. 78ff.; Kalscheuer [Datenverarbeitungssysteme], S. 105f.; Cox/Good [Information], S. 145ff.; Li [Accounting], S. 581ff.; Blau [Planung], S. 304ff.; Berschin [Unternehmensplanung], S. 5. Vgl. vor allem die von Schoderbek herausgegebenen Beiträge [Management], insbesondere S. 109ff., 145ff. und S. 413ff.; vgl. außerdem Sommer [Management], Sp. 1648ff. Das »Total Management Information System« war Gegenstand zahlreicher Referate der vom »Institute of Management Sciences« veranstalteten XIV. International Meetings vom 22.–25.8.1967, vgl. Management Science 1967, S. C-235–C-400.

tationsmodelle mit den Entscheidungszentren zusammenführen. Dieses entscheidungsbezogene Netzwerk wäre eine Startbasis für die Berücksichtigung dynamischer Bedingungen oder Systembeziehungen. Einschränkend ist zu bedenken, daß es sich nicht um alle Informationsbeziehungen handeln kann, sondern allenfalls nur um die für eine gewisse Zeit relevanten oder kontrollierbaren. Die Relevanz in sachlicher und zeitlicher Hinsicht zählt zur besonderen Problematik der Umwelt-Dynamik.
Das Totalsystem ist dynamisch zu interpretieren; es strebt nach einer kontinuierlichen oder diskontinuierlichen Integration der für einen ökonomisch überschaubaren Zeitraum wesentlichsten Informationserfordernisse der Entscheidungsträger. Trotz der Behandlung einzelner Zusammenhänge als vorübergehend quasi-konstant ist es nie ein geschlossenes System, sondern ein offenes System, das im Falle des Informationssystems Informationen über Informationen und Informationen über Arbeitsleistungen, Real- und Nominalgüter unter Einschluß der übrigen Insysteme mit den Umsystemen des Systemobjekts tauscht.
Wie die systemtheoretischen Überlegungen gezeigt haben, würde ein geschlossenes System dem Systemgedanken selbst widersprechen. Denn es müßte voraussetzen, daß die Umsysteme alle determiniert sind [618]. Somit kann auch ein quantitatives bzw. mathematisches Total-Modell der Unternehmung oder des Informationssystems nur den Sinn haben, als relativ eindeutig fixierbar erkannte Zusammenhänge mit den übrigen Beziehungen zu kombinieren und zu integrieren. Diese »Totalmodelle« sind daher im Hinblick auf die tatsächlich relevanten Informationen zwangsläufig Partialmodelle oder Insysteme, die sich im taktischen Bereich physischer oder quasi-physischer Verteilungs-, Lager- und Transportprobleme bereits gut bewährt haben.

c) Datentechnik und totale Konzeption

Die technisch akzentuierte Leitlinie [619] des Totalsystems, die weitmöglichst vollautomatisierte Unternehmung ist mit Einschränkungen weitgehend auf die Substitution nicht nur der Handlungsträger, sondern ebenso auf die Substitution der unteren und mittleren Datentechnik abgestellt. Sie geht aber gleichzeitig einher mit immer anspruchsvolleren planerischen und organisatorischen Vorbereitungen. In der Realität von heute liegt aber auch auf der mittleren und unteren Datentechnik noch ein wichtiger Akzent oder das Rückgrat der schrittweisen Annäherung der totalen Konzeption mit Hilfe der höheren Datentechnik (Computer). Die Diskussion über die höhere Datentechnik haben diesen Bereich völlig in den Hintergrund gedrängt.

[618] Vgl. hierzu auch die Überlegungen von Holtgrewe [Automation], S. 35.
[619] Die »nicht-manuelle«, computerbezogene betriebliche »Datenverarbeitung« ist identisch mit dem neuen Forschungs- und Studienzweig »Betriebs- und Wirtschaftsinformatik«. Nach Wedekind [Wirtschaftsinformatik], S. 1, versteht sich die Informatik (vgl. »Computer Science«) als »Wissenschaft vom Entwurf logischer Strukturen, die in Computerprogramme umgesetzt werden können«. Bei der Betriebsinformatik trete die »wirtschaftende Umgebung« hinzu, vgl. auch Grochla [Betriebsinformatik], S. 228ff. Vgl. auch die Überlegungen von Simon [Future], S. 623f.

Zwei Thesen stehen sich in der Diskussion heute gegenüber:

- Die Ermittlung des Informationsbedarfs muß primär von den Möglichkeiten der elektronischen Datenverarbeitungsanlagen ausgehen [620].
- »Uns interessiert jedoch zu allererst, welche auswertbaren Daten das Unternehmen wirklich benötigt, bevor die Computer ihre Arbeit aufnehmen.« [621]

Zweifellos hat die Informationstechnik die Bedarfsrichtungen nachhaltig beeinflußt. »The most outstanding catalyst of business information systems today and into the future is the computer.« [622] Schließlich war die »elektronische Datenverarbeitungstechnik ... schon zu einer hohen technischen Vollkommenheit entwickelt, als man begann, sie für betriebswirtschaftliche Arbeiten einzusetzen« [623]. Aber ebenso haben die Informationsbedürfnisse die Datentechnik verändert. In dieser wechselseitigen Beeinflussung oder Veränderung liegt bereits die Synthese: weitmöglichst simultane Anpassung von Technik und Bedarf. Wenn das Top-Management den Computer noch kaum »unmittelbar« verwendet, so liegt das, wie die empirischen Untersuchungen von Brady [624] sehr deutlich zeigen, an der Anpassung in beiden Richtungen, heute aber vor allem in der Richtung Top-Management → Computer. Der nächstliegende Bezugsrahmen für die Datentechnik ist die »Infrastruktur«. »Ihr Einfluß auf die Umgebung scheint wesentlich größer als umgekehrt.« [625]
Es entspricht ökonomischen Prinzipien, daß in einer Unternehmung die dem Arbeitsanfall wirtschaftlich adäquaten Führungshilfsmittel eingesetzt werden sollen. Das gilt insbesondere auch für die informationstechnischen Hilfsmittel der mittleren und der höheren Datentechnik. Im Laufe der Verbilligung und Verbesserung der Datentechnik einerseits und der Anpassung in der Praxis andererseits verschieben sich ständig die von der Wirtschaftlichkeit her gesetzten Grenzen. Dies kann aber nicht bedeuten, daß die Möglichkeiten des Computers allein bestimmend sind: Zumindest gleichzeitig muß der in der überblickbaren Zukunft erwartete Informationsbedarf der Entscheidungsträger systematisch berücksichtigt werden, wenn der Einsatz wirtschaftlich sinnvoll sein soll. Faustregeln [626] und »Imitation« [627] sind bei diesen komplexen Entscheidungen allerdings noch wichtige und notwendige Hilfsgrößen [628]. Die Lösung des scheinbaren Widerspruchs kann daher nur lauten: Orientierung der Informationsarbeit am Informationsbedarf der Entscheidungsträger mit Hilfe der Datentechnik.

[620] Vgl. Hartmann [Business], S. 167; ähnlich u. a. Gallagher [Management], S. 11. Vgl. auch Schulz [Strukturanalyse], S. 263ff.
[621] Mechler [Vorbereitung], S. 24, vgl. u. a. auch Meier [Entscheidungen], S. 11; Grob [Vorgehen], S. 360. Freed [Computer], S. 99ff.
[622] Steiner [Management], S. 513. Zum Einfluß der »DV als dominierendes Gliederungsprinzip der Organisation«, vgl. Haberlandt [Einfluß], S. 53ff.
[623] Pietzsch [Information], S. 15; vgl. auch Arbeitskreis Pietzsch [Handhabung], S. 721ff. Vgl. zum »Einsatz digitaler Elektronenrechner als Mittel zu Problemlösungen« Szyperski [Herausforderung], S. 280ff.
[624] Vgl. Brady [Computers], S. 67ff. u. S. 76. Vgl. auch Thurston [Information], S. 135.
[625] Linder [Zeichen], Bl. 13; Studienkreis Meller [Gliederung], S. 102ff.
[626] Vgl. die Beispiele bei Lindemann [Planung], S. 25.
[627] Vgl. z. B. Prognosen auf Grund US-amerikanischer Erfahrungen.
[628] Vgl. u. a. Kalscheuer [Datenverarbeitungssysteme], S. 96.

Das computerbezogene totale Informations-System steht nur von einer gewissen Unternehmensgröße an zur Diskussion[629]. Diese Wachstumsschwellen in bezug auf das Informations-System sind besonders heute noch kaum in einer Weise explizit untersucht worden, die es erlaubte, allgemeinere Aussagen zu wagen.
In der Großunternehmung kann das totale Informationssystem ohne Computer schon vom Datenrahmen her gesehen allerdings tatsächlich nicht realisiert werden. Übergangsstadien sind die Einbeziehung der Massendaten (Material, Lager, Löhne und Gehälter, Kostenrechnung, Verkauf, Kunden-Kontokorrent, Einkauf, Lieferanten-Kontokorrent), die Quasi-Quantifizierung, die Differenzierung der Datenserien nach dem Funktionsprinzip mit Hilfe des »Batch-processing-system« und schließlich die Schaffung zahlreicher Sofort-Ein- und -Ausgaben (»on-line-real-time-processing-system«) mit zahlreichen automatisierten Interdependenzen[630], z. B. »Multi-Programming«, Datenfernverarbeitung, periphere Anschlüsse an externe Datenbänke.
Der in so hohem Maße – vgl. Soforteingabe – das Informationssystem aktualisierende Computer leistet Denkhilfe dadurch, daß er nach Bedarf ständig neue Daten zuführt oder durch Umformung bereitstellt, während der Entscheidungsträger über den Fortschritt der Problemlösung nachdenkt. Damit dient der Computer zugleich auch der Heuristik, der schöpferischen Problemlösung. Die Entwicklung in diesem Bereich steht noch am Anfang.
Diese Überlegungen in Verbindung mit den zu Beginn der Untersuchung herausgestellten Möglichkeiten und Grenzen von (kybernetischen) »Kontrollsystemen« erlauben den Schluß, daß die höhere Datentechnik für die Großunternehmung eine conditio sine qua non darstellt, allerdings nur für den definierten Kontroll- oder Zielerreichungsbereich. Die taktischen und strategischen Problemprognosen hängen immer in erster Linie von der Qualität der Entscheidungsträger ab. Das quantitative und qualitative Ausmaß einer Unterstützung und Verstärkung durch Führungshilfsmittel im Zielbildungsbereich ist noch gering. Die Grenzen werden sich aber in zweifacher Hinsicht verschieben: Ausdehnung des Kontrollbereichs und Intensivierung der Denkhilfe im Planbereich.
Eng damit zusammen hängt die Verbesserung der formalen Informations- und Kommunikationsanalyse sowie die Entwicklung wirtschaftlicher quantitativer Informationssysteme; diese haben relativ »konstant fließende Informationsströme zur Voraussetzung«[631]. Die ständige Reduktion des »manuellen« Zielerreichungs- und Zielbildungsbereichs bedeutet eine immer wieder erneute Grenzziehung in einem offenen System. »Diese Verlagerung hat die Bildung neuer organisatorischer Strukturen zur Ausführung der Planungsaufgaben zur Folge. Auch wenn diese Planungsarbeit selbst

[629] Im Kleinbetrieb kann die Koordination im Kopf des Unternehmers genügen. Wenn daher heute von einem jungen Volks- oder Betriebswirt erwartet wird, daß er »auch ein eigenes Informationssystem zu entwickeln« vermag, so können sehr unterschiedliche Dimensionen in Betracht kommen, für die aber gleichermaßen der sichere Umgang mit der »statistischen Information«, Methodik, Datentechnik und das abwägende Urteil im Hinblick auf das »jeweilige Informationsbedürfnis« wesentlich sind. Vgl. Esenwein-Rothe [Statistik], S. 9.
[630] Vgl. Li [Accounting], S. 581 ff.
[631] Kosiol [Unternehmung], S. 192, und Arbeitskreis Pietzsch [Handhabung], S. 721 ff.

automatisierbar wäre, würde es wiederum die Planung dieser Planung sein, die dem Menschen vorbehalten bliebe« [632].

Von der höheren Datentechnik her gesehen, wird es sich in »totaler Sicht« immer um zwei grundsätzliche Typen der Mensch-Maschine-Kommunikation handeln [633]:

- Computeraktive Systeme
  (z. B. Prozeßkontrolle als Warnsystem; der Aktor wird nur in Ausnahmefällen aktiv)
- Aktoraktive Systeme
  (Spezielle Bereiche: Antworten auf spezielle Fragen; Einmal-Informationen in Sekundenschnelle, z. B. im Zusammenhang mit einem Kundengespräch; der Computer wird nur in Ausnahmefällen aktiv)

Ein computeraktives System zur Wahrnehmung von Chancen und Risiken im strategischen Bereich ist bis heute eine gedankliche Konzeption geblieben.

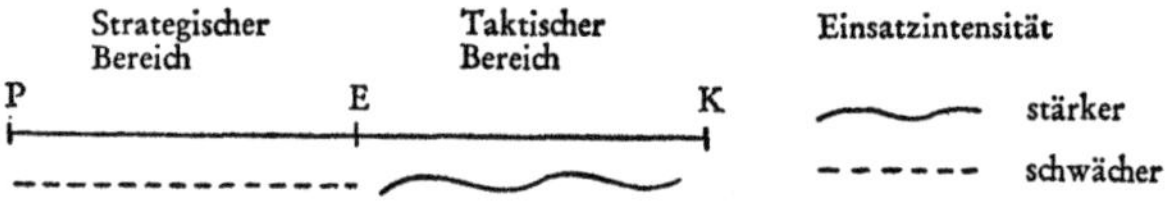

Es ist unzulässig, das Informationssystem der Unternehmung nur im Hinblick auf die Datentechnik zu sehen [634], vor allem dann, wenn deren Kombination mit überholten Führungsmethoden ökonomischen Kriterien nicht genügt [635].

Die gedanklich notwendige totale Konzeption des entscheidungsorientierten Informationssystems wird wirksam in der Qualität seiner Elemente, in den Informationsbeziehungen zwischen den Elementen und den intern und extern orientierten, der ökonomisch sinnvollen Integration zustrebenden Insystemen. Das verbindende Glied im dynamischen Informations-Entscheidungssystem einer Unternehmung stellt somit der Informationsplan für alle überschaubaren und relevanten Informationen und Informationsbeziehungen dar. Größere strukturelle Veränderungen vermag die höhere Datentechnik insbesondere bei »informations- oder abrechnungsintensiven Unternehmungen« hervorzurufen.

Mit Baginski [636] lassen sich die systemtechnischen Entwicklungsstufen wie folgt kennzeichnen (Stand heute →):

[632] Kramer [Information]. Zu den »Möglichkeiten einer automatisierten Organisation« (Fußnote 35). Zum Problem der Spezialisten [Thurston], S. 135.

[633] Vgl. Stern [Information], S. B-699.

[634] Vgl. hierzu Kosiol [Unternehmung], S. 175.

[635] Dearden [Information], S. 135, meint zutreffend: »It is important to realize that an automated management information system is not necessarily a good one nor is a manuel system a poor one. Many companies have installed the most advanced data-processing equipment and get employ accounting and budgeting techniques that were out of date 20 years ago.« Andererseits ist zu bedenken: »Ohne Computer hätte die Kernenergie ihre Wirtschaftlichkeit noch nicht erreicht; viele neue synthetische Werkstoffe wären noch nicht auf dem Markt, und die Weltraumtechnik wäre wohl noch bei den ersten Anfängen.« Boden [Wandlung], S. 196. Vgl. auch Hartmann [Weiterentwicklung], S. 73.

[636] Vgl. Baginski [Real-Time-Systeme], S. 309.

System-Komponenten			Entwicklungsstufen				
			I EDV auf Lochkartenbasis (off-line)	II EDV mit externen Speichern (off-line)	III Real-Time mit Ein-/Ausgabe-Plätzen	IV Real-Time mit automatischer Datenerfassung	V Prozeßregelung
HARDWARE (Geräte)	Grundbestandteile	Zentrale Hardware	———	———	———	———	———→
		Dezentrale Hardware	entfällt	entfällt	———	———→	……
	Anwendung	Entwicklung der Konfiguration	———	———	———	———→	……
		Installation und Wartung	———	———	———	———→	……
SOFTWARE (Verfahren, Programme)	Anwendung	Programmierung	———	———→	……	……	……
		Aufbau der Organisation	———	———→	……	……	……
	Grundbestandteile	Problemorientierte Verfahren	———	———→	……	……	……
		Maschinengebundene Software	———	———→	……	……	……

Abb. 69: Systemtechnische Entwicklungsstufen der Informationsverarbeitung

Adam/Helten/Scholl[637] unterscheiden, ausgehend von Zemanek, zwischen der »Pionierzeit« (1937–1947), der »Hardware-Zeit« (1947–1957), der »Software-Zeit« (1957 bis 1967) und der kybernetisch orientierten Kooperation zwischen Mensch und Maschine: »Brainware-Zeit« (ab 1967).

[637] Vgl. Adam/Helten/Scholl [Modelle], S. 16.

d) Problematik der Realisierungsstufen

Die Integration des Informationssystems[638] ist eine Daueraufgabe, eine stetige[639] Koordinierungsarbeit. Abgesehen davon, bleibt bei mutativen Änderungen zu fragen: In welchen Etappen soll das weitmöglichst zu integrierende Informationssystem realisiert werden? Dabei wird davon ausgegangen, daß zunächst nur einzelne unvollständige Insysteme vorhanden sind.

Die vorausgegangenen Analysen haben zwar die vielfältigen sachlichen und zeitlichen Interdependenzen im Informationssystem erkennen lassen, für eine realisierungsreife Synthese müssen jedoch zwei pragmatische Ansätze hinzukommen, und zwar einerseits die Loslösung vom punktuellen Informationsbedarf und Hinwendung zur abschnittsweisen Informationsbündelung, andererseits die teilweise Auflösung und akzentuierte Verselbständigung von Informations- und Entscheidungsstrukturen.

Auch im Anbauprinzip kann ein sinnvoller pragmatischer Ansatz liegen, wenn ihm kein Umgehen der effektiven Ermittlung des Informationsbedarfs vorausgeht. Wirtschaftlichkeitsberechnungen in diesem Bereich können nur methodisch vorbereitet werden; realisieren lassen sie sich nur auf dem Hintergrund einer konkreten Planperiode und einer individuellen relativ totalen Informations- und Kommunikationsanalyse.

Den denkbaren Möglichkeiten zwischen Neuschaffung und Anbau, bezogen auf eine notwendig gewordene Ausbaustufe, folgt eine ordinale Gewichtung:

Möglichkeitsanalyse der Realisierung

Geplante Neuschaffung (Umstrukturierung aller Stufen)		Anbau (ohne wesentliche Umstrukturierung)				Kein Anbau
		Teilweise		Weitmöglichst voll		
		in Etappen (parallel)	sofort	in Etappen (parallel)	sofort	
Teilweise	in Etappen (parallel)	11	12	13	14	15
	sofort	21	22	23	24	25
Weitmöglichst voll	in Etappen (parallel)	31	32	33	34	35
	sofort	41	42	43	44	45
Keine Neuschaffung		51	52	53	54	55

[638] Hartmann [Entwicklung], S. 117ff., unterscheidet auf Grund von Beobachtungen in der Praxis drei Entwicklungsstufen der Integration:
1. Integrierte elektronische Datenverarbeitung,
2. Informationssystem,
3. »Kybernetik oder total business system«.

[639] Vgl. Mayer [Anpassungsfähigkeit], S. 380.

Dabei scheinen die Elemente 35 und 45 besondere Weichenstellungen zu sein: Soll das geplante, der Integration zustrebende Informationssystem mit seinen neuen Insystemen gleichzeitig oder Schritt für Schritt verwirklicht werden? Hartmann [640] hält die gleichzeitige Realisierung für einen praxisnahen Ansatz. Sein gedankliches Vorgehen wird allerdings dadurch begünstigt, daß er ähnlich wie zahlreiche andere europäische und amerikanische Experten beim Informationssystem begriffsnotwendig das Vorhandensein eines Computers voraussetzt, der im elektronischen Rechenzentrum einen Kristallisationspunkt des Informationssystems finden soll.
In der Regel bleibt bei der Zusammenführung in der Praxis offen, ob vom Vorhandenen in der Unternehmung ausgehend, dieses Informationssystem näherungsweise geschaffen werden oder ob von einem völlig neuen Informationssystem ausgegangen werden soll, das ganz nach den neuesten Erkenntnissen auszubauen wäre. Auch beim „gleichzeitigen Vorgehen" stellt sich, wie die Matrix zeigt, diese Frage.
Bei der Anwendung des vorherrschenden Baukastenprinzips tritt mit dem Größerwerden in der Praxis in der Regel eine Desintegration [641] auf, worauf Milroy [642] sehr nachdrücklich hinweist. Diese Desintegration beruht nicht zuletzt auf dem Nichterkennen der jeweils notwendigen Ausbaustufen. Die Desintegration der Organisationsstrukturen ist nur dann positiv zu beurteilen, wenn sie im Zusammenhang mit Strukturverbesserungen notwendig werden. Es wird hier eine Parallele zur Entflechtung und Atomisierung von Informationen sichtbar als Durchgangsstufen zu neuen Kombinationen.
Die Probleme der negativ zu beurteilenden Desintegration bestehen trotz der raschen Entwicklung auf dem Gebiet der Informationstechnologie und trotz Einrichtung von Spezialabteilungen zur Auswertung von Daten. Es wird häufig nicht erkannt, daß jede informationsspezifische Wachstumsstufe ein ihr gemäßes Informationssystem erfordert. An einem bestimmten Punkt der Erweiterung einer Betriebsgröße wird die Überprüfung des gesamten Informationssystems erforderlich. Der Datentechnik kommt dabei eine wichtige Rolle zu [643]. Die Verzögerungszeiten zwischen Bedarfsentstehung und Anpassung sind noch kaum erforscht.

Stufe 1 Das offizielle Rechnungswesen deckt den Informationsbedarf

Stufe 2 Ausbau dieses Systems zur Erschließung externer Quellen

Stufe 3 Separate Systeme füllen das Vakuum aus (Rechnungswesen + Produktionsstatistik + Verkaufsstatistik; ein übergeordnetes System zur Befriedigung des Informationsbedarfs der Leitung fehlt)

Stufe 4 Doppelarbeit und Konfusion führen zur weiteren Desintegration (Der verspätete Rettungsversuch der Leitung: Analyst + Controller + Technologe + Systemplaner; Hauptproblem aber nicht gelöst: alte Standards bleiben)

[640] Hartmann [Business], S. 176. Vgl. auch Wahl [Grundlagen], S. 108ff., und Mertens [Datenverarbeitung], S. 225ff.

[641] Vgl. hierzu die aufschlußreiche Parallele aus der Gemeindesoziologie über die unterschiedlichen Integrations- bzw. Desintegrationseffekte in Abhängigkeit von der Größe einer Gemeinde. Wurzbacher [Differenzierung], S. 39f.

[642] Milroy [Disintegration], S. 338ff.

[643] Vgl. Kramer [Information], S. 155.

Stufe 5 Umstrukturierung auf erschütterter Grundlage (Trendanalyst + Operations-Research-Team; lediglich Verfeinerung der Einzelsysteme)
Stufe 6 Schriftliche Anweisungen (Größeres Informationsvolumen; trotzdem aber noch relativ aktionsfähig)
Stufe 7 Lösung der Koordinierungs-Probleme (Betonung der Zukunftsinformationen; Zentralisation; Programmierung der Stamm-Informationen; verbesserte Entscheidungstechnik; Ausbildungs-Programme; Orientierung an der relativen Wichtigkeit)

Die Stufen 2–4 entsprechen dem Element 51, die Stufen 5 und 6 dem Element 11 und Stufe 7 schließlich dem Element 45. Diese Überlegungen und die von Milroy und Holtgrewe zutreffend charakterisierten Erfahrungen würden für den von Hartmann vorgeschlagenen Ansatz sprechen. Das bedeutet, daß bei zielgerichteter Vorbereitung die Desintegrationsstufen, wie sie Milroy vorstellt, umgangen werden könnten. Im Vordergrund der Betrachtung steht daher das Element 45. Das Testfeld müßte dann ganz auf die Simulation verlagert werden [644].

Für einen etappenweisen Aufbau der in diesem Sinne konzipierten Insysteme spricht sich Cox [645] aus, weil nur so eine Balance zwischen den benutzenden Managern und den Umstrukturierungen erreicht werden könne. Hinzu kommt die Balance mit den notwendigen sachlichen Veränderungen [646].

Lösungsansatz: Totalkonzeption mit manuellen und/oder maschinellen Insystemen, für die Etappen- und absichernde Parallelziele eingeplant werden.

Kriterien: Organisatorische Reife, Datenanfall, Integrierbarkeit, Ausbildungsstand, Konsistenz, Datenkonstanz, Kommunikationshäufigkeit, Prägnanz und Quantifizierbarkeit. Diese umfassende Konzeption ist andererseits notwendig, weil der Auf- und Ausbau heute bei Großunternehmungen 5 bis 12 Jahre in Anspruch nimmt [647].

Der Denkansatz der Quantifizierbarkeit und Automatisierbarkeit führt daher allein nicht zum Ziel. Die »Totalkonzeption« setzt das mögliche Erkennen der Koordinierungsprobleme auf dem Hintergrund der ökonomisch sinnvollen Automatisierbarkeit voraus. Dieses Erkennen hängt zu einem gewichtigen Teil von der Einstellung, Erkenntnis- und Altersstruktur der Systemplaner ab [648].

Der »Anbau« scheint in der Praxis vorzuherrschen [649]. Erfahrungen mittlerer und größerer europäischer und US-amerikanischer Industrie-Unternehmungen haben ergeben, daß eine »Mechanisierung von Teilgebieten des Informationswesens und der

[644] Vgl. hierzu Bonini [Simulation] und Russel [Simulation], S. 162ff.
[645] Cox/Good [Information], S. 154. Ähnlich auch Sittig [Zukunft I], S. 1: Das Informationssystem soll in Teilsystemen entwickelt werden, weil die Neugestaltung des Führungsstils in Betracht kommen könne; außerdem werde bei schrittweisem Vorgehen der Risikobereich eingeengt. Vgl. auch Appel [Versuche], S. 22.
[646] Vgl. Kosiol [Unternehmung], S. 194.
[647] Vgl. u. a. Kalscheuer [Datenverarbeitungssystem], S. 107.
[648] Vgl. Harding [Problems], S. 49; Boden [Wandlung], S. 195.
[649] Vgl. Boden [Wandlung], S. 195. Vgl. zu dem auf Hardware bezogenen Baukasten-, Kompatibilitäts- und Familienprinzip Mertens [Kooperation], S. 6ff.; übereinstimmend negativ wird der Anbau an konventionelle Ermittlungseinrichtungen beurteilt.

Administration ohne gleichzeitige Entwicklung einer vollständigen Datenbank und ohne Kenntnis des Detailkonzepts für ein integriertes Management-Informationssystem des betreffenden Betriebes in jedem Fall fachlich falsch und unwirtschaftlich« sei [650]. »Zusätzlich muß berücksichtigt werden, daß die neuen Anwendungen infolge ihrer Komplexität häufig stufenweise aufgebaut werden. Wohl wird die geplante Endlösung immer im Auge behalten, doch muß bei Einführung jeder neuen Stufe das früher Erarbeitete überprüft und angepaßt werden ...« [651]
Als realisierbare »Endlösung« wird dabei das Management-Informations-System angestrebt, »durch welches den Führungskräften auf allen Stufen die zur Leitung ihrer Verantwortungsbereiche notwendigen Informationen in der gewünschten Konzentration zur Verfügung gestellt werden. Dabei spielen Echtzeitverarbeitung, bei welcher sich die computerinternen Datenmanipulationen schritthaltend mit dem Ablauf externer betrieblicher Vorgänge abwickeln, und Datenfernverarbeitung mit dezentraler Informationserfassung und dezentraler Resultatausgabe eine wesentliche Rolle« [652].
Hinsichtlich der Notwendigkeit eines integrierten Gesamtansatzes verweist der Arbeitskreis Pietzsch treffend auf die Überlegungen, welche »in Schmalenbachs Konzeption des Kontenrahmens ..., in seinen Überlegungen zur pretialen Lenkung oder zur Dienststellengliederung im Großbetrieb« enthalten sind.
Die Entwicklung von Systemen ist keine homogene Operation. Bei der erstmaligen Entwicklung eines automatisierten Informationssystems gibt es drei Stufen, die sich deutlich unterscheiden [653].

Stufe 1 Feststellung der Adressatenaspekte in zeitlicher, förmlicher und sachlicher Hinsicht
Stufe 2 Auswahl und Einrichtung der Hilfsmittel
Stufe 3 Programmierung

Mit Ausnahme der Stufe 3 unterscheidet sich die Differenzierung nicht von dem manuellen Ansatz einer Verbesserung der Informationsarbeit, allerdings wird hier stärker auf die verwendbaren Quellen abgestellt.
Im übrigen ist die Schaffung und Verbesserung von Informationssystemen ein nie endender, kontinuierlicher Prozeß. Charakteristisch für diesen Prozeß sind die »rollenden Informationspläne« und »fliegenden Planungsgruppen«.
Informationstechnologische Kriterien für die Wachstumsschwellen sind die vorherrschende Art der Kommunikation und Kommunikationsmittel. Eine Veränderung wird insbesondere bewirkt durch das Volumen an Koordinierungsinformationen und Verknüpfungen, den durchschnittlichen Umfang der Systembeteiligten (Organisation einschließlich Außenbeziehungen) und die Vielfalt der materialen Prozesse. Die üblichen

[650] Wegenstein/Rauh [Computereinsatz], Bl. 15. In ähnlicher Weise äußert sich der Arbeitskreis Pietzsch [Handhabung], S. 724: »Die auf den einzelnen Problembereich beschränkte Lösung erweist sich auf die Dauer als weder wirtschaftlich sinnvoll noch organisatorisch möglich.« Vgl. auch Holtgrewe [Automation], S. 121.
[651] Gehrig [Bedeutung], Bl. 13.
[652] Gehrig [Bedeutung], Bl. 13.
[653] Vgl. Dearden [Information], S. 66f.

Wachstumsgrößen wie etwa Umsatz, Kapital, Organisationsmitglieder, sind daher für sich allein kaum ein geeigneter Anhaltspunkt. Die größenbezogenen Entwicklungsstufen lassen sich etwa wie folgt charakterisieren:

Typen bzw. Entwicklungsstufen des Informationssystems	Merkmale der Unternehmungsgröße aus der Sicht von Information und Kommunikation	
	Aktionsstellen (Informationsträger)	Vorherrschende Kommunikationsformen nach dem Grad ihrer Komplexität
1	Zwei- oder Vier-Augen-System (z. B. zwei Brüder teilen sich in Produktion und Verkauf)	Mündliche Kommunikation
2	Führungskräfte für die Kontrolle erforderlich	Schriftliche Kommunikation (manuell angefertigte Berichte)
3	Einbau von Planungsinstanzen; Differenzierung der Kontrollinstanzen	Maschinelle Berichterstattung (Lochkarten-Organisation)
4	Starke Erweiterung des Volumens und Zunahme der Differenzierung von Informationen, Ausbau der Planungsinstanzen	Maschinelle Berichtshierarchie (Computer-Organisation)
5	Einbau maschineller Einheiten in zentrale Bereiche der Organisation	Mensch-Maschine- und Maschine-Maschine-Kommunikation
6	Umverteilung der Führungsaufgaben	Management-Kontroll-Systeme (Compatible, On-line-, Real-time-, Time-sharing-Systeme)
7	Einbeziehung peripherer und externer Aktionsbereiche in das Informationssystem	Integrierte Management-Informations-Systeme; Datenfernverarbeitung
...	...	...

Abb. 70: Größenbezogene Entwicklungsstufen des Informationssystems

Die mutativen Veränderungen treffen die Unternehmung nur dann unvorbereitet, wenn die »Realisierung« eines zu schaffenden und zu verbessernden Informationssystems als einmalige Investition und nicht als Daueraufgabe begriffen wird.

2. Entscheidungsorientierte Erschließungssysteme

a) Pragmatische Synthese arbeitsteiliger Informations- und Kommunikationsstrukturen

Die Ergebnisse der Systemtheorie haben in ihrem Kern eigentlich nur die Vorstellung von einem offenen System und der Verbindung des Systems mit seinen Teilen vermittelt. Die Unternehmungskybernetik beschränkt sich auf die kontrollierende numerisch-graphische Verknüpfung im taktischen Bereich.

Die umfangreichen Erörterungen über das Totalsystem der Unternehmung haben im wesentlichen ergeben, daß die totale Realität der Unternehmung im totalen Informationssystem stellvertretend verkörpert sein soll. Doch auch allein der totale Aspekt der Information ist bruchstückhaft, ganz abgesehen von den zahlreichen anderen realen Erscheinungen der Unternehmung im Zeitablauf.

Bei näherem Zusehen ist dieses totale Management-Informations-System ein zeitgebundener Plan der Informationsgewinnungssysteme oder der Informationsverknüpfungssysteme, wenn dies auch nicht immer voll bewußt wurde. Unter dem Druck der Datenmassen und des Wettbewerbs wird mit Hilfe der höheren Datentechnik immer mehr eine Integration beider Gesichtspunkte angestrebt. Da diese Konzeptionen primär in und für Großunternehmungen entwickelt wurden, die ohne den Einsatz der höheren Datentechnik nicht mehr zurechtkommen, kann das Totalsystem auch primär mit computerbezogenen Erschließungssystemen und computerbezogenen Verknüpfungssystemen identifiziert werden. Daraus ergibt sich sofort eine weitere Einschränkung, die mit den computerspezifischen Anforderungen an die Information zusammenhängen. Das ist die Basis des sog. Totalsystems.

Wenn mit Hilfe des Informationssystems Vorsorge für den Informationsbedarf von Entscheidungsträgern in einer prinzipiell nicht vorhersehbaren Entscheidungssituation getroffen werden soll, erfordert dies eine Reihe pragmatischer Prämissen, auch eine teilweise Loslösung von in der Analyse als eng bezeichneter Zusammenhänge.

Das kann erfordern, daß Informations- und Verknüpfungssynthesen nur nach vorausgegangener Entflechtung andersgerichteter Verknüpfungen aufgebaut werden können, ähnlich wie auch der Aufbau von Informationssynthesen nur über eine Atomisierung der Information in anspruchsvoller Weise gelingt. Wenn die integrale Seite, d. h. die Beziehungen im System in den Vordergrund einer umfassenderen Konzeption getreten sind, dann sind damit in erster Linie die Verknüpfungen gemeint, die den Informationssynthesen erst ihren realen Hintergrund geben.

Mit dieser Atomisierung bestehender Verknüpfungen zur Vorbereitung auf eine anschließende Synthese im System kann die Trennung und Gewichtung folgender Bereiche verbunden sein:

- Interne, periphere und externe Beziehungen
- Entscheidungssystem, Verhaltenssystem und Informationssystem
- Informationssystem, Kommunikationssystem und System der Hilfsmittel
- Gewinnungs-, Umformungs- und Verknüpfungssysteme
- Kompetenz-, leistungs- und marktbezogene Verknüpfungstypen

Damit geht gleichzeitig einher das tendenzielle Streben nach

- problembezogener Zusammenschau zusammengehöriger Informationen und Verknüpfungen
- globaler Bedarfsbefriedigung
- abschnittsweiser Bedarfsdeckung
- Deckung von Gruppenbedarf
- Umsatz- und Projektorientierung

Die gewichtete Trennung bedeutet zugleich die Charakterisierung einer Synthese nach den darin vorherrschend enthaltenen Informationsarten oder -kombinationen (vgl. z. B. »logistisches System«) und dominanten Verknüpfungskategorien (vgl. z. B. »Public Relations«). Nur so gelingt eine integrale Typisierung, eine Vorwegnahme des Informationsbedarfs für die grundsätzlich unbekannte, aber vom Systembezug her vermutete Wiederholung typischer Entscheidungssituationen. Innerhalb dieser Typisierung mag eine beliebige Auffächerung der Entscheidungskomponenten im Einzelfalle zweckmäßig sein. Das Entscheidungssystem als System von Handlungen und Handlungsträgern ist somit die dynamische Leitlinie sowohl für die Auffächerung (Analyse) als auch für die Zusammenführung (Synthese) von Informationshandlungen. Je enger der zeitliche Bezug zwischen allen Komponenten eines Entscheidungssystems ist, desto eher kann ein einzelner Entscheidungsprozeß isoliert geplant, realisiert und kontrolliert werden. Die beiden Extreme hierzu, die sich in einer Unternehmung in der Regel fortwährend in zeitlicher und sachlicher Hinsicht vermengen, sind z. B. die projekt- und umsatzorientierten Entscheidungsprozesse.
Ausgangspunkt für das Informationssystem ist das Entscheidungssystem mit seinen abgeleiteten Insystemen:

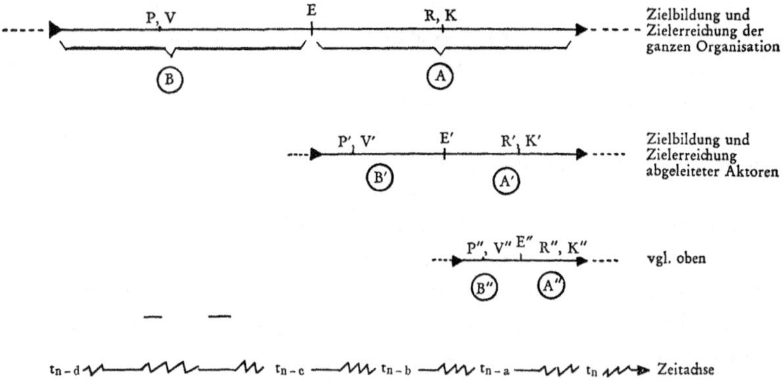

P = Problem
V = Vorbereitung der Entscheidung (Problemlösung)
E = Entscheidung
R = Realisierung
K = Kontrolle
Ⓐ = Planrationaler Bereich
Ⓑ = Planschaffender Bereich

Auf diesem Hintergrund findet der abstrakte Bezugsrahmen des Informationssystems seine Verdeutlichung und Konkretisierung in den Informationsgewinnungssystemen und ihrem Korrelat, den Informationsverknüpfungssystemen, planschaffend (vor der Entscheidung) oder planrational (nach der Entscheidung):

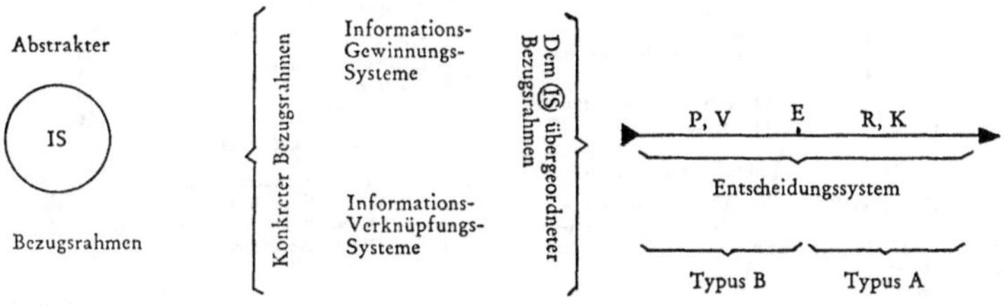

IS = Informationssystem

b) Integrationsgerichtete Systementwürfe

Die stärksten Impulse integrationsgerichteter Systementwürfe gehen im Augenblick von den Unternehmungen selbst aus, und zwar insbesondere von den Großunternehmungen. Den in der Praxis mit wissenschaftlicher Akribie durchgeführten Systemanalysen und -synthesen kann die professionelle Wissenschaft mit einer Systematisierung der Ergebnisse und Fragestellungen nur mühsam folgen; oder sie kann nicht ganz rechtzeitig neutral und koordinierend anregen. Immerhin wird gerade an der Entwicklung von Informationssystemen die fortschreitende Dezentralisierung der Wissenschaft eindrucksvoll demonstriert. Realisierbare und weniger realisierbare Konzeptionen und Gedankenhilfen werden in den Anwendungsbereichen in immer größerem Ausmaß selbst entwickelt. Die Komplexität der Beziehungen ist in einer Großunternehmung bereits so groß geworden, daß die Methode der Abstraktion nicht mehr allein für theoretische Überlegungen kennzeichnend ist.
Historisch gesehen tasten sich diese Entwürfe entlang einer zunehmenden Quantifizierbarkeit und einer zunehmenden maschinellen Bearbeitung in Verbindung mit dem Umbau hierarchisch-kooperativer Führungsgewohnheiten. Gleichzeitig verschieben sich die Gewichte zwischen Erschließung und Verknüpfung. Die folgende Skizze (Abb. 71, S. 224) soll dies verdeutlichen.
Die in den Entwicklungslinien aufgezeigten akzentuierten Erscheinungsformen stehen in keinem ausgesprochenen Gegensatz zueinander; sie können vielmehr in einem konkreten Informationssystem durchaus nebeneinander auftreten. Insbesondere ist nicht zu übersehen, daß über Jahrhunderte hinweg – und heute noch vorwiegend im kleineren und mittelgroßen Unternehmen – das herkömmliche klassische »Rechnungswesen« trotz aller mit dem Charakter dieses vorherrschend methodischen Instruments zusammenhängenden Informationslücken mit einigen »angebauten« Modifikationen weitgehend die Rolle des »Informationssystems« übernommen hat. In praxisnahen Entwürfen werden diese institutionalisierten Informationsgewinnungsbereiche in ihrer

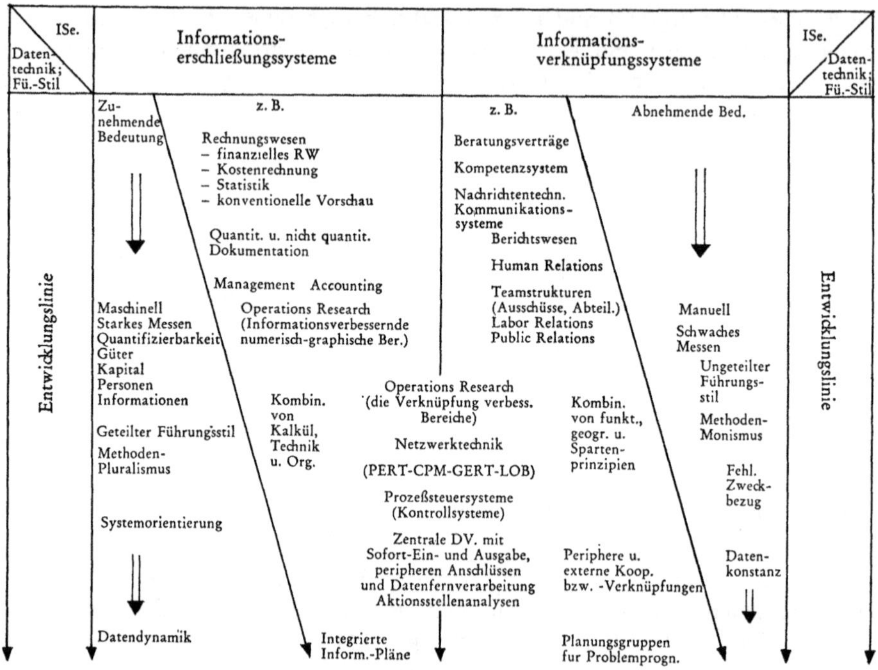

Abb. 71: Langfristige Entwicklungslinien der Informations-Erschließungs- und -Verknüpfungssysteme

systematischen Ausrichtung auch einfach in die umfassendere Konzeption eingegliedert. Sie bilden gewissermaßen eine stabilisierende, kontrollierende Bezugsgrundlage; diese Aufgabe übernimmt vergleichsweise auch die offizielle Organisation für den Fall einer Einbeziehung darüber hinausgehender Systembeziehungen.

Bei den zahlreichen integrationsgerichteten Entwürfen aus Wissenschaft und Praxis steht die mögliche Übersicht über die sachliche Verzahnung der quantitativen Informationen mit Hilfe der höheren Datentechnik im Vordergrund. Dafür ist das empirisch verdichtete Beispiel (Abb. 72, S. 225) typisch[654].

Diese Verzahnung kann auch als schwerpunktbezogene »integrierte Planungsrechnung« in Erscheinung treten (aufgabenbezogen: Abb. 73, S. 226; aufgaben-, aggregat- und terminbezogen: Abb. 74, S. 226; verknüpfungs- und steuerungsbezogen: Abb. 75, S. 227).

Die gleichzeitige multipersonale Zuordnung von Informationen auf Entscheidungsebenen und Entscheidungsträger gelingt im Informations- und Verknüpfungsplan selbst noch kaum in zureichendem Maße, ganz abgesehen davon, daß die rein menschlich-manuelle Realisierung bereits ausscheidet und die Dynamisierung der Verknüpfun-

[654] Zur Verfügung gestellt von der Aktiengesellschaft Institut für Automation, Zürich.

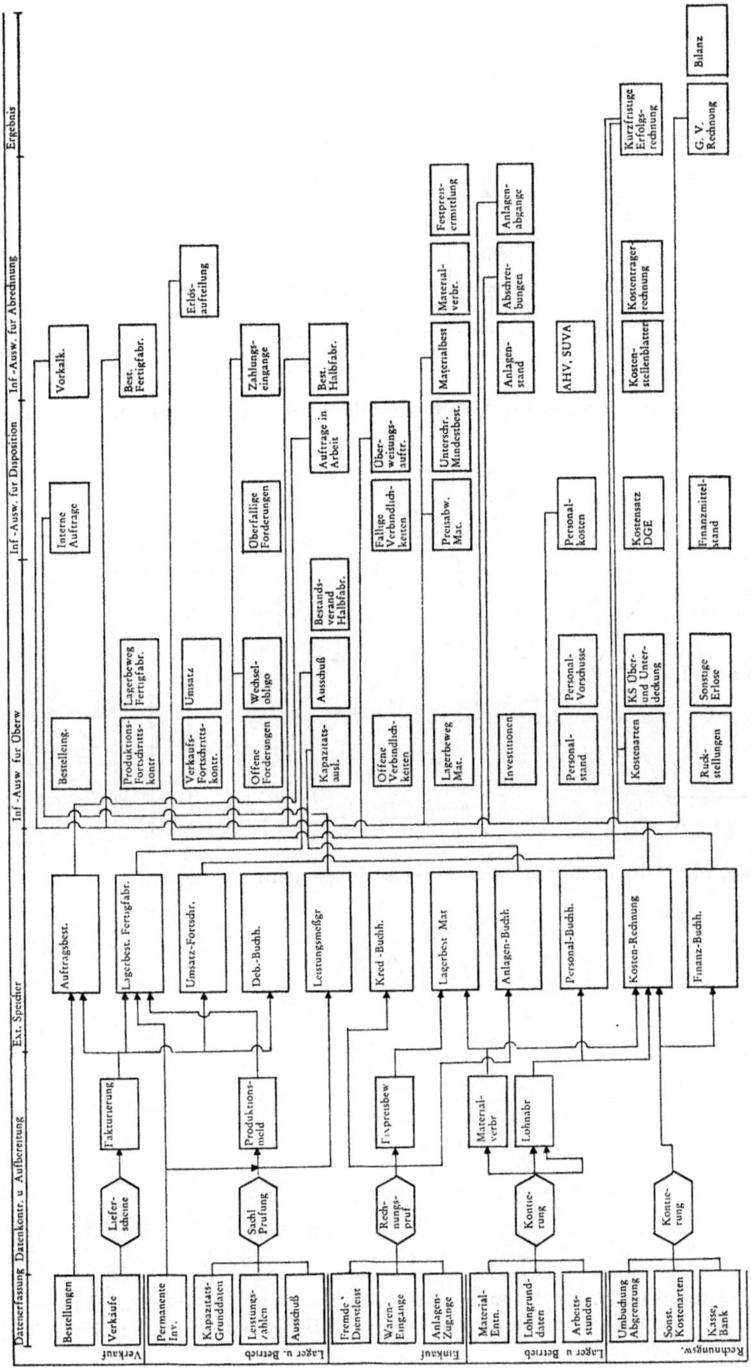

Abb. 72: Typischer integrationsgerichteter, quantitativ und datentechnisch orientierter Entwurf eines Informationssystems

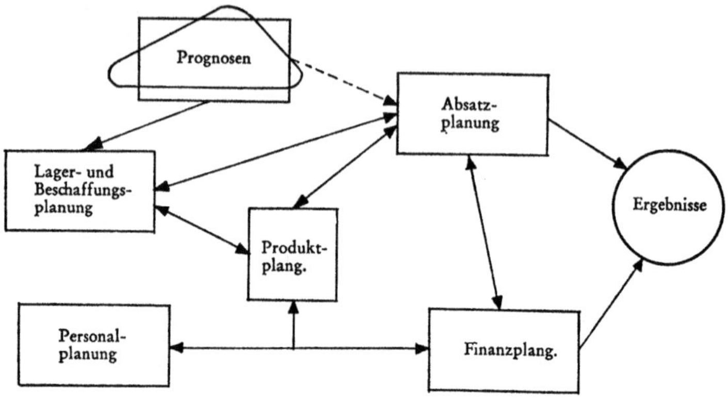

Abb. 73: Stilisierung der in deutschen Großunternehmungen vorhandenen Konzeptionen

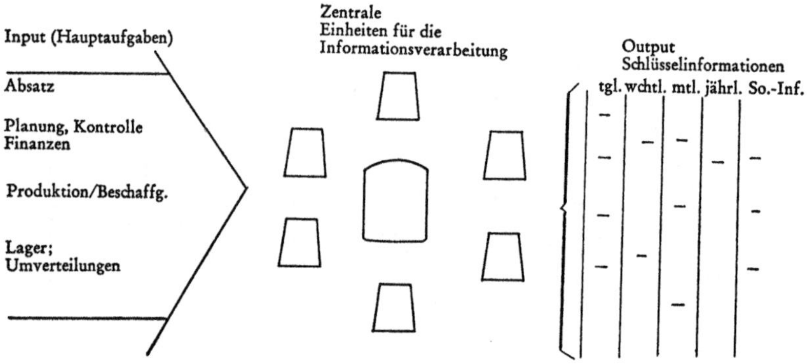

Abb. 74: Aufgaben-, aggregat- und terminbezogene Stilisierung[655]

[655] Vgl. z. B. Konvalinka/Trentin [Management], nach S. 174, und Steiner [Management], S. 508 und 513: »Typical« Computer-based integrated Business Information Systems of the Future (1970–1980 period).

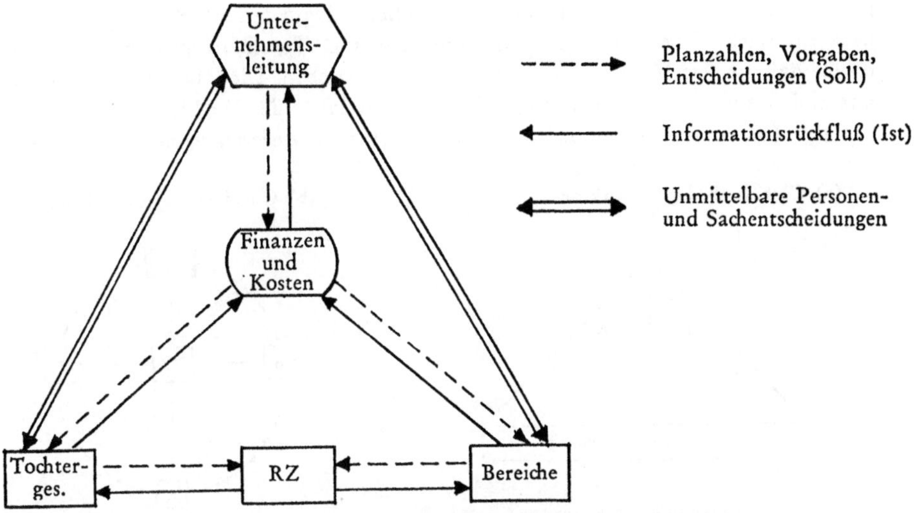

Abb. 75: Verknüpfungs- und steuerungsbezogene Stilisierung[656]

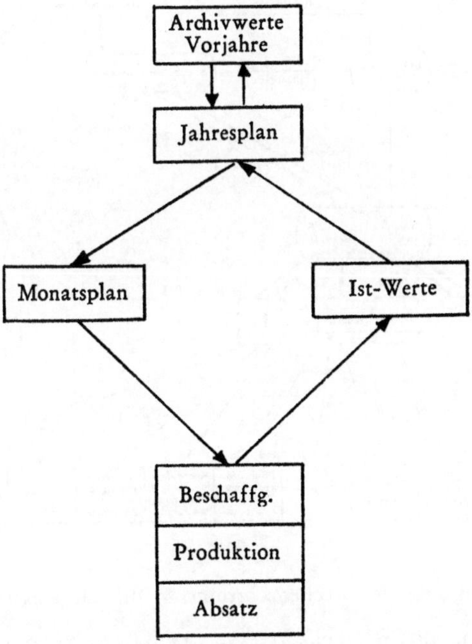

Beispiel für bereichsbezogenen Steuerungsablauf

[656] Vgl. Futh [Computer], S. 342 (Kommunikationssystem und Steuerungsablauf bei der Firma Vorwerk & Co.).

gen und ihrer Inhalte auch mit Hilfe der höheren Datentechnik [657] lediglich planverbessernd wirkt. Die besondere Schwäche aller sog. Totalkonzeptionen liegt gerade darin, daß sie das Management selbst nicht einbeziehen. Die Zuordnung wird daher nur global auf die Aktoren bezogen (a) oder mit Hilfe des On-Line-Real-Time-Konzepts [658] (b) zu verbessern oder überhaupt erst zu realisieren versucht. Der Bezugs-

(a) Globaler Bezug zum Aktor

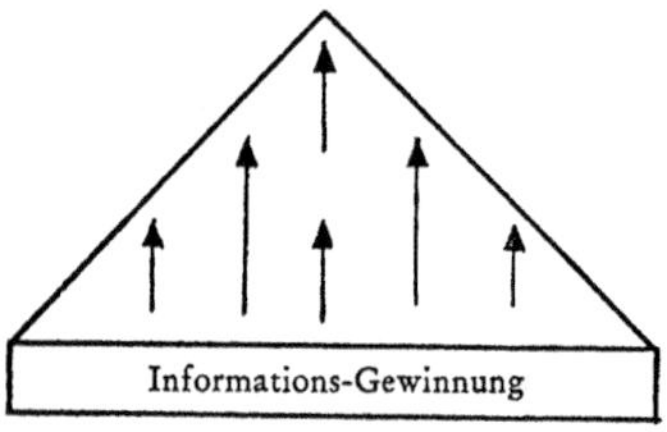

(b) On-Line-Real-Time-Konzept

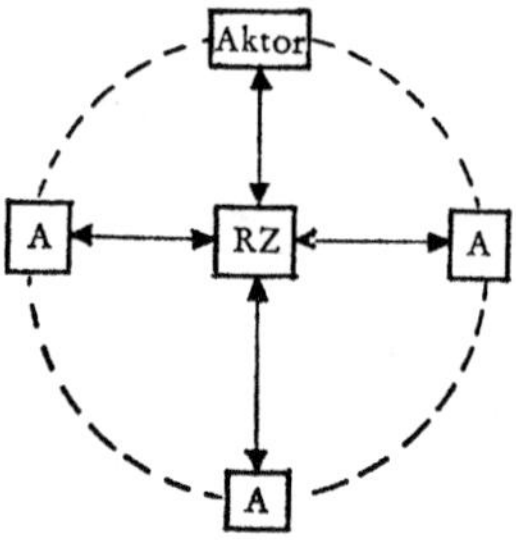

(c) Computerhierarchie (On-Line/Off-Line)

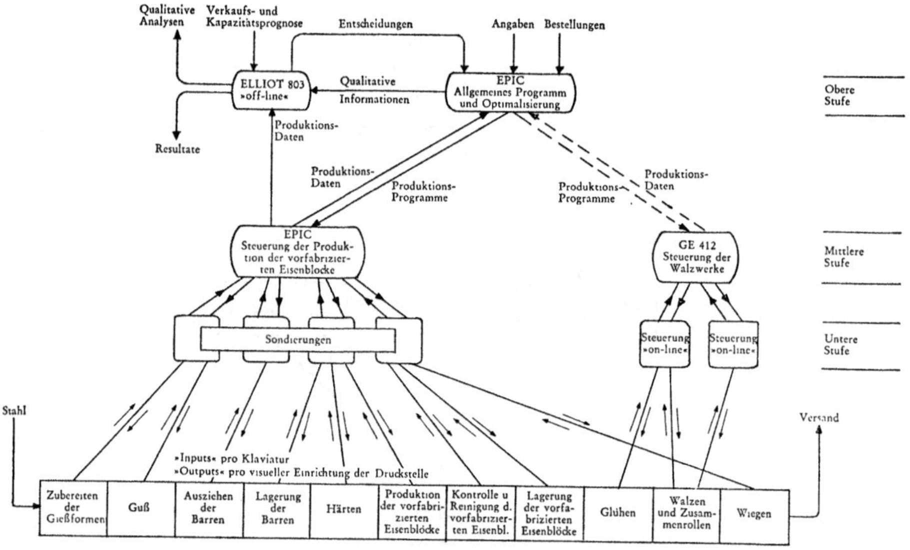

Abb. 76

[657] Vgl. zur Einordnung des Rechenzentrums in die Organisation Studienkreis Meller [Gliederung].

[658] Vgl. zu den Zielen der Real-Time-Systeme Hartmann, H. C. [Management], S. 419ff.; Schoderbek [Systems], S. 413ff.; Blumenthal [Management], S. 422ff.; Niederberger [Informationssystem], S. 69f.; Prince [Information], S. 284, Hinweis auf SAGE, SABRE, Westinghouse und andere Konzeptionen. Zur Arbeitsweise eines Realzeitsystems vgl. Graef/Greiller/Hecht [Datenverarbeitung], S. 81ff. Vgl. zu den Differenzierungen des On-Line-Konzepts Ream (On-Line), S. 429ff.

punkt kann dabei je nach Branche, Betriebsgröße und Stand der Organisation und koordinierenden Kräfte auch eine mehr oder weniger stark verbundene (On-Line/Off-Line) Computerhierarchie[659] – s. Abb. 76 (c), S. 228 – sein. Ein besonderes Gewicht erhält bei dieser Konzeption die Planung der Maschinenkonfiguration. Problematisch und kostspielig bleibt bei der vorherrschend maschinell integrierten Konzeption die Vorsorge für einen Ausfall des technischen Systems.
Das Bedeutsamste ist betriebswirtschaftlich neben der Real-Time-Konzeption (»Echt-Zeit-Verarbeitung«) vor allem die On-Line-Verknüpfung (»Direkt-Ein-und-Ausgabe«). Das menschlich-manuelle Pendant des Real-Time-On-Line-Konzepts ist die Einrichtung einer zentralen Berichtsstelle[660] oder eines koordinierenden »Informationszentrums«[661]. Letzteres könnte nach Blohm auch als Vorstufe eines »zentralen betrieblichen Informationsspeichers« betrachtet werden, in der die Mitarbeiter und Führungskräfte zu einer neuen Einstellung gegenüber der Information – auf mutative Änderungen vorbereitend – hingeführt werden könnten.
Ausgehend von den »praxisnahen Systemmodellen« von Hartmann[662] mit verbundenen oder relativ selbständigen Teilsystemen und

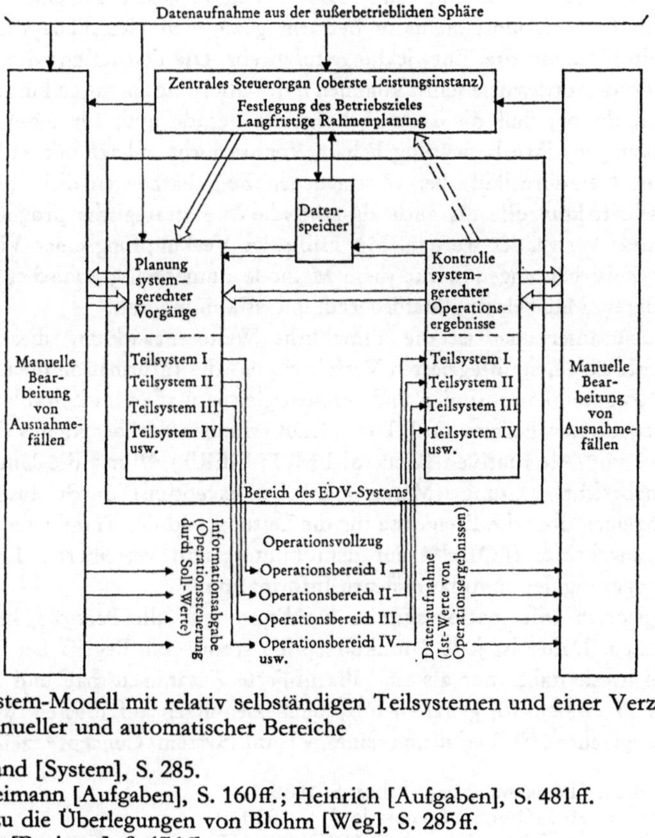

Abb. 77: System-Modell mit relativ selbständigen Teilsystemen und einer Verzahnung manueller und automatischer Bereiche

[659] Vgl. Arnand [System], S. 285.
[660] Vgl. Koreimann [Aufgaben], S. 160ff.; Heinrich [Aufgaben], S. 481ff.
[661] Vgl. hierzu die Überlegungen von Blohm [Weg], S. 285ff.
[662] Hartmann [Business], S. 176ff.

einer sich überlappenden Kombination von menschlich-manuellen und automatisierten Teilbereichen könnte die Idee des Informationszentrums derart integriert werden, daß diese Einrichtung in den verbleibenden zentralen und namentlich organisations-peripheren Bereichen mit Sachmitteln der mittleren und unteren Datentechnik kombiniert wird. Diese Modifikation der universell angelegten praxisnahen Ansätze würde eine unterschiedliche Annäherung an die Größe, Branche und die Mechanisierung oder Automatisierung erlauben.

Die Aufnahme dynamischer Beziehungen in einen umfassenden Plan (Festhalten der Aktionsfortschritte) wurde am wirkungsvollsten mit Hilfe der Netzwerktechnik realisiert. Auf der anderen Seite hat die Analyse der Informationsflüsse etwa nach Forrester bisher nicht zu dem erwarteten integrierten Ansatz geführt. Neben der Auswahl der relevanten Sachprobleme, ihrer personellen Abstimmung, der Integration des Managements selbst in das System, sind die wesentlichsten zeitlichen Zuordnungen ein Hauptproblem einer integrierten Informationsplanung. Die Netzwerkplanung hat sich in ihren konventionellen Formen (PERT, CPM) vorwiegend an einzelnen oder parallelen Projekten orientiert. Typische Anwendungsfälle sind die mutativen Veränderungen bei der Datenverarbeitung selbst. Die für eine Projektierung eines mutativ zu verändernden Informationssystems in Betracht gezogenen Netzpläne sehen relativ einheitlich ein Netz mit drei Entwicklungsstufen vor. Die Feststellung des Netzes und die Informationserfordernisse selbst kommen dabei allerdings meist zu kurz.

Abgesehen davon, daß die Netzwerkplanung gerade auch für manuelle Planungen (Denkleistungen) ihre Bedeutung behält, konnte nicht zuletzt mit Hilfe elektronisch ermittelter Netzdurchläufe bei verschiedenen Zeitschätzungen diese Methode sowohl als Fortschrittskontrolle als auch als taktische wie strategische prognoseverbessernde Testmethode verwendet werden. Mit Hilfe der Verknüpfung einer Vielzahl adressatennaher Zeitschätzungen wirkt diese Methode numerisch-graphischer Annäherungen in besonderem Maße elastizitätsfördernd und risikomindernd.

Weit bedeutsamer aber ist die allmähliche Weiterentwicklung dieser dynamischen Instrumente zu einem integrierten Verfahren, das die Information über die Ressourcen und die Kommunikationslinien und -knoten gleichermaßen im Zeitablauf umfaßt. Die weiterentwickelten Formen GERT und LOB erlauben darüber hinaus das regelmäßige Aufzeigen von Alternativen (General-PERT; GERT)[663] und die Unterstützung der Ausnahmeberichterstattung (Management by exception) durch ausgewählte Fortschrittsanzeigen über die Ereignisse für die Leitung und der Tätigkeiten für die mittleren Führungskräfte (LOB)[664] auf dem Hintergrund verfeinerter Erwartungswerte zur Verringerung der unvollkommenen Information.

Die integrierten Informationssysteme berühren zwar alle Bereiche, können aber nie alles erfassen. Daher ist jede Totalkonzeption schon vom Begriff her irreführend. In der Regel ist sie daher nur als eine akzentuierte Zusammenschau und Zusammenführung von für wesentlich gehaltenen Systembeziehungen aufzufassen, wie folgende als typisch angesehene[665] Definition eines »Total System Concept« zeigt: Es ist »an

[663] Vgl. Weber [Projektanalyse], insbes. S. 188ff.
[664] Vgl. Schoderbek/Digman [generation], S. 100ff.
[665] Vgl. Spaulding [Total System], S. 150f., unter Hinweis auf Dickey und Senensieb.

approach to information systems design that conceives the business enterprise as an entity composed of interdependent systems and subsystems, which with the use of automatic data processing systems, attempts to provide timely and accurate management information which will permit optimum management decision making«. Darin heben sich das System, die Maschinenkonfiguration und die Managementverknüpfungen besonders ab.

Für die Verbesserung von Systementwürfen eignen sich somit Hilfsvorstellungen aus allen Disziplinen, namentlich auch aus der allgemeinen Organisationstheorie und der Betriebswirtschaftslehre. Die unablässige Suche nach Hilfsvorstellungen und Systematisierungskriterien für die kontinuierliche praxisnahe Erfassung der für die Unternehmensleitung wesentlichen Informationsprozesse und Kommunikationsvorgänge in der Unternehmung geht unter mehr ökonomischen Aspekten von folgenden Gesichtspunkten aus:

- Kern- und Randsysteme [666]
  (Totale und partielle Verknüpfungsbereiche parallel zu den terminierten und sporadischen Informationsarten)
- Programmierbare und nicht-programmierbare Bereiche [667]
- Primär- und Sekundärstrukturen [668]; Sachaufgabenorientierungen [669]
- Parallele Bestimmbarkeit von Zeit, Kosten und Hilfsmitteln [670]
- Kombination manueller und maschineller Bereiche [671] (Objekt- und Maschinensystem; »Automatisierung des lenkenden Informationssystems« [672])
- Intern-Extern-Orientierung
- Informationsbezogene Unternehmensgröße
- Methoden-, Projekt- und Umsatzorientierung
- Erfassung der Veränderungen in Informationsflußsystemen (Materialfluß, Auftragsfluß, Liquiditätsfluß, Arbeitsleistungen, Kapitalfluß) [673]
- Beschaffungs- und Produktionssysteme (Unternehmensbezogene Planungs- und Kontrollsysteme; Prozeßsteuerungssysteme; »Formalsysteme« von Herstellern und Beratern) und »umfassende Systeme« [674]
- Taktische und strategische Bereiche; »Operations-, Innovations- und Politiksysteme« [675]
- Kommunikationsbezogene Strukturen [676]

[666] Vgl. Dearden/McFarlan [Management], S. 7ff., und Dearden [Systems], S. 69ff.
[667] Vgl. Simon [Science], S. 40.
[668] Vgl. Mechler [Vorbereitung], S. 15f.
[669] Vgl. Strothmann [Marktorientierung] und [Marktforschung], S. 167ff.
[670] Vgl. Becker/Hayes [Information], S. 399ff.
[671] Vgl. die Abstufungen bei Hartmann, B. [Business], S. 168ff. Der Aufbau von realisierbaren Totalmodellen muß regelmäßig von einer derartigen Differenzierung ausgehen.
[672] Vgl. Kosiol [Unternehmung], S. 155.
[673] Vgl. Forrester [Dynamics], und Bonini [Simulation].
[674] Vgl. den Systematisierungsversuch von Kalscheuer [Datenverarbeitungssysteme], S. 102.
[675] Vgl. Bleicher [Entwicklung], S. 168ff., und Green [Management], S. 76.
[676] Vgl. zur Integration von Kommunikationsnetzen Lieberman [Model], S. 669ff.

- Alle Typen ökonomischer Daten einbeziehendes »ökonomisches Aktivitätssystem« (Fortentwicklung des klassischen Rechnungswesens) [677]
- Integration informationsverarbeitender Aktionsstellen mit problemorientierten Direktbeziehungen; Verbesserung der sog. Aufbaustruktur) [678]
- »Ermittlungs- und Einsatzsysteme« [679]
- ...

Den zahlreichen Entwürfen und Hilfsvorstellungen ist folgendes gemeinsam:

- Syntaktische Analyse, und Synthese ohne Management
- Beziehungen zwischen Entscheidung und Information sowie zwischen Information und Kommunikation verschüttet
- Bezugsrahmen nur implizite zu erkennen
- Annahme gegebener vorherrschend interner informationsverarbeitender Stellen
- Vorwiegend aufgaben-, methoden- oder hilfsmittelbezogene partielle, taktische Datenermittlungssysteme [680] bzw. teilintegrierte Informationspläne oder Planungsrechnungen
- Dokumentation
- Schematisierte Kontrolle
- Erweiterung des klassischen Rechnungswesens
- Mechanisierung und elektronische Datenverarbeitung
- Hauptkanäle des Top-Management
- Gewinnungssysteme auf der Basis von Geldgrößen auf Grund besonderer Regeln [681] am stärksten entwickelt; Verknüpfungssysteme folgen langsam nach [682]
- Weder die Personen insgesamt noch das Management selbst im Systemansatz prognostizierend enthalten [683]

Die Entwürfe und Anwendungen beginnen zwar allmählich schon so zahlreich und auch selbstverständlich zu werden, wie jede andere umfassende Organisationsarbeit und z. B. die bisherige geräuschlosere individuelle organisatorische Anpassung der quantitativen Informationssysteme, aber die mit den neuen flexiblen Größenordnungen [684] verbundenen einschneidenden strukturellen Auswirkungen werden noch kaum bewußt einkalkuliert, wenn auch die Auffassung aufgegeben wurde, daß mit der Installation

[677] Prince [Information], S. 10.
[678] Vgl. Milroy [Disintegration], Schaubild S. 342.
[679] Cox/Good [Information], S. 145ff.
[680] Bezeichnend für diese Akzentuierung ist z. B. die Gegenüberstellung eines »Law of Business Information System« mit den Laws of Business Planning, Management Control and Strategy, wobei das Informationssystem mit Dokumentation identisch ist; vgl. Copeman [Laws], S. 25ff.
[681] Vgl. Ermittlungsmodelle unter dem Einfluß rechtlicher Vorschriften.
[682] Vgl. in diesem Zusammenhang auch die Vorschriften über die Netzwerkplanung bei der Vergabe öffentlicher Aufträge in den USA.
[683] Vgl. die Kritik von Brooker [Total Systems], S. 16ff. (The Error in the »Total« Approach, S. 164f.)
[684] Vgl. z. B. den bisher größten Einzelauftrag über einen Computer für die Universität Wisconsin: Burroughs B 8500,14 Mill. $.

des »blanken Computers« ein funktionsfähiges integriertes Management-Informations-System vorhanden sei [685].

Die Entwürfe unterscheiden sich in der als vorherrschend herausgestellten Kombination von Informations- und Verknüpfungsarten bzw. Informations- und Verknüpfungssynthesen.

Am bedeutsamsten scheinen zwei Konzeptionen zu sein, in die viele andere Entwürfe einmünden, namentlich auch die taktischen »Totalmodelle« über Informationsflüsse [686] und Kommunikationsnetze [687], nämlich diejenigen von Dearden/McFarlan und Simon. Sie beruhen auf einer Konzeption von Insystemen, die konsequent einer Integration zustreben. Ähnliche Ansätze werden sehr wahrscheinlich die weitere Entwicklung bestimmen.

Simon [688] stellt eine in der Zukunft anzustrebende, mehr spekulative Konzeption des Systems einer Unternehmung vor, das unschwer als geeigneter Bezugsrahmen für das Informationssystem der Unternehmung zu erkennen ist, und zwar mit folgender Dreiteilung:

- Produktions- und Verteilungsprozesse
- Routine-Entscheidungen parallel zu diesen Prozessen
- System nicht-programmierter Entscheidungen

Dearden/McFarlan [689] entwickeln ein in der Gegenwart realisierbares oder in zahlreichen Varianten schon realisiertes umfassends typisches Konzept von Insystemen in zweifacher Abstufung:

- Kernsysteme (»Major Informations Systems«)
- Randsysteme (»Other Informations Systems«)

Zu den Kernsystemen gehören:

- Finanzielles [690] System
- Logistisches System
- Personelles [691] System

Als Randsysteme werden genannt:

- Marketing Information (Marktforschung)
- Research and Development (Forschung und Entwicklung)

[685] Vgl. die Stellungnahmen von Computer-Herstellern bei Konvalinka/Trentin [Management], S. 172.

[686] Vgl. z. B. Forrester [Dynamics].

[687] Vgl. z. B. Lieberman [Modell], S. 669ff.

[688] Simon [Science], S. 40.

[689] Dearden/McFarlan [Management], S. 7ff., und Dearden [Systems], S. 69ff.

[690] Vgl. z. B. auch Bower/Welke [Information]; Ehrensperger [Unternehmungsmodell], S. 366ff.

[691] Vgl. hierzu auch z. B. Gressbach [Personalplanung], S. 375ff. In einigen Großunternehmen wird versucht, die bisherigen Ansätze einer Personalplanung zu einem »Integrierten Personal-Informations-System (IPIS)« auszubauen.

- Strategic Planning (»Strategische« Planung)
- Executive Observation (»Gelegenheits-Informationen« der Führungskräfte)
- ...

Schon daraus ist zu entnehmen, daß die zweifache Abstufung nicht die Bedeutung wiedergibt, die diese Insysteme tatsächlich für die Unternehmung haben. Die »major informations systems« betreffen zwar in der Regel die ganze Unternehmung, aber vorwiegend nur den taktischen Bereich. Eine ausgesprochen »strategische« Bedeutung haben die »other informations systems«; sie berühren aber immer nur einen Teil der Entscheidungsträger.

Die erste Gruppe stellt die aus den zugrundeliegenden materialen Prozessen primär abgeleiteten, die zweite Gruppe die sekundär abgeleiteten oder unabhängigeren mehr auf Vorschau ausgerichteten Insysteme dar. Es fällt auf, daß der Übergang von den die materialen Prozesse begleitenden Informationen zur informationswirtschaftlichen Sachaufgabe und den zusätzlichen Lenkungsinformationen nicht explizite vollzogen wird. Außerdem wird die Verbindung zu den einzelnen Kategorien von Entscheidungsträgern, ihrem speziellen Bedarf und ihrem Verhalten dabei noch nicht sichtbar. Dearden/McFarlan betrachten daher die gesamten Kern- und Randsysteme als »vertikale Klassifikation«, die primär von den zugrundeliegenden Informationsarten oder dominierenden Informationssynthesen bestimmt werden. Hinzu tritt eine »horizontale Klassifikation«, in der als Merkmale die Realisierungsstufe verwandt wird. Die Realisierung wird dabei als kontinuierlicher Prozeß verstanden, in dessen Verlauf sich unablässig drei Stufen überschneiden, nämlich »systems specification«, »Data-Processing Implementation« und »Programming«. Diese drei Stufen liegen fast übereinstimmend auch bei vielen anderen Entwürfen zur »Entwicklung und zum Aufbau eines Informationssystems« oder zur »Umstellung« zugrunde [692]; aber meist wird dabei eine weitgehend »einmalige Installation« oder Veränderung unterstellt [693], statt von einem dynamischen Verbesserungsprozeß auszugehen. Ein umfassendes Informationssystem kann nicht heute eingerichtet werden, um dann für alle Zeit automatisch abzulaufen. Vielmehr sind bei mutativen Veränderungen zwar viele Jahre der Umstellung und Umstrukturierung erforderlich; sie müssen sich aber auch im kleinen ständig fortsetzen:

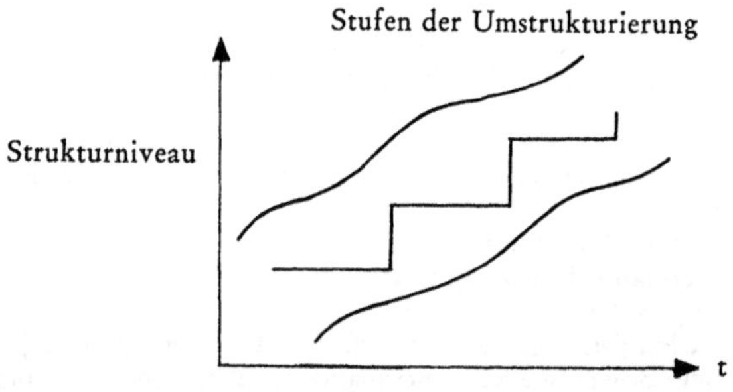

[692] Vgl. etwa die Schaubilder bei Martino [Development], nach S. 124, und Kalscheuer [Datenverarbeitungssysteme], nach S. 44. Savas [Computer], nach S. 216.

[693] Vgl. z. B. Martino [Development], S. 121ff.: »The Development and Installation of a Total Management System«, und Moravec [Basic Concepts], S. 127ff.

Innerhalb der von Dearden/McFarlan herausgestellten Stufen wirken die Entscheidungsträger (Individuen, Abteilungen) und Informationsspezialisten zeit-, aufgaben- und computerbezogen koordinierend zusammen. Die Festlegung des Informationsbedarfs durch die Entscheidungsträger für einen überschaubaren Zeitraum in der ersten Stufe ist eine wesentliche Voraussetzung für das Funktionieren der Informationssysteme.
Die vertikalen Systemgruppen sind somit primär »Informationsgewinnungssysteme« und die horizontalen Gruppen sind in der Zeit sich mehr oder weniger rasch verändernde flexible »Verknüpfungssysteme«.
Die Kernsysteme gehören mit ihren Verknüpfungen mehr in den »planrationalen« Bereich, während die übrigen Insysteme mehr »planschaffenden« Charakter haben. Darin wird eine Beziehung zu den entscheidungsorientierten Systemtypen von Simon sichtbar. Die von Steiner [694] vorgelegte Konzeption geht von ähnlichen Überlegungen aus.
In konsequenter Fortführung dieser Gedankengänge sollen die den schon formal entwickelten beiden Erschließungstypen (A_1, B_1) zugrundeliegenden dominierenden Informationssynthesen herausgestellt werden.
Dabei steht der planrationale Typus vom Umfang der täglichen Routine her gesehen im Vordergrund, während der planschaffende Typus die Entwicklungsrichtungen des Systems bestimmt.

c) Planrationale Erschließungssysteme (Typus A_1)

Die vorangegangenen Untersuchungen legen es nahe, von zwei entscheidungsorientierten Grundtypen von Insystemen der Informationserschließung auszugehen, und zwar von Insystemen, die vorwiegend Daten für die Realisierung und Kontrolle getroffener Entscheidungen bereitstellen (planrationale Insysteme), und von Insystemen, die primär die Informationen für die Vorbereitung der Entscheidungen liefern (planschaffende Insysteme). Beide Typen hängen mehr oder weniger eng – wie die Entscheidungskomponenten selbst – zusammen. Dennoch könnten sie einen Ausgangspunkt für eine entscheidungsorientierte Systemstruktur darstellen.
Die planrationalen Insysteme sind intensiv mit datentechnischen und quantitativen Elementen durchsetzt.

[694] Vgl. Steiner [Management], S. 487ff.; seine Zweiteilung enthält folgende Systeme:
a) Major Information Systems:
Accounting, Personnel, Material Flows, Periodic Planning Information, Special Reports (z. B. langfristige Studien für das Top-Management), The Grapevine (Informales Kommunikationssystem), Scanning (Individuelles Informationssystem; Informationsverhalten; strategische Ad-hoc-Information; Gelegenheitsinformation eines jeden Managers).
b) Minor Information Systems:
Competitive Information, Research and Development, Sales Forecasting, Special Systems (z. B. in Abhängigkeit von außerordentlichen politischen Ereignissen) other Information Systems (Ergänzung).

Entscheidungsorientierte Systemstruktur

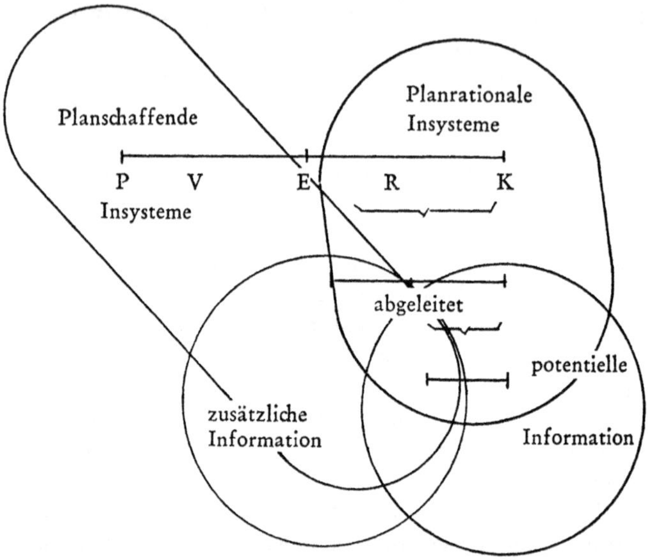

Die Informationssynthesen der planrationalen Erschließungssysteme lassen folgende dominierenden Merkmale bzw. Informationsarten erkennen (vgl. S. 237, Abb. 78).

- In jeder Unternehmung vorhanden und existentiell notwendig (vgl. die Bedeutung für die Formulierung von Grundsätzen der Unternehmensführung)
- Bereiche mit in der Regel umfangreichen Datenmengen (Primärdaten; Massendaten)
- Informationen sind vorherrschend intern und historisch orientiert
- Weniger stark zielbildend, vorwiegend zielerreichend
- Anknüpfen an den materialen Prozeßgrundlagen, schaffen Primärinformationen
- Hohe Frequenz, aber geringe Änderungsgeschwindigkeit der Daten
- Größere Genauigkeit und geringere Flexibilität der Daten (Höhere Planrationalität, geringeres Rationalitätsstreben der Beteiligten; vgl. Vorgaben, Standards, konkretisierte Normen)
- Vorwiegend Kontrollsysteme (im Realisierungsbereich)
- Vorherrschend quantitative Informationen
- Der Automatisierung stärker zugänglich
- Leichter kontrollierbar
- Relativ konsistent, prägnant und konstant
- Leichtere Bedarfsfeststellung
- Verstärkter Einsatz potentieller Informationen
- Mehr termingebunden
- Erhebbarer und methodisch abgesicherter Datenkranz (institutionalisierbar)

Eine besondere Bedeutung haben in diesen Bereichen die partiellen Dokumentationszentren, die eine Basis für eine menschlich-manuelle und/oder maschinelle Zentralisierung der Informationsaufgaben darstellen können.

Insysteme	Auswahl dominierender Merkmale				
	Prozeßgrundlage	Abteilung; Institut.	Methoden/Kalküle	Datentechnik	Dominierende Informations-Art (Kriterium Quantifizierbarkeit)
Finanzielles Informations-Gewinngs.-System (IGS)	Nominalgüter (Geld, Kapital)	Rechnungswesen; – Finanzbuchhaltung	Doppik; tabellarisch; statistisch	Je nach Art und Umfang der Information höhere, mittlere, untere Datentechnik; Bücher; Referate; Platten; Bänder; Lochkarten; Karteien; Schemata; Dokumente; Filme	Hinreichend quantifizierbar
Logistisches IGS	Realgüter (Waren, Erzeugnisse, Anlagen)	Rechnungswesen; – Kostenrechnung – Betriebsbuchhaltung – Kalkulation – Statistische Abt.	Tabellarisch; statistisch Doppik Operat. Res.		Quantifizierbar; Automatisierbar; Kontrollierbar
Personelles IGS	Personen (vorherrschend Innenbeteiligte)	Personalabteilung (in Verbindung mit RW und statistischer Abt.)	Tabellarisch Statistisch		Schwächer quantifizierbar
Taktische Überwachung IGS auf der Basis der übrigen IGS oder unabhängig davon	Prozeßinformationen (Synthese und zusätzliche Informationen)	Laufende Kontrolle; Qualitätskontrolle; Interne Revision; Dokument.-Zentrum Inform.-Überw. Inform.-Zentrum Rechenzentrum	Tabellarisch; Statistisch Topologie der Streckenkomplexe (Graphentheorie); Operat. Res.		Schwächer quantifizierbar
...	...	...	...	...	...

Abb. 78: Institutionalisierte planrationale Insysteme der Informationsgewinnung

Insysteme	Ausgewählte Charakteristika				
	Prozeßgrundlage	Abteilung; Institution; Rang (intern, peripher, extern)	Methoden/ Kalküle	Datentechnik	Dominierende Informationsart (Kriterien Terminierung; Quantifizierbarkeit)
Strategische Überwachung	Informationen planrationaler Insysteme und zusätzliche Informationen (insbes. aus peripheren und externen Bereichen)	Revision (intern/peripher) Controller; Inf.- und Rechenzentrum Stäbe/Inst. (intern/peripher) und mittlere Kader und sporadische Ausschüsse	Jede problemadäquate Methode (vgl. op. research; aber keine Doppik)	Alle Bereiche der Datentechnik Schematisch	Terminierte Inf., quantifizierb. Inf.
Marktforschung				Kaum schematisch	Sporadische Inf. schwächer quantifizierbare Informationen
Forschung und Entwicklung					
Taktische Planung				Schematisch	Terminierte Inf., quantifizierb. Inf.
Strategische Planung		Stab der obersten Leitung		Kaum schematisch	Sporadische Inf., weniger quantifizierbar (unterricht.; erläut.)
Strategische Beeinflussung der Meinungsbildung		Public-Relations-Abteilung		Massenmedien	
...	...	...	...	...	...

Abb. 79: Institutionalisierte planschaffende Insysteme der Informationsgewinnung

In einem entscheidungsorientierten kybernetischen Ansatz lassen sich die quantitativen Erschließungssysteme zu einer integrierten Konzeption zusammenfassen [695].

d) *Planschaffende Erschließungssysteme (Typus B_1)*

Den Informationssynthesen der planschaffenden Erschließungssysteme liegen folgende dominierenden Merkmale bzw. Informationsarten zugrunde (vgl. hierzu die Beispiele für institutionalisierte planschaffende Insysteme der Informationsgewinnung auf S. 238, Abb. 79):

- Wenig Prägnanz, Konsistenz und Konstanz (Hohes Rationalitätsstreben der Beteiligten; vgl. Stäbe; Selbstkoordination; aber geringere oder fehlende Planrationalität; keine »verordnete Rationalität«; »ohne Vorgabe«)
- Stärker zukunftsorientiert
- Stärker peripher und extern orientiert
- Geringere Frequenz, aber hohe Änderungsgeschwindigkeit (vgl. »Umweltdaten« und »Stab auf Zeit«)
- Bedarfsfeststellung schwieriger
- Ständige Anpassung und Verbesserung der Insysteme notwendig
- Vorherrschend auf zusätzliche Informationen gerichtet
- Mehr punktuell, von Fall zu Fall, sporadische Informationen, »auf Abruf«
- Informationsprozesse dürfen mehr Zeit beanspruchen
- Bereiche mit recht unterschiedlichen, relativ geringeren Datenmengen
- Vorherrschend zielbildend (planschaffend)
- Mehr entscheidungsorientierte Planungssysteme, Planungsrechnungen, Informationspläne
- Bauen auf Primär-Informationen (abgeleitet) oder auf eigenständiger Basis auf
- Größere Ungenauigkeit und Flexibilität
- Schwächer quantifizierbar und kontrollierbar (Schwächer institutionalisierbar)
- Weniger automatisierbar
- Stärkere Berührung mit Ziel- und Wertsystemen

Die Schaffung neuer und der Ausbau alter planschaffender Insysteme zur Informationsgewinnung und deren Einordnung in ein umfassendes Informationssystem der Unternehmung steht immer mehr im Mittelpunkt des wachsenden Interesses an einer strategisch wie taktisch zu verbessernden Informationsarbeit [696].

[695] Vgl. z. B. den Versuch von Adam [Messen], S. 67, die Gewinnungssysteme kybernetisch zusammenzufassen, ausgehend vom klassischen Rechnungswesen. Im »Regelungs-Rechnungswesen« werden die verschüttet gebliebenen Zusammenhänge wieder freigelegt.

[696] Vgl. zur Schaffung und Integration von »Marketing Information Systems« Cox/Good [Information], S. 145ff.; Prince [Information], S. 199ff.; vgl. auch Weide [Konkretisierung], S. 608ff., zur Kombination von Marktforschung und höherer Datentechnik.

3. Entscheidungsorientierte Verknüpfungssysteme

a) Verknüpfungsbereiche

Während die planrationalen Verknüpfungen stärker korrelieren mit dem physischen Verteilungsnetz, sind die planschaffenden Verknüpfungen davon unabhängiger. Die Verknüpfungen sind aber immer über Informationen adressaten- und quellenbezogen [697]. Die aus den Erschließungssystemen gewonnenen Erkenntnisse stützen die frühere These von der Kommunikation als dem Korrelat der Information. Die Verknüpfungssysteme sind aber noch mehr ein notwendiges Korrelat, als es die Kommunikation an sich schon ist.

Ihre Bezugsgrundlage haben die Verknüpfungssysteme – trotz eigenständiger Informationsimpulse (vgl. System unverlangter Informationen und Kontaktwirkungen) – aber immer in den Informations-Erschließungs-Systemen, diese im Entscheidungssystem der Unternehmung. Die Entwicklung zeigt sogar, daß die bisher vernachlässigten Verknüpfungssysteme rascher an Bedeutung wachsen als die Erschließungssysteme. Bisher wurde stillschweigend davon ausgegangen, daß sich die Führungskräfte im Bedarfsfalle schon der vorhandenen Erschließungssysteme und anderer Quellen bedienen werden. Diese Annahme ist schon von der heute vorliegenden Datenfülle und Komplexität der Strukturen her gesehen utopisch. Auch das vorhandene und im Bedarfsfall, d. h. in der Entscheidungssituation, zu schaffende Kommunikationsnetz bedarf systematischer Vorbereitung und »Pflege«. Zweifellos werden sich die Grenzen durch die Einflüsse der Datentechnik [698] ständig verschieben. Immer wird es vorkommen, daß Bereiche menschlich-manuell bearbeitet werden, obwohl sie schon automatisierbar wären, oder umgekehrt: es werden Bereiche maschinell zu bearbeiten versucht, obwohl sie wirtschaftlich besser noch von Menschen bearbeitet würden. Immer sind aber die planschaffenden Bereiche – gleichgültig wie die Grenzen verlaufen – stärker manuell bzw. an der Denkleistung orientiert.

Die Verknüpfungssysteme führen auch aus sich heraus (initiierend) zu neuen Informations-Verknüpfungen, dann handelt es sich allerdings um Informationsumformungen. Auch bei der computerinternen »Verknüpfung« handelt es sich um eine Datenumformung. Den Verknüpfungssystemen liegen primär informationsbezogene kommunikative Beziehungen zwischen Sender und Empfänger zu Grunde. In Anlehnung an die Erschließungssysteme können auch hier die entscheidungsorientierten Merkmale planrationaler und planschaffender Typen erkannt werden. Da es sich dabei aber um Gebilde- und Wegestrukturen handelt, ergibt sich hier eine wesentlich schwerfälligere und langsamere Änderungsgeschwindigkeit, wenn auch die Kommunikationsfrequenz

[697] Dworatschek [Einführung], S. 345, folgert: »Ein Informationssystem besteht aus Informationsquellen, die durch Kommunikationsbeziehungen zu einem Ganzen gefügt sind.«

[698] Zu den Problemen der digitalen Verknüpfung programmgesteuerter Rechenautomaten vgl. Klar [Rechenautomaten]. Zu den Besonderheiten der Fernverarbeitung vgl. Nolle [Datenfernverarbeitung].

mit der Datenfrequenz korreliert. Pietzsch ist daher zuzustimmen, wenn er davon ausgeht, daß bei Personen und Maschinen keine kosteninfinitesimalen, sondern primär stufenfixe Kostenbereiche in Betracht kommen.

In Anlehnung an die konstitutiven Kriterien der Information, insbesondere unter Berücksichtigung der zentralen Figur des Entscheidungsträgers als Empfänger oder Adressat – und auch als Sender, Lieferant oder Quelle von Informationen – können die Beziehungen zwischen output und input bzw. Adressaten und Quellen, Verwendung und Gewinnung, Anhaltspunkte für eine allgemeinere und eine detailliertere Benennung der kommunikativen Verknüpfungen liefern.

Verknüpfungen zwischen Adressaten und Quellen

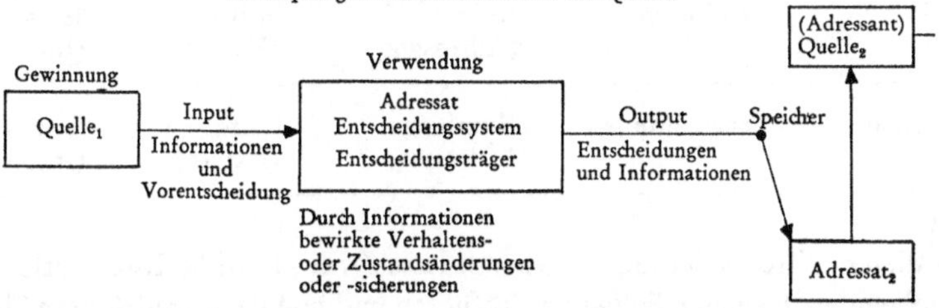

Der Adressat schließt allerdings vom Standpunkt einer fixierten Organisation auch externe Empfänger ein, ebenso die Quelle externe Sender; es sind die Nebenbedingungen, die der interne Aktor bei seinen Alternativen und Folgerungen berücksichtigen muß. In der Unterscheidung von internen und externen Adressaten und Ouellen wird daher regelmäßig eine weitere wesentliche Differenzierung, nicht nur des Systems, sondern vor allem auch der Information und der Informations-Beziehungen gesehen, die allerdings ebenfalls in Insystemen integriert gedacht werden können. Diese Differenzierung ist zwar strategisch bedeutsam, jedoch formal gegenüber der ersteren sekundär, weil davon ausgegangen werden kann, daß auch der Informationsbedarf externer Adressaten nur über Entscheidungen der Entscheidungsträger, also der internen Adressaten, befriedigt werden kann. Zu denken wäre dabei z. B. an die Entscheidung über die obligatorisch zu veröffentlichende Bilanz im Rahmen der gegebenen Ermessensspielräume formaler und materieller Art, wie sie immer den internen Aktoren verbleiben [699]. Die Veröffentlichung an sich beruht allerdings auf Bedingungen, die mit der Existenz der Unternehmung und ihrem Tätigwerden, d. h. ihren Handlungen und Entscheidungen zwangsläufig verbunden sind (Restriktionen, einschränkende Nebenbedingungen). Jede Ausfächerung von Informationsarten muß daher immer zugleich auch eine Reduktion auf den Informationsbedarf der Entscheidungsträger gestatten. Wie die systemtheoretischen Überlegungen gezeigt haben, kann die Einbeziehung der schwächer organisierbaren, aber strategisch bedeutsamen »Außenbeziehungen« in einem dynamischen Systemansatz durchaus zweckmäßig oder notwendig sein. »Externe« und »interne« Beziehungen sind dann in diesem erweiterten Informationssystem »integriert«. Der Entscheidungsträger ist dann regelmäßig ein nach innen und außen gerich-

[699] Vgl. »Außenbeteiligte« und »Fremdbeteiligte« bei Schnutenhaus [Organisationslehre], S. 164ff., und Holzinger [Verbindungswege], S. 16.

teter Informationsknotenpunkt, dem eine zielkonsistente Umverteilung aufgetragen ist. Die Kommunikation führt regelmäßig über die »Unternehmung« hinaus [700]. Somit bleiben die fixierte Organisation als Systemtyp und damit die in diesem Rahmen gegebenen Entscheidungsträger ein Ausgangspunkt für eine Differenzierung der Informationen und Informationsbeziehungen.

Entscheidungsträger und Quellen sind andererseits kein Gegensatz, wie in folgender Dichotomie und deren möglicher Auflösung zu zeigen versucht wird:

Reduktion der Dichotomie von Gewinnung und Verwendung

Quelle	Gewinnung	Sender (Adressant)	Aktor (Extern)	Entscheidungsträger (Intern)
Mündung	Verwendung	Empfänger (Adressat)	Aktor (Extern)	Entscheidungsträger (Intern)

Von dieser Differenzierung ausgehend, lassen sich sämtliche Informationsbeziehungen auf folgende allgemeine Felder zurückführen und von da aus auffächern [701]:

Allgemeine Verknüpfungsfelder

Verwendung	Gewinnung	
	intern	»extern«
intern	α	γ
»extern«	β	δ

α = intern
β, γ = peripher
δ = extern

Organisationsinterne Bereiche bei vorgegebenem Zeitrahmen:

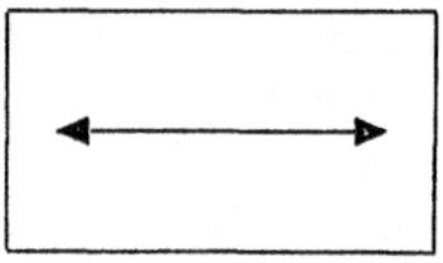

α

Aktoren (Sender und Empfänger) innerhalb der Organisation der Unternehmung (z. B. Organisation der Leitung, Verkehr zwischen Mitarbeitern oder Abteilungen, Stellen, Gruppen, Linien, Stäben, Einheiten der Unternehmungsorganisation).

[700] Vgl. Friemauth [Aufgaben], S. 428f.

[701] Vgl. hierzu die Darstellungen bei Kellerer [Statistik], S. 232; Kellerer geht allerdings dabei von den Informationsquellen und davon aus, daß δ unbesetzt sei.

Periphere Bereiche

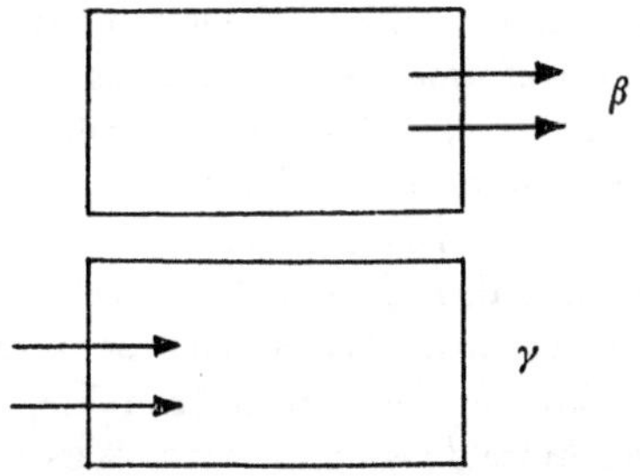

Sender und Empfänger befinden sich innerhalb und außerhalb der Organisation der Unternehmung (z. B. Verkehr mit Kunden, Lieferanten, staatlichen und parastaatlichen Einrichtungen, Zulieferern, Konkurrenten, Kooperationspartnern).

Organisationsexterne Bereiche

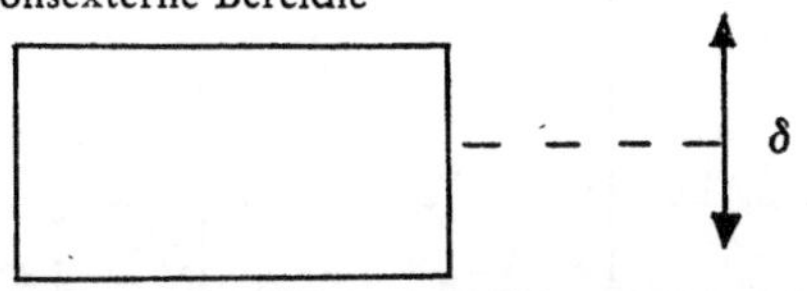

Die die Organisation tangierenden Beziehungen vollziehen sich zwischen Sendern und Empfängern außerhalb der Unternehmung (z. B. Verkehr zwischen zwei Hausbanken, zwischen Konkurrenten, Kunden, Lieferanten, staatlichen und parastaatlichen Einrichtungen, potentiellen Verbrauchern, Kapitalgebern, Zulieferern und potentiellen Kooperationspartnern).

Bei offenem Zeitrahmen (Felder der strategischen Verknüpfungen):

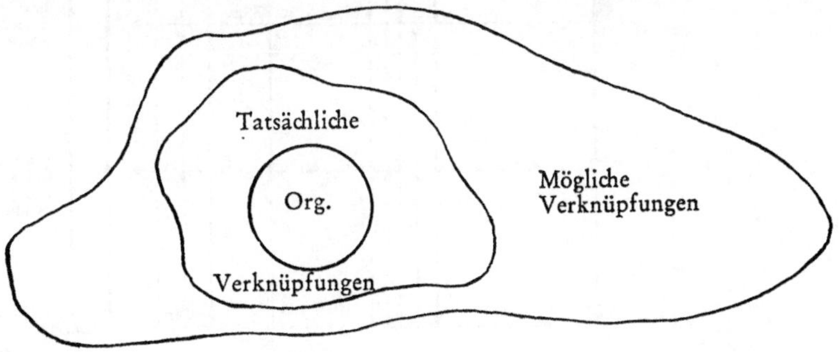

b) Stabilisierende Verknüpfung von Entscheidungs-, Ziel- und Informationssystemen

Das organisierbare Entscheidungssystem ist primär ein System von Richtlinien, abgeleiteten Zielen, Normen, Standards, Kriterien und Bedingungen, weil die konkreten künftigen Entscheidungssituationen nur in einer allgemeineren Form vorbereitet oder »vorweggenommen« werden können.

Dieses System verläuft somit entlang einer Verknüpfung von Gebilden [702] und Wegen, deren Inhalt die Dauerinformationen in Gestalt der erwähnten Zielableitungen sind. Die strategischen Dauerinformationen, z. B. oberste Zielvorstellungen der führenden Kräfte für längere Zeiträume, sind dabei mehr mündlich als schriftlich orientiert, während die taktische Dauerinformation, imperative Ziele der Organisation, Richtlinien, generelle Anweisungen, Standards, »Arbeitsplatzbeschreibungen«, Informationsrechte und -pflichten, mehr schriftlich als mündlich angelegt sind. Diese Dauerinformationen enthalten bereits Bestandteile des Wertsystems der Organisation, d. h. der an der Zielbildung beteiligten Aktoren. Sie werden beim Empfänger kombiniert mit weiteren Dauerinformationen: Ausbildung, Erfahrung, Wissenstand und individuellem Wertsystem (Erkenntnis- und Motivationsstruktur).

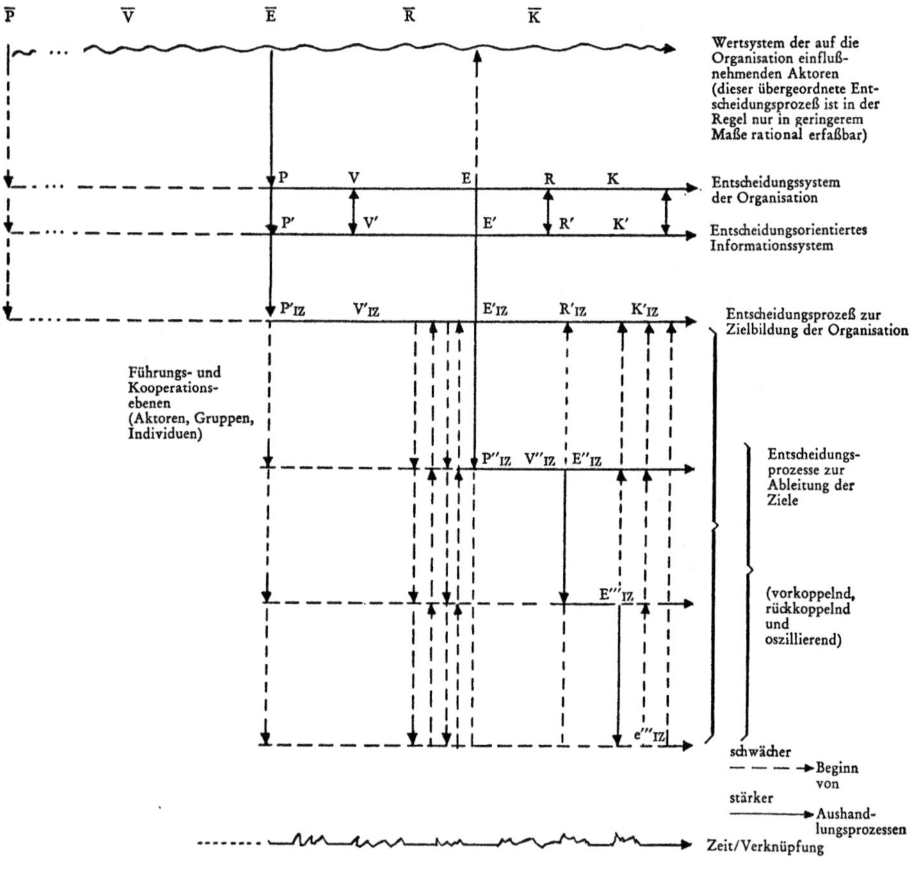

Abb. 80: Prozeß der Zielableitung

[702] Häufig wird das Sozialsystem – neben Ziel- und Informationssystem – als »Determinante des Entscheidungsprozesses« aufgefaßt; vgl. z. B. Heinen [Einführung], S. 49.

Hier zeigt sich erneut die große Bedeutung der potentiellen Information, einer problem- und arbeitsplatzorientierten Dauerinformation, z. B. in Form der Aufgabenbeschreibung, des Soll-Organisationsplanes, der Kompetenzabgrenzung und der feststellbaren Kriterien für die Qualifikation (Anforderungen). Die »Aufbau- und Ablaufstrukturen« bzw. die Gebilde- und Wegesysteme sind in ihrer informationswirtschaftlichen Abbildung und Verknüpfung ein Konglomerat von Dauerinformationen, eine besondere Kategorie der potentiellen Informationen und Verknüpfungen, zum Teil auch sichtbar in den individuellen Dokumentationssystemen.

Die Informations- und Verknüpfungssysteme haben vor allem wegen der in ihnen enthaltenen Dauerinformationen wichtige, über die reine Informations-, Kommunikations-, System- oder Organisationstechnik hinausführende synthetische oder integrierende Zielsetzungen oder Aufgaben.

Im Zusammenhang läßt sich der Prozeß zur Schaffung von Dauerinformationen (Zielableitung) als eine Verknüpfung zwischen Handlungs-, Informations- und Kommunikationsprozessen mit den hierarchisch-kooperativ zugeordneten Entscheidungsträgern im Zeitablauf darstellen (s. Abb. 80, S. 244).

Die Ergebnisse dieser Zielableitung zeigt folgende Abstufung [703] von integrierten Kommunikationsebenen, Entscheidungswirkungen und Dauerinformationen:

Führungshierarchie	Rahmen	Ziele	Handlungsfolgen	
			Einmalpläne	Dauerpläne
Oberste	Grobplan	Soll (allg. Auftr.)	Generalprogramme	Politiken (Grundsätze)
Mittlere	Übersetzungen (Umsetzgn.)	Budgets u. Begrenzungslinien	Projekte	Org.-Struktur
Untere	Detaillierter Plan	Standards f. Aufw. Qualität Quantität Zeit	Arbeitsplatzbeschreibungen (Aufgabe) Detaillierte Verfahren, Pläne, Listen, Methoden	Standard-Verfahren Standard-Methoden

Abb. 81: Ergebnisse der Zielableitung

Konstanz und Prägnanz wechseln sich dabei in umgekehrter Richtung ab.

Das Zielsystem ist somit als Insystem des Entscheidungs-, Wert- und Informationssystems aufzufassen; es betrifft spezifische Entscheidungen bzw. Entscheidungsprozesse und »wertbildende« Informationen. Das Wertsystem ist z. B. schon bei der Gründung vorhanden und unterliegt ebenfalls ständigen Wandlungen. Die erste Zielbildung ist

[703] Vgl. hierzu die Plantypen, wie sie von Newman [Action], S. 53, als für jede Verwaltung zutreffend entwickelt wurden, gleichgültig ob es sich dabei um ein ganzes Unternehmen, eine Abteilung oder eine kleinere Einheit handelt. Vgl. auch Reintges [MIS], S. 222, sowie die Zuordnungen zur Zielfindung, Zielsetzung und Zielkontrolle bei Hoffmann [Führungsorganisation], S. 29.

die erste Großentscheidung, die die Richtung der Organisation bestimmt. Ihr Inhalt bedarf einer sorgfältigen Umsetzung und Ableitung für die nachgeordneten Bereiche. In Entscheidungsnähe weicht das immer raschere Vor- und Rückkoppeln einem Oszillieren von Informationen zwischen den an der Zielbildung beteiligten Aktoren bzw. Bereiche. Besondere Aufmerksamkeit verdienen die den Zielbildungsprozessen gemeinsamen Elemente, insbesondere die Erschließungs- und Verknüpfungsmodalitäten.
Das Zielsystem ist ein vorherrschend intern bezogenes formales Insystem des Informations-Entscheidungs-Systems; das Wertsystem ist ein vorherrschend informales, extern orientiertes Insystem des Informations-Entscheidungs-Systems. Die Zielbildung und Zielerreichung bedeuten somit in totaler Sicht die Planung (Schaffung) und Kontrolle von strategischen Dauerinformationen. Eine vollkommene Übereinstimmung von Wert, Ziel und Entscheidung, d. h. von Ausgangs- und Zielsituation, ist nur in einer zeitlosen Gleichgewichts- und Ruhelage denkbar, also irreal:

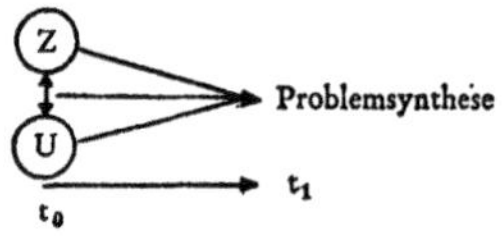

Die Zusammenhänge [704] zwischen Wert-, Ziel-, Entscheidungs- und Informationssystem [705] lassen sich somit wie folgt schematisieren:

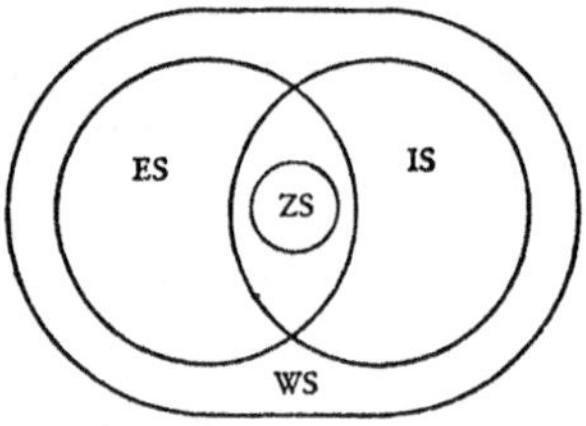

WS = Wertsystem
ZS = Zielsystem
ES = Entscheidungssystem
IS = Informationssystem

c) *Organisationsinterne Verknüpfungssysteme (Typus A_2)*

Die organisationsinternen Verknüpfungssysteme sind vorherrschend planrational. Für die planrationalen Verknüpfungssysteme ist u. a. kennzeichnend

- hierarchisch und linienbezogen;
- Verknüpfungen relativ »gebunden«;
- Spielräume für Nachentscheidungen klein.

In der bestehenden Organisation kommt das beharrende Moment des großen Zielentwurfs zum Ausdruck. Von hier gehen wichtige Möglichkeiten der Einwirkungen auf

[704] Vgl. die etwas andere Auffassung und Darstellung bei Heinen [Zielsystem], S. 27.
[705] Vgl. zum Begriff »Informations-Entscheidungs-System« Kalscheuer [Datenverarbeitungssysteme], S. 11; Holtgrewe [Automation], S. 41 ff.; Johnson/Kast/Rosenzweig [Theory], S. 85; Mellerowicz [Unternehmenspolitik], Bd. I, S. 44, unter Hinweis auf Drucker.

die Organisationsmitglieder aus[706]. Die Verknüpfungen sind zwar Ausfluß des Informationsbedarfs der Entscheidungsträger; dennoch vermögen Kontakte eigenständige Informationsimpulse zu fördern (Vgl. System unverlangter Informationen; Informationen über Zeitabhängigkeiten im Netzwerk; Risiko-Minderungen durch eine Vielzahl überschaubarer Schätzungen; neue Informationen durch systematisches Überprüfen der gegenwärtigen und künftig möglichen Beziehungen).

Um welche Verknüpfungssysteme handelt es sich grundsätzlich organisationsintern?

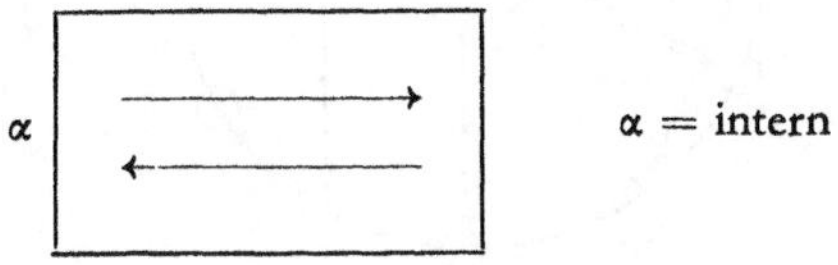

Sender		Empfänger ETr Ind.	Empfänger ETr Gruppe
ETr	Ind.	α_1	α_2
	Gruppe	α_3	α_4

Inhaltlich handelt es sich um sachbezogene Verknüpfungen, wie etwa nach der Aufgabe oder dem »output« (Produkt, Dienstleistung, Information):

(1) Funktion
(2) Sparte (»division«, »product line«)
(3) Geographisch orientierte Geschäftsbereiche
(4) Kombinationen von (1) bis (3) Leitlinie: Schaffung von kontrollierbaren Ertragszentren

Zum anderen kann es sich um eine mehr kooperativ-hierarchische Verknüpfung handeln

(a) Bei schwacher Beteiligung von Sachmitteln

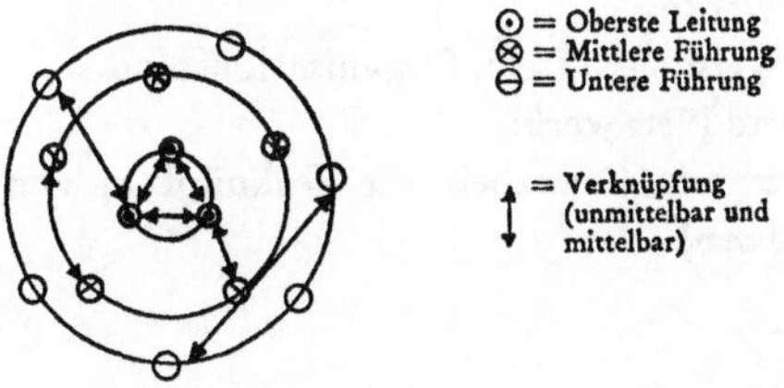

[706] Vgl. zu dem Zusammenhang zwischen der Zahl der Informationsquellen und den Unterschieden in der Wahrnehmung March/Simon [Organizations], S. 117ff.

(b) Bei starker Beteiligung von Sachmitteln

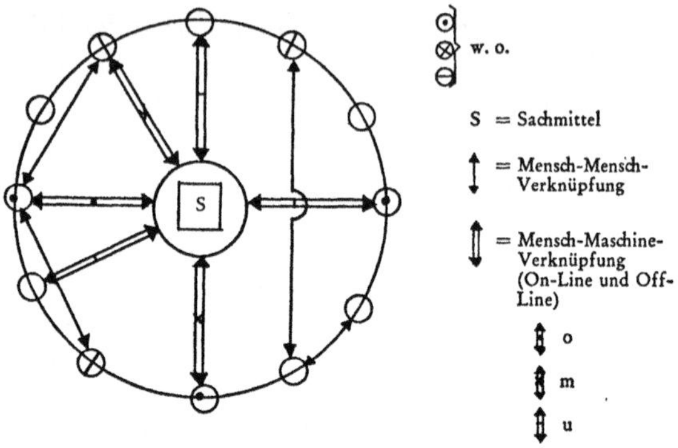

Für (a) und (b) einsetzbare Verknüpfungsformen
Kompetenz- und Weisungssysteme
Nachrichtentechnische Verkehrssysteme
(Haustelefon, Signalanlagen, Rohrpost)
Computerbezogene Organisation
Dokumentation
System von Ausschüssen, Gruppenstrukturen oder Teams (Stern, Kreis, Netz)

Liniensystem
Funktionssystem
Stabssystem
Stab-Linien-System
Projektgebundene und auf gesamte Mitglieder der Organisation bezogene Verknüpfungen

- Partielle Netzwerke (Sachlich und/oder zeitlich)
  - Einfach-Verknüpfung
  - Einbeziehung unsicherer Erwartungen
  - Entwicklung und Einbeziehung alternativer Entscheidungssysteme (General-Pert; GERT; LOB)
  - Datenbezogen (z. B. Planrahmen)
- Umfassende Netzwerke
  - Budgetsystem, Weisungssystem, Organisationsplan
  - Umsatzorientierte Netzwerke
  - Integrierte Netzwerke (Ganzheitliche Verknüpfung von Gruppenbeziehungen und Informationsflüssen)

Kombinationen

Nach dem ganzen Ansatz dieser Arbeit könnte es naheliegend sein, generell ein entscheidungsorientiertes Verknüpfungssystem vorzuschlagen, das die bisherigen Ansätze integriert. Es sei aber lediglich darauf hingewiesen, daß die Voraussetzung für eine

Realisierung eine Abgrenzung von Hauptentscheidungen, Gattungsproblemen oder Entscheidungstypen ist. Die Zuordnung von Ressourcen auf die Entscheidungskomponenten würde die koordinierende Kontrolle erleichtern und zu einer zeitlichen Begrenzung der Strukturen führen.

d) Periphere und organisationsexterne Verknüpfungssysteme (Typus B_2)

Die peripheren und organisationsexternen Verknüpfungssysteme sind

- schwieriger organisierbar
- relativ offen
- stimulierend
- schwächer institutionalisierbar
- strategisch bedeutsam
- führungsmethodisch vorherrschend geteilt

Die peripheren und organisationsexternen Verknüpfungssysteme sind mit Vorrang planschaffend, weil die strategischen Impulse vorwiegend aus der Umwelt der Organisation stammen (vgl. etwa das Wertsystem und die Marktbeziehungen).
Die Begriffe intern, peripher und extern können sich beziehen auf

(a) das Aggregat
(b) die Abteilung
(c) die Organisation der Unternehmung

Von (c) ist hier auszugehen.

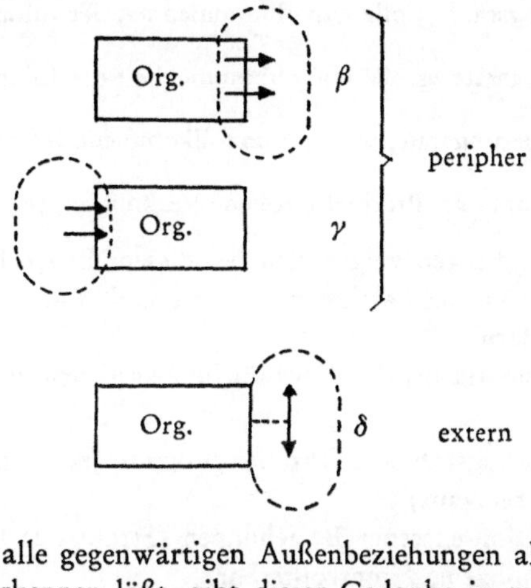

Üblicherweise werden alle gegenwärtigen Außenbeziehungen als »extern« bezeichnet. Wie die Darstellung erkennen läßt, gibt dieser Gedanke in mehrfacher Hinsicht ein unzutreffendes Bild von den tatsächlichen und wirksamen, mehr oder weniger beeinflußbaren Verknüpfungen (Informationsbeziehungen, Kommunikation) der Unternehmung.

Insbesondere die peripheren Beziehungen müssen – formal den internen zwar nachgeordnet – als reguläre Insysteme des Informationssystems einer Unternehmung betrachtet werden. Darin liegt auch ein erweiterter Lösungsansatz für den Aufbau von umfassenden Kommunikationsnetzen aus Zweierbeziehungen. Wie eng diese Zusammenhänge sein können, zeigen etwa die nicht als ausgesprochene Integration empfundene Übernahme von Abrechnungs-Systemen durch Banken und Lieferanten für ihre Kunden; sehr deutlich ist dieser Zusammenhang auch bei den Beziehungen zwischen Berater und Unternehmung zu demonstrieren.

So betreffen z. B. die produktbezogenen peripheren Insysteme [707] mindestens zwei Hauptbereiche mit unterschiedlichen Erwartungswerten bei den jeweils dominierenden Verknüpfungs- und Informationssynthesen:

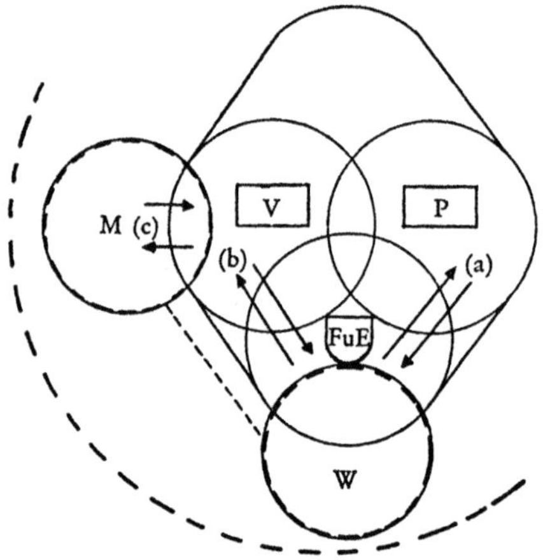

—— = Organisation
--- = Informationssystem und periphere Insysteme
M = Marktumwelt
W = Wissenschaftliche Umwelt
V = Verkauf
P = Produktion
FuE = Forschung und Entwicklung

(a) Hohe Veränderungsrate, große Unvollkommenheit der Information; Sofort-Bedarf
(b) Hohe Veränderungsrate, große Unvollkommenheit der Information; Langfristiger Bedarf
(c) Geringere Veränderungsrate, weniger unvollkommene Informationen; Sofortbedarf

Abb. 82: Produktbezogene Verknüpfungssysteme

Die externen Verknüpfungen zeigen sich bei diesem Beispiel etwa an den Wechselwirkungen zwischen Wissenschaftlicher Umwelt und Marktgeschehen (vgl. z. B. die Wirkung von Leitbildern).

Die besondere Problematik bei den Verknüpfungssystemen vom Typus B_2 ergeben sich aus folgendem:

- Veränderung des Bezugsrahmens (Problemprognose jedoch nur innerhalb des ökonomischen Horizonts relevant)
- Erfassung organisationsexterner Beziehungen (Strategisch bedeutsam aber schwach erkennbar, beeinflußbar und kontrollierbar)
- Auswahl der relevanten Verknüpfungen bedarf einer besonderen Analyse

[707] Vgl. z. B. Lorsch [Product], S. 111, und Steiner [Management], S. 489. Vgl. auch den bedeutsamen Ansatz von Luhmann [Funktionen] zur »Grenzstelle«, S. 220ff.

– Bekannte Verknüpfungen können bisher unbekannte Informationen anregen (vgl. z. B. Public Relations)

Die gesamten potentiellen Verknüpfungen im umfassenden Ansatz des Informationssystems der Unternehmung sind in einem Netz nur als Möglichkeitsanalyse erfaßbar.

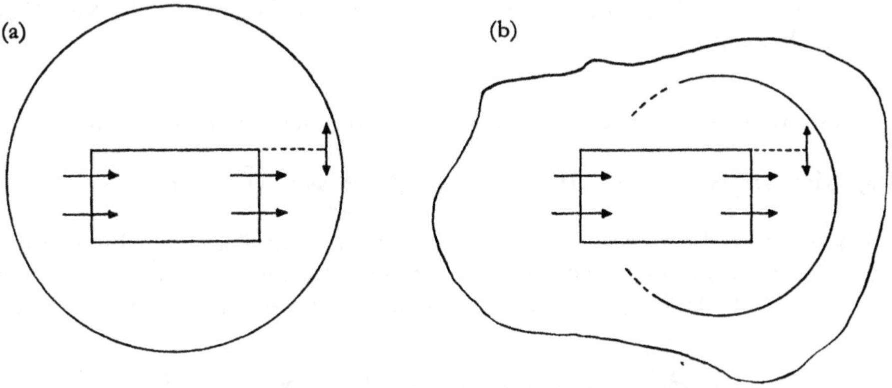

Felder potentieller Verknüpfungen
(a) Zu einem Zeitpunkt erkannte und für wesentlich gehaltene Verknüpfungen*.
(b) Für einen Zeitraum erwartete und für wesentlich erachtete Verknüpfungen.

Unter dem Einfluß der Datentechnik und dem Ausbau externer Datenbänke erweitern sich die erkennbaren Verknüpfungsbereiche bei gleichzeitiger Vervielfachung der Datensynthesen:

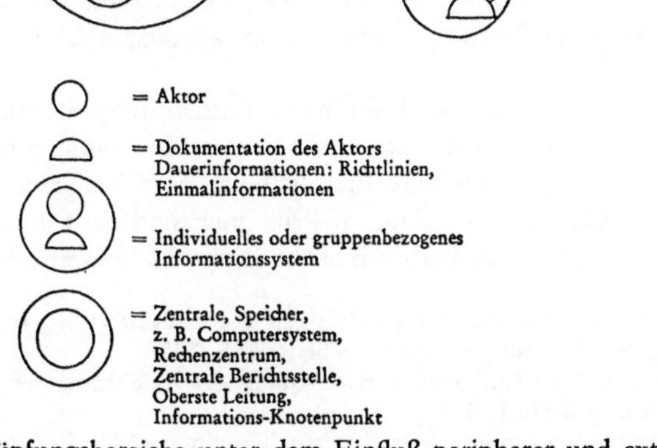

Abb. 83: Verknüpfungsbereiche unter dem Einfluß peripherer und externer Datenbänke

* Vgl. zum Zusammenhang zwischen Informationsart und Marktform Strothmann [Marktforschung], S. 162ff.

Für die Integration peripherer Informationsbeziehungen bietet sich namentlich bei intensiveren und gewichtigeren Verbindungen (Koalitionen und Kooperationen) eine parallele Netzplanung an.
In der Regel besteht zwischen den Verknüpfungssystemen eine vertikale und horizontale Konkurrenz. Langfristige Kommunikationsreserven bedeuten in der Regel kurzfristige Einbußen.

4. Zusätzliche Aktionsräume zur Verbesserung der Informationsarbeit

a) Aktionsräume im planschaffenden Erschließungs- und Verknüpfungsbereich

Je mehr in der Unternehmung die Informationen und die Träger von Informationen im Vergleich zu den Real- und Nominalgütern an Bedeutung gewinnen, um so wichtiger werden die entscheidungsvorbereitenden Komponenten und insbesondere die Problemwahrnehmung:

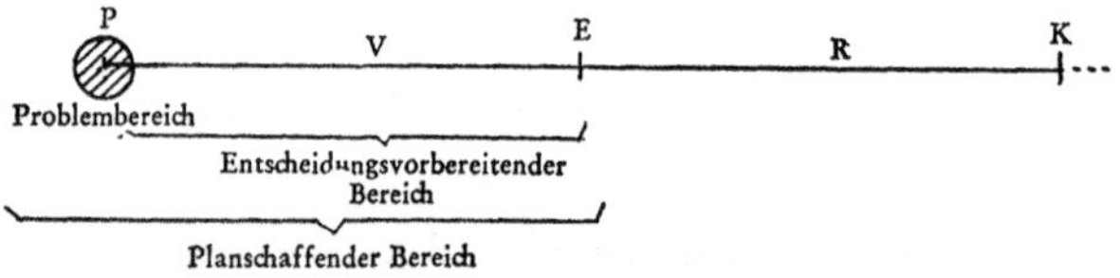

Damit treten immer mehr relativ unsichtbare und nicht leicht operationalisierbare, organisierbare und kontrollierbare Wertbereiche in den Vordergrund, vgl. z. B. Aus- und Weiterbildung [708], Forschung und Entwicklung, Public Relations, Werbung, Labor Relations, Good will, fußend auf der »Strategie des Wissens« [709] und einer Förderung unternehmerischer Verhaltensweise bei allen Systembeteiligten. Wichtige Elemente dieser Verhaltensweise sind Verantwortungs-, Risiko-, Informations- und Kommunikationsbereitschaft, Fähigkeit zur Selbstkoordination und Kooperation, aktives Interesse an neuen Aufgaben und Möglichkeiten sowie ein Streben nach Bewertung des Erfolgs [710]. Die Elastizität einer Unternehmung ist ... nicht nur ein technisches und ein organisatorisches Problem, sondern ... in allererster Linie ein geistiges Problem ...« [711].
Die zusätzlichen Aktionsräume sind die in der Entscheidungssituation über die potentiellen Bereiche (potentielle Information und potentielle Kommunikation) hinaus noch zu berücksichtigenden »zusätzlichen« Erschließungs- und Verknüpfungsräume, um zu den entscheidungsrelevanten zu gelangen. Prinzipiell sind auch sie nicht vorhersehbar; sie lassen sich aber methodisch vorbereiten. Erschwerend kommt allerdings hinzu, daß

[708] Vgl. hierzu die empirischen Untersuchungen von Specht [Förderung], S. 9ff.; Sieber [Ausbildung], S. 3ff., und [Informationsbedarf], S. 175ff.
[709] »Das Wissen ist letzten Endes die einzige Quelle des Reichtums der Industrienationen.« Drucker [Führungskräfte], S. 7.
[710] Vgl. die umfassenden empirischen Untersuchungen von McClelland [Society], insbes. S. 259ff., zu diesem Fragenkomplex.
[711] Riebel [Elastizität], S. 178 (Im Original »Die Elastizität« und »ein geistiges Problem« unterstrichen).

die zusätzlichen Verknüpfungen nicht die instrumentale Flexibilität besitzen, wie sie die zusätzlichen Informationen haben. Bei gleicher Frequenz im Erschließungs- und Verknüpfungsbereich verändern sich die Informationen der Art nach rascher als die Verknüpfungen. Die Operationalisierung von Informationen (»numerische Annäherungen«) und zugleich der Verknüpfungen (»graphisch-numerische Annäherungen«) machen erst das Wesen des ökonomischen Kalküls aus, nämlich die entscheidungsbezogene Erschließung und Verknüpfung von Informationen unter Anwendung von operationalen Optimierungskriterien. Doch ist dies einstweilen nur eine idealisierte ökonomische Leitlinie, zumal noch vorwiegend die Probleme die Strategie beherrschen und nicht die Strategie die Probleme erzeugt. Schließlich ist die Möglichkeitsanalyse, das Einstellen auf die Zukunft, die Einflußgrößenrechnung, das Nachdenken über die Auswirkungen von getroffenen Entscheidungen, das systematische Vorbereiten von Entscheidungen noch keine selbstverständliche Realität in der Unternehmung [712].
»Mögliche Gefechte sind (aber) der Folgen wegen als wirkliche zu betrachten.« [713]
Die Hauptaufgabe der planschaffenden Insysteme ist die weitestmöglich geistige Vorwegnahme taktischer und strategischer Entscheidungssituationen. Die militärtheoretischen Begriffe von Strategie [714] und Taktik beleuchten gut die zugrundeliegenden Sachverhalte. Die prinzipielle Unvorhersehbarkeit der taktischen Einzelhandlungen macht es aber immer notwendig, »daß die Strategie mit ins Feld ziehen muß« [715], d. h. die von der Unternehmensleitung verfolgte Strategie, niedergelegt in der Zielplanung, muß dem taktischen Bereich immer nahe bleiben. Erst die zielgerichteten und zielverfolgenden Handlungen des Tages (Taktik) zeigen, ob die strategischen Prämissen richtig gesetzt waren oder einer Verbesserung bedürfen. Die strategischen Prämissen wiegen aber schwer, denn sie entscheiden in der Regel über den bedeutsamen ersten Vorsprung gegenüber der Konkurrenz. Fehlerhafte taktische Prämissen können leichter korrigiert werden.
Somit umfaßt die Strategie der Unternehmensleitung – in Abweichung von der bisherigen Rezeption militärtheoretischer Begriffe im ökonomischen Bereich

– nicht nur den großen Zielentwurf der Organisation,

sondern noch mindestens zwei Gesichtspunkte

– die systematische Wahrnehmung der Gefahren- [716] und Chancenlage des taktischen Bereichs zur Anpassung oder Neufassung des Zielentwurfs und

[712] Hinweis auf die empirischen Untersuchungen über das Vorhandensein von Alternativplänen.

[713] v. Clausewitz [Kriege], S. 249.

[714] Die statistische Entscheidungstheorie setzt den Begriff ohne Gewichtung gleich einer Aktion oder Handlung.

[715] v. Clausewitz [Kriege], S. 243. Vgl. zur ökonomischen Rezeption der Begriffe Strategie und Taktik Lücke [Bilanzstrategie], S. 2285 ff.

[716] Die einseitige Betonung der Gefahren, Störungen, Schwierigkeiten – statt mindestens zugleich auch der Möglichkeiten, Chancen – ist auf den einseitig orientierten Denkstil zurückzuführen, der der Umwelt des »mechanischen Regelkreises« entspringt. Eine ähnliche Parallele ist das sog. »Warnsystem« der neueren Management-Literatur.

– die Heraushebung und Lösung existentieller, toleranzüberschreitender taktischer Probleme (vgl. z. B. Liquiditätsschwierigkeiten; Kontaktschwierigkeiten)

Die wechselnde Gefahren- und Chancenlage des Tages verbindet die Strategie mit der Taktik [717].

Die planschaffenden Erschließungs- und Verknüpfungssysteme müssen sich daher durch hohe Flexibilität auszeichnen, sie sind nur sporadisch institutionalisierbar. Sie sind primär strategisch angelegt, weil sie nicht nur einzelne zusätzliche Informationen, sondern auch neue Verknüpfungsbereiche vorbereiten und erschließen müssen. Sie treffen Vorsorge für Entscheidungssituationen, in denen die vorhandenen Strukturen, Insysteme oder Aktionsräume nicht mehr ausreichen.

Die Verknüpfungsbereiche sind zwar von der entscheidungsorientierten Information abhängig, fördern aber eigenständige Informationsimpulse. Und bei der Problemprognose zählt nur die vermutlich relevante Problemerfindung, gleichgültig wo, wie und durch wen sie zustandekommt.

Die Bedeutung der Umwelt hierbei wird häufig dadurch zum Ausdruck gebracht, daß der Inhalt peripherer und externer Beziehungen mit der »strategischen Information« gleichgesetzt wird.

b) Institutionalisierte Dynamik

Wenn in der modernen Organisationstheorie sowohl ein Maximum als auch ein Minimum an Beziehungen als »optimal« herausgestellt werden [718], so ergibt sich der Widerspruch aus dem mangelnden Bezug zur Entscheidungssituation, d. h. zur relevanten und potentiellen Kommunikation, und aus der vorherrschend syntaktischen Betrachtung von »Transportproblemen«. Die Vergrößerung des »Kommunikationsbestandes« und damit die langfristig angestrebte größere Elastizität führt allerdings kurzfristig zu einer Erhöhung der fixen Kosten [719], andererseits muß ein Mindestbestand an Verknüpfungen und Verknüpfungsreserven vorhanden sein.

Die Dynamik der Information ist gleichbedeutend mit ihrer Verknüpfung zwischen Adressaten und Quellen, von daher erst kommt die Information »in Bewegung«. Somit muß sich die Institutionalisierung der Dynamik, d. h. die Überwachung und das Anstoßen von Veränderungen, an den Verknüpfungen ausrichten. Gelegentlich wird zutreffend darauf hingewiesen, daß eine Fixierung strategischer Informationen über wesentliche Kommunikationsgewohnheiten bei den Systembeteiligten ihren relativ hohen Wert zunichte machen könne. Strategische Informationen über das Informationsverhalten der Organisationsmitglieder kann somit primär nur in der mündlichen Dimension planschaffender Insysteme verankert werden, allenfalls verbunden mit der systematischen Übersicht über die »Auskunft der Auskunft« [720].

[717] Vgl. auch die Verbindungslinie zur abgeleiteten Zielplanung.

[718] Vgl. die Besprechung moderner Organisationstheorien von Bössmann [Organisationstheorien], S. 143.

[719] Vgl. Riebel [Elastizität], S. 181.

[720] Vgl. zur elektronischen Ermittlung der Kontaktintensität bzw. »Ermittlung einer Aktionsstelle nach ihrem Interessenbereich« Luhn [Informationsdienst], S. 1386.

Für die einzelne Unternehmung ist es überflüssig, nach den Motiven der allgemeinen Dynamik der Gegenwart zu fragen; sie muß allerdings erkennen, wann und wie sie von Veränderungen der Umsysteme berührt wird bzw. berührt werden kann, d. h. sie muß Vorsorge für individuell notwendig werdende Veränderungen (institutionalisierte Dynamik) treffen. Je größer die Unternehmung ist, desto bedeutsamer werden allerdings die übergeordneten Zusammenhänge und damit die allgemeineren, von der Unternehmung in der Regel nicht beeinflußbaren einzelnen Umweltdaten. Im Extremfall kann die allgemeine und individuelle Entwicklung eine Parallelität aufweisen. Die Überlebensstrategie kann die Unternehmung sogar zwingen, auf die Entwicklung beschleunigend einzuwirken, allerdings ist die autonome und aktive Einflußnahme in der Regel gering. Die endogene Wirkkraft in Gestalt der Führungskräfte ist viel mehr darauf gerichtet, die Umweltdynamik durch Anpassungsmaßnahmen, also durch Reaktionen, für die einzelne Unternehmung fruchtbar zu machen.

In einer Zeit, in der »die Abschaffung des Abgelebten zu einer Hauptforderung« [721] wird, in einer Zeit, in der im Wertsystem der Menschheit rasche Veränderungen – die nur zum Teil insgesamt zwangsläufigen Charakter haben – als erstrebenswert gelten, muß sich die Unternehmung auf eine sich rasch verändernde Umwelt einstellen, in der sich Wachstums- und Schrumpfungsprozesse überlagern.

Die Anpassung gelingt langfristig nur über eine Strategie des Wissens. »The task of bringing our minds and our practices into harmony of the new age is a gigantic and urgent educational undertaking.« [722] In der individuell feststellbaren Datenfrequenz und der Kommunikationsfrequenz sind die Veränderungen in der Regel bereits angelegt.

Die »aktive Elastizität« [723] oder passive Anpassung an die Veränderungen bedeutet aber zugleich auch ein Aufspüren der Ruhepunkte [724], der relativen Nullpositionen; je zahlreicher und komplexer die Veränderungen sind, desto bedeutsamer und überschaubarer werden die relativ konstanten Faktoren. Aus der Konstanz einzelner Bereiche ergeben sich wesentliche Anregungen für die Verbesserung von Informationssystemen und Dokumentationszentren (vgl. z. B. die Speicherung von Merkmalen des Bank-Kunden in der Kreditabteilung der Banken; die Stammdaten von Unternehmungen in der Dokumentation der Auskunftei, die Bedeutung der Sammlung der Zahlungsgewohnheiten einzelner Kundenkategorien für Selektionsprozesse).

Management by implications, d. h. Führung durch Einsicht in die übergeordneten Zusammenhänge, bedeutet somit eine permanente Abstimmung mit den sich verändernden Umweltsituationen, verbunden mit einer Niveauverlagerung. Dynamik fordert zu einem kontinuierlichen Überdenken der prognostizierbaren Strukturen und Ele-

[721] Bertaux [Bewältigung], S. 184.

[722] Counts [Impact], S. 28.

[723] Riebel [Elastizität], S. 178, nennt als Beispiele für eine aktive Elastizität die Werbung und die Anwendung neuer Vertriebsmethoden, wodurch neue Verwendungszwecke und zusätzliche Märkte erschlossen werden können.

[724] Linhardt [Unternehmenspolitik], S. 67, demonstriert am Beispiel des Jahresabschlusses, daß die Unternehmung auf »Zäsuren, Ruhepunkte, überschaubare und vergleichbare« Abschnitte angewiesen ist.

mente des Systems heraus [725]. Die planschaffenden Insysteme des Informationssystems sind daher primär auf periphere und externe Bedingungen und Änderungen abgestellt [726]. Im Vordergrund dieser Insysteme steht die mögliche Vorbereitung der zusätzlichen Informationen, d. h. einer taktischen und strategischen Problemprognose. Der Nährboden der informationswirtschaftlichen Sachaufgabe ist somit das »management of intelligence« [727]. Problem und Risiko sind die Bedingungen des handelnden Unternehmers.

Die ökonomische Grundüberlegung bei der Anpassung lautet: Was kostet das Fortschreiten im bisherigen Rahmen, und was kostet der Wandel bzw. wie sind die Ertragserwartungen der Vergleichsbereiche? Die zuverlässige tatsächliche Voraussicht ist relativ gering, um so bedeutsamer ist eine methodisch-systematische Vorsorge. Die Nullposition dient dabei als Orientierungshilfe.

Der dynamische Totalansatz muß mehr auf die totalen Entscheidungserfordernisse – damit zeitlich und sachlich begrenzt – als auf die totale Organisation der Information gerichtet sein. Im Zusammenhang mit dem Wandel steht die Innovation. Dieser Gedanke wurde vorwiegend bei der Entwicklung neuer Produkte aktiviert. Auch neue, bessere oder entscheidungsnahe Informationen sind ebenfalls »neue Produkte«, die einen Vorsprung vor der Konkurrenz gestatten können; allerdings mit dem wesentlichen Unterschied, daß sie sich völlig von den gegenwärtigen stofflichen Grundlagen lösen müssen und können, um die Perspektiven der Zukunft deutlich genug hervortreten zu lassen [728].

Die Anlässe der Innovation erklären, heißt festlegen, warum ein Aktionsprogramm, das gegenüber gewissen Kriterien als zufriedenstellend angesehen wurde, nicht mehr so betrachtet werden kann. Die Institutionalisierung der Informationsinnovation muß von der Annahme ausgehen, daß der Innovationsprozeß selbst nicht programmierbar ist, denn die eigentliche und wesentliche Innovationsanregung kommt von »außen« [729]. Ist es richtig, daß die tägliche Routine und der Umgang mit der höheren Datentechnik zwar die Bedeutung der Planung unterstreicht, auf der anderen Seite aber die individuelle Neigung zur Planung beeinträchtigt oder gar verdrängt? Wenn die Entscheidungsträger nur dann Entscheidungen fällen und sich Informationen verschaffen, wenn sie sich von einer Situation im Innersten betroffen fühlen, müßte geprüft werden, wie die Entscheidungsträger bewußt in diese Situation gelangen können [730]. Angesichts umfangreicher programmierter und umfangreicher nicht programmierter Aufgaben, wird das Individuum zu den programmierten Aufgaben hin tendieren, selbst wenn

[725] »Success requires not only techniques of management science but, just as important, effective organization« Stolle [distribution], S. 93.

[726] Vgl. Ansoff/Brandenburg [Program], S. B-219ff.; Cox/Good [Information], S. 145 ff.; [»planning information system«; »marketing information system«].

[727] Vgl. den umfassenden Ansatz zur wissenschaftlichen Problemlösung und Kreativität bei Gregory [Management].

[728] Vgl. z. B. die Zielorientierung beim »prospektiven Merchandising«.

[729] Vgl. March/Simon [Organizations], S. 182ff.

[730] Eine Lösung liegt in dem von Albaum [Information], S. 59ff., vorgeschlagenen System der »unverlangten Information«. Dies verlangt eine Neuorientierung der Informationsspezialisten, namentlich des Controller.

dieses Individuum nicht unter Zeitdruck steht. Daraus ließe sich folgern, daß unbedingt von den Routineaufgaben unabhängige Planungsabteilungen geschaffen werden müssen, die bewußt auf den Wandel hin strukturiert werden (vgl. »change agencies«, projektbezogene Planungsteams; Richtlinien über regelmäßige Situationsprüfungen und Möglichkeitsanalysen). Diese können zwar anregen, aber jede Führungskraft muß für sich selbst und ihren Bereich den Wandel vollziehen wollen und können, soweit er im Einzelfall ökonomisch notwendig und von der Gesamtlage her zweckmäßig ist.
Um den Planungsbedarf für die zusätzlichen Aktionsräume abzuschätzen, bedarf es des vitalsten Teils des Planungsprozesses [731]. Der Informationsplan für die zusätzlichen Aktionsräume (entscheidungsorientierte Erschließung und Verknüpfung) bedarf der Abstimmung zwischen Strategie, Taktik und Organisation sowie den Verfahren für die Anpassung an die Umwelt-Dynamik, vor allem aber mit den Organisationsformen, die den Wechsel innerhalb der Unternehmung selbst beschleunigen. Besonderes Augenmerk gilt deshalb der schwach institutionalisierbaren Planer und ihrer Gruppe, insbesondere der stimulierenden Planer, der Problemerfinder. Im planrationalen Bereich ist die Dynamik mit der festgelegten starren oder flexiblen Terminierung in der Regel weitgehend institutionalisiert.

c) Taktische Problemprognose

»Probleme sind die Kinder der Dynamik.« [732] Jede Handlung und Veränderung erzeugt neue Ziele, Probleme, Chancen und Risiken. Die Probleme sind somit eine notwendige Bedingung des Vorwärtsschreitens. Die taktische Problemprognose betrifft die Institutionalisierung der Dynamik im planrationalen Bereich. Das bedeutet zunächst die verbesserte Wahrnehmung der planrationalen Entscheidungsspielräume.
Die Datenfrequenz und Alternativen bewegen sich in einem weitgehend vorgegebenen Rahmen von Verknüpfungen (Aktionsstellen und Wegen),

während sich die strategische Problemprognose auf ein grundsätzlich offenes Feld bezieht:

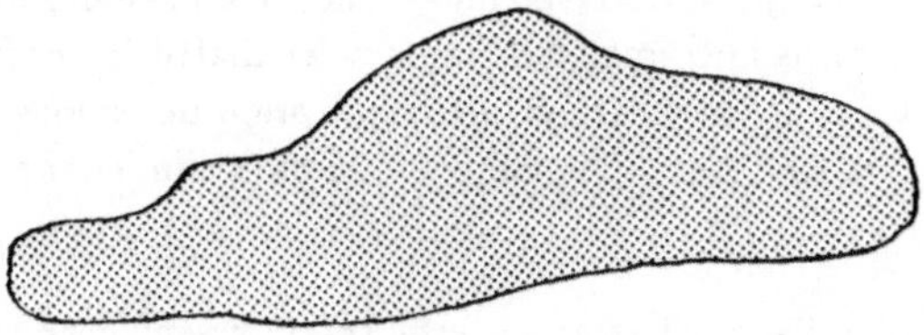

[731] Vgl. Ansoff [Program], S. B-236; March/Simon [Organizations], S. 186.
[732] Gregory [Management], S. 6.

Daraus ergeben sich die kurzfristig und langfristig unterschiedlich wandernden Schwerpunkte für die Aktionen der Unternehmensleitung. Die meisten Anregungen für die strategische Problemprognose entstammen dem Bereich der taktischen Problemprognose. Folglich bedarf es einer systematischen Verankerung der taktischen Problemprognose. Beispiele sind die Terminierung der Kontrolle aller Zielbereiche und das Führungskonzept »management by exception and importance« [733]. Es ist ein integrierter, auf Toleranzen und Zieltermine bezogenes Informationssystem im taktischen Bereich zur systematischen Früherkennung zusätzlicher Aktionsräume:

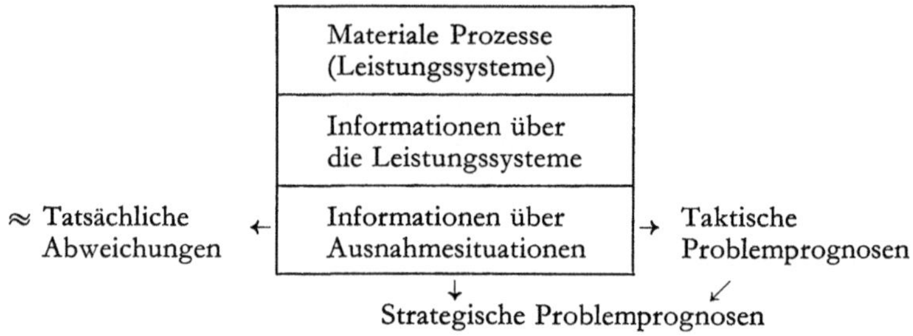

Taktische Problemprognosen: Erwartete Abweichungen taktischer bzw. planrationaler Natur und systematisch erzeugte Probleme durch Möglichkeitsanalysen im planrationalen Zielbereich.

Strategische Problemprognosen: Erwartete Abweichungen planschaffender Natur

- Änderung der Zielentwürfe
- Existentielle Probleme des taktischen Bereichs
- Toleranzüberschreitende Probleme des taktischen Bereichs
- Systematisch gesuchte Probleme (durch Nachdenken – Möglichkeitsanalysen – über die größeren Zusammenhänge)

Eine wichtige Grundlage für die Problemprognose ist somit das System der Abweichungen bzw. der »Ausnahmeberichterstattung«. Sie ist umfassend und kontinuierlich (auf Real-Time-Basis) menschlich-manuell kaum wirtschaftlich durchführbar – ausgenommen bei einfachsten Strukturen –; für die Konzeption des management by exception ist daher die Einbeziehung der höheren Datentechnik ein notwendiges Erfordernis [734]:

[733] Führung auf der Basis systematisch ermittelter wesentlicher negativer und positiver Abweichungen.

[734] In Anlehnung an die Abbildung bei Steuer [Ausnahmeberichterstattung], S. F 11f. Vgl. auch Grœnewald [Management], S. 240.

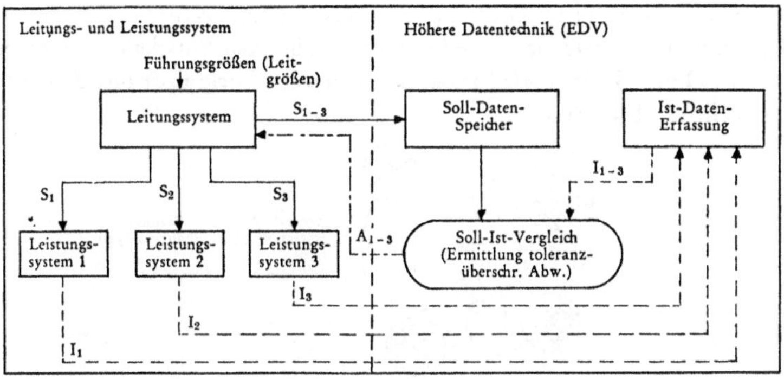

——— Soll-Daten (S_{1-3})
– – – – Ist-Daten (I_{1-3})
—·—·— Toleranzüberschreitende Abweichungen A_{1-3}

Abb. 84: Management by exception unter Einbeziehung der höheren Datentechnik

Als Grundlage könnten z. B. die Kosten (K) je Leistungssystem (L) gewählt werden, die zu einer Abweichungsmatrix führen:

L	K		
	K_1	K_2	... K_n
A_1	±0	+2	...
A_2	—1	...	
⋮	...		
A_n			

Dieses System setzt regelmäßig und typisch anfallende Massendaten voraus, die z. B. die Rohstoffbeschaffung, den Fertigungsablauf, die Kundenstruktur oder die Qualitäts- und Liquiditätsüberwachung oder die Arbeitsleistungen betreffen. Es bedarf der Ergänzung durch das System einer Zuordnung auf die Entscheidungsträger, die über Ausnahmesituationen entscheiden.
Die akzentuierte Beziehung zwischen Führungsebenen und Terminierung läßt sich wie folgt veranschaulichen[735]:

	Ebene	Zieltermine
Abnehmende strategische Bedeutung ↓	Oberste	... Monatlich; jährlich ...
	Obere	... Wöchentlich; monatlich ...
	Mittlere	Wöchentlich; täglich
	Untere	Täglich (»Real Time«)

Abb. 85: Führungsebenen und »Timing«

[735] Vgl. Blumenthal [Management], S. 424.

Eine weitere Ergänzung in Form des Systems der unverlangten Information ist notwendig, wenn gleichzeitig eine Problemprognose bei den Entscheidungsträgern angeregt werden soll. Dieses System wird zweckmäßigerweise verknüpft mit den Informationen über wesentliche Abweichungen.

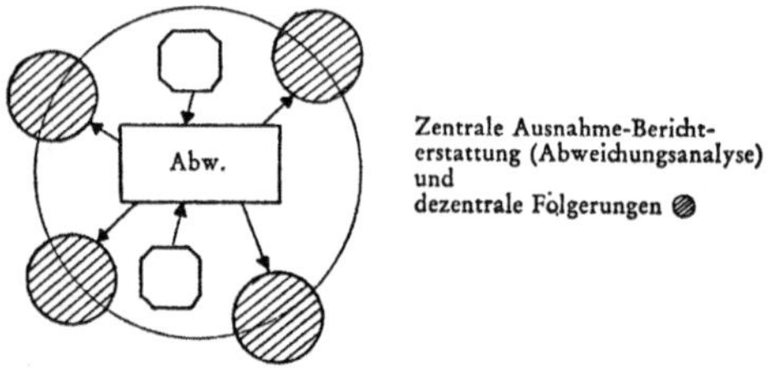

Ein großes internes Reservoir für die Problemprognose sind die informale Information und die informale Kommunikation. Eine besondere Bedeutung kommt auch den zeitlich befristeten, projekt- oder problemorientierten Ausschüssen zu.

Die taktische Problemprognose beginnt beim Top-Management. Hier muß die Atmosphäre für die Innovation geschaffen werden[736] für Werte, die bestehen in »... any aspect of an individual's environment which produces a potentiality of choice for a set of actions«[737]. Die Verankerung der Problemprognose ist kein einseitiges »Warnsystem«, sondern ein Erkennungs- oder Wahrnehmungssystem; dessen Funktionsfähigkeit hängt nicht von spektakulären Entscheidungen, sondern von einer geräuschlosen Koordinierung ab.

Als Mittel zur Verbesserung der Problemprognosen durch Umformung großer Datenmassen – kombiniert mit problembezogenen Rechenkonzepten – unter fiktiv veränderten Bedingungen entwickelt sich die Simulationstechnik. Sie bewegt sich zwischen den Extremen: Einige Schlüsselvariablen oder alle Einflußfaktoren einbezienen[738]:

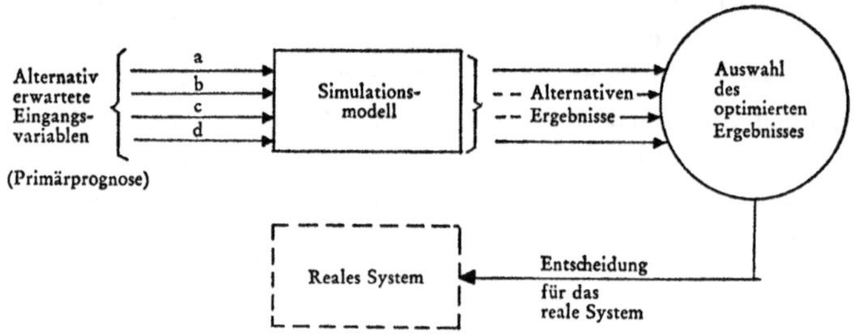

Abb. 86: Simulations-Modell

[736] Vgl. Gregory [Management], S. 170f.

[737] Churchman [Prediction], S. 324.

[738] Vgl. Lindemann [Funktionsmodell], S. 440 [Unternehmensführung], S. 57. Mehr und mehr wird die Simulationstechnik auch mit der strategischen Planung kombiniert. Zur Simulation von Informationssystemen vgl. Bonini [Simulation]; Forrester [Dynamics] und Müller [Simulation]. Die üblichen mathematischen Vorgehensweisen liefern in der Regel nur einzelne statische Antworten; mit Hilfe der Simulation wird dagegen angestrebt, das Gesamtbild der wesentlichsten Verhaltens-Charakteristika eines dynamischen Systems zu erkennen. Vgl. Newell [Entscheidungsvorbereitung], S. 301.

Der problembezogenen Auswahl wendet sich die Sensitivitätsanalyse zu.

Diese Ausnahmeberichterstattung ist in der Regel ein auf Tagesinformationen abgestelltes Berichtssystem, das zwar als Steuerungsinstrument für die Überwachung des tatsächlichen Arbeitsrhythmus dient, aber für die Periodenanalyse und -abweichungen nur bedingt herangezogen werden kann. Sie richtet sich detailliert auf fertigungstechnische Daten und die flüssigen Mittel, global auf die gegenwärtige Markt- und Ertragslage der Unternehmung.

d) Strategische Problemprognose

Die systematisch betriebene Problemprognose muß ausgehen von den Erwartungen der Führungskräfte bzw. davon, was von ihnen für wichtig gehalten wird, hinsichtlich

- Änderung des Zielentwurfs der Organisation
- toleranzüberschreitender Abweichungen im taktischen Bereich

Dabei ist der Hauptgesichtspunkt: Rechtzeitiges Einstellen auf Umweltänderungen und deren unternehmensindividuellen Rückwirkungen. Die Möglichkeitsanalysen für die Informationsstrategien können an den gegenwärtigen physischen Grundlagen anknüpfen und bis zu völlig heterogenen Konstellationen hinführen. Die abstrakte Orientierungshilfe würde demnach von folgendem Schema [739] ausgehen:

Objekt (z. B. Produkt; Informationen)	Beziehungslinien	Adressaten (z. B. Kunden; Führungskräfte)
Gegenwärtig ←	Ausgangssituation	→ Gegenwärtig
Verbessert ⇇		⇉ Intensiviert
Benachbart ⇇	Zielsituationen	⇉ Benachbart
Andersartig ⇇		⇉ Fremd
Völlig neu ⇇		⇉ Völlig neu

Abb. 87: Informationsstrategische Möglichkeitsanalysen

Je stärker die gegenwärtige Basis an Informationen und Verknüpfungen verlassen wird, desto stärker spielen die Entwicklungslinien, Trends und Faktoren der größeren Umsysteme eine Rolle. Ähnliches gilt in zeitlicher Hinsicht auch für die gegenwärtigen physischen Grundlagen einer Unternehmung. So ist es z. B. für den Automobilhersteller regelmäßig wichtig zu wissen, wie sich die Infra- und Bevölkerungsstruktur in den nächsten 10 bis 20 Jahren entwickeln wird und wie sich die Neuzulassungen

[739] Vgl. hierzu z. B. die aus der Praxis heraus entwickelten Ansätze von Vogel/Elb [Diversifikation], S. 6, und Strothmann [Marktorientierung], S. 15ff.

auf die Bevölkerungsschichten verteilen. Nur so kann ein Ansatz für ein Gesamtbild der Marktentwicklung gewonnen und behalten werden. Dabei können sich im Hinblick auf die Abschätzung der Anstrengungen der Konkurrenz und der Verhaltensgewohnheiten der Verbraucher zahlreiche »Schwarze Kästen« [740] ergeben. Die Erfahrungen mit der Netzwerkanalyse, die Ergebnisse der Systemtheorie (Atomisierung der Probleme) und die Vorgehensweise der internationalen Unternehmungen erlauben einen Schluß auf die Methodik zur Verbesserung des Informationsstandes. Zunächst muß sich die Leitung der undurchsichtigen Bereiche beim systematischen Durchgehen der Aktionsfelder bewußt werden, erst dann kann sie zentral die Dokumentation und dezentral etwa die Landes-, Produkt- und/oder Funktionsmanager kombiniert zur Verkleinerung des Schwarzen Kastens einsetzen. Das ist auch notwendig, bevor Aufträge an Marktforschungsinstitute gegeben oder planschaffende Insysteme eingerichtet werden.

Hauptgesichtspunkt ist bei der strategischen Problemprognose die Vorwegnahme der Umweltänderungen oder ihrer individuellen Rückwirkungen [741] und die Sondierung von Möglichkeiten, auf die Umwelt aktiv und ertragsverbessernd einzuwirken, und zwar in erster Linie im Hinblick auf die Entwicklung der strategischen Aktionsräume, z. B. langfristige periphere Veränderung von Verknüpfungen mit potentiellen Kunden, Zulieferern, Konkurrenten, Führungskräften und externen Datenbänken oder die Veränderungen bei der Nutzanwendung von Führungshilfsmitteln.

Die Feststellung der mutmaßlichen Änderungsgeschwindigkeit bei den Systembeziehungen dient einer Bewertung der Strömungen. Systematisch läßt sich die Dynamik dieser Beziehungen etwa wie folgt differenzieren:

- Relativ konstant
- Gleichmäßige Änderung
- Einfache oder mehrfache Abhängigkeit von Umweltgrößen
- Relativ unkontrolliert (Sprunghaft, sporadisch)

Den erwarteten Änderungen liegen in der Unternehmung regelmäßig die in Abb. 88, S. 263, stilisierten Bereiche zugrunde, welche je nach Branche und Größe andere Prioritäten erhalten [742].

Die das Top-Management betreffenden strategischen Bereiche lassen sich, wie in Abb. 89, S. 263 dargestellt, gewichten [743].

Die planschaffenden Insysteme haben die Aufgabe, die sporadisch erforderlichen Informationen und Verknüpfungen weitmöglichst systematisch vorzubereiten für von

[740] Die Bezeichnung wurde von Ross Ashby in die kybernetische Terminologie eingeführt.

[741] Vgl. hierzu die von Gregory [Management], S. 173ff., entwickelten umfassenden Kontroll-Systematiken (Merk- und Kontroll-Listen) »roadblocks to Scientific Problem Solving« und die »Goal« Management Problems Classification von McDonough [Information], S. 295ff.

[742] Vgl. zur »Theorie des Informationsbetriebs« Schulz [Gedanken], S. 91ff.

[743] Vgl. Ansoff [Approach], S. 71.

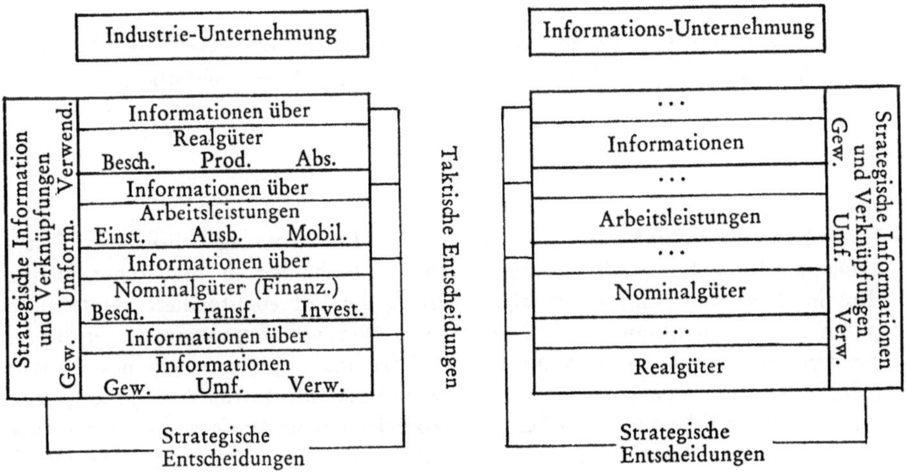

Abb. 88: Unternehmungstypische Prioritäten der Information

Verknüpfungen	Projektion		
	Entscheidungs-kriterien	Richtlinien	Zeitplan
Externe Beziehungen	xxx	x	x
Interne Beziehungen	x	xxx	x
Optimierung bei gegebenen Beziehungen	x	x	xxx

Abb. 89: Beteiligung der obersten Leitung an den strategischen Verknüpfungen und Informationen

Fall zu Fall notwendig werdende Prognosen, Projektionen oder Planstudien in Schlüsselbereichen. Die Problemprognosen sind immer Kombinationen zwischen schöpferischen Vorstellungen und systematischen (institutionalisierbaren) Analysen [744]. Die Manager können gewöhnlich aber nur die der Qualität ihrer Fragen entsprechenden Informationen erwarten [745]. Die Engpässe in der wachsenden Unternehmung sind daher primär nicht in den Informationserschließungs- und Verknüpfungssystemen zu suchen, sondern in der Qualität des Management. »An information system is an abstracting system; its justification lies in the reduction of the information available to the information that is relevant to action.« [746]

[744] Vgl. Gregory [Management], S. VIII.
[745] Vgl. Cox/Good [Information], S. 151 f.
[746] Chambers [Role], S. 25.

Schluß:

Das dynamische, entscheidungsorientierte Informationssystem als Ausdrucksform des sozioökonomisch-technischen Systems der Unternehmung.

Die informationswirtschaftlichen Probleme der Unternehmung haben noch nicht annähernd jene Reife erreicht, welche die übrigen Sachaufgaben auszeichnet, insbesondere im Realgüter- und Nominalgüterbereich. Die Ergebnisse dieser Untersuchung waren daher zugleich auch auf die Ziele eines Wissenschaftsprogramms gerichtet. Im Vordergrund stand die gedankliche Durchdringung der entscheidungsorientierten Information und Kommunikation. Das dynamische Informationssystem umspannt in ganzheitlicher Blickrichtung als Feld und Vorgehensweise der Forschung, als akademische Lehre und praktische Entscheidungshilfe sozio- und sachökonomische Gesichtspunkte.

Das Informationssystem ist Instrument und Ausdruck der Unternehmensführung; es reflektiert bedeutsame Ausschnitte der Unternehmungswirklichkeit und Integrationsziele. Zugleich ist der systematische Ansatz des Informationssystems eine Bezugsbasis für Möglichkeitsanalysen. Gemeinsames tragendes, dynamisches Merkmal aller Insysteme ist die Orientierung an den Entscheidungen der Entscheidungsträger in der Unternehmung. Daraus ergeben sich die Weite des Untersuchungsfeldes und eine spekulative Variante. In dieser Problematik lag nicht nur die Schwierigkeit der vorliegenden Arbeit, sondern auch die Chance, einen umfassenden Ansatz der international stark in den Vordergrund rückenden Informationsprobleme der Unternehmung zu konzipieren. Es war möglich, alle für wesentlich gehaltenen Grundfragen einer betriebswirtschaftlichen Informationstheorie aus dem system- und entscheidungsorientierten Blickwinkel heraus zu stellen und den Konturen der Antworten nachzugehen. Um das einigermaßen konsequent durchzuhalten, mußte ein relativ hoher Abstraktionsgrad gewählt werden.

Das Informationssystem unterstützt und verdeutlicht die planschaffenden und planrationalen Handlungen im Entscheidungssystem der Unternehmung; es wird wahrnehmbar durch eine vielfältige Kombination von Informations- und Verknüpfungssynthesen und bedarf einer ständigen Planung und Kontrolle. Die Totalität betrieblichen Geschehens können die Informationssysteme jedoch nie voll repräsentieren.

Die weitere Intensivierung einer methodisch-morphologischen Zusammenschau kann nur gerichtet sein auf die entscheidungsorientierte Verknüpfung der Adressaten und Quellen mit Hilfe von Information und Kommunikation. Das Informationssystem ist damit das sich aus relativ konsistenten Insystemen und Elementen zusammensetzende, sich ständig wandelnde reale oder gedachte Ordnungsgefüge der Unternehmung, das die Befriedigung des Informationsbedarfs aller am Entscheidungssystem der Unternehmung unmittelbar oder mittelbar beteiligten Einheiten sicherstellt oder zum Ziele hat.

Literaturverzeichnis*

Acker, Heinrich B.: [Organisationsanalyse] Organisationsanalyse. 2. Aufl., Baden-Baden und Homburg v. d. H. 1966 (5. Aufl. 1971).

Ackermann, Albert: [Aspekte] Psychologische Aspekte der Innerbetrieblichen Information als Führungsaufgabe, hrsg. von Ackermann u. a., Bern 1959, S. 69–80.

Derselbe: [Unternehmen] Das Unternehmen in psychologischer Sicht. München 1964.

Ackoff, Russel L.: [Concept] A Concept of Corporate Planning. In: Long Range Planning, Sept. 1970, S. 2–8.

Derselbe: [Design] The Design of Social Research. Chicago 1953.

Derselbe: [Organizations] Systems, Organizations and Interdisciplinary Research. In: Systems: Research and Design, hrsg. von D. P. Eckman, New York und London 1961, S. 26–42.

Derselbe: [System] General System. Theory and Systems Research. In: Views on General Systems Theory, hrsg. von M. D. Mesarović, New York 1964.

Derselbe: [Theory] Towards a Behavioral Theory of Communication. In: Manangement Science 1958, S. 209–234.

Adam, Adolf: [Aspekt] Der kybernetische Aspekt in der Wirtschaft. In: Industrielle Organisation 1966, S. 561–568.

Derselbe: [Messen] Messen und Regeln in der Betriebswirtschaft. Einführung in die informationswissenschaftlichen Grundzüge der industriellen Unternehmensforschung. Würzburg 1959.

Adam, Adolf; Helten, Elmar; Scholl, Friedrich: [Modelle] Kybernetische Modelle und Methoden. Köln und Opladen 1970.

Adamowsky, Siegmar: [Organisationsformen] Kybernetische Organisationsformen in Unternehmungen. Vortrags-Manuskript, München 1969.

Agthe, Klaus: [Problem] Das Problem der unsicheren Erwartungen bei unternehmerischen Planungen und Entscheidungen. In: Unternehmensplanung, hrsg. von K. Agthe und E. Schnaufer, Baden-Baden 1963, S. 83–120.

Ahlsdorff, Manfred: [Information] Buchbesprechung von Pietzsch, Jürgen: Die Information in der industriellen Unternehmung. In: ZfB 1966, S. 131–132.

Åkerman, Johan: [Zeitsymmetrie] Die Zeitsymmetrie der Erfahrungen und der Erwartungen. In: Archiv für mathematische Wirtschafts- und Sozialforschung, Bd. 8, S. 20–24.

Aktiengesellschaft Institut für Automation Zürich (Hrsg.): [Computer] Computer Indices. Bern und Stuttgart 1967.

Albach, Horst: [Entscheidungsprozeß] Entscheidungsprozeß und Informationsfluß in der Unternehmensorganisation. In: Organisation, TFB-Handbuchreihe, 1. Bd., hrsg. von Erich Schnaufer und Klaus Agthe, Berlin und Baden-Baden (1961), S. 335–402.

* Das Verzeichnis enthält die im Text mit Kurztitel zitierte Literatur. Der Kurztitel wird auch im Verzeichnis jeweils in Klammern vorangestellt. Es wurde weitmöglichst das erste Substantiv des Haupttitels verwendet. Dieses Verfahren soll angesichts der immer länger werdenden Titel, namentlich von Schriftenreihen, der Rationalisierung des wissenschaftlichen Apparates dienen. Das Literaturverzeichnis stellt primär keine Bibliographie zum Informationssystem dar. Die durchgängige alphabetische Gliederung entspricht daher mehr dem Charakter des Begleitmaterials; es erleichtert darüber hinaus dem Leser das raschere Nachschlagen der Kurzverweisungen des Textes.

Derselbe: [Entwicklung] Entwicklung und Aufgaben der Unternehmensforschung. In: Die Wirtschaftsprüfung 1965, S. 113–120.

Derselbe: [Investitionsentscheidungen] Investitionsentscheidungen im Mehrproduktunternehmen. In: Betriebsführung und Operations Research, hrsg. von Adolf Angermann, Frankfurt a. M. 1963, S. 24–48.

Derselbe: [Investitionsfunktionen] Mikroökonomische Investitionsfunktionen. In: Operations Research – Verfahren, Bd. III, hrsg. von R. Henn, Meisenheim am Glan 1967, S. 1–13.

Derselbe: [Organisation] Organisation, betriebliche. In: Handwörterbuch der Sozialwissenschaften, Bd. 8, Stuttgart, Tübingen und Göttingen 1964, S. 111–117.

Albach, Horst: [Prognose] Die Prognose im Rahmen unternehmerischer Entscheidungen. In: Diagnose und Prognose als wirtschaftswissenschaftliche Methodenprobleme, hrsg. von Herbert Giersch und Knut Borchardt, Schriften des Vereins für Socialpolitik, Gesellschaft für Wirtschafts- und Sozialwissenschaften, Neue Folge, Bd. 25, Berlin 1962, S. 201–214.

Derselbe: [Stand] Stand und Aufgaben der Betriebswirtschaftslehre heute. In: ZfbF 1967, S. 446–469.

Derselbe: [Teamtheorie] Teamtheorie. In: HWO, hrsg. von Grochla, Stuttgart 1969, Sp. 1629 bis 1636.

Derselbe: [Theorie] Zur Theorie der Unternehmensorganisation. In: ZfbF 1959, S. 238–259.

Derselbe: [Wirtschaftlichkeitsrechnung] Wirtschaftlichkeitsrechnung bei unsicheren Erwartungen. Köln und Opladen 1959.

Albaum, Gerald: [Information] Information flow and decentralized decision making in marketing. In: California Management Review, Sommer 1967, S. 59–70.

Allen, Louis A.: [Management] The Management Profession. New York, Toronto and London 1964.

Anger, Hans: [Kleingruppenforschung] Kleingruppenforschung heute. In: Kleingruppenforschung und Gruppe im Sport, hrsg. von G. Lüschen, Köln und Opladen 1966, S. 15–43.

Angermann, A.: [Entscheidungen] Unternehmerische Entscheidungen und Operations Research. In: Betriebsführung und Operations Research, hrsg. von A. Angermann, Frankfurt a. M. 1963.

Angermann, Adolf: [Kybernetik] Kybernetik und betriebliche Führungslehre. In: BFuP 1959, S. 257–267.

Alt, Franz L.; Rubinoff, Morris (Hrsg.): [Advances] Advances in Computers. New York and London 1962.

Ansoff, H. Igor: [Approach] A quasi-analytic Approach to the Business Strategy Problem. In: Management Technology, Vol. 4, Nr. 1, Juni 1964, S. 67–77.

Derselbe: [Firm] The Firm of the Future. In: Harvard Business Review, S/O 1965, S. 162–178.

Ansoff, H. Igor; Brandenburg, Richard C.: [Program] A Program of Research in Business Planning. In: Management Science, Februar 1967, S. B-219–B-239.

Appel, Peter: [Versuche] Schweizerische Versuche zur Realisierung integrierter Systeme der Planung, Steuerung und Kontrolle in der Fertigungsindustrie. Bern und Stuttgart 1970.

Arbeitskreis Pietzsch der Schmalenbach-Gesellschaft: [Handhabung] Zur Handhabung quantitativer betrieblicher Informationen. In: ZfbF 1966, S. 721–742.

Arnand, Marquis: [System] Das hierarchische System in der industriellen Automation. In: Industrielle Organisation 1966, S. 285–287.

Atthreya, N. H.: [Management] Management by Implications. In: management international I/1965, S. 119–126.

Backer, Morton: [Accounting] Accounting Theory, Objectives and Measurements. In: The Journal of Accountancy, Nr. 4 (Oktober 1963), S. 57–63.

Baginski, Peter: [Real-Time-Systeme] Real-Time-Systeme – Möglichkeiten und Methoden. In: adl-Nachrichten, Zeitschrift für Informationsverarbeitung Juli–August 1970, S. 308–320.

Bahrdt, Hans Paul: [Eindrücke] Eindrücke und Ergebnisse von der Columbus-Konferenz und der Studienreise »Forschungsplanung«. In: Forschungsplanung, hrsg. von W. Krauch u. a., München und Wien 1966, S. 22–25.

Derselbe: [Wandel] Historischer Wandel der Arbeitsteilung in der Wissenschaft. In: Forschungsplanung, hrsg. von H. Krauch u. a., München und Wien 1966, S. 26–39.

Baldus, Theodor: [Integration] Automatisierte betriebswirtschaftliche Integration. In: Der Betrieb 1965, S. 481–483.

Derselbe: [Probleme] Wirtschaftliche Probleme der automatisierten betrieblichen Integration. In: Der Betrieb 1966, S. 392–394.

Bardet, Philipp: [Organisation] Die Organisation der Planung. In der Schriftenreihe: Gegenwartsfragen aus Wirtschaft und Gesellschaft, Nürnberger Vorträge, hrsg. von der Wirtschafts- und Sozialwissenschaftlichen Fakultät der Universität Erlangen-Nürnberg, Bd. 1, Stuttgart 1965.

Barnard, Chester I.: [Functions] The Functions of the Executive. 15. Nachdruck, Cambridge (Mass.) 1962.

Bartram, Peter: [Kommunikation] Die innerbetriebliche Kommunikation. Berlin 1969.

Becker, J. and Hayes, R. M.: [Information] Information Storage and Retrieval, New York 1963 (5. Nachdruck 1966).

Beer, Stafford: [Decision] Decision and Control. London, New York and Sydney 1966.

Derselbe: [Kybernetik] Kybernetik and Management. Hamburg 1962.

Bellinger, Bernhard: [Geschichte] Geschichte der Betriebswirtschaftslehre. Slg. Poeschel, Stuttgart 1967.

Bellman, Richard: [Programmierung] Dynamische Programmierung und selbstanpassende Regelprozesse. (Original: Adaptive Control Processes.) Übersetzt von F. Behringer, München und Wien 1967.

Bender, K.: [Führungsentscheidung] Die Führungsentscheidung im Betrieb. Stuttgart 1957.

Bereska, Detlev: [Organisation] Die Organisation der betrieblichen Datenverarbeitung. Bd. 6 der Schriftenreihe Büro-Organisation – praktische Anleitungen, hrsg. von Axel Boje, 2. Aufl., München 1968.

Bergmann, Joachim; Zapf, Wolfgang: [Kommunikation] Kommunikation im Industriebetrieb. Ein Bericht über den Stand der deutschen Forschung. Frankfurt a. M. 1965.

Berschin, Herbert: [Unternehmensplanung] Unternehmensplanung auf der Basis gegenseitiger Information. In: BddW., 2. 4. 1969, S. 5.

Bertalanffy, Ludwig v.: [Weltbild] Das biologische Weltbild. 1. Bd.: Die Stellung des Lebens in Natur und Wissenschaft. Bern 1949.

Bertaux, Pierre: [Bewältigung] Die geistige Bewältigung des Fortschritts. In: Die Wissenschaft und die Zukunft des Menschen. München 1965, S. 177–187.

Berthel, Jürgen: [Informationen] Informationen und Vorgänge ihrer Bearbeitung in der Unternehmung. Berlin 1967.

Berthel, Jürgen; Moews, Dieter: [Planung] Information und Planung in industriellen Unternehmungen. Berlin 1970.

Bidlingmaier, Johannes: [Zielen] Mit Zielen führen! In: Vw 30/1970, S. 30–32.

Bierfelder, Wilhelm H.: [Informationsverhalten] Optimales Informationsverhalten im Entscheidungsprozeß der Unternehmung. Berlin 1968.

Bischoff, Ulrich: [Informationslawine] Die Informationslawine. Wie ist die Nachrichtenfülle zu bewältigen? Düsseldorf und Wien 1967.

Bittel, L. R.: [Management] Management by Exception. New York 1964.

Blau, Helmut: [Planung] Die Planung von Management-Informations-Systemen. In: Bürotechnik und Automation 1966, S. 304–305.

Blau, Peter M.; v. Heydebrand, Wolf; Stauffer, Robert E.: [Structure] The Structure of Small Bureaucracies. In: American Sociological Review, Nr. 2, April 1966, S. 179–191.

Bleicher, Knut: [Ausschüsse] Ausschüsse in der Organisation. In: Organisation, hrsg. von Schnaufer und Agthe, Berlin und Baden-Baden 1961, S. 311–338.

Derselbe: [Entscheidungssimulation] Entscheidungssimulation und Unternehmensspiele. In: ZfB 1962, S. 15–30.

Derselbe: [Entwicklung] Die Entwicklung eines systemorientierten Organisations- und Führungsmodells der Unternehmung. In: Zeitschrift für Organisation 1970, S. 3–8, S. 59–63, S. 111–120 und S. 166–176.

Derselbe: [Planrahmen] Der Planrahmen. Ein Mittel zur Steuerung von Unternehmungen. In: ZfB 1960, S. 612.

Blohm, Hans: [Datenverarbeitung] Die elektronische Datenverarbeitung vom Standpunkt der Unternehmensführung. In: Metall 1966, S. 364–367.

Derselbe: [Gestaltung] Die Gestaltung des betrieblichen Berichtswesens als Problem der Leitungsorganisation. Herne und Berlin 1970.

Derselbe: [Kybernetik] Kybernetik und Marketing. Itzehoe 1968.

Derselbe: [Metainformationen] Metainformationen zur Annäherung an optimale Organisationsstrukturen und Abläufe. In: Zeitschrift für Organisation 1970, S. 9–16.

Derselbe: [Organisationstheorie] Organisationstheorie und -praxis der Unternehmensführung. In: Rationalisierung 1968, S. 116–120.

Derselbe: [Weg] Der Weg zu dem innerbetrieblichen Berichtswesen der Zukunft. In: Gegenwartsfragen der Unternehmensführung. Festschrift zum 65. Geburtstag von Wilhelm Hasenack, hrsg. von Hans-Joachim Engeleiter, Herne und Berlin 1966, S. 277–288.

Blohm, Hans; Heinrich Lutz J.: [Schwachstellen] Schwachstellen der betrieblichen Berichterstattung. Baden-Baden 1965.

Blohm, Hans; Müller, Fritz: [Geschäftsberichte] Was sollte der Geschäftsbericht beinhalten – Was fordert das neue Aktiengesetz? In: Zeitschrift für das gesamte Rechnungswesen, Heft 1, 1967, S. 1–3.

Blumenthal, Sherman C.: [Management] Management in Real Time. In: Schoderbek [Management], S. 422–428.

Boden, Hans C.: [Wandlung] Wandlung der Gesamtwirtschaft. In: Strukturwandel der Wirtschaft im Gefolge der Computer, Basel und Tübingen 1966, S. 193.

Bodmer-Lenzin: [Machtwille] Machtwille oder Verantwortung? In: NZZ Nr. 280, 12. 10. 1966, Bl. 13.

Bössmann, Eva: [Analyse] Die ökonomische Analyse von Kommunikationsbeziehungen in Organisationen. Berlin, Heidelberg und New York 1967.

Dieselbe: [Organisationstheorien] Moderne Organisationstheorien (Besprechungsaufsatz). In: ZfbF 1961, S. 137–146.

Bonini, Charles P.: [Simulation] Simulation of Information and Decision Systems in the Firm. Englewood Cliffs, N. J., 1963.

Bornemann, Ernst: [Betriebspsychologie] Betriebspsychologie. Schriftenreihe: Die Wirtschaftswissenschaften, hrsg. von E. Gutenberg, Wiesbaden 1967.

Boulding, Kenneth E.: [Systems] General Systems Theory: The Skeleton of Science. In: Management Information A Quantitative Accent, hrsg. von Th. H. Williams und Ch. H. Griffin, Homewood, Ill., 1967, S. 602–613.

Bower, James B.; Sefert, J. Bruce: [Factors] Human Factors in Systems Design. In: Bower/Welke [Information], S. 220–235.

Bower, James B.; Welke, William R. (Hrsg.): [Information] Financial Information Systems. Boston u. a. 1968.

Boyce, R. O.: [Controls] Integrated Managerial Controls. London 1967.

Brady, Rodney H.: [Computers] Computers in top-level decision making. In: Harvard Business Review, J/A 1967, S. 67–76.

Brandt, Leo: [Wende] Stehen wir an einer Wende der Technik? In: Fortschrittliche Betriebsführung 1967, S. 23–28.

Briel, H.: [Voraussetzungen] Die organisatorischen Voraussetzungen für den Einsatz von Bedarfsprognosen in der Lagerbewirtschaftung. In: Die Unternehmung, I/1967, S. 49–57.

Bright, James R.: [Leitung] Leitung und Automation. In: Unternehmer-Strategie, hrsg. von E. C. Bursk und D. H. Fenn, deutsch von C. Hundhausen, Essen 1957, S. 186–204.

Brooker, W. M. A.: [Total Systems] The Total Systems Myth. In: Schoderbek [Management], S. 163–169.

Brusberg, H.: [Entwicklungsstand] Der Entwicklungsstand der Unternehmensforschung mit besonderer Berücksichtigung der Bundesrepublik Deutschland. Bonn 1964.

Burlingame, John F.: [Information] Information Technology and Decentralization. In: Harvard Business Review, N/D 1961, S. 121–126.

Burnstein, Eugene: [Zusammensetzung] Die Zusammensetzung von Gruppen und ihre Risikobereitschaft. In: Kleingruppenforschung und Gruppe im Sport, hrsg. von G. Lüschen, Köln und Opladen 1966, S. 84–91.

Busch, Walter: [Meßbare] Nur das Meßbare messen. Marktforschung am Beispiel der A. C. Nielsen Company. In: IK, Nr. 129, 29. 8. 1967, S. 8.

Čada, Ernst F.: [Aspekte] Absatzwirtschaftliche Aspekte einer betriebswirtschaftlichen Theorie der Gewinnungsbetriebe. In: Der Österreichische Betriebswirt 1966, S. 240–258.

Callot, Emile: [Gesellschaftslenkung] Gesellschaftslenkung und Politik. Tübingen 1950.

Cartwright, Darwin; Lippitt, Ronald: [Group] Group Dynamics and the Individual. In: The Planning of Change, hrsg. von Bennis u. a., New York und London 1966, S. 264–277.

Castan, Edgar: [Typologie] Typologie der Betriebe. In: Slg. Poeschel, Stuttgart 1962.

Catherwood, H. F. R.: [Information] Information Needs of the Chief Executive. In: The Canadian Chartered Accountant 1963, S. 402–405.

Centre for Interfirm Comparison: [Comparisons]Interfirm Comparisons in the Engineering Industry. In: The Accountant 1964, S. 409–413.

Chambers, R. J.: [Role]The Role of Information Systems in Decision Making. In: Management Technology, Vol. 4, Nr. 1, Juni 1964, S. 15–25.

Charkewitsch, A. A.: [Wert] Über den Wert einer Information. In: Probleme der Kybernetik, Bd. 4, Berlin 1964, S. 59–65.

Cherry, Colin: [Kommunikationsforschung] Kommunikationsforschung – eine neue Wissenschaft. Hamburg 1963.

Chmielewicz, Klaus: [Formalstruktur] Die Formalstruktur der Entscheidung. In: ZfB 1970, S. 239–268.

Churchmann, C. West: [Acceptance] Managerial Acceptance of Scientific Recommendations. In: California Management Review, Vol. VII, Nr. 1, 1964, S. 31–38.

Churchman, C. West; Ackoff, Russel L.; Arnoff, E. Leonhard: [Operations] Operations Research. Wien 1961.

Churchman, S. West: [Prediction] Prediction and Optimal Decision. Englewood Cliffs 1961.

Clausewitz, Carl von: [Kriege] Vom Kriege. 16. Aufl., bearb. v. W. Hahlweg, Bonn 1952.

Clee, Gilbert H.; Satchjen, Wilbur M.: [Business] Organizing a Worldwide Business. In: Harvard Business Review, N/D 1964, S. 55–67.

MacClelland, D. C.: [Society] The Achieving Society. Princeton, Toronto, London and New York 1961.

Coenenberg, Adolf Gerhard: [Bedeutung] Zur Bedeutung der Anspruchsniveau-Theorie für die Ermittlung von Vorgabekosten. In: Der Betrieb 1970, S. 1137–1141.

Derselbe: [Kommunikation] Die Kommunikation in der Unternehmung. Schriftenreihe: Betriebswirtschaftliche Beiträge, hrsg. von H. Münstermann, Bd. 9. Wiesbaden 1966.

Coman, Edwin T.: [Sources] Sources of Business Information. Rev. ed., Los Angeles 1964.

Cooper, Joseph D.: [Art] The Art of Decision-Making. Garden City, N. Y. 1961.

Copeman, George: [Laws] Laws of Business Management. London 1962.

Counts, George S.: [Impact] The Impact of Technological Change. In: The Planning of Change, hrsg. von Bennis u. a., New York, Chicago, San Francisco, Toronto and London 1966.

Cox, Donald F.; Good, Robert, E.: [Information] How to Build a Marketing Information System. In: Harvard Business Review, M/J 1967, S. 145–154.

Cyert, R. M.; Dill, W. R.; March, J. G.: [Role] The Role of Expectations in Business Decision Making. In: The Making of Decisions, hrsg. von W. J. Gore und J. K. Dyson, London 1964, S. 288–314.

Czayka, Lothar: [Typologie] Eine Typologie für Superordinationsstrukturen in Unternehmungen. In: ZfbF 1967, S. 257–278.

Dahrendorf, Ralf: [Markt] Markt und Plan. Zwei Typen der Rationalität. Tübingen 1966.

Derselbe: [Sozialstruktur] Sozialstruktur des Betriebes. Wiesbaden 1959.

Danert, Günter: [Vorbereitung] Zur Vorbereitung von unternehmerischen Entscheidungen. In: ZfbF 1958, S. 311–319.

Daniel, D. Ronald: [Management] Management Information Crisis. In: Harvard Business Review, S/O 1961, S. 111–121.

Danielsson, Albert: [Measurement] On Measurement and Analysis of Standard Costs. Stockholm 1963.

Davis, T. C.: [Du Pont] How the Du Pont Organization Appraises its Performance. In: Management: A Book of Readings, hrsg. von H. Koontz und C. O'Donnell. New York, San Francisco, Toronto, London 1964, S. 522–526.

Dearden, John: [Computers] Computers: No Impact on Divisional Control. In: Harvard Business Review, J/F 1967, S. 99–104.

Derselbe: [Information] Can Management Information be automated? In: Harvard Business Review, M/A 1964, S. 128–135.

Derselbe: [Systems] How to organize Information Systems. In: Harvard Business Review, M/A 1965, S. 65–73.

Dearden, John; McFarlan, F. Warren: [Management] Management Information Systems. 2. Neudruck, Homewood/Ill. 1967.

Demmer, Karl H.; Deyhle, Albrecht u. a.: [Management-Techniken] Die neuen Management-Techniken. 4. Aufl., München 1970.

Denby, R. V.: [Management] Management Accounting in Perspective. In: The Accountant 1965, S. 381–386.

Diebold, John: [Information] What's ahead in Information Technology. In: Harvard Business Review, S/O 1965, S. 76–82.

Diemer, Andreas: [Datenverarbeitung] Die automatisierte elektronische Datenverarbeitung und ihre Bedeutung für die Unternehmensleitung. 2. Aufl., Berlin 1968.

Dill, Peter: [Produktionssteuerung] Produktionssteuerung aus dem Blickwinkel eines integrierten Informationssystems. In: Industrielle Organisation 1966, S. 470–485.

Dill, William R.: [Decision-making] Decision-making. Sonderdruck Carnegie Institute of Technology, Nr. 158, Pittsburgh 1964.

McDonough, A. M.: [Information] Information Economics and Management Systems. New York, San Francisco, Toronto and London 1963.

Dorsey, B. R.: [Verantwortung] Verantwortung der Wirtschaft gegenüber der Gesellschaft. In: BddW, 12. 9. 1970, S. 1.

Drucker, Peter F.: [Decision] The Effective Decision. In: Harvard Business Review, J/F 1967, S. 92–98.

Derselbe: [Führungskraft] Die ideale Führungskraft. Düsseldorf und Wien 1964.

Derselbe: [Führungskräfte] Führungskräfte gestern und morgen. In: Fortschrittliche Betriebsführung, 1/2 1970, S. 1–8.

Dugdale, J. S.: [Fundamentals] Fundamentals of Modern Management. Bath Somerset 1964.

Dworatschek, Sebastian: [Einführung] Einführung in die Datenverarbeitung. 3. Aufl., Berlin 1970.

Eckner, Klaus: [Berichtswesen] Das Berichtswesen industrieller Betriebe. Wiesbaden 1960.

Ehrensperger, Peter: [Unternehmungsmodell] Das finanzielle Unternehmungsmodell: zentrales Element eines MIS. In: Industrielle Organisation 1970, S. 366–370.

Eichenberger, H.: [Investitionsentscheide] Langfristige Investitionsentscheide mit Hilfe von Operations Research. In: Die Unternehmung, I/1967, S. 39–48.

Derselbe: [Theorie] Theorie und Technik des »Industrial Dynamics«. In: Die Unternehmung 1967, S. 162–166.

Ellinger, Theodor: [Informationsfunktion] Die Informationsfunktion des Produktes. In: Produktionstheorie und Produktionsplanung, hrsg. von A. Moxter, D. Schneider, W. Wittmann u. a., Köln und Opladen 1966, S. 253–336.

Engel, Lee: [Moment] The Moment of Truth in Management Services. In: The Journal of Accontancy, Februar 1969, S. 33–37.

Engels, Wolfram: [Bewertungslehre] Betriebswirtschaftliche Bewertungslehre im Licht der Entscheidungstheorie. Köln und Opladen 1962.

Esenwein-Rothe, Ingeborg: [Statistik] Statistik an deutschen Universitäten mit besonderer Berücksichtigung der Wirtschaftsstatistik. In: Gegenwartsfragen aus Wirtschaft und Gesellschaft, hrsg. von der Wirtschafts- und Sozialwissenschaftlichen Fakultät der Universität Erlangen–Nürnberg, Bd. 3, Stuttgart, Berlin, Köln und Mainz 1965.

Evans, Marshall K.; Hague, Loo R.: [Master Plan] Master Plan for Information Systems. In: Harvard Business Review, J/F 1962, S. 92–103.

Ewell, James M.: [Systems] The Total Systems Concept and How to Organize it. In: Computers and Automation, September 1961, S. 9–13.

Fehlmann, H.: [Unternehmer] Der Unternehmer und seine Führungsaufgabe. In: Die Unternehmung, I/1967, S. 20–38.

Ferner, Walter: [Modelle] Modelle zur Programmplanung im Absatzbereich industrieller Betriebe. In: Schriftenreihe Annales Universitatis Saraviensis Rechts- und Wirtschaftswissenschaftliche Abteilung, Heft 23, Köln, Berlin, Bonn und München 1966.

Festinger, Leon: [Communications] Informal Social Communication. In: Group Dynamics, hrsg. von D. Cartwright und A. Zander, 2. Aufl., Evanston/Ill. und Elmsford/N. Y. 1960.

Derselbe: [Lehre] Die Lehre von der »kognitiven Dissonanz«. In: Grundfragen der Kommunikationsforschung, hrsg. von W. Schramm, München 1964, S. 27–38.

Feurer, W.: [Information] Innerbetriebliche Information. In: Innerbetriebliche Information als Führungsaufgabe, hrsg. von Ackermann, Feurer und Ulrich, Bern 1959, S. 9–39.

Derselbe: [Praxis] Innerbetriebliche Information und Praxis. In: Innerbetriebliche Information als Führungsaufgabe, hrsg. von Ackermann, Feurer und Ulrich, Bern 1959, S. 81–93.

Derselbe: [Übermittlungsprozeß] Der Übermittlungsprozeß. In: Innerbetriebliche Information als Führungsaufgabe, hrsg. von Ackermann u. a., Bern 1959, S. 56–68.

Fiedler, Fred E.: [Theory] A Theory of Leadership Effectiveness. New York, St. Louis, San Francisco, Toronto, London und Sydney 1967.

Fisch, Gerald G.: [Management] The Integrated Management Organization. In: Financial Executive, Vol. XXXII, Nr. 5, Mai 1964, S. 13–16.

Fischer, Guido: [Führungsstil] Führungsstil und Führungskunst. In: Mitteilungsblatt der Deutschen Gesellschaft für Betriebswirtschaft, 26. Jg., B Nr. 1, März 1966, S. 17–52.

Flechtner, H.-J.: [Grundbegriffe] Grundbegriffe der Kybernetik. Stuttgart 1966.

Forrester, Jay W.: [Dynamics] Industrial Dynamics. New York und London 1961.

Foskett, John D.: [Management] Conducting Management Meetings. In: Top Management Handbook, hrsg. von H. B. Maynard, New York, Toronto und London 1960, S. 949–973.

Frank, Helmar: [Notwendigkeit] Notwendigkeit, Möglichkeiten und Grenzen verbesserter Informationsaufnahme. In: Rationalisierung 1970, S. 218.

Freed, Roy N.: [Computer] Get the Computer System You Want. In: Harvard Business Review N/D 1969, S. 99–108.

Friedrich, G.; Wilde, G.: [Vorbereitung] Die Vorbereitung ökonomischer Entscheidungen. In: Entscheidungsübung durch Fallmethode und Planspiel. Berlin 1967, S. 11–50.

Friemauth, Fritz: [Aufgaben] Die Aufgaben der Finanzabteilung. In: BFuP 1966, S. 407–438.

Futh, Horst: [Betrachtungen] Betrachtungen zur Einrichtung der integrierten Datenverarbeitung. In: HMD (Forkel), 3/2/2.

Derselbe: [Computer] Der Computer im mittleren Unternehmen. In: Strukturwandel der Wirtschaft im Gefolge der Computer, hrsg. von der List Gesellschaft e. V., Basel und Tübingen 1966, S. 317–344.

Gäfgen, Gérard: [Theorie] Theorie der wirtschaftlichen Entscheidung. Untersuchungen zur Logik und ökonomischen Bedeutung des rationalen Handelns. 2. Aufl., Tübingen 1968.

Gallagher, James D.: [Management]Management Information Systems and the Computer. American Management Association (Hrsg.), New York 1961.

Garrity, John T.: [Management] The Management Information Dream: The End or a New Beginning? In: Financial Executive, September 1964, S. 11–16.

Gehrig, Bruno: [Bedeutung] Bedeutung und Funktion von Betriebssystemen für die elektronische Datenverarbeitung. In: NZZ, Nr. 170, 23. 6. 1967, Blatt 13.

Gellerman, Saul W.: [Management] Management by Motivation. O. O. 1968.

Gerfin, Harald: [Konjunkturprognose] Die kurzfristige Konjunkturprognose. In: Diagnose und Prognose als wirtschaftswissenschaftliche Methodenprobleme, hrsg. von H. Giersch und K. Borchardt, Berlin 1962, S. 93–112.

Gerth, Ernst: [Tagung] Tagung des Verbandes der Hochschullehrer für Betriebswirtschaft 1966 in Berlin. In: ZfbF 1966, S. 498–502.

Gore, William J.: [Decision-Making] Administrative Decision-Making: A Heuristic Model. New York, London und Sydney 1964.

Graef, Martin; Greiller, Reinald; Hecht, Gunda: Datenverarbeitung im Realzeitbetrieb. München und Wien 1970.

Graham, R. W.: [System] Systems Concept. In: Management Technology, Nr. 1, Juni 1964, S. 1–6.

Green, John F.: [Management] Management Information Systems and Corporate Planning. In: Long Range Planning, Juni 1970, S. 74–78.

Greenberger, Martin: [Priority] The Priority Problem and Computer Time Sharing. In: Management Science, Juli 1966, S. 888–906.

Gregory, Carl E.: [Management] The Management of Intelligence. Scientific Problem Solving and Creativity. New York, St. Louis, San Francisco, Toronto und Sydney 1967.

Gregory, Robert H.; van Horn, Richard. L.: [Data-Processing]Automatic Data-Processing Systems. 2. Aufl., Belmont, Cal., 1963.

Gressbach, Rolf: [Personalplanung] Die Personalplanung in einem Management-Information-System (MIS). In: Industrielle Organisation 1970, S. 375–378.

Grob, Ernst [Vorgehen] Zum organisatorischen Vorgehen bei der Planung eines MIS. In: Industrielle Organisation 1970, S. 360–365.

Grochla, Erwin: [Automation] Automation und Organisation. Wiesbaden 1966.

Derselbe: [Betriebsinformatik] Betriebsinformatik und Wirtschaftsinformatik als notwendige anwendungsbezogene Ergänzung einer allgemeinen Informatik. In: Zeitschrift für Organisation 1969, S. 228–232.

Derselbe: [Grundprobleme] Grundprobleme der Wirtschaftlichkeit in automatisierten Datenverarbeitungssystemen. In: Grochla [Wirtschaftlichkeit], S. 17–33.

Derselbe: [Möglichkeiten] Möglichkeiten einer Steigerung der Wirtschaftlichkeit im Büro. In: Bürowirtschaftliche Forschung, hrsg. von E. Kosiol, Berlin 1961, S. 41–73.

Derselbe: [Organisation] Zur Organisation des betrieblichen Planungsablaufs. In: ZfB 1962, S. 701–715.

Derselbe (Hrsg.): [Wirtschaftlichkeit] Die Wirtschaftlichkeit automatisierter Datenverarbeitungssysteme. Wiesbaden 1970.

Groenewald, H.: [Management] Management by Exception. In: Rationalisierung 1970, S. 238 bis 240.

Gundlach, F. W.: [Universitäten] Die Universitäten im internationalen technischen Fortschritt. In: IBM Nachrichten, Nr. 184, August 1967, S. 578–584.

Gutenberg, Erich: [Unternehmensführung] Unternehmensführung. Organisation und Entscheidungen. Wiesbaden 1962.

Haberlandt, Karlheinz: [Einfluß] Der Einfluß der automatisierten Datenverarbeitung auf die Organisation der Unternehmung. In: Automatisierte Datenverarbeitung in Forschung und Praxis, hrsg. von Haberlandt, Ludwigshafen (Rhein) 1970, S. 43–63.

Haddenbrock, Karl-Heinz: [»Software«] »Software« als Steuerungsinstrument elektronischer Datenverarbeitungsanlagen. In: Die Wirtschaftsprüfung 1967, S. 372–376.

Haefele, John W.: [Creativity] Creativity and Innovation. New York und London 1962.

Härle, Dietrich: [Informationsgewinnung]Die Informationsgewinnung im Rahmen einer Prüfungsplanung. In: ZfB 1966, S. 704–716.

Hahn, Oswald: [Probleme] Probleme beim Einsatz atlantischer Arbeitskräfte in Entwicklungsinvestitionen. In: Gegenwartsfragen der Unternehmensführung, Festschrift für Wilhelm Hasenack, hrsg. u. a. von H.-J. Engeleiter, Herne und Berlin 1966, S. 477–461.

Hammer, Helmut: [Produktionssteuerung] Integrierte Produktionssteuerung mit Modularprogrammen. Wiesbaden 1970.

Hardach, Fritz Wilhelm: [Leitung] Die »einheitliche« Leitung von Konzernen. In: ZfhF 1961, S. 713–737.

Harding, S. R.: [Problems] Financial and Accounting Problems Peculiar to International Business. In: The Accountant 1968, S. 45–51.

Hartmann, Bernhard: [Business] »Total Business Systems». In: Gegenwartsfragen der Unternehmensführung, Festschrift zum 65. Geburtstag von Wilhelm Hasenack, hrsg. von Hans-Joachim Engeleiter, Herne und Berlin 1966, S. 167–185.

Derselbe: [Entwicklung] Die künftige Entwicklung der integrierten Datenverarbeitung. In: Die Unternehmung 1968, S. 114–128.

Derselbe: [Grundlagen] Betriebswirtschaftliche Grundlagen der automatisierten Datenverarbeitung. Freiburg im Breisgau 1961.

Derselbe: [Weiterentwicklung] Die Weiterentwicklung der Betriebswirtschaftslehre. In: Zeitschrift für Betriebswirtschaft 1963, S. 72–75.

Hartmann, H. C.: [Management] Management Control in Real Time Is the Objective. In: Schoderbek [Management], S. 419–421.

Hartmann, Volker R.: [Betrieb] Der Betrieb als kybernetisches System. In: BFuP 1967, S. 65 bis 79.

Hasenack, Wilhelm: [Mensch] Mensch im Betrieb. In: ZfB 1961, S. 577–596.

Hattery, L. H.: [Executives] Executives and Information Management. In: management international review, Nrn. 4–5, 1967, S. 51–57.

Häusler, Joachim: [Grundfragen] Grundfragen der Betriebsführung. Wiesbaden 1966.

Haug, Rainer: [Elektronenrechner] Elektronenrechner mehr als Büromaschinen. In: Tendenzen im modernen Büro, Sonderbeilage IK, o. J. (1965), S. 27.

Hax, Herbert: [Koordination] Die Koordination von Entscheidungen. Ein Beitrag zur betriebswirtschaftlichen Organisationslehre. Schriftenreihe Annales Universitatis Saraviensis Rechts- und Wirtschaftswissenschaftliche Abteilung, Heft 17, Köln, Berlin, Bonn und München 1965.

Heigl, A.: [Zielvorgaben] Zielvorgaben und Aufgabenstellung der aktienrechtlichen Prüfung. In: Der Betrieb 1970, S. 1037–1040.

Heinen, Edmund: [Betriebswirtschaftslehre] Betriebswirtschaftslehre heute. (Wiesbaden 1966.)

Derselbe: [Einführung] Einführung in die Betriebswirtschaftslehre. Wiesbaden 1968.

Derselbe: [Zielsystem] Das Zielsystem der Unternehmung. Wiesbaden 1966.

Heinrich, L. J.: [Aufgaben] Aufgaben und Stellung einer »Zentralen Berichtsstelle«. In: BFuP 1964, S. 481–484.

Heiser, Hermann C.: [Budgetierung]. Budgetierung. Berlin 1964.

Hellfors, Sven: [Management] Management – Datenverarbeitung – Operations Research. München und Wien 1967.

Henderson, Paul B. Jr.: [Design] On the Design of Data Systems for File Analysis and Information Retrieval (Unpublished paper presented at the Eleventh Annual Meeting of The Institute of Management Sciences, Pittsburgh, March 12, 1964).

Hetzer, H. W.: [Bewertung] Die Bewertung von Bürotätigkeiten. Grundlagen und Verfahren. Köln und Opladen 1961.

Higginson, M. Valliant: [EDP] Managing with EDP, AMA Research Study 71 (New York 1965).

Hill, Wilhelm: [Entwicklung] Zur Entwicklung der Theorie der Unternehmensorganisation. Festschrift für Käfer, hrsg. von Angehrn u. Künzi, Stuttgart 1968, S. 225–241.

Derselbe: [Unternehmensplanung] Unternehmensplanung. Slg. Poeschel, Stuttgart 1966.

Hiller, Frederick S.: [Derivation] The Derivation of probabilistic information for the evaluation of risky investments. In: Management Science 1963, S. 443–457.

Hirsch, Rudolph E.: [Informationswert] Informationswert und -kosten und deren Beeinflussung. In: ZfbF 1968, S. 670–676.

Höhn, R.: [Dienstaufsicht] Die Dienstaufsicht über die Stäbe der Spezialisten. In: Harzburger Hefte 1967, S. 283–296.

Derselbe: [Führungsbrevier] Führungsbrevier der Wirtschaft. 2. Aufl., Bad Harzburg 1967.

Höllebrandt, Gerlo: [Kriterium] Kriterium und ökonomische Funktionen des täglichen Berichtswesens im Bereich der Unternehmensführung. In: Zeitschrift für das gesamte Rechnungswesen Nr. 1, 1968, S. 9–11.

Hofer, Charles W.: [EDP] Emerging EDP pattern. In: Harvard Business Review M/A 1970.

Hoffmann, Alexander: [Wirtschaftslehre] Wirtschaftslehre der kaufmännischen Unternehmung. (Betriebswirtschaftslehre). Leipzig 1932.

Hoffmann, Friedrich: [Führungsorganisation] Führungsorganisation durch Gewaltenteilung. In: Zeitschrift für Organisation 1970, S. 27–29.

Hofmann, Paul: [Wert] Der Wert eines Datenverarbeitungssystems. In: IBM-Nachrichten. Nr. 174, Oktober 1965, S. 2768–2775.

Hofstätter, Peter R.: [Einführung] Einführung in die Sozialpsychologie. 4. Aufl., Stuttgart 1966.

Holtgrewe, K. G.: [Automation] Automation und Entscheidung. Wiesbaden 1967.

Holzinger, Dieter: [Verbindungswege] Die organisatorischen Verbindungswege und Probleme ihrer allgemeinen und gegenseitigen Abhängigkeiten in kaufmännischen Unternehmungen. Schriftenreihe: Vertriebswirtschaftliche Abhandlungen des Instituts für industrielle Verbrauchsforschung und Vertriebsmethoden an der Technischen Universität Berlin, hrsg. von Otto R. Schnutenhaus, Heft 5, Berlin 1962.

Hürlimann, Werner: [Information] Information und Kommunikation. In: Industrielle Organisation 1970, S. 353–359.

Ijiri, Yuji: [Foundations] The Foundations of Accounting Measurement. Englewood Cliffs, N. J., 1967.

Illetschko, Leopold L.: [Theorie] Theorie und Praxis einer betrieblichen Verrechnungslehre. In: Betriebswirtschaftslehre und Wirtschaftspraxis, Festschrift für Konrad Mellerowicz, hrsg. von Schwarz und Berger, Berlin 1961, S. 183–199.

Derselbe: [Unternehmenstheorie] Unternehmenstheorie. Elemente rationaler Betriebslenkung. Wien 1964.

Jacob, Herbert: [Einsatz] Der Einsatz von EDV-Anlagen im Planungs- und Entscheidungsprozeß der Unternehmung. In: Schriften zur Unternehmensführung, Bd. 12, hrsg. von Jacob, Wiesbaden 1970, S. 91–112.

Jangård, Rolf: [Viewpoints] Viewpoints on technology and management. 7th Technical Conference. Paris 1968 (Summary).

Jirasek, Johann: [Unternehmen] Das Unternehmen – ein kybernetisches System? Hamburg 1968.

Johnson, Richard A.; Kast, Fremont E.; Rosenzweig, James E.: [Theory] The Theory and Management of Systems. 2. Aufl., New York 1967.

Jungk, Robert: [Voraussage] Voraussage, Voraussicht und Entwurf. In: Darmstädter Gespräche – Der Mensch und seine Zukunft, hrsg. von K. Schlechter, Darmstadt 1967, S. 101 bis 114.

Juran, Joseph M.: [Führungstaktik] Offensive Führungstaktik (Managerial Breakthrough). München 1966.

Kade, Gerhard; Hujer, Reinhard: [Brücke] Brücke zwischen den Wissenschaften. In: VW 46/ 1970, S. 67–70.

Kade, Gerhard; Ipsen, Dirk; Hujer, Reinhard: [Modellanalyse] Modellanalyse ökonomischer Systeme. In: Jahrbücher für Nationalökonomie und Statistik, Bd. 182, Heft 1, 1968, S. 1 bis 35 (Sonderdruck).

Känel, Walter: [Operations]Operations Research und betriebswirtschaftliche Entscheidungen. Hamburg und Berlin 1966.

Kalecki, Michel: [Theorie] Theorie der wirtschaftlichen Dynamik. Übersetzt von E. Matzner, Wien 1966.

Kalscheuer, Hans D.: [Datenverarbeitungssysteme]Integrierte Datenverarbeitungssysteme für die Unternehmensführung. Schriftenreihe: Kommerzielle Datenverarbeitung, hrsg. von Arno Schulz, 2. Aufl., Berlin 1969.

Kaplan, Seymour; Barish, Norman N.: [Decision-Making] Decision-Making allowing for uncertainty of future investment opportunities. In: Management Science 1967, S. B-569 bis B-577.

Katona, George: [Verhalten] Das Verhalten der Verbraucher und Unternehmer. Tübingen 1960.

Kellerer, Hans: [Statistik] Statistik im modernen Wirtschafts- und Sozialleben. Hamburg 1960.

Klar, Rainer: [Rechenautomaten] Digitale Rechenautomaten. Berlin 1970.

Kloidt, Heinrich: [Grundsätzliches] Grundsätzliches zum Messen und Bewerten in der Betriebswirtschaft. In: Organisation und Rechnungswesen. Festschrift für Erich Kosiol, Berlin 1964, S. 283–303.

Kloidt, Heinrich; Dubberke, Hans-Achim; Göldner, Jürgen: [Problematik] Zur Problematik des Entscheidungsprozesses. In: Organisation des Entscheidungsprozesses, hrsg. von Erich Kosiol, Berlin 1959, S. 9–22.

Knoblich, Hans: [Typologie] Die Typologie der Waren als Kernstück einer wirtschaftlichen Warenlehre. In: ZfbF 1965, S. 686–712.

Kohlas, J.; Landtwing, R.: [Planung] Planung mittels Kosten-Nutzen-Analysen. In: Die Unternehmung 1967, S. 225–236.

Koller, Horst: [Simulation] Simulation als Methode in der Betriebswirtschaft. In: ZfB 1966, S. 95–110.

Konvalinka, J. W.; Trentin, H. G.: [Management] Management Information Systems. In: Schoderbek [Management], S. 170–183.

Koontz, Harold; O'Donnell, Cyril: [Principles] Principles of Management. 3. Aufl., New York, Toronto and London 1964.

Koreimann, Dieter: [Aufgaben] Aufgaben und Organisation einer betrieblichen Informationsstelle. In: BFuP 1963, S. 160–171.

Derselbe: [Grundlagen] Kybernetische Grundlagen der Betriebswirtschaft. In: BFuP 1965, S. 617–637.

Derselbe: [Störgrößen] Die betrieblichen Störgrößen. Ein Beitrag zur Systematik. In: BFuP 1964, S. 97–105.

Kosiol, Erich: [Büro] Das Büro im Blickpunkt von Forschung und Unterricht. In: Bürowirtschaftliche Forschung. hrsg. von E. Kosiol, Berlin 1961, S. 9–39.

Derselbe und Mitarbeiter: [Investitionsentscheidungen] Die Organisation von Investitionsentscheidungen. In: Organisation des Entscheidungsprozesses, hrsg. von E. Kosiol, Berlin 1959, S. 23–105.

Derselbe und Mitarbeiter: [Kollegien] Kollegien als Organisationsformen der Entscheidung, Beratung und Information. In: Organisation des Entscheidungsprozesses, hrsg. von E. Kosiol, Berlin 1959, S. 107–208.

Derselbe: [Modellanalyse] Modellanalyse als Grundlage unternehmerischer Entscheidungen. In: ZfbF 1961, S. 318–354.

Derselbe: [Organisation] Organisation der Unternehmung. Schriftenreihe: Die Wirtschaftswissenschaften, hrsg. von E. Gutenberg, Wiesbaden 1962.

Derselbe: [Planung] Planung als Lenkungsinstrument. In: ZfB 1965, S. 389–401.

Kosiol, Erich: [Problematik] Zur Problematik der Planung in der Unternehmung. In: ZfB 1967, S. 77–96.

Derselbe: [Standort] Zum Standort der Systemforschung im Rahmen der Wissenschaften. In: ZfbF 1965, S. 337.

Derselbe: [Unternehmung] Die Unternehmung als wirtschaftliches Aktionszentrum. Reinbek bei Hamburg 1966.

Kramer, Rolf: [Information] Information und Kommunikation. Betriebswirtschaftliche Bedeutung und Einordnung in die Organisation der Unternehmung. Berlin 1965.

Kreikebaum, Hartmut: [Entwicklungstendenzen] Neuere Entwicklungstendenzen auf dem Gebiet der Organisationstheorie. In: ZfB 1965, S. 663–683.

Krelle, Wilhelm: [Entwicklung] Entwicklung als Suchprozeß. In: Systeme und Methoden in den Wirtschafts- und Sozialwissenschaften, hrsg. von Kloten, Krelle u. a., Tübingen 1964, S. 237–270.

Derselbe: [Präferenz] Präferenz- und Entscheidungstheorie. Tübingen 1968.

Derselbe: [Unsicherheit] Unsicherheit und Risiko in der Preisbildung. In: Zeitschrift für die gesamte Staatswissenschaft 1957, S. 632–677.

Künzi, Hans P.: [Operations] Operations Research. Eine Standortbestimmung. In: NZZ Nr. 76, 18. 3. 1967, Bl. 13.

Künzi, H. P.; Tan, S. T.: [Optimierung] Lineare Optimierung großer Systeme. Berlin, Heidelberg und New York 1966.

Küpfmüller, Karl: [Systemtheorie] Systemtheorie und Kybernetik. In: Jubiläums-Festschrift 1968 des Ohm-Polytechnikums Nürnberg (Sonderdruck), S. 99–103.

Kuhlo, Karl Christian: [Wachstumsprognose] Die Wachstumsprognose, insbesondere auch die Prognose der Produktivitätsentwicklung. In: Diagnose und Prognose als wirtschaftswissenschaftliche Methodenprobleme, hrsg. von H. Giersch und K. Borchardt, Berlin 1962, S. 215 bis 268.

Kuhrt, P. F.; Giesecke, R.; Maurer, V.: [Datenfernübertragung] Datenfernübertragung. Dresden 1966.

Kulhavy, Ernest: [Operations]Operations Research. Wiesbaden 1963.

Kurnow, Ernest; Glasser, Gerald J.; Ottmann, Frederick R.: [Statistics]Statistics for Business Decisions. Homewood (Ill.) (9. Nachdruck) 1965.

Lach, E. L.: [Systems] The Total Systems Concept. In: Systems and Procedures, November 1960, S. 6–7.

Langen, Heinz: [Betrieb] Der Betrieb als Regelkreis. In: Organisation und Rechnungswesen, Festschrift für Erich Kosiol zu seinem 65. Geburtstag, hrsg. von E. Grochla, Berlin 1964, S. 81–100.

Lattmann, Charles: [Unternehmung] Die Unternehmung als soziales System. In: Festschrift für Emil Gsell, hrsg. von Ulrich und Ganz-Keppeler, Bern und Stuttgart 1969, S. 25–37.

Lawrence, Paul R.; Lorsch, Jay W.: [integrator] New management job: the integrator. In: Harvard Business Review, N/D 1967, S. 142–151.

Lazer, William; Kelley, Eugene J.: [Marketing] Managerial Marketing. 2. Aufl., 3. Nachdruck, Homewood (Ill.) 1964.

Li, David H.: [Accounting] Cost Accounting for Management Applications. Columbus (Ohio) 1966.

Derselbe: [Computers] Accounting – Computers – Management Information Systems. New York, San Francisco, St. Louis, Toronto, London and Sydney 1968.

Lieberman, Irving J.: [Model] A Mathematical Model for Integrated Business Systems. In: Management Information A Quantitative Accent, hrsg. von Th. H. Williams und Ch. H. Griffin, Homewood (Ill.) 1967, S. 669–679.

Likert, R.: [Patterns] New Patterns of Management. New York 1961.

Lindelaub, Horst: [Organisation] Organisation und Führung als Inhalt der Unternehmeraufgabe. In: Fortschrittliche Betriebsführung, Heft 1, 1967, S. 1–5.

Lindemann, P.: [Funktionsmodelle] Betriebswirtschaftliche Funktionsmodelle. In: Fortschritte der Kybernetik, München und Wien 1967, S. 431–444.

Derselbe: [Planung] Planung von elektronischen Datenverarbeitungsorganisationen. Frankfurt a. M. 1964

Derselbe: [Unternehmensführung] Unternehmensführung und Wirtschaftskybernetik. Neuwied und Berlin 1970.

Linder, Willy: [Zeichen] Die Zeichen des Umbruchs, In: NZZ Nr. 170, 23. 6. 1967, Bl. 13.

Linhardt, Hanns: [Chefinformation] Chefinformation. In: Betriebswirtschaftliche Forschung und Praxis 1957, S. 257–267.

Derselbe: [Grundlagen] Die Grundlagen der Betriebsorganisation. Essen 1954.

Derselbe: [Unternehmenspolitik] Unternehmenspolitik und Jahresabschluß. In: Betriebswirtschaftliche Umschau, Nr. 3, 1960, S. 65–74.

Littmann, Hans-Eduard: [Grundlagen] Die organisatorischen Grundlagen der integrierten Datenverarbeitung. In: HMD (Forkel), 3/2/1 (1964).

Derselbe: [Organisation] Organisation und Wirtschaftlichkeit bei maschineller Datenverarbeitung. In: HMD (Forkel), 1/6/1.

Derselbe: [Symbole] Symbole bei der graphischen Darstellung maschineller Arbeitsabläufe. In: HMD (Forkel), 1/2/1.

Loitlsberger, Erich: [Informationsbegriff] Zum Informationsbegriff und zur Frage der Auswahlkriterien von Informationsprozessen. In: Empirische Betriebswirtschaftslehre, Festschrift für Illetschko, hrsg. v. Loitlsberger, Wiesbaden 1963, S. 113–135.

Lorsch, Jay W.; Lawrence, Paul R.: [Product]Organizing for Product Innovation. In: Harvard Business Review, J/F 1965, S. 109–122.

Lück, Wolfgang: [Rechnungslegung] Die externe Rechnungslegung der Aktiengesellschaften in der Bundesrepublik Deutschland und in den Vereinigten Staaten von Nordamerika. Düsseldorf 1966.

Lücke, Wolfgang: [Bilanzstrategie] Bilanzstrategie und Bilanztaktik. In: Der Betrieb 1969, S. 2285–2295.

Lüder, Klaus: [Optimum] Das Optimum in der Betriebswirtschaftslehre. Diss. Karlsruhe 1964.

Luhmann, Niklas: [Funktionen] Funktionen und Folgen formaler Organisation. Schriftenreihe der Hochschule Speyer, Bd. 20, Berlin 1964.

Derselbe: [Kommunikation] Kommunikation, Soziale. In: HWO, hrsg. v. Grochla, Stuttgart 1969, Sp. 831–838.

Luhn, H. P.: [Informationsdienst] Ein Universeller Informationsdienst. In: IBM-Nachrichten, Heft 149, März 1961, S. 1379–1387.

Mag, Wolfgang: [Erfassung] Die quantitative Erfassung der Kommunikationsstruktur und ihre Bedeutung für die Gestaltung der Unternehmensorganisation. In: ZfbF 1970, S. 22–49.

Malcolm, D. G.; Rowe, A. J.: [Approach] An Approach to Computer-based Management Control Systems. In: Management: A Book of Readings, hrsg. von Koontz und O'Donnell, New York, San Francisco, Toronto und London 1964, S. 505–512.

Mann, Gerhard: [Revisionswesen] Revisionswesen als wissenschaftliche Disziplin. In: BFuP 1967, S. 393–414.

March, James G.; Simon, Herbert A.: [Organizations] Organizations. New York und London 1958.

Marko, H.: [Informationstheorie] Informationstheorie und Kybernetik. In: Fortschritte der Kybernetik, München und Wien 1967, S. 9–28.

Marschak, Jacob: [Information] Economic Theory of Information. Working Paper No. 118, Los Angeles 1967.

Derselbe: [Problems] Problems in Information Economics. In: Management Controls: New Directions in Basic Research, hrsg. von C. P. Bonini, R. K. Jaedicke und H. M. Wagner, New York, San Francisco, Toronto und London 1964, S. 38–74.

Derselbe: [Theory] Towards an Economic Theory of Organization and Information. In: Decision Processes, hrsg. von Thrall, Coombs und Davis, New York und London 1954.

Martino, R. L.: [Development] The Development and Installation of a Total Management System. In: Schoderbek [Management], S. 121–126.

Marx, August: [Einflußgrößen] Einflußgrößen der menschlichen Arbeitsergiebigkeit. In: Personalführung I, Wiesbaden 1969, S. 17–36.

Mattessich, Richard: [Philosophie] Philosophie der Unternehmensforschung. In: ZfhF 1962, S. 249–258.

Matz, Adolph: [Ausbildung] Die Ausbildung von Führungskräften der Wirtschaft an amerikanischen Universitäten. Schriftenreihe: Gegenwartsfragen aus Wirtschaft und Gesellschaft, Nürnberger Vorträge, hrsg. von der Wirtschafts- und Sozialwissenschaftlichen Fakultät der Universität Erlangen-Nürnberg, Bd. 6, Stuttgart, Berlin, Köln und Mainz 1965.

Derselbe: [Planung] Planung und Kontrolle von Kosten und Gewinn. Wiesbaden 1964.

Mayer, Helmut: [Anpassungsfähigkeit] Die Anpassungsfähigkeit eines MIS. In: Industrielle Organisation 1970, S. 379–382.

Mayntz, Renate: [Beziehungen] Die Organisationssoziologie und ihre Beziehungen zur Organisationslehre. In: Organisation, hrsg. von E. Schnaufer und K. Agthe, Berlin und Baden-Baden 1961, S. 29–54.

Dieselbe: [Organisationssoziologie] Organisationssoziologie. Bern 1964.

Mechler, Heinrich: [Vorbereitung] Vorbereitung auf die siebziger Jahre. Stuttgart 1967.

Meier, Albert: [Entscheidungen] Unternehmerische Entscheidungen und elektronische Datenverarbeitung. In: management international review 1967, Nr. 6, S. 3–11.

Meißner, Werner: [Planung] Planung mit Regelkreisen. In: Der Volkswirt 1967, S. 1140–1142.

Mellerowicz, Konrad: [Unternehmenspolitik] Unternehmenspolitik, Band I, 2. Aufl., Freiburg i. Brsg. 1964.

Menges, Günter: [Grundmodelle] Grundmodelle wirtschaftlicher Entscheidungen. Köln und Opladen 1969.

Mepham, M. J.: [Definition] Towards a Definition of Accounting. In: The Accountant 1967, S. 548–552.

Merrihue, Willard V.: [Managing] Managing by Communication. New York, Toronto und London 1960.

Mertens, Peter: [Automation] Die Automation der Führungsinformation. In: ZfB 1966, S. 234 bis 246.

Derselbe: [Datenverarbeitung] Industrielle Datenverarbeitung. Wiesbaden 1969.

Derselbe: [Dokumentation] Betriebliche Dokumentation und Information. Meisenheim am Glan 1965.

Derselbe: [Einfluß] Der Einfluß der elektronischen Datenverarbeitung auf Entscheidungsfindung und Entscheidungsprozeß. Sonderdruck aus Schriften zur Unternehmensführung, hrsg. von H. Jacob, Wiesbaden 1970, S. 81–104.

Derselbe: [Kooperation] Die zwischenbetriebliche Kooperation und Integration bei der automatisierten Datenverarbeitung. Meisenheim am Glan 1966.

Derselbe: [Simulation] Simulation. Slg. Poeschel, Stuttgart 1969.

Derselbe: [Untersuchungen] Untersuchungen zum Gesetz der Kostendegression in der ADV. In: Grochla [Wirtschaftlichkeit], S. 200–220.

Mertens, Peter; Kress, Heinz: [Mensch–Maschinen-Kommunikation] Mensch–Maschinen-Kommunikation als Hilfe bei Entscheidungsvorbereitung und Planung. In: ZfbF 1970, S. 1–21.

Michajlov, A. I.; Černyi, A. I.; Giljarevskij, R. S.: [Informatiki] Osnowy Informatiki. Köln und Opladen 1970.

Milroy, Neil: [Disintegration] The Disintegration of an Information System. In: The Canadian Chartered Accountant 1963, S. 338–344.

Mirow, Heinz M.: [Kybernetik] Kybernetik. Grundlage einer allgemeinen Theorie der Organisation. Wiesbaden 1969.

Mitscherlich, Alexander: [Stadt] Die Stadt der Zukunft. In: FAZ, 2. 5. 1967, S. 13–14.

Mockler, Robert J.: [Theory] Theory and practice of planning. In: Harvard Business Review M/A 1970, S. 148–159.

Moles, A.: [Prozesse] Heuristische Prozesse und Informationstheorie. In: Neuere Ergebnisse der Kybernetik, München und Wien 1964, S. 40–52.

Mommsen, Ernst Wolf: [Führen] Führen heißt informieren. In: Rationalisierung 1967, S. 51 bis 52.

Moore, Franklin G.: [Management] Management. Organization and Practice. London und Tokio 1964.

Moore, T. R.: [Information] Synthesizing Information. In: Top Management Handbook, hrsg. von H. B. Maynard, New York, Toronto und London 1960, S. 231–246.

Moravec, A. F.: [Basic Concepts] Basic Concepts for Designing a Fundamental Information System. In: Schoderbek [Management], S. 127–136.

Morgenstern, Oskar: [Genauigkeit] Über die Genauigkeit wirtschaftlicher Beobachtungen. 2. Aufl., Wien und Würzburg 1965.

Müller, Hans-Jürgen: [Bedeutung] Die Bedeutung der betriebswirtschaftlichen Organisation für die Unternehmensleitung. Teil II, in: Zeitschrift für Organisation 1967, S. 250–253.

Müller-Merbach, Heiner: [Operations] Operations Research als Optimalplanung. In: ZfhF 1963, S. 191–206.

Derselbe: [Research] Operations Research. Berlin und Frankfurt 1969.

Müller, Walter: [Grundzüge] Grundzüge einer Lehre von der Unternehmenspolitik. In: Die Unternehmung, I/1967, S. 3–16.

Müller, W.: [Simulation] Die Simulation betriebswirtschaftlicher Informationssysteme. Wiesbaden 1969.

Münstermann, Hans: [Unternehmungsrechnung] Unternehmungsrechnung. Wiesbaden 1969.

Nehter, Jörg: [Verhalten] Das Verhalten informeller Gruppen als relevanter Faktor im Rahmen der Unternehmensorganisation. In: Zeitschrift für Organisation 1967, S. 254–260.

Neubauer, Franz-Friedrich: [Instrumentarium] Reichhaltig und geschliffen. Das Instrumentarium amerikanischer Manager. Beobachtungen während einer Amerika-Reise. In: FAZ, 11. 7. 1964, S. 5.

Neubert, Helmut: [Ausfluß] Der Ausfluß der elektronischen Datenverarbeitung auf Aufgabenstellung und Organisation des Rechnungswesens. In: Organisation und Rechnungswesen, Festschrift für Erich Kosiol, Berlin 1964, S. 251–280.

Neuhaus, Jean: [Information] Die Information als wichtiges Instrument der Unternehmungsführung. In: Industrielle Organisation 1970, S. 225–228.

Neuschel, Richard F.: [Management] Management by System. 2. Aufl., New York, Toronto und London 1960.

Newell, William T.; Fischli, Susie: [Entscheidungsvorbereitung] Entscheidungsvorbereitung und Time-Sharing. In: Industrielle Organisation 1970, S. 299–304.

Newman, William H.: [Action] Administrative Action. The Techniques of Organization and Management, 2. Aufl., Englewood Cliffs, N. J., 1963.

Nicklisch, H.: [Betriebslehre] Wirtschaftliche Betriebslehre. 5. Aufl., Stuttgart 1922.

Niederberger, Alex R.: [Informationssystem] Das betriebliche Informationssystem. Wiesbaden 1967.

Nolle, Friedrich K.: [Datenfernverarbeitung] Datenfernverarbeitung. Köln-Braunsfeld 1970.

Nordsieck, Fritz: [Betriebsorganisation] Betriebsorganisation. In: Slg. Poeschel, Stuttgart 1961.

Nürck, R.: [Regelungsmaßnahmen] Funktions- und strukturbedingte Regelungsmaßnahmen in der Unternehmung. In: ZfB 1960, S. 744–756.

Derselbe: [Wirtschaftskybernetik] Wirtschaftskybernetik. In: ZfB 1965, S. 573–592.

Odiorne, G. S.: [Management] Management by Objectives – Führung durch Vorgabe von Zielen. München 1967.

Oettle, Karl: [Charakter] Über den Charakter öffentlich-wirtschaftlicher Zielsetzungen. In: ZfbF 1966, S. 241–259.

Pack, Ludwig: [Rationalprinzip] Rationalprinzip, Gewinnprinzip und Rentabilitätsprinzip. In: ZfB 1965, S. 525–551.

Derselbe: [Wandel] Der Wandel im betriebswirtschaftlichen Denken. In: Betriebswirtschaftliche Umschau 1967, S. 1–16.

Pastoors, Horst: [Informationswirtschaft] Die Informationswirtschaft industrieller Unternehmungen. Diss. Köln 1965.

Percy, Charles H.; Roberts, William E.: [Planung] Die Planung der grundlegenden Strategie einer mittleren Unternehmung. In: Unternehmer-Strategie, hrsg. von E. C. Bursk und Dan H. Fenn, Essen 1957, S. 25–42.

Perridon, Louis: [Disziplin] Neue Disziplin in Deutschland? In: VW 1967, S. 2020–2022.

Pierce, John R.: [Phänomene] Phänomene der Kommunikation. Informationstheorie – Nachrichtenübertragung – Kybernetik. Düsseldorf und Wien 1965.

Pietsch, E.: [Stand] Der heutige Stand der automatischen Dokumentation. In: IBM-Nachrichten 1961, S. 1338–1339.

Derselbe: [Struktur] Struktur von Informationseinrichtungen. In: Nachrichten für Dokumentation, Heft 1, 1964, S. 28–41.

Pietzsch, Jürgen: [Information] Die Information in der industriellen Unternehmung. Grundzüge einer Organisationstheorie für elektronische Datenverarbeitung. Köln und Opladen 1964.

Derselbe: [Informationskosten] Informationskosten – Informationsnutzen. In: Rationalisierung 4/70, S. 111–112.

Pirker, Theo: [Bürotechnik] Bürotechnik. Zur Soziologie der maschinellen Informationsbearbeitung. Stuttgart 1963.

Pleiß, Ulrich: [Forschungsrichtungen] Die Forschungsrichtungen der Organisationstheorie. In: ZfB 1963, S. 665–675.

Pöhlmann, Gerhard: [Prozeß] Der Prozeß der Unternehmensführung. Schriftenreihe: »Die Unternehmung im Markt«, Bd. 11, hrsg. von Bergler, Fettel, Hintner, Linhardt, Sieber, Berlin 1964.

Pollock, Friedrich: [Automation] Automation. Frankfurt a. M. 1964.

Prince, Thomas R.: [Information] Information Systems for Management Planning and Control. Homewood (Ill.) 1966.

Ralston, Anthony; Wilf, Herbert S.: [Methoden] Mathematische Methoden für Digitalrechner. München und Wien 1967 (Originaltitel: Mathematical Methods for Digital Computers, deutsch von B. Thüring).

Rappaport, Alfred: [Analysis] Sensitivity Analysis in Decision Making. In: The Accounting Review 1967, S. 441–456.

Ream, Norman J.: [On-Line] On-Line Management Information. In: Schoderbek [Management], S. 429–435.

Reche, Kurt: [Planung] Planung und Einsatz elektronischer Datenverarbeitungsanlagen in einem elektronischen Großunternehmen. In: ZfhF 1961, S. 367–385.

Reintges, Hans: [MIS] Management-Informationssysteme. In: Rationalisierung 1970, S. 219 bis 223.

Reuss, Gerhart E.: [Computer] Der Computer als Werkzeug und Bestandteil der Unternehmensführung. In: Strukturwandel der Wirtschaft im Gefolge der Computer, im Auftrag der List-Gesellschaft hrsg. von Scharpenack, Basel und Tübingen 1966, S. 67–80.

Riebel, Paul: [Elastizität] Elastizität der Unternehmung. In: Betriebsanpassung und Unternehmerentlastung, Berlin 1960, S. 177–189.

Riester, W. E.: Gedanken zur Ausbildung des Führungsnachwuchses. In: Industrielle Organisation 1967, S. 494–500.

Derselbe: [Organisation] Organisation und Kybernetik. In: BFuP 1966, S. 321–340.

Rittel, Horst: [Hierarchie] Hierarchie oder Team? Betrachtungen zu den Kooperationsformen in Forschung und Entwicklung. In: Forschungsplanung, hrsg. von H. Krauch u. a., München und Wien 1966, S. 40–70.

Rodenstock, R.: [Information] Information und Kommunikation. In: management international review 3/1965.

Roling, Everhard: [Regeltechnik] Regeltechnik, Einführung ... Anwendung. 4. Aufl., Frankfurt a. M., o. J.

Rosenstock, Hans Adolf: [Entscheidung] Die Entscheidung im Unternehmungsgeschehen. Bern 1963.

Roth, Erwin: [Persönlichkeitspsychologie] Persönlichkeitspsychologie. Stuttgart 1969.

Rühli, E.: [Besonderheiten] Die Besonderheiten der Führungsentscheidungen bei kollegialer Unternehmungsleitung und der Stand ihrer wissenschaftlichen Erforschung. In: Die Unternehmung, I/1967, S. 17–25.

Derselbe: [Grundfragen] Grundfragen der Unternehmungspolitik. In: NZZ Nr. 249, 10. 9. 1967, Bl. 13.

Russel, John R.; Stobaugh, Robert, R. Jr.; Whitmeyer, Frederick W.: [Simulation] Simulation for production. In: Harvard Business Review, S/O 1967, S. 162–172.

Sandig, Curt: [Betriebswirtschaftspolitik] Betriebswirtschaftspolitik. 2. Aufl., Stuttgart 1966.

Sauermann, Heinz; Selten, Reinhard: [Anspruchsanpassungstheorie] Anspruchsanpassungstheorie der Unternehmung. In: Zeitschrift für die gesamte Staatswissenschaft. 118. Bd. (1962), S. 577–597.

Savas, Emanuel S.: [Computer] Computer Control of Industrial Processes. New York, San Francisco, Toronto, London and Sydney 1965.

Sawall, Edmund: [Streitfragen] Zentral oder dezentral? Alte Streitfragen mit neuen Akzenten. In: VW 1967, S. 493–497.

Schäfer, Erich: [Absatzwirtschaft] Absatzwirtschaft. In: Handbuch der Wirtschaftswissenschaften, hrsg. von K. Hax und Th. Wessels, Bd. I: Betriebswirtschaft, 2. Aufl., Köln und Opladen 1966, S. 277–341.

Derselbe: [Anfängen] Von den Anfängen der Marktforschungslehre und von ihrem Verhältnis zur Betriebswirtschaftslehre. Sonderdruck aus Wissenschaft und Praxis, Festschrift zum zwanzigjährigen Bestehen des Westdeutschen Verlages, Köln und Opladen 1967, S. 245–250.

Derselbe: [Grundlagen] Grundlagen der Marktforschung. Marktuntersuchung und Marktbeobachtung. 4. Aufl., Köln und Opladen 1966.

Derselbe: [Unternehmung] Die Unternehmung. 6. Aufl., Köln und Opladen 1966 (7. Aufl. 1970).

Schär, Johann Friedrich; Prion, Willi: [Buchhaltung] Buchhaltung und Bilanz. 6. Aufl., Berlin 1932.

Schelsky, Helmut: [Abstraktheiten] Über die Abstraktheiten des Planungsbegriffes in den Sozialwissenschaften. In: Darmstädter Gespräch – Der Mensch und seine Zukunft, hrsg. von K. Schlechter, Darmstadt 1967, S. 114–129.

Derselbe: [Industriesoziologie] Industrie- und Betriebssoziologie. In: Soziologie, hrsg. von A. Gehlen und H. Schelsky, 3. Aufl., Düsseldorf und Köln 1955, S. 159–203.

Scheuchzer, Roland: [Unternehmungsdokumentation] Unternehmungsdokumentation. Bern 1964.

Schleh, E. C.: [Management] Management by Results. New York 1961.

Schmidt, Ralf-Bodo: [Entscheidungen] Unternehmerische und unternehmungspolitische Entscheidungen – Probleme ihrer Dezentralisierung. In: Festschrift zum zehnjährigen Bestehen der Akademie für Führungskräfte der Wirtschaft, Bad Harzburg 1966, S. 124–139.

Schmidt-Sudhoff: [Unternehmerziele] Unternehmerziele und unternehmerisches Zielsystem. Bd. 10 der Schriftenreihe Betriebswirtschaftliche Beiträge, hrsg. von H. Münstermann, Wiesbaden 1967.

Schneeweiß, Hans: [Entscheidungskriterien] Entscheidungskriterien bei Risiko. Schriftenreihe: Ökonometrie und Unternehmensforschung. Econometrics and Operations Research, Bd. IV, geschäftsf. Hrsg.: Krelle und Künzi, Berlin, Heidelberg und New York 1967.

Schnutenhaus, Otto R.: [Organisationslehre] Allgemeine Organisationslehre. Berlin 1951.

Schoderbek, Peter P. (Hrsg.): [Management] Management Systems. New York, London und Sydney 1967.

Schoderbek, Peter P.; Digman, Lester A.: [generation] Third generation, PERT/LOB. In: Harvard Business Review, S/O 1967, S. 100–110.

Schönfeld, Hanns-Martin: [Führungsausbildung] Die Führungsausbildung im betrieblichen Funktionsgefüge. Wiesbaden 1967.

Schöpf, Anton: [Prognoseproblem] Das Prognoseproblem in der Nationalökonomie. Versuch einer Gesamtbetrachtung. Berlin 1966.

Schröder, Harald J.: [Project-Management] Project-Management. Wiesbaden 1970.

Schütte, Adolf Friedrich: [Koordinator] Der Koordinator – Mittler zwischen den Spezialisten. In: BddW, 6. 10. 1969, S. 3.

Schulz, A.: [Gedanken] Gedanken zu einer Informationsbetriebslehre. In: ZfB 1970, S. 93 bis 104.

Derselbe: [Strukturanalyse] Strukturanalyse der maschinellen betrieblichen Informationsbearbeitung. Berlin 1970.

Schulze, Hans-Herbert: [Messung] Zum Problem der Messung des wirtschaftlichen Handelns mit Hilfe der Bilanz. Berlin 1966.

Schumacher, E. F.: [Aufgaben] Aufgaben des nachmodernen Nationalökonomen. In: BFuP 1967, Nr. 10, S. 547–556.

Schwarz, Horst [Betriebsorganisation] Betriebsorganisation als Führungsaufgabe. München 1969.

Derselbe: [Erfolgssteigerung] Erfolgssteigerung durch Management by exception. Berlin 1966.

Derselbe: [Organisation] Die Organisation der Unternehmensleitung. In: Organisation, hrsg. von Schnaufer und Agthe, Berlin und Baden-Baden 1961, S. 579–632.

Schweiker, Konrad F.: [Grundlagen] Grundlagen einer Theorie betrieblicher Datenverarbeitung. Band 2 der Schriftenreihe »Betriebswirtschaftliche Beiträge zur Organisation und Automation«, herausgegeben von E. Grochla, Wiesbaden 1966.

Schweitzer, Marcell: [Anforderungen] Anforderungen an die betriebswirtschaftliche Organisationstheorie. In: Zeitschrift für Organisation 1967, S. 281–211.

Derselbe: [Grundfragen] Methodologische und entscheidungstheoretische Grundfragen der betriebswirtschaftlichen Prozeßstrukturierung. In: ZfhF 1967, S. 279–296.

Seiler, John: [Systems] Systems Analysis in Organizational Behavior. Homewood, Ill., 1967.

Sheldon, Oliver: [Philosophy] The Philosophy of Management. New York, Toronto und London 1965.

Shultz, George P.; Whisler, Thomas L. (Hrsg.): [Management] Management Organization and the Computer. Glencoe, Illinois, 1960.

Sieber, Eugen H.: [Ausbildung] Die Ausbildung betrieblicher Führungskräfte im Hinblick auf die besonderen Verhältnisse der Großunternehmung. In: Österreichischer Betriebswirt 1958, S. 3–21.

Derselbe: [Informationsbedarf] Der wachsende Informationsbedarf der Unternehmungen. In: Nachrichten für Dokumentation, 11. Jg., 1960, Heft 4, S. 175–180.

Derselbe: [Planspiel] Das Planspiel unternehmerischer Entscheidungen. Sonderdruck aus dem Sammelband »Betriebsführung und Operations Research«, hrsg. von A. Angermann, Frankfurt a. M. 1964.

Derselbe: [Unternehmung] Die internationale Unternehmung. In: Gegenwartsfragen der Unternehmensführung. Festschrift für Wilhelm Hasenack, hrsg. von H.-J. Engeleiter, Herne und Berlin 1966, S. 51–68.

Derselbe: [Wirtschaftlichkeit] Wirtschaftlichkeit und Wirtschaftlichkeitsmessung. In: Die Unternehmung im Markt. Festschrift für Wilhelm Rieger, Stuttgart und Köln 1953, S. 170–204.

Simon, Herbert A.: [Behavior] Administrative Behavior. 2. Aufl., New York (Nachdruck 1965).

Derselbe: [Future] The Future of Information Processing Technology. In: Management Science, Mai 1968, S. 619–624.

Derselbe: [Logic] The Logic of Rational Decision. Sonderdruck des Carnegie Institute of Technology, Pittsburgh, aus: The British Journal for the Philosophy of Science, Bd. XVI, Nr. 63, 1965, S. 169–186.

Derselbe: [Perspektiven] Perspektiven der Automation für Entscheider. Schriftenreihe: Entscheidungsverhalten in Organisationen, hrsg. von M. Irle, Bd. 1, Quickborn 1966 (Original: The Shape of Automation for Men and Management).

Derselbe: [Science] The New Science for Management Decision. New York 1960.

Simpson, Richard L.: [Communication] Vertical and Horizontal Communication in Formal Organizations. In: Administrative Science Quarterly, September 1959, S. 188–196.

Sittig, Carl: [Zukunft] Die Zukunft in den Griff bekommen. Managementinformationssysteme. In: BddW, 10. 6. 1970, I, S. 1; 12. 6. 1970, II, S. 1; und 24. 6. 1970, III, S. 1.

Skinner, C. Wickham: [Management] Management of International Production. In: Harvard Business Review, S/O 1964, S. 125–136.

Solomon, Ezara: [Theory] The Theory of Financial Management. New York und London 1963.

Sombart, Werner: [Kapitalismus] Der moderne Kapitalismus. 2. Bd., 1. H., 6. Aufl., München und Leipzig 1924.

Soom Erich: [Produktionsplanung] Integrierte Produktionsplanung und -steuerung. Bern 1967.

Sommer, Werner H.: [Management] Total Management System. In: HWO, hrsg. von Grochla, Stuttgart 1969, Sp. 1648–1656.

Spaulding, A. T. Jr.: [Total System] Is the Total System Concept Practical? In: Schoderbek [Management], S. 149–153.

Specht, Karl Gustav: [Förderung] Förderung des Nachwuchses. Betriebliche Fortbildungsmaßnahmen in der Deutschen Wirtschaft. Frankfurt a. M. 1962.

Stachowiak, Herbert: [Organisationskybernetik] Organisationskybernetik. In: HWO, hrsg. von Grochla, Stuttgart 1969, Sp. 1145–1150.

Staehle, Wolfgang H.: [Kennzahlen] Kennzahlen und Kennzahlensysteme als Mittel der Organisation und Führung von Unternehmen. Wiesbaden 1969.

Staerkle, R.: [Entscheidungsprozeß] Der Entscheidungsprozeß in der Unternehmungsorganisation. In: Die Unternehmung 1963, S. 11–25.

Stahlmann, Jürgen: [Organisation] Organisation, Entscheidung und Kommunikation. Diss. Göttingen 1960.

Stefanic-Allmayer, Karl: [Kybernetik] Kybernetik in der Organisation. In: Zeitschrift für Organisation 1967, S. 292–298.

Derselbe: [Technik] Die Technik der Entscheidungsbildung. München 1964.

Steinbuch, Karl: [Gesellschaft] Die informierte Gesellschaft. Stuttgart 1966.

Steiner, George A.: [Company] Making Long-range Company Planning Pay Off. In: Management: A Book of Readings, hrsg. von H. Koontz und C. O'Donnell, New York, San Francisco, Toronto und London 1964, S. 140–149.

Derselbe: [Management] Top Management Planning. New York 1969.

Steinmann, Horst: [Großunternehmen] Das Großunternehmen im Interessenkonflikt. Stuttgart 1969.

Stern, Harry: [Information] Information Systems in Management Science. In: Management Science 1967, S. B-693–B-702.

Steuer, Karl-Heinz: [Ausnahmeberichterstattung] Ausnahmeberichterstattung bei elektronischer Datenverarbeitung – rationelle ökonomische Leitung im Betrieb. In: Deutsche Finanzwirtschaft, Nr. 19, 1967, S. F 10–F 13.

Stevens, S. S.: [Measurement] Measurement And Man. In: Management Information, A Quantitative Accent, hrsg. von Th. H. Williams und Ch. H. Griffin, Homewood, Ill., 1967, S. 4–19.

Stolle, John F.: [Distribution] How to manage physical distribution. In: Harvard Business Review, J/A 1967, S. 93–100.

Strasser, Helge: [Zielbildung] Zielbildung und Steuerung der Unternehmung. Wiesbaden 1966.

Stratoudakis, Pan.: [Kommunikationssystem] Das Kommunikationssystem als organisatorisches Problem. In: ZfB 1962, S. 204–216.
Derselbe: [Organisation] Organisation der Unternehmensführung. Wiesbaden 1961.
Strothmann, Karl-Heinz: [Marktforschung] Marktforschung im Einkauf. In: Rationalisierung 1966, S. 162–165.
Derselbe: [Marktorientierung] Marktorientierung im Beschaffungswesen. Frankfurt a. M. und Berlin 1967.
Studienkreis Dr. Meller: [Gliederung] Die Gliederung der Datenverarbeitungsstelle und ihre Einordnung in die Organisation der Unternehmung. Wiesbaden 1967.
Stützel, Wolfgang: [Bemerkungen] Bemerkungen zur Bilanztheorie. In: ZfB 1967, S. 314–340.
Szyperski, Norbert: [Herausforderung] Die technologische Herausforderung an die Betriebswirtschaftslehre der Gegenwart. In: ZfB 1963, S. 275–289.
Derselbe: [Realisierung] Realisierung und Organisation. In: HWO, hrsg. v. Grochla, Stuttgart 1969, Sp. 1409–1412.
Thomae, Hans: [Mensch] Der Mensch in der Entscheidung, München 1960.
Thrall; Coombs; Davis (Hrsg.): Siehe unter Marschak (Theory).
Thüring, Bruno: [Programmierung] Programmierung von Datenverarbeitungsmaschinen. In: Grundlagen der elektronischen Datenverarbeitung, hrsg. vom Ausschuß für wirtschaftliche Verwaltung (AWV), Frankfurt a. M. 1964, S. 233–307.
Thurston, Philip H.: [Information] Who should control Information Systems? In: Harvard Business Review, N/D 1962, S. 135–139.
Tondeur, Edmond: [Forscher] »Forscher« und »Praktiker«. In: NZZ Nr. 231, 23. 8. 1967, Blatt 5.
Tyson, F. T.: [Management] Providing Management with Control Information. In: Cost and Management, Januar 1965, S. 9–23.
Überla, K.: [Faktorenanalyse]. Faktorenanalyse. Heidelberg 1968.
Ulrich, Hans; Staerkle, Robert: [Personalplanung] Personalplanung. Köln und Opladen 1965.
Vieweg, Rolf: [Informationswesen] Das betriebliche Informations- und Berichtswesen. In: adl-nachrichten 1970, S. 410–419.
Vogel, Ferdinand A.; Elb, Günther F. P. (Institut für Marketing und Management, Wiesbaden): [Diversifikation] Diversifikation, das ist die Kunst, dem Unternehmen ein neues Bein zu schaffen. In: IK, 9. 3. 1967, S. 60.
Vogler, Gerhard: [Unternehmung] Die Unternehmung als Steuerungssystem. Stuttgart 1969.
Vischer, Peter: [Kostenkalküle] Simultane Kostenkalküle in betrieblichen Organisationen. Diss. München 1965.
Wacker, Wilhelm H.: [Rechnungswesen] Rechnungswesen im Dienste der Unternehmensleitung. Management Accounting. In: BBK 1965, S. 2/127–132.
Derselbe: [Totalkonzeption] Totalkonzeption als Maximalkriterium der organisatorischen Arbeit. In: Zeitschrift für Organisation 1969, S. 225–227.
Wahl, Manfred P.: [Grundlagen] Grundlagen eines Management-Informationssystems. Neuwied und Berlin 1969.
Walz, Diether: [Einbeziehung] Die Einbeziehung des Informationsflusses in die Organisationsanalyse. In: Zeitschrift für Organisation, S. 241–249.
Derselbe: [Voraussetzungen] Allgemeine Voraussetzungen zur Gestaltung des Informationssystems in einem Unternehmen. In: Zeitschrift für Organisation 1968, S. 16–23.
Wardenberg, J.: [Trennung] Trennung und Identität von Kompetenz- und Kommunikationssystem im Rahmen der Unternehmensorganisation. In: ZfB 1963, S. 122–126.
Weber, Helmut: [Planung] Die Planung in der Unternehmung. In: Nürnberger Abhandlungen zu den Wirtschafts- und Sozialwissenschaften, verantw. hrsg. von H. Linhardt, Heft 19, Berlin 1963.
Weber, Karl: [Projektanalyse] Projektanalyse mit PERT. In: Industrielle Organisation 1967, S. 184–194.
Wedekind, Hartmut: [Datenorganisation] Datenorganisation. Berlin 1970.

Derselbe: [Wirtschaftsinformatik] Wirtschaftsinformatik. In: BddW, 6. 6. 1970, S. 1.

Wegenstein, Willy O.; Rank, Hellmut: [Computereinsatz] Der wirtschaftliche Computereinsatz in einem Industriebetrieb. In: NZZ, 23. 6. 1967, Blatt 15.

Wegner, Gertrud: [Systemanalyse] Systemanalyse. In: HWO, hrsg. von Grochla, Stuttgart 1969, Sp. 1610–1617.

Weide, E.: [Konkretisierung] Konkretisierung von Absatzerwartungen mit Hilfe von Marktforschung und Datenverarbeitung. In: ZfbF 1965, S. 608–617.

Weinstein, Adelbert: [Rand] »Rand« plant die Zukunft. In: FAZ, 8. 4. 1967, Nr. 82, S. 2.

Weippert, Georg: [Sozialwissenschaft] Sozialwissenschaft und Wirklichkeit. Aufsätze zur Wissenschaftslehre, Bd. I, Göttingen 1966.

Weisser, Gerhard: [Politik] Politik als System aus normativen Urteilen. In: Monographien zur Politik. Heft 1, Göttingen 1951.

Widmaier, Hans Peter: [Bildung] Bildung und Wirtschaftswachstum. Modellstudie zur Bildungsplanung. Villingen 1966.

Wiener, Norbert: [Cybernetics] Cybernetics or Control and Communication in the Animal and the Machine. 2. Aufl., New York und London 1961.

Derselbe: [Mensch] Mensch und Menschmaschine. Kybernetik und Gesellschaft. Frankfurt a. M. und Bonn 1964.

Wieser, Wolfgang: [Jahre] Fünfzehn Jahre Kybernetik. In: FAZ, 12. 11. 1963, S. 13.

Derselbe: [Kybernetik] Kybernetik. In: Handwörterbuch der Sozialwissenschaften, 12. Bd., Stuttgart, Tübingen und Göttingen 1965, S. 625–633.

Derselbe: [Organismen] Organismen, Strukturen, Maschinen. Frankfurt a. M. 1959.

Wild, Jürgen: [Bedeutung] Zur praktischen Bedeutung der Organisationstheorie. In: ZfB 1967, S. 567–592.

Derselbe: [Grundlagen] Grundlagen und Probleme der betriebswirtschaftlichen Organisationslehre. Schriftenreihe: Betriebswirtschaftliche Forschungsergebnisse, hrsg. von E. Kosiol, Bd. 28, Berlin 1966.

Derselbe: [Informationstheorie] Informations- und Kommunikationstheorie als Hilfsmittel zur Organisation der Unternehmung? In: Zeitschrift für Organisation 1967, S. 266–269 und 298–306.

Derselbe: [Input-Analyse] Input-, Output- und Prozeßanalyse von Informationssystemen. In: ZfbF 1970, S. 50–72.

Will, Hartmut J.: [Informationssysteme] Betriebliche Informationssysteme. In: ZfbF 1968, S. 648–669.

Wille, Friedrich: [Management] Management mit Profit Centers. München 1970.

Williams, Frank E.: [Foundations] Foundations of Creative Problem Solving. Ann Arbor, Mich., 1960.

Williams, Th. H.; Griffin, Ch. H. (Hrsg.): Siehe unter Stevens (Measurement).

Winckel, Fritz: [Information] Information als operative Größe in der Unternehmensführung. In: Wirtschaftlich führen – wirtschaftlich investieren. Vorträge des 13. Deutschen Betriebswirtschafter-Tages, hrsg. von der Deutschen Gesellschaft für Betriebswirtschaft, Berlin 1960, S. 46–53.

Winter, Rosemarie: [Hilfe] Hilfe durch Systemforschung. In: IK Nr. 155, 12. 10. 1967, S. 12.

Wissenbach, Heinz: [Kennzahlen] Betriebliche Kennzahlen und ihre Bedeutung im Rahmen der Unternehmerentscheidung. Schriftenreihe: Grundlagen und Praxis der Betriebswirtschaft, Bd. 8, Berlin 1967.

Wißmath, Hans: [Datenerfassung] Datenerfassung bei Kugelmüller. In: IBM-Nachrichten, Nr. 181, Februar 1967, S. 396–401.

Witte, Eberhard: [Analyse] Analyse der Entscheidung. Organisatorische Probleme eines geistigen Prozesses. In: Organisation und Rechnungswesen, Festschrift für Erich Kosiol, Berlin 1964, S. 101–124.

Derselbe: [Informationsaktivität] Informationsaktivität und Entscheidungsobjekte. Eine Tangente zu Parkinsons »Gesetz der Trivialität«. In: Hamburger Jahrbuch für Wirtschafts- und Gesellschaftspolitik. Tübingen 1970.

Derselbe: [Organisation] Die Organisation komplexer Entscheidungsverläufe – ein Forschungsbericht. In: ZfhF 1968, S. 581–599.
Derselbe: [Phasen-Theorem] Phasen-Theorem und Organisation komplexer Entscheidungsverläufe. In: ZfhF 1968, S. 625–647.
Derselbe: [Prozeß] Entscheiden als organisierbarer Prozeß. In: Harzburger Hefte, 1965, S. 133 bis 140.
Wittmann, Waldemar: [Betriebswirtschaftslehre] Betriebswirtschaftslehre und Operations Research. In: ZfhF 1958, S. 285–296.
Derselbe: [Entwicklungsweg] Entwicklungsweg und Gegenwartsauftrag der Betriebswirtschaftslehre. In: ZfhF 1963, S. 1–12.
Derselbe: [Unternehmung und unvollkommene Information. Unternehmerische Voraussicht – Ungewißheit und Planung. Köln und Opladen 1959.
Woitschach, Max: [Informationserschließung] Informationserschließung (Dokumentation). In: HMD (Forkel) 1964, 2/7/1.
Wolters, Martin: [Dispositionshilfen] Maschinelle Dispositionshilfen für die Steuerung komplexer Fertigungsprozesse. In: Strukturwandel der Wirtschaft im Gefolge der Computer, im Auftrag der List Gesellschaft hrsg. von F. Scharpenack, Basel und Tübingen 1966, S. 100 bis 125.
Wurster, Carl: [Wandlungen] Wandlungen der Unternehmensführung. In: IBM-Nachrichten, Nr. 184, August 1967, S. 585–589.
Wurzbacher, Gerhard: [Differenzierung] Soziale Differenzierung und Integration. In: Kölner Zeitschrift für Soziologie, 6. Jg., H. 1, 1953/54, S. 31–42.
Wyler, Reto: [Chef-Information] Chef-Information und elektronische Datenverarbeitung. Bern 1963.
Young, Stanley: [Behavioral System] Designing a Behavioral System, In: Schoderbek [Management], S. 137–143.
Zaleznik, Abraham: [Management] Management of disappointment. In: Harvard Business Review, N/D 1967, S. 59–70.
Zemanek, Heinz: [Informationstheorie] Elementare Informationstheorie. Wien und München 1959.
Ziehm, Friedrich W. E.: [Elemente] Die Elemente des Management-Prozesses als logischer Gehalt der Unternehmerfunktion. Diss. Bonn 1958.

Verzeichnis der Abbildungen

Sachregister

Die hochgestellten Zahlen verweisen auf Anmerkungen

GPSR Compliance

The European Union's (EU) General Product Safety Regulation (GPSR) is a set of rules that requires consumer products to be safe and our obligations to ensure this.

If you have any concerns about our products, you can contact us on ProductSafety@springernature.com

In case Publisher is established outside the EU, the EU authorized representative is:

Springer Nature Customer Service Center GmbH
Europaplatz 3
69115 Heidelberg, Germany

Batch number: 10809472

Printed by Printforce, the Netherlands